蕉岭年鉴

2023

（总第31卷）

蕉岭年鉴编纂委员会　编

方志出版社
Publishing House of Local Records

图书在版编目（CIP）数据

蕉岭年鉴. 2023 / 蕉岭年鉴编纂委员会编. —北京：方志出版社，2023.11

ISBN 978-7-5144-5861-9

Ⅰ. ①蕉… Ⅱ. ①蕉… Ⅲ. ①蕉岭县—2023—年鉴
Ⅳ. ①Z526.54

中国国家版本馆CIP数据核字(2023)第206313号

责任编辑：刘方圆
责任校对：张玉霞
责任印制：梅中英
出 版 者：方志出版社
地　　址：北京市朝阳区潘家园东里 9 号（国家方志馆4层）
邮　　编：100021
网　　址：http://www.zgfzcb.cn
发　　行：方志出版社图书营销中心（010-67110500）
印　　刷：蕉岭县博雅印刷有限公司
开　　本：889毫米×1194毫米　1/16
印　　张：17.5
字　　数：413千字
版　　次：2023年11月第1版
印　　次：2023年11月第1次印刷
定　　价：185.00元

蕉岭年鉴编纂委员会

主　　任：胡　班

副 主 任：刘文龙　李　最

委　　员：（排名不分先后）

王　江　王　标　王海胜　古文粤　刘丽珍

汤国庆　陈伟文　林英勤　林桂芬　罗丽红

钟广斌　钟芬芳　钟俊峰　夏新明　郭建新

郭新辉　黄　敏　黄志雄　黄选文　黄麟胜

曾向君　赖会南

办公室主任：李　最

副 主 任：古文粤　郭新辉

蕉岭年鉴编辑部

主　　编：李　最

副 主 编：古文粤　郭新辉　林景昌

责任编辑：陈　军　廖　勖　黄卫锦　林心涛　梁杰平　张　媛

主要摄影：汪敬森　梁伟龙

《蕉岭年鉴(2023)》通讯员名录

古玮婕　郑舒瑜　黄　锋　李　芳　廖伟煌　丘淑娜　何　锐　吴琪琪
张玉莲　刘春玲　潘俊林　钟满兰　薛生凤　陈国东　朱　挺　曾　婷
吴家熠　曾令雪　林洁文　徐倩倩　陈　敏　吴月环　钟信龙　傅伟良
卢润斌　张圣明　谢娟娟　江广梅　古文粤　江华丽　徐丽婷　丘思诗
肖诗雨　叶子平　江菊芬　赖冬梅　骆佛胜　徐均铭　古诗倩　宋苑苑
张爱玲　刘茂才　杨利红　陈德文　钟明悦　陈立鸿　李晓毅　邓联勇
谢雅雯　傅惠娜　周鹏飞　徐仕菲　杨凌云　邓　苏　林伟洋　莫济鹏
曾　文　陈　敏　赖宇民　傅　文　李　琨　王书鸣　丘　婷　巫利平
谢婷婷　邓岑晓　朱铭新　张境霖　陈伟剑　林炼标　陈梦霞　傅红娴
利繁鑫　陈　梅　张力丹　凌慧芳　钟义腾　余淑莹　曾　袒　徐丹玲
黄新和　徐　岭　林柳东　陈子龙　王荣华　丘敏华　徐庆均　徐　军
傅俊辉　王　燕　汤　敏　丘晓婧　曾艳蕻　林剑锋　刘　艳　陈振春
徐文坤　邓海妮　申宇飞　黄斯炜　钟　卫　谢雪玲　钟福连　徐玲玲
李秀玲　林文超　丘佳琦　徐纬龙　余婷婷　温接繁　谢雪梅　邹家正
林宣兆　李科兴　吴灿哲　薛晓华

编 辑 说 明

一、《蕉岭年鉴》由中共蕉岭县委、县人民政府主办，蕉岭县人民政府地方志办公室组织编纂，蕉岭年鉴编纂委员会承编，每年出版一卷。《蕉岭年鉴（2023）》（以下简称“本年鉴”）为总第31卷。本年鉴以马克思列宁主义、毛泽东思想、邓小平理论、“三个代表”重要思想、科学发展观、习近平新时代中国特色社会主义思想为指导，坚持辩证唯物主义和历史唯物主义的立场、观点和方法，客观、全面、系统地记载2022年蕉岭县自然、政治、经济、文化、社会等方面的基本情况和发展状况。

二、本年鉴记述时限原则上为2022年1月1日至2022年12月31日，个别资源时间有适当上溯或下延。

三、本年鉴采用述、记、录、图、表等体裁，以文为主，图文结合。正文采用分类编辑法，以类目、分目、次分目、条目为层次，条目为基本记述单元，其标题以黑体字加“【 】”表示。不同层次的标题，以不同的字体、字号和版式加以区别。全书设置彩图、特辑、大事记、蕉岭概况、政治、经济、教科文卫体、社会生活、乡镇·省、市驻蕉岭单位、社会经济统计资料、表彰名录、主题索引等。

四、本年鉴在保持基本框架相对稳定的前提下，对部分内容进行更新、调整、充实。在彩图专栏选取一批具有典型意义、能反映蕉岭县新貌，旨在体现时代特征、地方特色、行业特色和年度亮点、有存史价值的图片，图文并茂、形象直观地反映蕉岭县各方面的变化。

五、本年鉴的数字用法、标点符号用法分别采用国家标准《出版物上数字用法》（GB/T 15835—2011）、《标点符号用法》（GB/T 15834—2011），计量单位采用国家技术监督局1993年12月发布的《量和单位》系列国家标准，农田土地面积沿用“亩”。所用的统计数据均来自蕉岭县统计局和有关单位确定上报的数字。

六、本年鉴收录科级以上单位正、副职及副局级单位正职、负责人名录，各镇党委、人大、政府领导名录，具体名单由县直各单位及各镇提供。

七、本年鉴“表彰名录”，分别按国家级和省委、省政府、省厅局以及市委、市政府的表彰顺序录入。

八、本年鉴稿件、图片由各镇、县直各单位（部门）及省、市驻蕉岭单位提供，所有照片除署名者外，均为蕉岭年鉴编辑部或有关单位提供。

蕉岭县地图

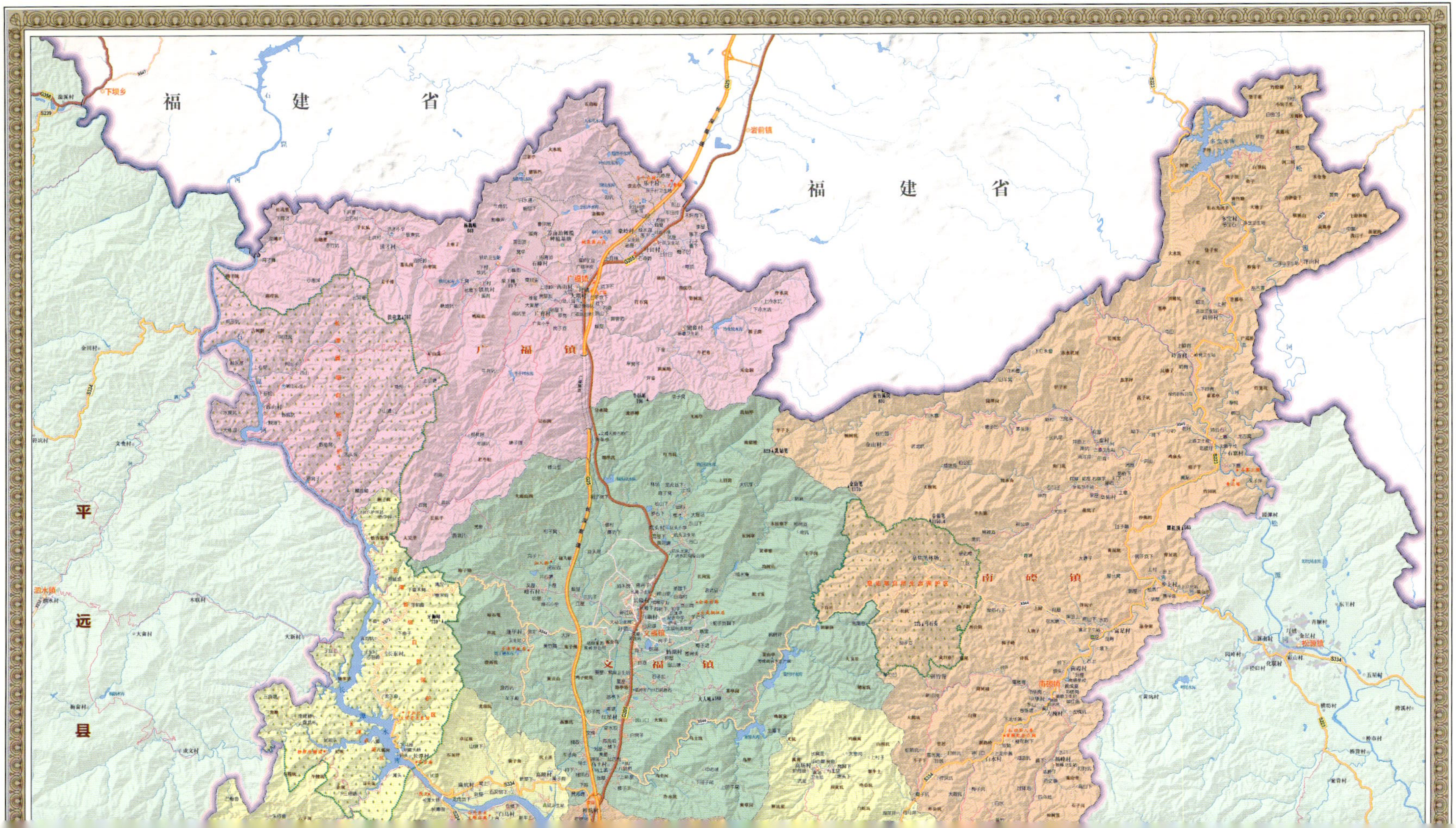

重要会议

◆2022年1月17日，中国共产党蕉岭县第十四次代表大会第二次会议在蕉城召开 （汪敬淼 摄）

◆2022年1月19日，中国共产党蕉岭县第十四届委员会第三次全体会议在蕉城召开（汪敬淼 摄）

◆2022年1月20日，中国人民政治协商会议第十二届蕉岭县委员会第二次会议在蕉城召开　　（汪敬淼　摄）

◆2022年1月21日，蕉岭县第十六届人民代表大会第二次会议在蕉城召开　　（汪敬淼　摄）

◆2022年1月27日，蕉岭县党史学习教育总结会议在蕉城召开（汪敬淼　摄）

重要活动

◆2022年3月11日，梅州市春季农业生产暨农机闹春耕活动在蕉岭举办（汪敬淼 摄）

◆2022年4月30日，蕉岭人林志勇登顶珠穆朗玛峰（洛桑顿珠 摄）

◆2022年5月19日，蕉岭县举行蔬菜产业发展战略合作框架协议签约仪式暨辣椒开种仪式

（汪敬淼 摄）

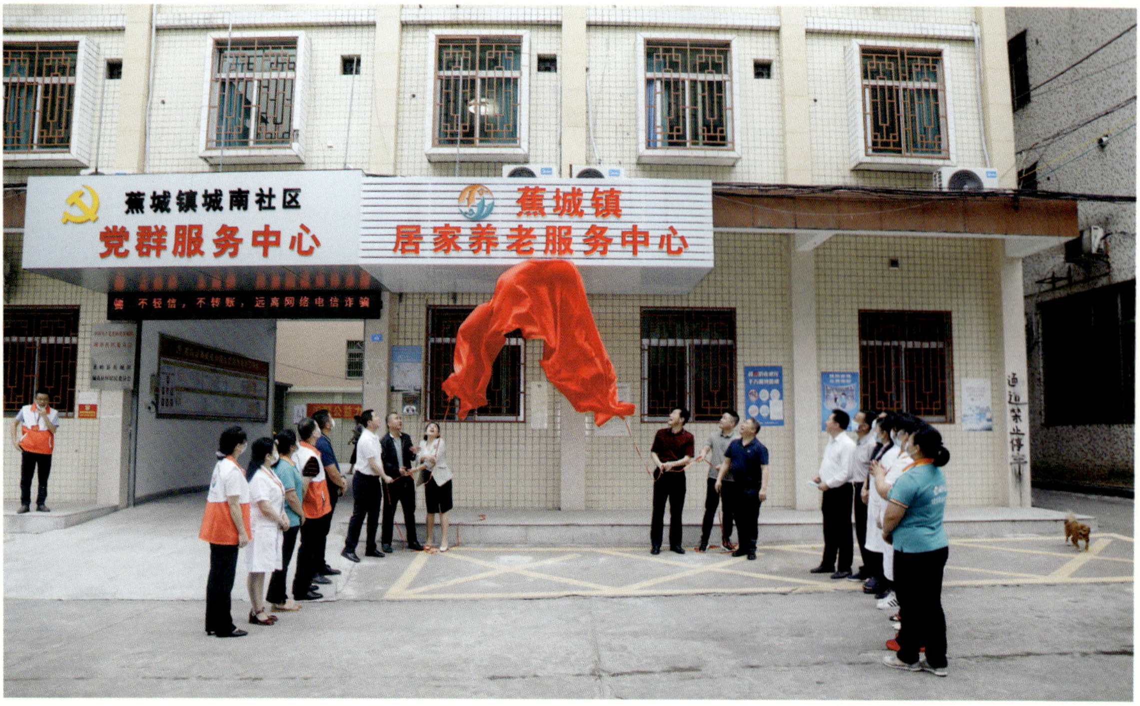

◆2022年5月20日，蕉岭县举行蕉城镇居家养老服务中心揭牌仪式 （汪敬淼 摄）

◆2022年7月30日，2022年广东省航海模型锦标赛在蕉岭举办　　（汪敬淼　摄）

◆2022年8月9日，2022年广东省无线电测向冠军赛在蕉岭举办　　（汪敬淼　摄）

◆2022年8月31日，2022年梅州市蕉岭县乡村产业振兴擂台赛举行 （汪敬淼 摄）

◆2022年9月2日，清华大学求真书院学生到蕉岭开展数学特色社会实践活动 （汪敬淼 摄）

◆2022年10月16日，蕉岭县党员领导干部收听收看中国共产党第二十次全国代表大会开幕盛况　（汪敬淼　摄）

◆2022年11月18日，蕉岭县举行赣闽粤原中央苏区对接融入粤港澳大湾区振兴发展先行区（蕉岭片区）广东梅州蕉华工业园区北部发展区（广福）基础设施首期项目工程建设动工仪式
（汪敬淼　摄）

◆2022年11月28日，蕉岭县档案馆新馆建成启用揭牌仪式举行　（汪敬淼　摄）

创文行动

◆2022年1月5日，蕉岭县蕉城镇府前街路面提升改造完成

（汪敬淼 摄）

◆2022年1月5日，蕉岭县蕉城镇新东市场提升改造完成，投入使用

（汪敬淼 摄）

◆2022年3月26日，蕉岭县在县少年宫召开“道德模范事迹宣讲报告会”

（县文明办提供）

◆2022年5月18日，改造后的蕉岭县蕉城镇城南苑老旧小区 （汪敬淼 摄）

◆2022年6月23日，“强国复兴有我”——蕉岭县乡村“复兴少年宫”试点建设优秀节目展演 （汪敬淼 摄）

◆2022年7月20日，蕉岭县举办未成年人思想道德建设工作会议暨“新时代好少年”发布会 （汪敬淼 摄）

◆2022年8月11日，2022年蕉岭县交通秩序专项整治提升行动启动仪式举行 （汪敬淼 摄）

乡村振兴

◆2022年3月8日，广福镇桃花源休闲山庄　（汪敬淼 摄）

◆2022年4月26日，文福镇乌土村百亩辣椒喜获丰收　（汪敬淼 摄）

◆2022年4月27日，长潭白马宿营地剪影 （汪敬淼 摄）

◆2022年5月9日，完成改造后的新铺镇新铺大桥 （汪敬淼 摄）

◆2022年6月7日，三圳镇超强葡萄园（汪敬淼 摄）

◆2022年6月24日，蕉岭县乡村振兴人才驿站（汪敬淼 摄）

◆2022年7月14日，梅州市建丰粮业发展有限公司基地成片种植的丝苗米喜获丰收（至宝 摄）

◆2022年7月15日，三圳镇东岭红星客栈粤书吧

（汪敬淼 摄）

◆2022年8月8日，广福镇叶田村百香果喜获丰收

（汪敬淼 摄）

◆2022年8月24日，蕉城镇环城公路路灯升级改造

（汪敬淼 摄）

魅力非遗

◆竹板歌于2009年入选广东省第三批省级非物质文化遗产名录。图为2022年6月6日，在广东省古村落南礤镇石寨村举行的2022年蕉岭县非物质文化遗产工坊揭牌仪式上，蕉岭县非遗代表性传承人表演竹板歌

（蕉岭县文化馆 提供）

◆打莲池（蕉岭莲池舞）于2009年入选广东省第三批省级非物质文化遗产名录。图为2022年6月8日，在碧水影城1号厅举办的蕉岭县2022年文化和自然遗产日线上文艺演出中，蕉岭县非遗代表性传承人表演新创传统舞蹈“莲池舞”

（蕉岭县文化馆 提供）

◆客家山歌（蕉岭长潭山歌）于2009年入选梅州市第二批市级非物质文化遗产名录。图为2022年7月8日举办的蕉岭县2022年“文化文艺服务”志愿服务系列活动 传承客家文化——长潭山歌公益班。由长潭山歌县级非遗代表性传承人李琳老师授课，普及长潭山歌的起源、艺术特征、演唱技巧等理论知识等

（蕉岭县文化馆 提供）

◆2022年9月28日，三圳镇九岭村举办蕉岭县2022年文化文艺志愿服务系列活动——“喜迎二十大•欢度国庆节”非遗图片展

（蕉岭县文化馆 提供）

◆船灯（广福船灯）2022年入选广东省第八批省级非物质文化遗产名录。图为蕉岭县广福船灯代表性传承人表演

（蕉岭县文化馆 提供）

◆三及第制作技艺（蕉岭三及第）2015年入选广东省第六批省级非物质文化遗产名录。图为2022年12月14日，蕉岭县参加2022年梅州市首届群众文艺会演活动暨客家文化非遗艺术周，歌伴舞《一碗三及第》获音乐类作品银奖

（蕉岭县文化馆 提供）

民生福祉

◆长潭镇白马段碧道
（汪敬淼 摄）

◆长潭镇浒竹水库环湖步道建成投入使用 （汪敬淼 摄）

◆蕉城镇长寿新城智慧停车场投入运行 （汪敬淼 摄）

◆广育村居家养老服务站
（汪敬淼 摄）

◆蕉岭县长者饭堂
（汪敬淼 摄）

◆蕉岭中学熊德龙体育场改造完成 （汪敬淼 摄）

名优特产

【蕉岭金桔】

蕉岭金桔产自广东省梅州市蕉岭县长潭镇，主要产区包括百美村、长潭村和长东村。蕉岭金桔种植已有近200年历史，最早可追溯至19世纪初。据村中长辈相传，清道光年间（1821—1850），祖辈从福建省宁化县引进金桔种，育苗成活后推广种植。20世纪90年代，蕉岭金桔种植面积达1000多亩。1985年，百美村举办第一届“蕉岭金桔节”。蕉岭金桔的主产地位于蕉岭县西部山区，该地区属亚热带季风气候，夏长冬短，雨水充沛，昼夜温差较大，得天独厚的地理环境和气候条件造就了蕉岭金桔的优良品质。蕉岭金桔成熟后，果子呈椭圆形，橙黄色，皮光滑，肉质脆，甜度高，味道独特。蕉岭金桔含有天然的果酸、膳食纤维、维生素A、维生素C以及胡萝卜素。

目　录

特　辑

大事记

蕉岭概况

政　治

社会生活

民政

劳动保障·社会保险

乡镇·省、市驻蕉岭单位

乡镇概况

省、市驻蕉岭单位

社会经济统计资料

社会经济统计资料

表彰名录

先进集体

先进个人

特 辑

责任编辑：陈 军

在中国共产党蕉岭县第十四次代表大会第二次会议上的报告

中共蕉岭县委书记 刘鸿涛

一、2021 年工作回顾

2021 年是党和国家历史上具有里程碑意义、必将载入史册的一年。一年来，县委深入学习贯彻习近平新时代中国特色社会主义思想和习近平总书记对广东重要讲话重要指示批示精神，认真落实中央和省委、市委决策部署，奋发作为、攻坚克难，努力完成全年目标任务，推动“十四五”发展实现良好开局，经济社会各项事业发展取得新进步。县委突出抓了三件大事：一是紧扣庆祝党的百年华诞固本铸魂，深入开展党史学习教育，引导全县上下以实际行动践行“两个确立”、做到“两个维护”；二是聚焦“十四五”发展落子布局，推动一系列重大战略和规划实施；三是围绕苏区振兴谋划高质量发展，圆满完成集中换届工作，成功召开县第十四次党代会，确立了以“三三三五”发展战略打造老区苏区振兴高质量发展广东新样本的目标路径。主要工作成效有六个方面：

（一）经济质效稳步提升。全县生产总值预计实现 106.4 亿元，同比增长 5%；规模以上工业预计完成增加值 29.65 亿元，同比增长 15%；一般公共预算收入实现 7 亿元，同比增长 9.1%；城乡居民人均可支配收入预计实现 28353 元，同比增长 8%。延伸绿色建材产业链，严格落实能耗“双控”措施，塔牌固废替代原（燃）料、皇马新型熟料及余热发电、龙腾旋窑水泥节能减排等技改项目扎实推进，东方雨虹新型绿色建材等项目建成投产。发展清洁能源，推进太阳能光伏发电共建共享，塔牌光伏发电储能一体化项目扎实推进，新铺镇“光伏小镇”示范项目等签约落地。推动全域旅游，“卡拉比—丘”数学世界成功创建国家 AAA 级旅游景区，卡拉比一丘实景天象馆建成试运行，实现旅游总收入24亿元，比增10%。新增高新技术企业5家、市级工程中心2家。新登记市场主体1800多户，总量达到18000多户。

（二）乡村振兴扎实推进。巩固拓展脱贫攻坚成果同乡村振兴有效衔接，扎实推进驻镇帮镇扶村工作和“万企兴万村”行动，谋划基础设施建设、产业发展等项目174项。毛竹产业园入选省级现代农业产业园，蕉岭大米入选第二批全国名特优新农产品名录，创建全国“一村一品”示范镇村2个、广东省“一村一品、一镇一业”专业镇村9个、粤港澳大湾区“菜篮子”生产基地3个，获批全国农民合作社质量提升整县推进试点县、全国农业社会化服务创新试点县。大力实施乡村建设行动，全域推进农房管控和乡村风貌提升工程，建成176个美丽宜居村和48个特色精品村。

（三）城乡环境提档升级。优化城乡基础设施，新建、改造城乡公路36.8公里，获评“四好农村路”全国示范县；行政村自然村集中供水、城乡污水治理实现全覆盖；在全市率先实现自然村4G信号和光纤网络、县城城区5G信号、镇村电商服务站点、行政村物流快递“四个全覆盖”。积极创建县级国家森林城市，全面落实河长制、林长制，高效推进石窟河碧道建设，大力实施山水林田湖草沙一体化保护和修复工程，环境质量稳定向好。

（四）改革创新步履坚实。积极探索省际边界地区改革发展，深入福建省上杭县、武平县学习考察，举办粤闽赣（蕉岭）苏区省界工业产业发展研讨会，初步形成探索建设粤闽赣苏区改革试验区（蕉岭片区），构建“一区两园”格局的发展思路，稳步推进空间产业规划和前期工作。扎实推进全国乡村治理体系建设试点、全域土地综合整治国家级试点、城乡融合发展省级试点工作，“六事”乡村治理方式入选全国典型案例。持续深化“放管服”改革，设立工程建设项目申办专窗，推动工程建设“一网通办”，加快推进“证照分离”和“数字政府”改革建设。

（五）重点民生持续改善。“粤菜师傅”“广东技工”“南粤家政”三项工程有效实施，新增城镇就业1452人，城镇登记失业率持续低于市下达控制数。慎终如始抓好常态化疫情防控，全年未发生外来输入和本地病例。三家县级公立医院顺利完成迁建并全面开诊，获评广东省健康促进示范县。实施校园提质改造项目，落实“双减”政策，新增公办幼儿园学位360个，高考成绩再创新高，2020年省对县人民政府履行教育职责评价位居北部生态发展区第一。大力创建全国县级文明城市，被确定为全国乡村“复兴少年宫”建设试点县。扎实推进政法队伍教育整顿、市域社会治理现代化试点、扫黑除恶常态化制度化，全县信访总量持续下降，“一核三线三方”基层治理模式入选全省治理现代化优秀案例。全年未发生较大以上安全生产事故。

（六）党的建设全面加强。县委始终坚持旗帜鲜明讲政治，坚决落实省委“两个维护”十项制度机制，持续巩固坚决全面彻底肃清李嘉、万庆良恶劣影响成果。高质量建立政治要件台账97项，采取具体举措、取得具体成效357项。扎实开展党史学习教育，多层次、多形式深入学习习近平新时代中国特色社会主义思想和习近平总书记系列重要讲话重要指示批示精神，专题学习、集中研讨习近平总书记“七一”重要讲话精神和党的十九届六中全会精神，深入开展“我为群众办实事”实践活动，办好各项民生实事1500多件，县领导牵头的86项民生项目和年度十件民生实事全部落地落实。意识形态工作责任制有效落实。大统战工作格局加快构建。党管武装、国防动员和后备力量建设有力落实。扎实推进加强党的基层组织建设三年行动计划，圆满完成新一轮村级换届工作，100%实现村党组织书记“三个一肩挑”。扎实推进党建引领乡村振兴，全面消除5万元以下村集体经济薄弱村，80%以上的村集体经济年收入达10万元以上。扎实推进党风廉政建设和反腐败工作，全年立案98件98人；积极开展巡察“回头看”，解决群众身边腐败问题和不正之风以及群众反映强烈的问题74个。

二、2022年工作安排

今年是党的二十大召开之年，全县上下要围绕这个大局，坚决扛起稳定经济大盘、稳住社会大局的政治责任，切实营造平稳健康的经济环境、国泰民安的社会环境、风清气正的政治环境。要紧扣发展第一要务，全面贯彻落实省委十二届十五次全会、市第八次党代会、县第十四次党代会精神，抢抓“三区”叠加政策机遇，狠抓实体经济、乡村振兴两大重点，进一步解放思想、大胆探索、主动作为，坚定不移做好自己的事情，努力干出新成效、展现新气象。

今年工作的总体要求：以习近平新时代中国特色社会主义思想为指导，全面贯彻落实党的十九大和十九届历次全会以及中央经济工作会议精神，深入贯彻习近平总书记对广东系列重要讲话和重要指示批示精神，按照习近平总书记赋予广东的使命任务要求，弘扬伟大建党精神，加强党的全面领导和党的建设，坚持稳中求进工作总基调，完整、准确、全面贯彻新发展理念，认真落实省委、市委部署要求，狠抓发展第一要务，全面激发内生动力，大力实施“三三三五”发展战略，推进工业强县、产业兴县，统筹疫情防控和经济社会发展，统筹发展和安全，继续做好“六稳”“六保”工作，壮大实体经济，持续改善民生，保持社会稳定，以优异成绩迎接党的二十大胜利召开。

今年全县发展目标：地区生产总值增长7%以上，一般公共预算收入增长6.3%以上，城乡居民人均可支配收入增速高于经济增速。我们要注重统筹兼顾，抓住关键环节，重点抓好五个方面工作。

（一）着力壮大实体经济。坚持以经济建设为中心，把工业和生态有机结合，优化要素配置，狠抓平台建设、招商引资、技术改造、增资扩产，扶强现有企业，争上税收大、就业多、成长性好的项目。

先行先试探索建设粤闽赣苏区改革试验区。立足现有工业资源和产业基础，突出规划引领，强化政策对接，借力引才引智，深化互联互通，在蕉岭产业集聚地广福园区先行建设粤闽赣苏区改革试验区（蕉岭片区）广福核心区。加快推进“七通一平”基础设施建设，做实做足“筑巢引凤”功夫。以发展装配式建筑、建筑构件、新型墙体、精细化工等建材上下游产业为重点，以发展光伏装备制造等高端制造业为配套，探索绿色建材循环经济发展模式，打造绿色建材循环经济产业园。

加快以绿色建材为主体的实体经济强链延链。扎实推动现有企业增资扩产、技术改造、以商招商，积极引导企业转型升级，重点抓好塔牌集团固废替代原（燃）料资源综合利用技改、皇马4600吨新型干法水泥熟料生产线技改等项目建设，力争完成新开展技改企业8家，力促总投资73亿元的21个工业领域重点产业项目早日落地投产。力推装配式建筑发展，引导装配式建筑设计、科研、建筑材料、构配件生产、物流、检测等企业产业聚集。坚持以创新引领产业发展，积极培育发展高新技术企业和科技型中小企业，积极开展产学研联动，鼓励规模以上工业企业广泛设立研发机构，力争新增8家以上“小升规”企业，力促蕉华园区争创省级高新区。全面推进土地、石灰石等自然资源节约集约高效利用，提升自然资源对实体经济发展的保障和支撑能力。深化营商环境综合改革、“放管服”改革、乡镇体制改革、预算管理制度改革，以一流营商环境服务实体经济发展。

加快培育新经济发展壮大新动能。以健

态竹制品产业园、广东供销冷链物流产业园等项目为牵引，拉动广东梅州大健康高科技产业园建设提速；以卡拉比—丘实景天象馆落成运营、丘成桐中学科学奖（南部）赛区落地、光学设备制造等项目谋划为牵引，拉动“卡拉比—丘”数学小镇建设提速；以塔牌光伏发电储能一体化项目投产、粤电光伏发电项目竣工、新铺镇“光伏小镇”示范项目动工为牵引，拉动光伏发电产业发展提速，形成新经济“三驾马车”的规模效应，全面拉动实体经济扩量提质。

（二）*着力推动乡村全面振兴*。坚持以产业振兴为重点，持续巩固拓展脱贫攻坚成果同乡村振兴有效衔接，优一批规划、补一批短板、促一批提升、强一批支撑，抓住关键、聚力突破，不撒胡椒面、不搞平均用力，推动乡村振兴工作走在全省前列。

深入推进农村一、二、三产业融合发展。深入实施驻镇帮镇扶村和“千企帮千镇、万企兴万村”行动，以丝苗米、毛竹两个省级现代农业产业园为依托，实施品种、品质、品牌和标准化行动，大力培育和引进现代农业企业，大力发展农产品精深加工，连线成片打造产业精深加工示范区，建设区域性特色产业集群。整合闲置土地资源，大力发展南药产业。丰富乡村旅游业态，培育一批农旅融合示范点，推动三圳镇红色东岭旅游区、丘成桐祖居文化旅游区创建国家AAA级旅游景区。扎实推进全域土地综合整治国家级试点工作，强化产业项目土地保障。抓好省级家庭农场示范县创建项目，引导本地资本积极创办农业龙头企业，培育农业新业态。发展电子商务产业，争创国家级电子商务进农村综合示范县。

争创“抓党建促乡村振兴示范县”。强化县委“一线指挥部”作用，充分发挥乡镇党委“前沿作战部”作用，持续激发村党组织战斗堡垒作用，聚焦镇域经济、乡村振兴两个重点，抓稳抓实村集体经济和扶贫项目资产两个基础，强化队伍建设、人才保障和重大任务落实。深入开展农村人居环境整治提升五年行动，以厕所革命、生活垃圾处理和污水治理、村容村貌提升为重点，全域推进农房管控和乡村风貌提升，打造省际廊道美丽乡村示范带，建成97个美丽宜居村、20个特色精品村，促进乡村由“散”向“精”转变。

（三）*着力优化城乡发展环境*。以推进城乡融合发展省级试点工作为契机，统筹推动城市更新、乡村建设、生态文明建设、基础设施建设联动发展，全力打造绿色城乡环境、和美人文环境。

补齐基础设施短板。积极争取“双龙”高铁梅州至福建武平段建设动工、货运铁路专用线立项，扎实推进长深高速公路蕉岭文福段塔牌互通立交工程、95公里“四好农村路”、省道334线南磜步上至蕉城段改建等8宗交通项目，农村供水巩固提升工程、供水智慧化提升、石窟河碧道工程、中小河流治理工程等10宗水利项目，“绿水青山就是金山银山”实践创新基地、国家生态文明建设示范县等环保项目，以及5G基站、工业互联网、新能源汽车充电桩等新基建项目建设，提高城乡基础设施体系化水平。

推动城乡建设绿色发展。在城市建设中，以创建全国县级文明城市为抓手，加强文明传承、文化延续，加强乡土树种、古树名木保护，用“绣花”功夫做好城市精细化治理，建设精致绿色和谐县城。在乡村建设中，以改善农村人居环境为抓手，加强现有农房节能改造，不破坏地形地貌、不拆传统民居、不砍老树、不盖高楼，留住乡愁记忆。深入打好污染防治攻坚战，全力抓好国家重点生态功能区考核，大力推进山水林田湖草沙系统治理，实施矿山复绿返绿，创建县级国家森林城市。加强城乡历史文化保护传承，积极申报国家级和省级、市级文保单位。

（四）*着力保障和改善民生*。坚持以人民为中心，提升基本公共服务保障水平，兜住兜牢民生工作底线，夯实共同富裕基础，在高质量发展中不断创造高品质生活。

强化就业优先导向。持续统筹做好高校毕业生、异地务工人员和困难人员等重点群体的就业服务工作，推进全方位公共就业创业服务发展。扎实推进“粤菜师傅”“广东技工”“南粤家政”三项工程，培育更多高素质的“能工巧匠”。全年新增城镇就业 1400 人，城镇登记失业率控制在 3.5%以下。

扩大优质教育医疗供给。持续抓好常态化疫情防控，优化县人民医院、县中医医院、县妇女儿童医院医疗卫生设施，加强医疗卫生人才引进培养，推动优质医疗卫生资源下沉，建立完善的公共卫生体系。深入推进教育教学改革，做好“双减”背景下的教学质量管理，完成新铺镇中心小学、广福中学改扩建，落实桂岭学校、长潭镇中心幼儿园改扩建，提升基础教育学校办学条件，扩大普惠性学前教育资源供给。

完善社会保障体系。深入实施全民参保计划，深化养老、工伤、失业保险制度改革，扩大社会保险覆盖面。做实做细社会救助、社会福利、慈善事业、退役军人、优抚安置等工作，加强对农村留守儿童和妇女、老年人关爱，规划建设镇级综合养老服务中心，巩固退役军人服务中心（站）星级示范创建成果。

（五）着力在更高水平上统筹发展和安全。坚持以大概率思维应对小概率事件，全力维护国家政治安全，防控经济金融领域风险，有效防范化解各类风险挑战，筑牢社会平安稳定基石。

坚决维护国家政治安全。深入贯彻总体国家安全观，深入推进维护政治安全、社会矛盾治理专项行动，防范化解重点领域风险隐患，常态化开展扫黑除恶斗争，全链条打击电信网络诈骗犯罪，集中整治各类突出违法犯罪，力争刑事发案、破案“一降一升”目标。

全力抓好安全生产。完善应急管理体系，以安全生产专项整治三年行动为契机，聚焦道路交通、非煤矿山、建筑施工、消防等重点领域，绘制安全风险“一张图”，制定风险清单、责任清单、整改清单，全力创建国家安全发展示范城市。加强食品药品安全监管，争创食品安全省级示范县。

提升社会治理水平。推进平安蕉岭建设，用好新时代“枫桥经验”，总结提炼市域社会治理现代化建设成果和制度成果，推进城市管理网、社会服务管理网、社会治安网“三网”融合，完善矛盾纠纷多元化解工作机制。推进法治蕉岭建设，深化司法体制改革，全面落实司法责任制，不断提升依法行政、执法司法质量效率和公信力。依法推动兵役征集、国防教育、国防动员和民兵后备力量体系共建、成果共享。

三、加强党的全面领导和党的建设

抓好蕉岭改革发展稳定各项工作，关键在党、关键在人。要全面贯彻新时代党的建设总要求和新时代党的组织路线，一以贯之深化全面从严治党，为打造老区苏区振兴高质量发展广东新样本提供坚强政治保证。

（一）捍卫“两个确立”。进一步增强“四个意识”、坚定“四个自信”、做到“两个维护”，深入学习贯彻党的十九届六中全会精神，巩固拓展党史学习教育成果，牢牢把握党的百年奋斗的历史意义和历史经验，不断提高政治判断力、政治领悟力、政治执行力。认真学习贯彻习近平总书记关于广州大规模迁移砍伐城市树木、严重破坏城市自然生态和历史文化风貌的重要批示精神，始终坚持以人民为中心，决不做自以为领导满意却让群众失望的蠢事，绝不搞劳民伤财的“形象工程”“政绩工程”。严格执行省委“两个维护”十项制度机制，严明政治纪律和政治规矩，持续巩固坚决全面彻底肃清李嘉、万庆良恶劣影响成果，营造风清气正的政治生态。严格落实意识形态工作责任制，加强阵地管理，健全敏感信息闭环反馈机制，牢牢掌握意识形态工作的领导权、管理权和话语权。全面做好新时代统战工作，统筹做好民主党派、宗教、新的社会阶层人士等工作，团结好、引导好民营经济人士，做好“侨”的文章，画出最大同心圆。

（二）筑牢基层基础。深入落实新一轮加强党的基层组织建设三年行动计划，实施南粤党员先锋工程，深化机关干部“联乡兴村”等工作，健全镇村抓落实、部门齐抓共管、企业结对帮扶工作机制，进一步筑牢上下贯通、执行有力的严密组织体系。在村党组织领导下建好一张职责清单、一个党建课堂、一张党群联系网、一批振兴发展项目，增强农村党组织组织力。实施村级集体经济“10 万+”提质增量行动，成立县扶持壮大村级集体经济发展基金，力促年底前全部行政村集体经济收入达 10 万元以上，推动基层党组织全面过硬。

（三）加强队伍建设。坚持新时代好干部标准，健全完善干部素质培养、知事识人、选拔任用、从严管理和正向激励体系，着重从经济建设、改革创新、乡村振兴、维护稳定等基层一线选人用人，形成用结果说话、以业绩论英雄的鲜明导向。落实容错纠错机制，加强对敢担当、善作为干部的激励保护。围绕发展第一要务，优化人才政策，推进“卡拉比—丘”数学小镇人才项目，建设乡村振兴人才驿站，大力引进博士人才，“引”“育”“用”三点发力厚植“第一资源”。

（四）坚持正风肃纪。坚决落实全面从严治党主体责任、监督责任，把严的主基调长期坚持下去，锲而不舍落实中央八项规定精神，持续纠治形式主义、官僚主义，切实为基层减负。深化运用监督执纪“四种形态”，统筹推进纪律监督、监察监督、派驻监督、巡视巡察监督，加强政治监督。深化政治巡察，全面落实新一届县委全覆盖巡察任务，抓好对国有企业等单位的延伸巡察。严肃查处违纪违法案件，深入整治群众身边不正之风和腐败问题，一体推进不敢腐、不能腐、不想腐。

同志们，担当成就事业，奋斗赢得未来。让我们更加紧密地团结在以习近平同志为核心的党中央周围，在省委、市委的坚强领导下，团结带领全县党员干部群众，解放思想、实事求是，踔厉奋发、笃行不怠，奋力打造老区苏区振兴高质量发展广东新样本，以优异成绩迎接党的二十大胜利召开！

政府工作报告

——2023年1月13日在蕉岭县第十六届人民代表大会第三次会议上

蕉岭县人民政府县长　刘裕君

一、2022年工作回顾

2022年，县政府在县委的坚强领导下，坚持以习近平新时代中国特色社会主义思想为指导，深入学习贯彻党的二十大精神，全面落实“疫情要防住、经济要稳住、发展要安全”重要要求，积极应对复杂形势和经济下行压力，克难奋进，顶压前行，经济运行保持在合理区间，全县经济社会实现平稳发展。全县生产总值实现105.7亿元；固定资产投资完成31.19亿元；城乡居民人均可支配收入3.3万元；一般公共预算收入实现6.32亿元；社会消费品零售总额完成38.4亿元。

回顾过去一年，我们重点做了如下工作：

（一）全力抓产业、稳大盘，经济发展企稳向好。先行先试规划建设赣闽粤原中央苏区对接融入粤港澳大湾区振兴发展先行区（蕉岭片区），成为梅州苏区融湾入海“策源地”“先手棋”“见证者”，被市委、市政府确定为梅州苏区融湾先行区综合示范窗口，在用地、资金、平台建设等方面得到国家和省、市的大力支持。园区扩容提速。成功争取中央预算内投资、专项债券等资金约12亿元，用于基础设施建设，着力提升园区的承载力。蕉华园区通用标准厂房二期、广福园区污水处理和供水保障工程等项目有序推进，产业集聚地（绿色建材）获评省级特色产业园。工业强链延链。新增规上工业企业9家、高新技术企业6家，规上工业增加值实现24.71亿元。龙腾节能减排、宏基新材、金鹏精细化工等项目建成投产，塔牌固废替代、皇马新型熟料等项目动工建设。塔牌光伏发电储能一体化项目完工并网，新铺“光伏小镇”项目有序推进，完成金山、三坑抽水蓄能项目初步规划。坚持精准招商，派出4支驻外招商队，引进16个项目、总投资61亿元。全市首家工业互联网平台“广东众料联”等一批新项目落户蕉岭。农旅加速融合。完成3亩以上撂荒耕地复耕面积1.1万亩、垦造水田396亩，粮食安全更有保障。推动丝苗米省级现代农业产业园扩容提质，大力发展农业社会化服务，荣获广东农业生产托管南粤行争先赛二等奖，农业规模化机械化产业化水平不断提高。扎实推进毛竹省级现代农业产业园建设，打造活性炭生产基地，健态实业竹制品深加工综合产业园等项目建成投产，竹产业发展基地入选广东省首批林业特色产业发展基地。成功创建蜜蜂省级现代农业产业园、全省首个蜜蜂农业科技园区，“蜂景这边独好”成为蕉岭一张名片。蕉岭鹰嘴桃入选“全国名特优新农产品”。农业总产值实现30.59亿元，同比增长10.4%。“卡拉比—丘”实景天象馆建成使用，丘成桐祖居文化旅游区成功创建国家AAA级旅游景区，寿乡探秘之旅入选第三批广东乡村旅游精品线路，获评“全国康养产业可持续发展能力百强县”。

（二）着力夯基础、优环境，城乡面貌焕然一新。城乡更加宜居。以小切口推动大变化。全面完成农贸市场升级改造，完成2条道路优化升级、6条街道路灯提升，新建5

处智慧停车场。完成城区燃气“县县通工程”一期项目。扎实推进城乡供水一体化，打造农村集中供水2.0版本，完成供水管网、供水智慧化提升建设项目；分期推进城镇生活污水处理设施项目，新改建污水管网30公里。省际廊道美丽乡村风貌带、美丽乡村精品线路带、“寿乡画廊”乡村振兴示范带建设初见成效，建成美丽宜居村60个、特色精品村17个，获评全国村庄清洁行动先进县。长潭白马农业主题公园、文福长隆仓海诗廊成为乡村休闲打卡点。交通更加便利。完成国道天汕高速文福出口至梅县交界，以及省道新铺圩至十二排、石子排至横町奇等路面改造项目。完成逢甲大桥维修加固以及110公里农村道路提档升级工程。生态更加靓丽。全域土地综合整治国家级试点、山水林田湖草沙一体化保护和修复工程项目有序推进。县镇集中式饮用水源水质达标率100%，成为全市唯一的国家级节水型社会建设达标县。完成徐溪河等河流治理工程，以及6座小型水库、21宗山塘除险加固工程，河长制年度考核全市第一，成功创建全国小型水库管护样板县。完成水源林、纯林林分改造、森林抚育共2.6万亩，竹海森林公园获评“广东省林长绿美园”称号。

（三）倾力办实事、惠民生，民生福祉持续改善。社会保障坚实有力。坚持节约裕民，用心用情办好十件民生实事，全县民生支出24.34亿元，占一般公共预算支出的八成。“粤菜师傅”“广东技工”“南粤家政”三项工程培训700多人次，城镇新增就业1400多人。城乡低保、特困人员、优抚对象和残疾人补助标准逐步提高，城乡居民基本医疗保险参保率达100%。完成农村削坡建房边坡整治233户，群众住房更加安全、更有保障。社会事业齐头并进。慎终如始抓好疫情防控，全县疫情防控形势总体平稳，为经济发展赢得稳定的时间和空间。桂岭学校改扩建项目稳步实施，完成新铺镇中心小学、广福学校改扩建任务，新增学位1440个，完成蕉岭中学等7个运动场提升改造。成功申报广东省基础教育高质量发展实验区，连续两年省对县人民政府履行教育职责评价位居北部生态区第一名。蕉华社区医院医养结合、县疾控中心迁建等项目加快推进，完成县人民医院烈性传染病治疗综合区建设，实现省级卫生镇全覆盖。实施“双百工程”，社工服务站、社工服务覆盖率达100%。文体事业蓬勃发展。县级公共文化服务评价结果排名全市第一，《广福船灯》入选省级非遗项目名录，推进15处革命遗址修缮保护，新建粤书吧、村级文化馆服务点11个，县图书馆荣获“第九届全国服务农民、服务基层文化建设先进集体”称号。成功承办2022年全省航海模型锦标赛、无线电测向冠军赛，进一步彰显寿乡蕉岭的魅力。社会和谐稳定。落实信访工作条例，开展问题楼盘、涉众金融、养老诈骗等领域风险防范，常态化开展扫黑除恶斗争，圆满完成党的二十大等重大活动、重要节点安保维稳任务，全县刑事案件立案数比降22%。全面完成自然灾害综合风险普查，全县安全生产形势总体稳定，食品药品安全保障有力，森林防灭火、消防安全等防灾减灾救灾扎实有效。

（四）尽力促改革、提效能，政府建设不断强化。全面深入学习贯彻党的二十大精神，坚决落实省委“两个维护”十项制度机制，切实履行政府系统党建、党风廉政、意识形态等工作主体责任，政治生态持续净化。始终坚持向县人大及其常委会报告工作，向县政协通报情况，高效办结人大代表建议、政协委员提案，办复率、满意率均达100%。“八五”普法扎实开展。全面落实县领导挂钩联系企业等制度，持续深化“放管服”改革和数字政府建设，行政审批事项“网上受理、网上办结”均实现100%，“粤商通”使用全覆盖。工业项目“拿地即动工”成效初显，营商环境持续优化。“一核三线三方”基层治理模式入选全省治理现代化优秀案例，广福镇广育村入选“全国民主法治示范村”，“六事”治理模式入选第三批全国乡村治理典型案例，县人社局入选全国法治人社示范单位候选名单。与此同时，国防动员、退役军人事务、兵役征集、国防教育、双拥、青年发展、妇女儿童、民族宗教、外事侨务等工作有新进展，发展改革、人防、统计、审计、供销、气象、档案、方志、残联等工作取得新成绩。

各位代表，过去一年，我们经受了严峻的挑战，困难比我们预料的多，但结果比我们预计的好。我们由衷感受到，能够有效应对各种风险挑战，战胜诸多艰难险阻，根本在于习近平新时代中国特色社会主义思想的科学指引，离不开上级和县委的坚强领导，离不开县人大、县政协和社会各界的关心支持、有效监督，离不开全县干部群众的团结拼搏、实干苦干。在此，我代表县人民政府，向全县人民和广大建设者，向人大代表、政协委员，向驻蕉部队和武警官兵、省市驻蕉单位，向关心、支持蕉岭发展的帮扶单位和各界人士，表示衷心的感谢和崇高的敬意！

回望奋斗路，展望新征程。我们也清醒认识到，蕉岭发展不平衡不充分问题仍然突出：一是产业结构单一的弊端进一步凸显，产业转型升级压力大；二是用地、用林、用能、环境容量等要素制约持续加大，发展瓶颈尚未完全打开；三是财政收支矛盾突出，持续增收难度大，刚性支出持续增加；四是部分干部担当精神不足，执行力有待进一步提升，服务企业发展的意识仍需进一步加强。对此，我们将直面问题，采取更有力措施，认真加以解决。

二、2023 年工作安排

2023 年是全面贯彻落实党的二十大精神的开局之年。新的一年，我们面临新的形势、新的任务，更面临新的机遇。随着国家和省、市支持苏区振兴发展、“融湾入海”等政策的深入实施，给我们带来的政策红利必将不断凸显，尤其是市委、市政府全力支持蕉岭打造融湾先行区综合示范窗口，将为我们推动高质量发展注入新的动能、新的动力。我们深知走老路去不到新的目的地，必须创新思路推动工作，用新办法解决新问题。面对新矛盾、新问题，我们必须从习惯开顺风船向善于开顶风船转变，与时俱进、脚踏实地、埋头苦干，走实走好蕉岭红色苏区绿色发展新时代赶考之路。

今年政府工作的总体要求是：以习近平新时代中国特色社会主义思想为指导，全面贯彻党的二十大精神和中央经济工作会议部署，深入贯彻习近平总书记对广东系列重要讲话和重要指示精神，坚持稳中求进工作总基调，完整、准确、全面贯彻新发展理念，认真落实省委、市委和县委部署要求，聚焦融湾入海，坚持高质量发展，狠抓发展第一要务，发展壮大县域经济，突出制造业当家，牢牢扭住实体经济、乡村振兴两大重点，全面激发内生动力，举全县之力建设先行区(蕉岭片区)，全力打造梅州苏区融湾先行区综合示范窗口，奋力推动蕉岭红色苏区绿色发展，为蕉岭全面建设社会主义现代化开好局起好步。

今年的主要预期目标是：全县地区生产总值增长 6.5%；固定资产投资增长 12%；规上工业增加值增长 10%；一般公共预算收入增长 7%；居民人均可支配收入增速高于经济增速；社会消费品零售总额增长 6%；稳控节能减污降碳约束性指标。围绕上述目标，重点抓好七个方面工作：

（一）大抓融湾入海，打造融湾综合示范窗口。突出全域融湾、全面融湾，推动蕉岭与大湾区在产业、交通、规则上互联互通，在资源、市场、生态上共建共享。着力推进政策落地。落实好省市推动梅州苏区融湾振兴发展各项政策，推动更多改革类、发展类等融湾示范政策在蕉岭先行实施。结合先行区发展实际，谋划筛选一批重大事项、重大项目列入国家和省市“盘子”，并形成具体实施方案，明确时间表、任务书、路线图，推动各项目标任务落地落实。推动广福园区有序承接大湾区产业转移，用足用好省产业转移基金、专项债、用地、用能、环评等政策，打造高质量发展新的增长极。加强对实体经济的信贷支持，推动绿色金融改革创新试点落地。积极衔接大湾区规则机制，在全市率先完成一批试点改革，实现与大湾区人流、物流、资金流等各类要素双向流动。着力推进平台落地。用超常规举措激发苏区融湾振兴动能，建立“湾区总部、蕉岭基地”“湾区总装、蕉岭配套”“湾区研发、蕉岭制造”等模式，借智借力对口帮扶单位，与大湾区城市共建新型建材、绿色化工、装备制造等产业合作园区，打造“飞地园区”和“反向飞地”。积极参与海西经济区建设，强化与上杭、武平、寻乌等周边地区联动发展，共建产业合作园，面向赣闽展示梅州苏区融湾成果。着力推进产业落地。坚持产业第一，深度融入粤港澳大湾区现代产业体系分工，加紧加密产业联动，着力引进一批国企、央企来蕉设立区域总部或子公司，推动矿产资源经济、装配式建筑、光伏装备制造、大健康等产业集聚发展，致力打造一批新的百亿产业集群，率先在全市形成一批“产业融湾”带动高质量发展的典型经验。

（二）*大抓实体经济，提升高质量发展新动能*。始终把发展经济的着力点放在实体经济上，全力以赴建平台、抓产业、兴实体。加快园区建设。把广福园区作为蕉岭融湾入海的主战场，高起点、高标准建设绿色建材循环经济产业园、新型绿色化工产业园、光伏装备制造产业园，构建以新型绿色建材为主，集新能源、新材料、绿色化工等于一体的产业体系。加快推进园区基础设施配套和标准化厂房项目，建设“三纵三横”经济路网、10万平方米标准化厂房以及综合楼等配套设施。蕉华园区围绕创建省级经济特别合作区、省级高新区目标，提升园区标准化建设水平，加快完善标准厂房一期配套设施，推动建设标准厂房二期、智慧产业平台等项目。鼓励县属国企参与园区建设运营，盘活园区低效用地，落实工业用地“标准地”“带项目”供应，储备用地800亩。积极争取省产业转移基金、政策性开发性金融工具等项目资金，为园区建设提供有力保障。坚持制造业当家。落实省“制造业投资十条”等政策，实施制造业当家“一把手工程”，推动工作力量向制造业加强，政策措施向制造业倾斜，资源要素向制造业集聚。围绕工业投资增长13%、技改投资增长50%的目标，大力推动塔牌、油坑、皇马等骨干企业转型升级、增资扩产，推进皇马新型熟料、塔牌固废替代、中合环保扩建、恒塔机制砂等技改项目，以及冷链物流产业园、中润环保锂电池等工业项目建成投产。大力实施“个转企、小升规、规转股、股上市”市场主体培育计划，支持健态、昱竹、彭飞建筑等10家企业上规。鼓励支持企业研发，新增“专精特新”企业3家、省级高新技术企业5家、科技型中小企业15家，规上工业企业设立研发机构比例达40%以上，打造一批5G智能制造示范企业、绿色工厂。狠抓招商引资。全面实施“一把手”招商，坚持领导干部常态化组团赴珠三角、京津冀、长三角、厦漳泉等重点区域带头开展招商引资。大力实施“乡贤回乡投资兴业”工程，强化以商招商、以链引商、资源招商，推广“以投代引”资本招商模式，每季度在广州、深圳、东莞、佛山等地召开小型专场推介会1次以上，举办“走出去”重要投资促进活动不少于2场次，着力引进一批绿色建材、矿产资源、新能源、新材料等产业项目，推动华立风新型材料、福坤环保等意向项目快签约，中电建新能源、穗发光伏发电等签约项目快落地，力争引进总投资超亿元项目5个、超10亿元项目1个。与此同时，发挥招商专班和并联审批专班作用，谋划、储备、申报一批中央预算内投资、专项债、政策性银行贷款项目，做深做细前期工作，提高项目成熟度，确保有更多的项目落地见效。

（三）大抓基础设施，构建高质量发展新支撑。坚持系统谋划、整体协同，全面加强现代化基础设施体系建设。完善融湾入海通道。实施交通建设年行动，大力推动“双龙”铁路梅州经蕉岭至武平段建设，动工建设省道334线步上至蕉城段、省道223线隘罗坪至步上段等公路改造提升，实施长潭大桥等桥梁加固提升工程，加快推动货运铁路专用线、梅县经蕉岭至永定（上杭）高速、平蕉大高速、长深高速公路文福塔牌互通立交、205国道樟坑至油坑段东移改线、省道334线龙角岌至长东大桥段等项目。完善现代水利设施。加强智慧水务建设，推动实施农村供水“三同五化”改造提升工程，扎实推进城镇生活污水处理设施提质增效、污水处理中心提标扩容、长潭片区生活污水管网工程，加快推进黄竹坪灌区、东联灌区改造工程以及小水电清理整改，动工建设石窟河沿岸灌排渠系改造、碧道工程长潭段、5宗小型水库除险加固等项目。完善五宜城市配套。以创建全国县级文明城市为抓手，推动桂岭新区扩容提质工程，抓好一批总投资22亿元的城市开发项目，加快建设桂岭新区医院生命通道基础设施项目。分步实施城区居民燃气户内设施改造，以及桂岭花园等老旧小区改造，分批推进长潭大道等智慧灯杆建设项目，实施10处易涝点整治。实施县城基础设施及电路改造、配电网升级改造，新建一批新能源汽车充电桩。坚持以“绣花功夫”管理城市，建设智慧社区、智慧交通、智慧城管等便民服务平台，以及80个5G基站、9个智慧停车场，打造智慧化、现代化五宜城市。

（四）大抓县域振兴，打造高质量发展新亮点。统筹县的优势、镇的特点和村的资源，全力推动城乡区域协调发展。做大做强县域经济。全面落实“百县千镇万村高质量发展工程”，做强根植本地的特色产业，加快实施一批短期有效益、长期可持续的项目。大力发展矿产资源经济，加快广福石峰大理岩采矿权出让，积极引进大企业、大集团与县属国企合作，共同参与大理岩等矿产资源开发利用，建设年产300至500万吨的重钙粉生产基地，发展碳酸钙等矿产品精深加工，打造百亿绿色重钙循环经济产业园。大力发展装配式建筑产业，培育壮大宏基新材、新塔建材等装配式建筑企业，引进长江精工钢结构等一批建筑业龙头、总部经济、产业园落户蕉岭，打造装配式集成建筑产业基地。大力发展新能源产业，加快推进广东能源集团光伏发电、新铺“光伏小镇”等项目建成并网，扎实推进金山、三坑抽水蓄能电站项目建设，着力引进新能源产业链，形成集群式发展格局。大力发展数字经济，用好“众料联”工业互联网平台，引进一批大数据、软件及信息技术服务等数字经济龙头企业，做实“数字+工业”经济基础，积极承接省政务大数据中心灾备中心（梅州分中心）建设，打造“蕉岭智谷”。大力发展康养文旅产业，擦亮世界长寿乡金字招牌，深化与省微生物研究所、广药集团等大型企业的对接合作，大力发展食品工业、生物医药等大健康产业，规划建设大健康功能微生物区域创新中心，推动大健康产业突围突破；立足山水人文资源，匠心打造串联蕉城三圳寿乡画廊、南礤蓝坊十里竹海、文福广福名村名居、长潭田园风光、新铺千年古镇的特色旅游线，丰富乡村游、生态游、红色游、民宿游等业态。申报创建2023年度国家级县域商业建设行动示范县。全面推进乡村振兴。深入推进驻镇帮镇扶村，巩固拓展脱贫攻坚成果同乡村振兴有效衔接，守住不发生规模性返贫底线。坚决遏制耕地“非农化、非粮化”，大力推进田长制，有效保护耕地，深入推进水田垦造、高标准农田建设、撂荒耕地复耕复种，推广农业生产托管服务，稳定粮食播种面积和产量。大力发展现代农业，推进丝苗米、毛竹、蜜蜂省级现代农业产业园建设，积极创建食用菌、预制菜等产业园，创新品牌强农、产业联农、资金扶农等联农带农机制，有效带动农民增收致富。培育新型农业经营主体，做优长潭金桔、南磜竹笋、新铺辣椒、广福鹰嘴桃等特色产业，认定“两品一标”农产品1个，新增粤港澳大湾区“菜篮子”生产基地2个，打造乡村产业社区试点2个，推动全县各村集体经济收入稳定在10万元以上，真正让农业有奔头、农民有甜头。实施乡村建设行动，全面推进农房管控和乡村风貌提升，建设宜居宜业和美乡村，打造内外兼修的乡村振兴示范带、省际廊道美丽乡村风貌带，完成15%以上美丽圩镇示范建设，争创省级美丽乡村示范县。提升乡村治理水平，纵深推广“六事”治理模式，推行网格化管理，繁荣发展乡村文化，促进移风易俗，形成文明乡风、良好家风、淳朴民风。

（五）大抓绿美蕉岭，拓展高质量发展新优势。高标准推进绿美蕉岭生态建设，创建国家森林城市，打造人与自然和谐共生的绿美蕉岭样板。实施绿量提升行动。加快完成高质量水源林造林2300亩，林分改造、林相改善2.5万亩，以及森林抚育3万亩，提升“林环境”。实施一批百姓身边的口袋公园、小微绿地等绿化项目，提升一批绿道、碧道、古驿道的森林颜值，建设一批森林小镇、绿美古树乡村，扮靓“林景观”。加快补齐森林火灾、虫灾防治短板，加强古树名木保护，保障“林安全”。实施绿质提升行动。围绕天更蓝、地更绿、水更清、景更美，培育稳定健康、优质高效的“林系统”，严格落实“三线一单”分区管控，做好国家重点生态功能区保护及考核工作，加快推进山水林田湖草沙一体化保护和修复等项目，建设绿色矿山，创建国家级“两山”理论实践创新基地、生态文明建设示范县。落实好“双碳”政策，严控“两高”项目发展，抓好工业固废、道路扬尘、建筑垃圾、清洁小流域等治理，鼓励智能光伏与绿色建筑融合创新发展，推动生活垃圾分类示范片区建设，推进绿色生产、推广绿色工艺、倡导绿色生活。实施绿效提升行动。引进培育省级林业龙头企业1家、省级林下经济示范基地1个，发展壮大蜜蜂、南药、灵芝、木蜡、竹荪等特色产业，推动绿美经济产业化发展。积极融入大湾区生态资产和生态产品交易市场，探索森林资源资产化、价值化转变机制，开展林业碳汇试点工作，挖掘增汇潜力，建设绿色银行，做强“林经济”。

（六）大抓社会事业，共享高质量发展新成果。坚持把群众的“关键小事”当成“头等大事”，及时回应群众关切，让民生更有温度、幸福更有质感。办好人民满意教育。做好“双减”工作，扩大优质教育供给，完成桂岭学校改扩建项目，新增1500个义务教育优质学位，规划新建1所九年一贯制学校。办好老年教育，推进全民终身学习，建设学习型社会。积极创建广东省基础教育高质量发展实验区。推进健康蕉岭建设。认真落实新阶段疫情防控各项措施，保障好群众就医用药，着力保健康、防重症。深化医药卫生体制改革，加大紧密型县域医共体建设力度，加快推进蕉华社区医院医养结合、县疾控中心迁建等项目。完善社会保障体系。全力推进居家养老服务“1+8+N”工程，推动农村特殊困难群体供养新模式试点工作。深入实施“三项工程”，力争实现城镇新增就业1400人以上，完成职业技能培训1000人次以上，以稳就业托起群众“稳稳的幸福”。优化文体事业发展。推进县文化馆、粤书吧和“两中心”融合试点建设，深入实施非物质文化遗产发展工程，全力推进全民健身中心建设。抓好革命遗址修缮保护利用，弘扬苏区红色文化。提升社会治理水平。统筹发展与安全，常态化开展维稳、扫黑除恶斗争，严厉打击电信网络诈骗、非法集资等违法犯罪行为，深入开展重点领域安全隐患排查整治，确保社会大局平安稳定。与此同时，扎实开展第五次全国经济普查，稳妥推进国防动员体制改革，加强民兵预备役建设，做好退役军人事务、发展改革、妇女儿童、青年发展、民族宗教、外事侨务、台港澳、统计、审计、人防、气象、方志、档案、残联等工作，促进社会事业全面发展。我们坚持尽力而为、量力而行办好民生实事，今年在办好省市交办民生实事的基础上，结合实际、依照程序，拟订提供优质基础教育、优化生育支持政策等十件民生实事候选项目，并继续实行人大代表票决制，请大家审议。

（七）大抓改革创新，释放高质量发展新活力。坚持对标湾区先进，拿出敢为人先的勇气，以环境强引力，以改革增动力，以开放添活力，激活蕉岭“一池春水”。全力优化营商环境。着力提升政务服务效能，实施对标大湾区营商环境优化提升行动，深化“放管服”、数字政府和工程建设项目审批改革，大力推进“一网通办”、并联审批、工业项目“拿地即动工”，推动与大湾区城市实现高频政务服务事项“跨市通办”，努力提供与大湾区“无差别”的办事体验。着力破解企业发展瓶颈，用心用情开展“稳企暖企”行动，落实企业诉求快速响应、“一起益企”等服务机制，全力保障企业用地、用林、用能、用工、融资等要素，切实为企业解难题、办实事，以更优的营商环境护航高质量发展，真正让国企敢干、民企敢闯、外企敢投。深化重点领域改革。深化镇级行政体制改革，在社会治理、产业发展、区域合作等方面赋予各镇更多自主权限，把各镇打造成为乡村治理中心、农村服务中心、乡村经济中心，增强综合服务功能。巩固提升全国乡村治理体系建设试点成果，深入推进全域土地综合整治国家级试点、城乡融合发展省级试点等改革任务。探索开展农村集体建设用地改革，推动农村集体经营性建设用地入市。扎实推进县属国有资本重组调整，推动桂岭控股集团有序运转，强化与大湾区国企央企的对接合作，做大做强优势国有企业。提升对外开放水平。积极对接粤港澳大湾区、海峡西岸经济区两大经济圈，加强产业对接和市场互联，探索建设赣闽粤合作园区，打造跨省合作平台。实施人才强县工程，完善青梅计划、金盾工程等人才政策，加强与大湾区高层次乡贤人才和省科学院、省微生物研究所、粤港澳国家应用数学中心等权威科研院所的沟通互动，在实体经济、乡村振兴、医疗教育等领域，着力引进一批高质量、带项目的科研团队和急需紧缺人才。提高财税保障能力。坚持生财有道，完善培植税源机制，科学分解重点税源培植任务，同时梳理完善向上争取资金的工作指引和考核办法，积极获得更多专项资金、地方政府债券和重点生态功能区转移支付资金支持，多渠道实现财政增长。坚持理财有方，全面摸清盘活国有资源、国有资产，推动资源资产价值最大化。坚持用财有效，持续深化财税改革，加强财政资金绩效管理，提升财政资金使用效能。

与此同时，我们努力加强自身建设，打造人民满意政府。坚持忠诚为政。坚定不移以习近平新时代中国特色社会主义思想凝心铸魂，深入学习贯彻党的二十大精神，忠诚拥护“两个确立”、坚决做到“两个维护”，切实把党的领导贯穿到政府工作各领域全过程，确保上级和县委各项决策部署不折不扣落实到位。坚持依法行政。深入践行习近平法治思想，全面推进法治政府建设，高质量办好人大代表建议和政协提案，自觉接受人大法律监督、政协民主监督，主动接受舆论和社会监督，推动政务服务更加高效，政府行为更加规范，让权力在阳光下运行。坚持务实勤政。围绕作风建设年行动，大力推动工作项目化管理、清单式推进、销号制落实，形成“千斤重担众人挑，人人身上有指标”的干事创业氛围。用好正向激励和容错纠错机制，推进权责制度化、流程标准化、运行高效化。坚持从严治政。落实全面从严治党要求，严格执行中央八项规定及实施细则精神，严防“四风”回潮。牢固树立过“紧日子”思想，把有限的资金用在保民生、促发展、补短板上。扎实推进政府系统党风廉政建设和反腐败斗争，严厉查处群众身边的“微腐败”问题，让干部清正、政府清廉、政治清明。

各位代表，真抓才能攻坚克难，实干才能梦想成真！让我们更加紧密团结在以习近平同志为核心的党中央周围，在省委省政府、市委市政府以及县委的坚强领导下，心无旁骛、奋力争先，为谱写新时代蕉岭红色苏区绿色发展新篇章而努力奋斗！

简缩词解释

融湾入海：“湾”指粤港澳大湾区，“海”指以福建为主体的海峡西岸经济区。

“双百工程”：镇、村（社）实现社会工作服务站（点）100%覆盖、困难群众和特殊群体社会工作服务100%覆盖。

“以投代引”：通过设立产业基金，对重大工业招商项目予以重点倾斜，从而撬动社会资本投资。

“两品一标”：绿色食品、有机农产品和农产品地理标志。

“六事”：一个支部管事、一张清单明事、一套机制议事、一个地方说事、一种方法评事、一个模式强事。

“三线一单”：生态保护红线、环境质量底线、资源利用上线和生态环境准入清单。

“两山”：绿水青山就是金山银山。

“双碳”：碳达峰与碳中和。

“两高”项目：高耗能、高排放的项目。

“双减”：有效减轻义务教育阶段学生过重作业负担和校外培训负担。

“1+8+N”工程：建设1个县级综合养老服务中心，8个镇级综合养老服务中心，N个村（社）居家养老服务站（点），形成县、镇、村居家社区养老服务网络。

“一起益企”：全力服务企业，推动企业问题诉求得到高效解决的工作机制。

大事记

责任编辑：林景昌

1月

1日 蕉岭县人民医院举行急救大楼捐赠冠名暨揭牌仪式，急救大楼被冠名为“晋均大楼”。县领导陈春妮、彭刚、朱发庆参加活动。

2日 市民政局慰问组到蕉岭开展走访慰问活动，到蕉城镇敬老院、蕉岭县长者饭堂等地慰问老人。副县长张慧参加活动。

3日 梅州市诗词学会创作基地揭牌仪式暨梅州市诗词学会新年诗会在文福仓海诗廊、逢甲纪念中学举行。省地方志办公室副主任、仓海诗廊项目发起人丘洪松，梅州市诗词学会会长范耀文等为梅州市诗词学会创作基地揭牌。

同日 上海证券报2021上市公司“金质量”奖评选结果揭晓，塔牌集团荣获“公司治理奖”。

4日 市委人才工作会议召开，县领导刘鸿涛、刘裕君、张伟杰、钟梅芬、林文建、胡班、曾文渊、陈丽、谢伟传等在蕉岭分会场收看收听会议。

5日 广东省林业局公布广东省十大样板镇村林场名单，蕉岭县长潭镇大坑山林场名列其中，是梅州市唯一入围的林场。

6日 由广东省数学会与粤港澳应用数学中心联合主办，广州新华学院、嘉应学院、丘成桐国际会议中心共同协办的医疗健康交流研讨会在蕉岭举行。广东省数学会理事长、粤港澳应用数学中心主任姚正安教授，县委书记、蕉华工业园区党委书记刘鸿涛，县委副书记、县长、蕉华工业园区管委会主任刘裕君，以及专家学者等出席开幕式。

同日 省委政法委副书记叶向荣率队到蕉岭调研市域社会治理现代化试点工作。县委副书记、政法委书记林文建陪同。

同日 由广东省围棋协会指导，县东湖棋院承办，岭南院子协办的2022年第七届广东省业余围棋定级定段赛蕉岭赛区比赛在岭南院子举行。

7日 副市长蒋鲲到蕉岭调研园区建设和督导检查安全生产工作。县委书记、蕉华工业园区党委书记刘鸿涛陪同调研。县领导余翔、丘建安参加调研。

11日 广州市来穗人员服务管理局党组成员、副局长俞国华率队到蕉岭调研乡村振兴驻镇帮镇扶村工作。副县长李杜强陪同。

12日 省方志办等单位联合发文通报2021年“多彩乡村 学史奋进”主题教育实践活动优秀获奖作品和优秀组织单位名单。其中，蕉岭县报送的《富美广育》获图片（类）一等奖，《红色绘就东岭新画卷》获微视频三等奖，《追思先烈革命史，谱写东岭新篇章》获调研报告优秀奖。

17日 中国共产党蕉岭县第十四次代表大会第二次会议在蕉城开幕。县委书记、蕉华工业园区党委书记刘鸿涛代表县委作报告。

同日 县第十六届人大常委会举行第四次会议。会议由县人大常委会主任张伟杰主持，县人大常委会副主任江运洪、饶森健、陈苑娜、古育辉、张卫、丘志铭出席会议。

同日 蕉岭县国防教育训练基地暨民兵军事训练基地举行揭牌仪式。县委书记、蕉华工业园区党委书记刘鸿涛等为基地揭牌，县领导谢伟传、张慧参加揭牌仪式。

19日 副市长蒋鲲到蕉岭督查疫情防控工作，县委副书记、县长、蕉华工业园区管委会主任刘裕君陪同督查。

20日 政协第十二届蕉岭县委员会第二次会议在丘成桐国际会议中心开幕。县政协主席钟梅芬，副主席彭刚、古芹花、汤超宏、肖培彬，县政协党组成员徐文在主席台就座。县政协副主席张永超主持会议。县委书记、蕉华工业园区党委书记刘鸿涛，县委副书记、县长、蕉华工业园区管委会主任刘裕君，县人大常委会主任张伟杰，县委副书记、政法委书记林文建出席会议。

同日 蕉岭县第十六届人民代表大会第二次会议在丘成桐国际会议中心开幕。大会由县委书记、蕉华工业园区党委书记刘鸿涛主持。县委副书记、县长、蕉华工业园区管委会主任刘裕君向大会作政府工作报告。

同日 国家中医药管理局印发《关于命名河北省清河县等171个地区为全国基层中医药工作先进单位的决定》，公布2019—2021年创建周期全国基层中医药工作先进单位名单，其中蕉岭县获评县级全国基层中医药工作先进单位。

21日 全县新冠疫情防控工作会议召开。县委书记、蕉华工业园区党委书记刘鸿涛，县委副书记、县长、蕉华工业园区管委会主任刘裕君参加会议并讲话。

23日 省文旅厅官网发布《关于公布第三批广东省文化和旅游特色村、乡村旅游精品线路名单的通知》。蕉岭寿乡探秘之旅入选第三批广东省乡村旅游精品线路名单。

24日 县委书记、蕉华工业园区党委书记刘鸿涛，县委副书记、县长、蕉华工业园区管委会主任刘裕君率领慰问组到梅州军分区开展春节拥军慰问活动。市委常委、梅州军分区政委陈煜昌，司令员段见云，副司令员谷永晟与慰问组亲切座谈交流。

26日 广州发展新能源公司粤东分公司总经理林高扬、广州亿腾新能源公司总经理文高龙率考察团到蕉岭考察。副县长谢彦博陪同。

27日 蕉岭县召开党史学习教育总结会议。市委党史学习教育第五巡回指导组副组长陈友权及成员到会指导。县委书记、蕉华工业园区党委书记刘鸿涛作总结讲话，县委副书记、县长、蕉华工业园区管委会主任刘裕君主持会议。县委常委、县委宣传部部长陈丽传达习近平总书记重要指示和中央、省、市党史学习教育总结会议精神。县领导林文建、丘文慈、谢伟传、张艳辉等参加会议。

同日 蕉岭县新阶联开展慰问支援五华抗疫医务人员活动。副县长陈春妮参加活动。

28日 省工业和信息化厅联合省相关部门开展2020年度地级以上市制造业发展情况评估工作，对21个地级市2020年度制造业发展情况进行分类评估，评出制造业发展较好县(市、区) 58个，其中，蕉岭县榜上有名。

29日 县桂岭新区医院生命通道基础设施建设项目伍福花园小区至逢甲大道路段于1

月29日正式通车。

30日 市委常委、市纪委书记、市监委主任蒋万军，市人大常委会党组副书记、副主任余其豹，副市长蒋鲲分别率队到蕉岭看望慰问基层困难群众。县领导刘裕君、张伟杰、曾文渊、丘志铭陪同慰问。

同日 农业农村部、国家乡村振兴局印发《关于通报表扬2021年全国村庄清洁行动先进县的通知》，对98个措施有力、成效突出、群众满意的村庄清洁行动先进县予以通报表扬。蕉岭县名列其中，成为梅州市唯一上榜县。

2月

5日 交通运输部、财政部、农业农村部、国家乡村振兴局联合印发通知，命名全国153个县（市、区）为"四好农村路"全国示范县。其中，蕉岭县获"四好农村路"全国示范县称号。

6日 广东省企业联合会、广东省企业家协会发布2021年广东企业500强、广东民营企业100强及各行业100强。塔牌集团再度上榜，居广东企业500强第237位、广东制造业企业100强第89位。

同日 省卫生健康委二级巡视员李建中率队到蕉岭调研疫情防控工作。县委副书记、县长、蕉华工业园区管委会主任刘裕君陪同调研。

7日 广东省爱国卫生运动委员会公布2021年广东省卫生城镇名单，蕉岭县南礤镇、文福镇、长潭镇获"广东省卫生乡镇"荣誉称号。至此，蕉岭县8个镇实现"广东省卫生乡镇"全覆盖。

8日 副市长陈伶俐到蕉岭督导检查疫情防控工作。县领导刘鸿涛、刘裕君等陪同。

9日 市委副书记、市长王晖到蕉岭督导检查疫情防控工作，慰问一线工作人员。市领导蒋鲲、陈亮参加活动。县领导刘鸿涛、刘裕君等陪同。

10日 由县方志办、南礤镇党委政府指导，石寨村委会编纂的蕉岭县首部村志——《石寨村志》正式出版发行。

14日 蕉岭县举办以"爱在心中，情暖寿乡"为主题的大型无偿献血活动，广大市民踊跃参与。

15日 《中央宣传部办公厅 文化和旅游部办公厅 国家广播电视总局办公厅关于表彰第九届全国服务农民、服务基层文化建设先进集体的决定》发布，其中，蕉岭县图书馆获得"第九届全国服务农民、服务基层文化建设县级文化馆、图书馆、乡镇（街道）综合文化站、村（社区）综合性文化服务中心先进集体"称号。

19日 副市长谢钦文到蕉岭调研现代农业产业园建设和乡村振兴工作。县领导刘鸿涛、刘裕君、丘志铭、李杜强陪同。

22日 县人武部、县退役军人事务局、蓝坊镇相关负责人，为荣立三等功的现役军人林伟鹏家属送喜报。

同日 在中国共产党蕉岭县第十四届纪律检查委员会第二次全体会议上，县委常委、县纪委书记、县监委主任曾文渊代表县纪委常委会作工作报告。

23日 梅州市人民医院与蕉岭县人民医院签订专科共建战略合作协议，县委书记、蕉华工业园区党委书记刘鸿涛，县长、蕉华工业园区管委会主任刘裕君，副县长陈春妮，梅州市人民医院党委书记、院长钟志雄等出席签约仪式。

同日 省市场监管局和广药集团广州采芝林药业有限公司调研组到蕉岭调研乡村振兴工作。省市场监管局广州稽查办二级调研员、实施乡村振兴战略领导小组办公室副主任董尚平、广州采芝林药业有限公司总经理方达锋参加调研，县委书记、蕉华工业园区党委书记刘鸿涛陪同。

24日 省市场监管局一级巡视员、实施乡村振兴战略领导小组常务副组长丘瑞清率队到蕉岭调研乡村振兴工作。县领导刘鸿涛、林文建、张慧、李杜强陪同。

同日 县政府第一次全体会议召开。县长、蕉华工业园区管理委员会主任刘裕君主持会议。县领导胡班、余翔、吴东海、张慧、谢彦博、李杜强、陈春妮、丘建安、张艳辉等参加会议。

26日 平远县副县长李万年率教育考察团到蕉岭调研教育工作。副县长张慧陪同调研。

3月

1日 广东省文化和旅游厅发布《关于第五次全国文化馆评估定级情况的通报》，蕉岭县文化馆成功获评国家一级馆。

同日 市委书记马正勇到蕉岭就抓好实体经济和乡村振兴两大重点工作进行调研。市领导王庆利、陈金銮、曾永祥等参加调研。县领导刘鸿涛、刘裕君等陪同调研。

3日 广州市政协副主席、市科技局局长王桂林率队到蕉岭调研乡村振兴驻镇帮镇扶村工作。梅州市委常委、副市长刘晋生，县委书记、蕉华工业园区党委书记刘鸿涛，副县长李杜强陪同调研。

4日 县妇幼保健院举行"二级甲等妇幼保健院"挂牌仪式。副县长陈春妮揭牌。

7日 蕉岭县召开纪念"三八"国际妇女节112周年会议，表彰一批巾帼先进集体和先进个人。县委书记、蕉华工业园区党委书记刘鸿涛出席纪念大会并致辞。县领导陈丽、陈苑娜、张慧、陈春妮、张艳辉、古芹花参加会议。县委常委、组织部部长谢伟传主持会议。

同日 蕉岭古旺仰家庭被评为第五届梅州市"文明家庭"。

8日 县中医院开启"我为群众办实事"系列活动，特别邀请中山大学第一附属医院专家到蕉岭坐诊，让群众在家门口享受优质医疗服务。

同日 由省农业农村厅、省乡村振兴局和广东广播电视台举办的第三届《乡村振兴大擂台》正式启动。本次启动仪式在全省设202个分会场，以网络直播的形式开至全省各地，县委副书记、政法委书记林文建在蕉岭分会场收看。

同日 全市春季农业生产暨农机闹春耕现场会在蕉岭召开。市委副书记、市长王晖出席会议并讲话，市委副书记王庆利主持会议，副市长谢钦文部署有关工作。县委书记、蕉华工业园区党委书记刘鸿涛出席会议，县委副书记、县长、蕉华工业园区管委会主任刘裕君在会上作了经验发言。副县长李杜强参加会议。

15日 县国土空间规划委员会2022年第一次会议召开。县长、蕉华工业园区管委会主任、县国土空间规划委员会主任委员刘裕君出席会议并讲话。县委常委、副县长徐永岭主持会议。

同日 市安全生产责任制及消防工作第五考核巡查组到蕉岭对安全生产和消防工作进行考核。县委常委、副县长胡班陪同考核。

同日 县市场监督管理局联合县财政、环卫、农业农村、纪委等相关职能部门，组织执法人员对前期查获的一批假冒伪劣商品进行集中销毁。

17日 南沙区帮扶办（区贸促会）主任丘海斌率队到蕉岭督导检查对口帮扶项目，县委常委、副县长，广州市南沙区对口帮扶蕉岭县工作队队长林伟胜陪同。

同日 在市市场监督管理局举办的2022年"3·15"国际消费者权益日"共促消费公平 共建放心消费"主题活动上，蕉岭县老字号企业梅州市建丰粮业发展有限公司获颁

“线下无理由退货承诺店”荣誉称号。

同日 市委副书记、市长王晖到蕉岭调研经济运行、招商引资和乡村振兴工作。市领导蒋鲲参加活动。县领导刘鸿涛、刘裕君等陪同。

18日 全县校园疫情防控工作会议召开。县委副书记、政法委书记林文建主持会议。副县长张慧参加会议。

21日 副市长、市级副总河长、石窟河市级河长谢钦文到蕉岭实地巡查石窟河流域河长制工作。县委书记、蕉华工业园区党委书记刘鸿涛，副县长李杜强陪同。

同日 广东省建筑材料行业协会党支部书记、常务副会长陈环率队到蕉岭调研建材产业。县委书记、蕉华工业园区党委书记刘鸿涛参加座谈会。县领导胡班、徐永岭、丘建安陪同。

22日 当日是第三十届“世界水日”，3月22—28日是第三十五届“中国水周”。蕉岭县举行“世界水日”暨“中国水周”主题宣传活动。

23日 2022年梅州市河长制与水利高质量发展工作会议召开。县委副书记、县长、蕉华工业园区管委会主任刘裕君在主会场参加会议并汇报蕉岭有关工作情况。

24日 市委常委、宣传部部长张运全到蕉岭调研宣传思想工作。县委书记、蕉华工业园区党委书记刘鸿涛，县长、蕉华工业园区管委会主任刘裕君陪同调研。县领导陈丽、丘志铭、丘建安参加活动。

同日 志高集团总裁、广东志高空调有限公司总经理肖凤麒率队到蕉岭考察绿色制造。县委书记、蕉华工业园区党委书记刘鸿涛，县委副书记、县长、蕉华工业园区管委会主任刘裕君陪同考察。县领导徐永岭、丘建安、张艳辉参加活动。

26日 梅州金塔水泥有限公司分布式光伏发电项目全面实现并网发电，预计年平均发电量1180万千瓦时，每年可节约标煤约3700吨，减少二氧化碳排放约7600吨。

30日 市委常委、市纪委书记、市监委主任蒋万军和市委常委、副市长孙春明率队到蕉岭督导检查疫情防控工作。县领导刘鸿涛、刘裕君等参加活动。

同日 省民政厅二级巡视员刘平波率队到蕉岭开展清明期间森林防灭火工作督查。县领导胡班、张慧、张艳辉陪同。

4月

1日 省委宣传部精神文明创建处二级调研员熊玫率队到蕉岭调研评估乡村“复兴少年宫”试点建设工作。市委宣传部四级调研员张伟辉，县委常委、宣传部部长陈丽陪同。

同日 广东省粤科产业园投资开发有限公司考察团到蕉岭考察园区工作。县政府党组成员、蕉华工业园区管委会副主任丘建安陪同考察。

7日 共青团蕉岭县第十二届委员会第三次全体（扩大）会议召开。县委常委、组织部部长谢伟传到会祝贺。

9日 省农业农村厅发展规划处副处长杨晓率核查组到蕉岭实地核查蕉岭蜜蜂省级现代农业产业园申报工作。县长、蕉华工业园区管委会主任刘裕君，副县长李杜强陪同。

11日 蕉岭县大力推进智慧化停车场项目建设，计划在县城建设6个机械式立体停车场，建成后可新增270多个停车位。

同日 蕉岭县把高质量推进“粤菜师傅”“广东技工”“南粤家政”三项工程列为“我为群众办实事”实践活动重要内容。

14日 省自然资源厅党组副书记、省林业局党组书记、局长陈俊光到蕉岭调研林业工作。市政府副市长、秘书长陈亮，县委书记、蕉华工业园区党委书记刘鸿涛，县委副书记、县长、蕉华工业园区管委会主任刘裕君陪同调研。县领导徐永岭、吴东海陪同。

16日 全省科技创新大会颁发2021年度广东省科学技术奖。由蕉岭乡贤、中国工程院院士、广东省科学院微生物研究所名誉所长吴清平等作为主要完成人的“中国食品微生物安全科学大数据库构建及其创新应用”项目获得广东省科技进步奖特等奖。

18日 市人大常委会副主任黄立强到蕉岭调研基层人大代表联络站建设、乡村振兴战略实施、美丽圩镇建设等工作。县领导张伟杰、张卫、张艳辉陪同调研。

同日 县公安局“110”指挥中心接到报警称，石窟河蕉城段漂浮着一名老人，蕉城派出所民警立即联合消防队员、医护人员成功将落水老人救上岸。

19日 市人大常委会副主任张达宏率队到蕉岭开展《中华人民共和国环境保护法》《广东省环境保护条例》实施情况执法检查工作。县领导张伟杰、徐永岭、江运洪陪同。

20日 蕉岭乡贤、菲尔兹奖得主、清华大学丘成桐数学科学中心主任、北京雁栖湖应用数学研究院院长丘成桐受聘清华大学讲席教授仪式在清华大学举行。

同日 市委常委、统战部部长崔毅到蕉岭调研统战有关工作。

同日 肇庆市广宁县委副书记、县长陈超常率队到蕉岭考察毛竹产业发展情况。副县长李杜强陪同。

21日 市政协副主席蔡雪嫦到蕉岭开展调研督导挂点服务企业、重点项目和直接联系村“两委”干部工作。

23日 当日是第27个世界读书日，由县文化广电旅游体育局主办、县图书馆承办的“喜迎二十大·奋进新征程”蕉岭县2022年“粤读粤精彩”全民阅读活动启动仪式在县图书馆举行。副县长陈春妮参加启动仪式。

24日 首届粤港澳大湾区钢琴邀请赛（蕉岭赛区）预选赛在岭南院子会议室举行。

26日 市老年人体育协会到蕉岭调研老年人体育工作发展情况。县委常委、组织部部长谢伟传陪同调研。

29日 广东农业生产托管南粤行争先赛在广州举办。蕉岭县获得二等奖。

同日 “喜迎二十大 建功新时代”2022年庆祝“五一”文艺演出在蕉岭碧水影城表演，并进行线上展播。

同日 省地方志办党组成员、副主任丘洪松率队到蕉岭调研地方志和乡村振兴工作。县领导徐永岭、李杜强陪同。

30日 县人武部、县退役军人事务局、南礤镇相关负责人，到荣立三等功的现役军人罗永城家中送立功喜报，让军属共享尊崇荣光。

同日 来自蕉岭县新铺镇的“登山勇士”林志勇历经重重挑战，成功登顶珠穆朗玛峰，并在峰顶高举展示写有“世界长寿乡·蕉岭”字样的横幅，把对家乡的祝福带到世界之巅。

5月

1日 蕉岭塔牌集团股份有限公司副总经理刘延东获得2022年省五一劳动奖章。

7日 市文化广电旅游局按程序组织综合评定并完成公示，确定蕉岭县丘成桐祖居文化旅游区为国家AAA级旅游景区。

8日 蕉岭县文福镇仓海诗廊被认定为“梅州市人文社会科学普及基地”。

9日 市人大常委会副主任黄立强到蕉岭挂点服务企业、挂钩联系重点项目开展调研。县委书记、蕉华工业园区党委书记刘鸿涛陪同调研。县领导张伟杰、胡班、张卫、丘建安参加活动。

同日 广东老年大学蕉岭学院揭牌暨春季开班仪式举行。副县长张慧、梅州开放大学副校长陈元双等为广东老年大学蕉岭学院揭牌。

10日 粤旺农业集团董事长万俊华率队到蕉岭调研食用菌产业项目。县委副书记、政法委书记林文建陪同考察。

同日 省委、省政府发布《关于表彰广东省非公有制经济人士优秀中国特色社会主义事业建设者暨光彩事业贡献奖的决定》。塔牌集团被授予"广东省光彩事业贡献奖"，是梅州唯一获此殊荣的企业。

11日 市委常委、梅州军分区政委陈煜昌到蕉岭检查防汛准备工作。县委书记、蕉华工业园区党委书记刘鸿涛陪同检查。

13日 县第十六届人大常委会举行第六次会议。会议由县人大常委会主任张伟杰主持，县人大常委会副主任江运洪、饶森健、陈苑娜、古育辉、张卫、丘志铭以及委员出席会议。

14日 省山水修复项目专家组到蕉岭调研山水修复。县委副书记、县长、蕉华工业园区管委会主任刘裕君，县委常委、副县长徐永岭陪同。

16日 梅州市民兵教练员骨干集训开训动员大会在蕉岭县国防教育训练基地举行。市委常委、军分区大校政委陈煜昌出席动员会并讲话。县委常委杨红军参加会议。

17日 梅州军分区大校司令员段见云率队到蕉岭进行国防动员潜力调查工作。梅州军分区大校副司令员谷永晟参加调研，县委常委、副县长胡班，县委常委杨红军陪同。

19日 广州医科大学附属肿瘤医院与县妇幼保健院专科联盟挂牌。县委常委、副县长胡班揭牌。

同日 蕉岭县蔬菜产业发展战略合作框架协议签约仪式暨开种仪式在新铺镇潘田村举行。副县长李杜强参加签约仪式。县政府与广东新农人农业科技股份有限公司、广东省农业科学院蔬菜研究所三方签订蔬菜产业发展战略合作框架协议。

同日 市政府发展研究中心调研组到蕉岭调研水泥产业发展情况。县委常委、副县长林伟胜，县政府党组成员、蕉华工业园区管委会副主任张艳辉陪同。

20日 省市场监管局一级巡视员、省市场监管局实施乡村振兴战略领导小组常务副组长丘瑞清，广药集团大健康板块办公室主任、广州王老吉投资有限公司董事长、总经理张永涛率调研组到蕉岭调研乡村振兴工作。县委副书记、政法委书记林文建陪同。

同日 省扶贫基金会理事长赵松峰，省市场监管局一级巡视员、省市场监管局实施乡村振兴战略领导小组常务副组长丘瑞清，省个体私营企业党委专职副书记、省市场监管局实施乡村振兴战略领导小组副组长兼办公室主任李培忠率调研组到蕉岭调研乡村振兴工作。县领导刘裕君、张慧、李杜强陪同。

24日 广东省生态环境厅公开发布2020年全省企业环境信用评价结果，塔牌集团蕉岭鑫达旋窑水泥有限公司获得广东省最高环境信用评价等级称号"环保诚信（绿牌）企业"。

同日 2022年蕉岭县"县长杯"校园足球学校足球比赛顺利闭幕。桂岭学校获小学男子组第一名；实验小学获小学女子组第一名；实验中学获初中男子组第一名；镇平中学获初中女子组第一名；华侨中学获高中男子组第一名。

同日 省政协常委、台盟省委会专职副主委郑广台率调研组到蕉岭调研乡村振兴工作。县政府党组成员、蕉华工业园区管委会副主任张艳辉陪同。

25日 广州大学调研组到蕉岭调研乡村振兴驻镇帮镇扶村工作。副县长李杜强陪同。

同日 省科技厅党组成员、副厅长李旭东率队到蕉岭调研农业科技支撑乡村振兴工作。县长、蕉华工业园区管委会主任刘裕君陪同。

26日 众陶联总裁蔡初阳到蕉岭考察调研合作交流。县长、蕉华工业园区管委会主任刘裕君参加座谈。县领导胡班、丘建安参加座谈。

27日 广州地铁集团调研组到蕉岭调研乡村振兴驻镇帮镇扶村工作，并举行广福镇镇村同美项目启动仪式。广州地铁集团党委委员、纪委书记张虎航，县委副书记、政法委书记林文建参加广福镇镇村同美项目启动仪式。

30日 县供销合作联社第四次代表大会在丘成桐国际会议中心召开。副县长李杜强、县政协副主席汤超宏参加会议。

同日 市核查组到蕉岭核查2021年度保障农民工工资支付工作。副县长陈春妮参加座谈会。

6月

1日 省消防救援总队副总队长杨焕龙率省消安委第四调研组，到蕉岭开展基层消防治理体系建设“深调研”工作。县领导胡班、李杜强陪同。

4日 省应急管理厅四级调研员李斌带领中国安科院专家组到蕉岭检查指导非煤矿山安全生产工作。县委常委、副县长胡班陪同。

6日 中国乡村振兴委员会副秘书长、中国乡村产业中心主任梁振，心里程控股集团董事、总裁、深圳市教育装备行业协会会长彭锦环到蕉岭，就农业产业发展及乡村振兴工作开展情况进行考察。副县长张慧、李杜强陪同。

14日 广州公交集团党委副书记、董事、工会主席谢伟秀率队到蕉岭调研驻镇帮镇扶村工作。副县长李杜强陪同。

15日 县节能工作领导小组办公室联合县发展和改革局等单位在锡林公园举办2022年全国节能宣传周和全国低碳日主题活动。

16日 广东省竹产业创新发展研讨会在蕉岭召开。省林业局副局长王华接，县委书记、蕉华工业园区党委书记刘鸿涛，县委副书记、县长、蕉华工业园区管委会主任刘裕君参加会议。

同日 广州市供销合作总社党组书记、理事会主任吴尚伟率队到蕉岭调研乡村振兴驻镇帮镇扶村工作。县人大常委会主任张伟杰，县委常委、副县长林伟胜陪同。

同日 国家矿山安全监察局广东局调研组到蕉岭开展矿山安全生产专题调研。县委常委、县政府党组副书记、副县长胡班陪同调研。

17日 市人大常委会副主任黄立强到蕉岭调研挂点服务企业和挂钩联系重点项目及督导检查防汛工作。县人大常委会副主任江运洪陪同。

同日 深圳市鹏湖文化促进会到蕉岭考察酒店投资项目。县长、蕉华工业园区管委会主任刘裕君，县人大常委会主任张伟杰陪同。

20日 广东省精神文明建设委员会办公室通报表彰2022年第一季度“广东好人”。蕉岭县心连心义工协会副会长卢洁贞获评“助人为乐好人”。

23日 广州市科学技术协会率队到蕉岭开展驻镇帮镇扶村工作，组织开展义诊入村、科普进校园等活动。副县长李杜强参加活动。

24日 蕉岭县乡村振兴人才驿站揭牌仪式暨各镇乡村振兴人才驿站授牌仪式在丘成桐国际会议中心举行，县委书记、蕉华工业园区党委书记刘鸿涛，市委组织部副部长钟利文，市人力资源和社会保障局二级调研员廖聚如，县委常委、组织部部长谢伟传共同为蕉岭县乡村振兴人才驿站进行揭牌，并为8个镇级乡村振兴人才驿站进行授牌。副县长陈春妮主持仪式。

25日 县委书记、蕉华工业园区党委书记刘鸿涛率县党政考察团到东莞水乡功能区、云浮市自然资源局、云浮市云安区学习考察，梅州市自然资源局高级工程师李国亮，蕉岭县领导胡班、徐永岭、钟光庆等参加活动。

26 日 广东开放大学副校长孙平率调研组到蕉岭，就加快推动乡镇学习中心建设进行考察调研。副县长张慧陪同。

28 日 市委常委、市纪委书记、市监委主任蒋万军和副市长蒋鲲率队到蕉岭调研人大代表进代表联络站活动和到挂点服务企业开展暖企活动。县长、蕉华工业园区管委会主任刘裕君陪同。县领导曾文渊、江运洪、丘建安陪同调研。

同日 全市 2022 年专武干部集训动员大会在蕉岭县召开，梅州军分区大校司令员段见云出席开训动员并讲话。

30 日 省人才服务局局长甘文传率队到蕉岭调研乡村振兴人才驿站建设情况。副县长陈春妮陪同。

7 月

1 日 广州大学党委书记屈哨兵率队到蕉岭调研乡村振兴驻镇帮镇扶村工作，并开展名师大讲堂蕉岭专场首讲活动。市委常委、副市长刘晋生，县委副书记、政法委书记林文建陪同。

同日 市政府发展研究中心党组成员、副主任熊华率队到蕉岭考察调研。县政府党组成员、蕉华工业园区管委会副主任丘建安陪同。

5 日 省政协副主席林雄率省政协调研组到蕉岭开展专题调研考察。省政协常委、港澳台委员会主任廖京山，省退役军人事务厅厅长陈小山，省政协常委、港澳台委员会副主任黄耿城，省政协港澳台委员会专职副主任覃大可参加调研。市政协主席戚优华、副主席李利平，县委副书记、县长、蕉华工业园区管委会主任刘裕君，县政协主席钟梅芬、副主席张永超、党组成员徐文、秘书长黄玲陪同调研。

6 日 广州大学音乐与舞蹈学院暑期社会实践活动团队到蕉岭开展“三下乡”活动，将高校文化资源送到乡镇。

10 日 星海音乐学院音乐教育学院党总支书记蓝智敏率乡村振兴促进团，联合省市场监管局、星海音乐学院组团结对派驻长潭镇乡村振兴帮扶工作队，在长潭镇开展主题为“志愿服务助力乡村振兴，书写音乐教育奋进之笔”大学生暑期“三下乡”社会实践活动。

13 日 市政协副主席朱国城率队到蕉岭走访调研。县政协主席钟梅芬，副主席张永超、汤超宏、肖培彬、朱发庆陪同调研。

同日 省委宣传部二级巡视员马必文到蕉岭调研创建全国县级文明城市工作。县委常委、宣传部部长陈丽陪同。

14 日 梅州日报社“乡村振兴采风行”大型全媒体采风活动到蕉岭广福镇，采用全媒体立体化宣传方式，宣传蕉岭乡村振兴工作的工作亮点工作成效。县委副书记、政法委书记林文建，县委常委、宣传部部长陈丽陪同。

16 日 县人民医院邀请省、市级医院的蕉岭籍医疗专家到蕉岭开展以“省市专家下基层 我为群众办实事”为主题的义诊活动。

18 日 县中医院结合“我为群众办实事”系列活动，特别邀请中山大学第一附属医院知名专家到蕉岭坐诊。

19 日 汕头市政协主席邱奕辉率队到蕉岭考察政协工作。市政协主席戚优华陪同考察。市政协副主席蔡雪嫦、秘书长吴晖；副县长陈春妮、县政协副主席张永超陪同。

21 日 蕉岭县在县政府礼堂举行学习贯彻省第十三次党代会精神市委宣讲团宣讲报告会，邀请市委宣讲团成员、嘉应学院马克思主义学院谢基昌教授作专题宣讲报告。县委书记、蕉华工业园区党委书记刘鸿涛主持报告会。

同日 省气象局二级巡视员常越率队到蕉岭调研“中国天然氧吧”创建工作。副县长陈春妮陪同。

22日 省、市地方志办到蕉岭开展2022年"喜迎党的二十大 多彩乡村百村（校）行"主题教育实践活动。省地方志办公室党组成员、副主任丘洪松参加活动。

同日 县委全面依法治县委员会召开第四次会议，县委书记、蕉华工业园区党委书记刘鸿涛主持会议并讲话。县长、蕉华工业园区管委会主任刘裕君参加会议。

23日 市级人文社会科学普及基地，市、县少先队校外实践教育基地和蕉港澳台文化青少年交流基地揭牌仪式暨"喜迎二十大、永远跟党走、奋进新征程"主题教育实践活动在蕉岭仓海诗廊举行。仓海诗廊项目发起人、省地方志办公室党组成员、副主任丘洪松参加活动。

27日 广州发展新能源股份有限公司总经理余华堂率队到蕉岭考察抽水蓄能文旅康养综合体项目建设。县领导胡班、林伟胜、谢彦博陪同。

同日 广州大学新闻与传播学院播音与主持艺术系主任苏凡博一行到蕉岭就促进县级融媒中心发展"传经送宝"。

28日 省生态环境厅党组书记徐晓霞率队到蕉岭就生态环境保护督察整改等工作开展调研。市委常委、副市长陈金銮参加调研。县领导刘鸿涛、徐永岭、丘建安、张艳辉陪同。

同日 蕉岭县举行2022年反诈宣传系列活动暨"蕉岭农商银行反诈宣传队"授旗仪式，县委副书记、政法委书记林文建，副县长吴东海等共同为蕉岭县2022年防范电信网络诈骗系列宣传活动正式启动推杆，为蕉岭农商银行反诈宣传队授旗。

同日 市检察院党组书记、检察长吴文志以人大代表身份到蕉城镇人大代表中心联络站开展"更好发挥人大代表作用"主题活动，并调研基层检察工作。县委书记、蕉华工业园区党委书记刘鸿涛，县人大常委会主任张伟杰参加相关活动。县领导丘志铭、陈春妮、丘建安等参加调研。

30日 2022年由省体育局主办的广东省航海模型锦标赛在蕉岭丘成桐国际会议中心开幕。省社会体育和训练竞赛中心主任蔡建祥，市体育局局长陈远洋，县委副书记、县长、广东梅州蕉华工业园区管理委员会主任刘裕君，县委常委、县委宣传部部长陈丽，副县长陈春妮，市体育局四级调研员吴仁发，省社会体育和训练竞赛中心部部长王长远，省航海模型协会秘书长邓全远等出席活动。

同日 市人大常委会副主任黄立强到蕉岭以人大代表身份走进人大代表联络站，围绕"更好发挥人大代表作用、深入推进爱国卫生工作"开展履职活动。县领导张伟杰、丘志铭、陈春妮、张艳辉陪同。

31日 粤港澳国家应用数学中心主任、中山大学教授姚正安率调研组到蕉岭调研科研工作。县领导丘文慈、谢彦博、丘建安陪同调研。

8月

1日 广东省老区建设促进会会长陈开枝到蕉岭考察乡村振兴和红色文化传承工作。县委书记、蕉华工业园区党委书记刘鸿涛陪同考察。县领导林文建、胡班、谢伟传、谢彦博、李杜强参加活动。

2日 梅州军分区副司令员、市征兵办主任谷永晟到蕉岭检查征兵体检工作，县人武部部长刘强陪同检查。

同日 十四届县委第二轮巡察工作动员部署会召开。县委常委、县纪委书记、县监委主任、县委巡察工作领导小组组长曾文渊主持会议并作动员讲话。县委常委、组织部部长、县委巡察工作领导小组副组长谢伟传对十四届县委第二轮巡察工作作具体部署。县纪委副书记、县监委副主任陈运华参加会议。

3日 云浮市云安区委副书记、区长谢国才率考察团到蕉岭考察经济工作。县委常委、副县长胡班陪同。县领导谢彦博、丘建安参加活动。

4日 市政协副主席曾碧玉率市政协农业农村委、市农业农村局负责人和部分市政协委员到蕉岭，围绕“我市乡村振兴五年取得显著成效”开展协商式民主监督调研。县政协主席钟梅芬陪同调研。县政协副主席汤超宏参加活动。

同日 市人大常委会调研组到蕉岭开展《梅州市客家菜传承发展促进条例》立法调研，县人大常委会副主任、县总工会主席陈苑娜参加座谈会。

同日 爱心企业到蕉岭长潭镇开展助力乡村振兴捐赠活动，省市场监管局一级巡视员、省市场监管局实施乡村振兴战略领导小组常务副组长丘瑞清，省市场监管局二级巡视员、省市场监管局实施乡村振兴战略领导小组常务副组长傅铁笔，副县长李杜强出席仪式。

8日 市检查组到蕉岭督导检查预防学生溺水工作情况。副县长张慧陪同。

9日 2022年广东省无线电测向冠军赛在蕉岭开幕。广东省体育局群体处处长何帆，县委副书记、县长、广东梅州蕉华工业园区管委会主任刘裕君出席活动。副县长陈春妮参加开幕式。

同日 市政府副市长、秘书长陈亮率队到蕉岭检查督导自然资源、住房城乡建设领域相关重点工作和安全生产工作。县委书记、蕉华工业园区党委书记刘鸿涛，县委副书记、县长、蕉华工业园区管委会主任刘裕君陪同调研。县领导徐永岭、钟光庆陪同调研。

同日 县人力资源和社会保障局、县妇联、团县委联合开展“农村电商”工程促进就业创业培训。

11日 广州市建筑集团有限公司党委书记、董事长梁湖清率队到蕉岭洽谈合作事宜。县委书记、蕉华工业园区党委书记刘鸿涛，县委副书记、县长、蕉华工业园区管委会主任刘裕君出席座谈会。县领导胡班、丘文慈、徐永岭、钟光庆参加会议。

12日 东莞市建设工程信息服务协会会长刘建伟率队到蕉岭参观考察。县领导谢彦博、丘建安陪同。

14日 香港特别行政区政府在宪报刊登新获委任的太平绅士名单，其中祖籍蕉岭县，抗日保台志士、著名诗人、教育家丘逢甲之孙丘应桦名列其中。

18日 市委常委、副市长赵东到蕉岭调研文旅相关工作。县委书记、蕉华工业园区党委书记刘鸿涛，副县长、县文化广电旅游体育局局长陈春妮陪同。

同日 蕉岭登上央视网“直播中国”之《中国乡村》栏目。

20日 北京东方雨虹防水技术股份有限公司投融资专业总监腾飞率考察团到蕉岭考察投资环境，县领导谢彦博、丘建安陪同。

21日 长潭省级自然保护区在整理红外相机监测数据时，发现拍摄到2只国家一级保护野生动物中华穿山甲夜间活动的视频。

24日 市委常委、市纪委书记、市监委主任蒋万军和副市长蒋鲲率队到蕉岭督导检查防疫防台风和安全生产等工作。县委常委、县纪委书记、县监委主任曾文渊，副县长陈春妮陪同。

26日 市委常委、组织部部长罗盛芬率队到蕉岭调研基层治理工作。县领导刘鸿涛、刘裕君、谢伟传、吴东海参加活动。

31日 市政府副市长、秘书长陈亮到蕉岭调研督导住房城乡建设、自然资源领域相关重点工作和安全生产工作。县委常委、副县长徐永岭陪同。

同日 市安委办到蕉岭调研安全生产工作。县委常委、副县长胡班陪同。

9月

2日 市委常委、政法委书记梁维到蕉岭调研督导政法工作并召开座谈会。县委书记、蕉华工业园区党委书记刘鸿涛参加座谈会。县领导林文建、丘志铭、吴东海参加活动。

5日 粤闽赣苏区对接融入粤港澳大湾区振兴发展先行区（蕉岭片区）广福园区指挥部成立。县领导谢彦博、钟光庆、徐文参加活动。

6日 北京东方雨虹华南大区胡国雄总监率考察团到蕉岭考察投资环境。副县长谢彦博陪同。

7日 清华大学求真书院2022年暑期到蕉岭开展数学特色社会实践活动总结会在丘成桐国际会议中心举行。市委常委、组织部部长罗盛芬，县委书记、蕉华工业园区党委书记刘鸿涛，县委副书记、县长、蕉华工业园区管委会主任刘裕君参加会议。

8日 副市长谢钦文率队到蕉岭实地巡查石窟河流域河长制工作落实情况。县委副书记、县长、蕉华工业园区管委会主任刘裕君，副县长李杜强陪同。

12日 蕉岭县石窟河（新铺段）水生态修复工程可研专家评审会召开。县领导徐永岭、钟光庆参加活动。

同日 第二届中国展览艺术与展示技术创意大赛终评结果公布，蕉岭县一场一馆一中心陈列布展项目获展陈空间设计大赛金展奖。

同日 由县文化广电旅游体育局主办，县文物保护研究中心、县博物馆、实验小学承办的“传统文化教育——客家民俗用具”主题活动在县博物馆开展。

14日 由省市场监管局引进，县委组织部、省市场监管局驻长潭镇帮扶工作队与腾讯公司、深圳市经理进修学院合作开展的“耕耘者振兴计划”乡村治理骨干专题培训班在蕉岭举办。

15日 省乡村振兴驻广福镇帮镇扶村工作队组团单位到蕉岭调研乡村振兴。广州大学党委书记、校长魏明海，广州地铁集团党委书记、董事长丁建隆，广州市科学技术局二级巡视员刘泉宝，广州市科学技术协会党组成员、副主席曾雪玲等参加调研。梅州市委常委、副市长，广梅指挥部总指挥，梅州市高新技术产业园区党工委书记刘晋生，县领导刘鸿涛、李杜强、徐文参加活动。

同日 市财税部门到蕉岭调研财政收入组织工作。县委副书记、县长、蕉华工业园区管理委员会主任刘裕君，县委常委、副县长胡班陪同。

16日 市委副书记、市长王晖到蕉岭就招商引资、土地管理等工作开展调研。副市长蒋鲲参加调研座谈。县委书记、蕉华工业园区党委书记刘鸿涛，县长、蕉华工业园区管委会主任刘裕君陪同调研。县领导胡班、丘文慈、徐永岭、谢彦博、丘建安、钟光庆、徐文参加活动。

18日 为纪念“九一八”事变91周年，警醒广大市民铭记历史、勿忘国耻，蕉岭在城区实施防空警报试鸣。

19日 2022年蕉岭县中青年干部培训班暨《习近平谈治国理政》第四卷专题读书班开班仪式在县委党校举行。县委书记、蕉华工业园区党委书记刘鸿涛出席开班仪式并讲话，县委常委、组织部部长谢伟传主持。

20日 蕉岭召开土地管理、园区建设、专项债申报和国企改革工作会议。县委书记、蕉华工业园区党委书记刘鸿涛，县委副书记、县长、蕉华工业园区管委会主任刘裕君出席会议。

21日 蕉岭县工会第十五次代表大会在丘成桐国际会议中心召开。县委书记、蕉华工业园区党委书记刘鸿涛，县委副书记、县长、蕉华工业园区管委会主任刘裕君，市总工会常务副主席刘仁忠出席会议。

24 日　蕉岭县新铺镇绿色低碳“光伏小镇”乡村振兴示范项目一期开工仪式在蕉岭新铺镇狮山村举行。广州发展集团股份有限公司党委委员、副总经理王铁军，广州发展集团股份有限公司战略管理部总经理李云龙，广州发展新能源股份有限公司党委副书记、总经理余华堂，广州发展新能源股份有限公司副总经理吴云峰，广州发展新能源股份有限公司粤东分公司党支部书记、总经理林高扬；广梅指挥部办公室副主任、梅州市工商联专职副主席管婷，交通银行梅州分行副行长彭永刚以及蕉岭县领导刘鸿涛、刘裕君、林伟胜、吴东海、钟光庆等参加活动。

25 日　由广东省文旅厅、广东省海峡两岸交流促进会联合主办的第九届台湾青年岭南行客家文化体验营走进蕉岭。

26 日　2021 年度全国康养产业可持续发展能力二十强市榜单和 2021 年度全国康养产业可持续发展能力百强县榜单（简称“康养二十强市”和“康养百强县”）发布。其中，蕉岭入围“ 康养百强县”。

同日　广州地铁集团市场部总经理、广州市轨道交通产业联盟秘书长姚世峰率广州市轨道交通产业联盟调研组到蕉岭调研政企合作。县委副书记、县长、蕉华工业园区管委会主任刘裕君参加座谈。县领导胡班、徐永岭、李杜强、丘建安、钟光庆、徐文参加活动。

同日　“第十六届中国上市公司价值论坛”公布价值评选获奖名单。塔牌集团榜上有名。

同日　省农业农村厅通报 2022 年“百万农机保粮安 农机人庆丰收”系列认定活动结果，蕉岭农机专家李伟强被认定为 2022 年“全省十大最美基层农机使用一线专家”。

28 日　广州对口帮扶梅州指挥部在蕉岭新铺镇召开乡村振兴产业发展现场会。市委常委、副市长、广梅指挥部总指挥刘晋生参加活动。县委常委、副县长林伟胜参加现场会。

同日　全市镇村统计规范化建设工作推进现场会在蕉岭文福镇召开。县委常委、副县长徐永岭参加会议。

同日　市委常委、统战部部长崔毅到蕉岭调研统战有关工作。梅州市政协常委、香港梅州社团总会执行主席兼秘书长叶志明参加调研。

29 日　省农业农村厅产业园办副主任黄忠革率队到蕉岭开展 2023 年蜜蜂省级现代农业产业园实地核查工作。县委书记、蕉华工业园区党委书记刘鸿涛，县委副书记、县长、蕉华工业园区管委会主任刘裕君陪同核查。县领导李杜强、汤超宏等参加活动。

同日　市退役军人事务局局长伍卫华率队到蕉岭调研退役军人事务工作。副县长张慧陪同。

10 月

1 日　蕉岭县在南沙体育馆举办“来寿乡 住寿乡——我在蕉岭等您”首届购房节活动。县委常委、副县长徐永岭参加启动仪式。

8 日　蕉岭县与广东医科大学、广东医科大学附属医院签约揭牌活动举行。广东医科大学党委书记、校长卢景辉，副市长陈伶俐，广东医科大学附属医院党委副书记、副院长刘华锋，市卫生健康局局长林雨兰，广东梅雁吉祥水电股份有限公司董事长张能勇，县委书记、蕉华工业园区党委书记刘鸿涛，县委副书记、县长、蕉华工业园区管委会主任刘裕君，副县长陈春妮等参加活动。

同日　广东省建筑材料行业协会碳酸钙镁分会秘书长刘平率考察组到蕉岭考察建材产业。县委书记、蕉华工业园区党委书记刘鸿涛出席座谈会。县领导胡班、谢彦博、丘建安、徐文陪同。

10 日　广东省社会科学界联合会印发

《关于认定广东省社会科学普及基地的通知》，认定140家基地为标准型社会科学普及基地，蕉岭仓海诗廊名列其中。

11日 市人大常委会组织部分常委会组成人员、市政府及市知识产权局有关负责人到蕉岭，开展《广东省知识产权保护条例》执法检查。市人大常委会副主任伍德凤参加活动。县领导张伟杰、张慧陪同检查。

12日 梅州市全民国防教育基地蕉岭县分基地暨民兵军事训练基地蕉岭县分基地揭牌仪式在蕉岭县国防教育训练基地举行。梅州军分区大校司令员段见云，梅州市委常委、军分区大校政治委员陈煜昌，县委书记、蕉华工业园区党委书记刘鸿涛，县委副书记、县长、蕉华工业园区管委会主任刘裕君出席活动并为蕉岭县分基地揭牌。

同日 广东统计局综合统计处副处长马佳率队到蕉岭调研统计工作。副县长张慧陪同。

同日 省农业农村厅党组副书记、省委农办常务副主任、省乡村振兴局常务副局长黎明率队到蕉岭开展防止返贫监测和帮扶工作督导。副市长谢钦文，县委书记、蕉华工业园区党委书记刘鸿涛陪同督导。县领导林文建、丘志铭、李杜强、丘建安参加活动。

同日 广东省老区建设促进会副会长刘文炎、宋宗约率考察组到蕉岭，考察老区苏区红色遗址保护利用情况。县委副书记、县长、蕉华工业园区管委会主任刘裕君陪同考察。县领导陈丽、谢伟传、陈春妮、徐文陪同考察或参加座谈会。

16日 举世瞩目的中国共产党第二十次全国代表大会在北京人民大会堂隆重开幕。刘鸿涛、刘裕君等县委、县人大、县政府、县政协、县纪委全体领导，县直各单位、镇、村广大干群通过各类媒体平台收听收看党的二十大开幕直播。

22日 县心连心义工协会组织志愿者开展“洁净家园·保护母亲河”争当“河小青”巡河护河志愿服务活动。

26日 省市场监督管理局党组书记、局长刘光明率队到蕉岭调研乡村振兴工作。副市长蒋鲲，县委书记、蕉华工业园区党委书记刘鸿涛陪同调研。省个体私营企业党委专职副书记李培忠，省市场监督管理局一级巡视员丘瑞清参加调研。县领导张慧、李杜强、徐文参加活动。

28日 省委党校2022年秋季学期（总第65期）中青班二支部四组到蕉岭调研党建工作。

29日 悬挂着“蕉岭丰顺兄弟同心”“万众一心抗击疫情”等横幅的6辆厢式货车，满载爱心物资从蕉岭前往丰顺县，以最快速度运抵抗疫一线。

11月

2日 司法部、民政部拟命名第九批“全国民主法治示范村（社区）”并公示名单，蕉岭县广福镇广育村入选。

8日 市委常委、统战部部长崔毅率队到蕉岭调研检查统战工作。

同日 广东省林业局公布广东省首批林业特色产业发展基地名单，蕉岭县竹产业发展基地上榜。

同日 中国能源建设集团广东总部执行总经理刘晋超率团到蕉岭考察能源建设。县委书记、蕉华工业园区党委书记刘鸿涛陪同考察。县领导胡班、丘文慈、徐永岭、谢彦博、钟光庆、徐文陪同。

9日 市金融工作局到蕉岭调研地方政府专项债相关工作。县委常委、副县长胡班参加座谈会。

同日 广东省全面推行林长制工作领导小组办公室公布2022年广东省林长绿美园名单，蕉岭县竹海公园名列其中。

11日 蕉岭县残疾人联合会第八次代表

大会召开。市残联党组书记、理事长卢振中，副县长张慧参加会议。

12 日 广东省工信厅组织开展 2022 年度特色产业园申报和评审工作，经专家评审、实地核查等程序，全省有 19 个申报对象通过评审，并进行公示，蕉岭县产业集聚地（绿色建材）特色产业园榜上有名。

15 日 市人大常委会副主任黄立强率队到蕉岭调研挂点服务企业、挂钩联系重点项目和开展联系村（社区）“两委”干部工作等。县领导张伟杰、谢彦博、丘建安陪同参加活动。

同日 省应急管理厅党委书记杜敏琪到蕉岭调研应急管理。县委副书记、县长、蕉华工业园区管委会主任刘裕君陪同。县领导胡班、徐文陪同调研。

17 日 梅州海关关长杨浩率队到蕉岭调研外贸工作。副县长谢彦博陪同调研。

18 日 全市最大一笔政策性开发性金融工具基金项目在赣闽粤原中央苏区对接融入粤港澳大湾区振兴发展先行区（蕉岭片区）广东梅州蕉华工业园区北部发展区（广福）落地动工。县委书记、蕉华工业园区党委书记刘鸿涛，县委副书记、县长、蕉华工业园区管委会主任刘裕君，县人大常委会主任张伟杰、县政协主席钟梅芬，县委常委、副县长胡班为项目动工推杆。

21 日 广东省农业农村厅公示 2023 年省级现代农业产业园入库重点推荐名单，蕉岭县蜜蜂产业园榜上有名。

28 日 县档案馆新馆建成启用揭牌仪式举行。县委书记、蕉华工业园区党委书记刘鸿涛，市委副秘书长隋斌共同为“蕉岭县档案馆”揭牌。县委常委、县委办主任丘文慈，副县长谢彦博参加揭牌仪式。

同日 国家矿山安全监察局广东局督查组到蕉岭开展矿山安全监察工作。

12 月

1 日 副市长、市级副总河长、石窟河市级河长谢钦文率队到蕉岭，实地巡查石窟河流域河长制工作落实情况。副县长李杜强陪同。

6 日 中共中央、全国人大常委会、国务院、全国政协、中央军委在北京人民大会堂隆重举行江泽民同志追悼大会。县委、县人大、县政府、县政协、县法院、县检察院、县纪委监委全体领导，各镇、各单位广大党员干部收听收看追悼大会现场直播。在默哀时刻，蕉岭防空警报、汽笛声响起。

7 日 市人大常委会副主任黄立强率队到蕉岭开展“更好发挥人大代表作用”专题调研。市人大常委会秘书长邓国功参加调研，县领导张伟杰、陈苑娜、徐文等陪同。

8 日 市政协副主席蔡雪嫦率队到蕉岭开展挂钩联系重点项目督办调研工作。县领导钟梅芬、丘建安、古芹花、张永超、汤超宏、肖培彬、朱发庆、徐文等陪同。

同日 全市水利建设工作现场会在蕉岭县召开。副市长谢钦文，县领导林文建、李杜强参加活动。

10 日 2022 年第三批全国名特优新农产品名单进入公示阶段，蕉岭鹰嘴桃榜上有名。

12 日 经市委台港澳办同意，由蕉岭县委台港澳办组织建设的“海峡两岸交流基地”标识在仓海诗廊落成。

14 日 广东省工商业联合会（总商会）发布公告，公布“2022 广东省民营企业 100 强”“2022 广东省制造业民营企业 100 强”“2022 广东省服务业民营企业 50 强”三个榜单，其中塔牌集团入围“2022 广东省制造业民营企业 100 强”，居第 61 位。

15 日 学习贯彻党的二十大精神市委宣讲团宣讲报告会暨全县科级领导干部学习贯

彻党的二十大精神专题研讨班在县政府礼堂举行。市委宣讲团成员、市委党校常务副校长、市社会主义学院常务副院长张劲龙作专题宣讲报告。县委书记、蕉华工业园区党委书记刘鸿涛主持会议并作开班动员讲话。

18日 梅州市第十批市级非物质文化遗产代表性项目名录公布。其中，蕉岭县的广东汉剧（蕉岭北礤）、蕉岭客家娘酒酿造技艺、猪兜窝茶制作技艺、广福豆干制作技艺、桂岭蜂蜜榜上有名。

20日 省市侨界仁爱奖教奖学金颁发仪式在蕉岭中学举行。市侨联党组书记、主席汤志平，市侨联党组成员、副主席王映萍，副县长张慧等为获奖的优秀教师和优秀学子颁奖。

21日 梅州开放大学体系校领导会议在蕉岭县召开。

同日 梅州市学习贯彻党的二十大精神暨“听党话、感党恩、跟党走”宣讲活动（蕉岭专场）在蕉岭县新时代文明实践中心举行。市委宣传部讲师团团长廖坚，县委常委、宣传部部长陈丽参加活动。

22日 广东省科学技术厅公布第八批广东省农业科技园区建设名单。其中，蕉岭县广东省农业科技园区上榜。

同日 广东省水利厅公示2022年县域节水型社会达标建设县（区）名单。广州市海珠区等16个县（区）通过该厅组织的节水型社会达标建设技术评估审核，拟向水利部申报认定为节水型社会建设达标县（区），其中，蕉岭县是全市唯一入选的县。

26日 县第十六届人大常委会举行第十次会议。会议由县人大常委会主任张伟杰主持，县人大常委会副主任江运洪、陈苑娜、古育辉、张卫、丘志铭出席会议。

蕉岭概况

责任编辑：林心涛

基 本 地 情

【建置沿革】 明崇祯六年（1633），设置镇平县，一月在怀仁里（原平远县属地，今蕉城）建县城。崇祯七年（1634），接管平远划割的石窟第一图、石窟第二图和程乡（今梅县）划割的龟浆第二图、松源第二图共四图完成镇平县建制，隶属潮州府。民国3年（1914），因河南省已先有镇平县而改称蕉岭县。1952年8月，蕉岭与平远合县，称蕉平县。1954年3月，蕉平分县，恢复蕉岭县建置。1958年12月，蕉岭县与梅县合并，称梅县。1961年3月，蕉梅分县，恢复蕉岭县建置。

【位置、面积】 蕉岭县位于广东省东北部，韩江上游，地跨北纬24°25′~24°53′、东经116°01′~116°22′。西界平远县，东南与梅县区接壤，北与福建省武平县、上杭县相连。205国道、国家高速公路网络主干线天汕高速公路南北贯穿，全县总面积960平方千米，其中，山地7.47万公顷，耕地0.7433万公顷。

【地质地貌】 蕉岭县地质构造比较复杂，岩石类主要有砂页岩、侵入岩、石灰岩、变质岩等。这些岩类构成山地、丘陵、盆地等地貌。县境四面环山，地势由北向南倾斜。山地、丘陵、盆地的比例为6:3:1。境内山系排列有序，山脉走向有东—西走向和东北—西南走向两类。共有五列山脉，这些山脉是蕉岭县众多溪河的分水岭，河谷低地也大致分布在这些山脉之间。海拔千米以上的山峰有金山笔（1170米）、铁山嶂（1164米）、皇佑笔（1150米）、大峰嶂（1092米）、小峰笔（1057米）、樟坑崇（1020米）6座。境内河流属韩江水系，主要河流韩江二级支流石窟河在县境内长61.4千米，集水面积728.2平方千米，石窟河流域（含其支流高陂河、柚树河、石扇河、广福河、溪峰河）是蕉岭县较大的盆地和主要耕作区，耕地约10万亩。其他河流还有高思河、南磜河、北磜河，亦分别冲积成山间小盆谷。

【气候特征】 县境属亚热带地区海洋性季风气候，夏长冬短，光照充足，雨季长，雨量充沛。由于南岭山脉的屏障作用，使冷空气影响减弱，所以冬季并不十分寒冷。历史年降雨量最高2488.6毫米，出现在1983年；最低1063.9毫米，出现在1991年。历史年平均气温最高22.1℃，出现在1998年；最低20.4℃，出现在1976年和1984年。历史年平均最大风速24.0米/秒，出现在1953年10月8日。

【自然资源】 矿产资源主要有石灰石、锰、铁、铝、钨、铜、铅、锌、锡、煤、大理石、花岗岩、石英砂、稀土等。尤以石灰石居多，资源储量约23亿吨。花岗岩储量约2700万吨。水力资源10万千瓦以上。森林覆盖率79.02%，活立木蓄积量697.66万立方米。野生动植物资源丰富，药用植物有288个种类，分隶95个科。旅游资源主要有国家AAAA级旅游景区长潭旅游风景区、镇山国家森林公园、省级文物保护单位石磜土楼、“广东省十大美丽乡村”三圳镇九岭村，丘成桐祖居被列入广东省文化和旅游厅首批乡村精品游山水名人之旅线路。此外，旅游资源还包括“人文资源”中的丘逢甲故居、谢晋元故居等全国重点文物保护单位。

【人文资源】 清代状元吴鸿督学广东时曾盛赞镇平“嘉应之为州也，人文为岭南之冠。州之属四，镇平为冠。邑虽小，以余所评，文章之事莫能过也”。北宋元祐三年（1088），蓝奎中进士，是梅州（嘉应）境内“首纪科名录者”，晚年回乡讲学，人称“蓝夫子”。后人为纪念他，就把他的家乡命名为蓝坊乡。晚清黄香铁（1787—1853），是著名诗人、教育家、方志学家，被称为“粤东七子”，是“梅诗三家”之一。《石窟一征》是他私著本县（镇平）的地方志书，独具文史价值。蕉城镇下黄村黄香铁故居铁耕楼被列为省级文物保护单位。近代杰出的爱国志士、卓越的教育家和著名诗人丘逢甲（1864—1912）,在台湾和大陆都很有声望，在2004年3月十届全国人大二次会议记者招待会上，时任国务院总理温家宝曾吟诵丘逢甲《春愁》诗句，表达大陆人民和台湾同胞的骨肉之情。文福镇淡定村丘逢甲故居被列为全国重点文物保护单位。民国初的爱国志士罗福星（1886—1914）是孙中山时期的同盟会员，为抗日复台英勇不屈而壮烈牺牲。蓝坊镇罗福星故居被列为省级文物保护单位。抗日战争中在上海坚守四行仓库阵地的谢晋元（1905—1941）将军，威震海内外。新铺镇尖坑村谢晋元故居被列为全国重点文物保护单位。当代世界著名数学家丘成桐，曾获得国际数学最高奖项“菲尔兹奖”和“沃尔夫数学奖”等。他是美国国家科学院士，中国科学院外籍院士，香港科技大学、中文大学荣誉博士，受聘为清华大学数学科学中心掌门人。文福镇羊岃村丘成桐祖居福寿堂被列为市级文物保护单位。羊岃村被称为“院士村”。丘成桐祖居文化旅游区被评为国家AAA级旅游景区，成为当地一个旅游打卡点。

经济社会发展概况

【经济发展】 2022年，蕉岭县实现生产总值105.68亿元，比上年下降0.4%。其中，第一产业增加值为18.70亿元，同比增长7.3%；第二产业增加值为45.55亿元，同比下降6.3%；第三产业增加值为41.43亿元，同比增长2.9%。产业结构持续优化调整，一、二、三产业结构为17.7:43.1:39.2。全县完成全口径税收收入9.07亿元（含蕉华园区），同比下降32.0%。完成一般公共预算收入6.32亿元，比上年下降10.1%。一般公共预算支出29.12亿元，同比增长18.3%。其中，民生支出24.34亿元，同比增长16.2%，占一般公共预算支出的83.6%。

【农业】 2022年，蕉岭县实现农业总产值29.80亿元，同比增长7.7%。2022年，粮食作物播种面积160763亩，同比增长1.88%；谷物种植面积146971亩，增长2.5%；油料种植面积31694亩，增长7.7%；蔬菜种植面积91505亩，增长6.96%；中草药种植面积10674亩，增长3.8%。全年粮食产量68008吨，同比增长2.99%；谷物的产量64619吨，增长2.8%；油料产量5219吨，增长8.4%；蔬菜产量144163吨，增长10.9%；园林水果产量61334吨，增长5.5%；茶叶产量3289吨，增长12.1%。全年猪牛羊禽肉产量20886吨，同比增长9.3%。其中，猪肉产量13186吨，增长5.8%；禽肉产量5997吨，增长18.4%。年末生猪存栏72544头，下降5.6%；生猪出栏164648头，增长9.1%。全年水产品产量6512吨，同比增长2.6%。其中，淡水养殖产品5222吨，增长2.3%。

【工业和建筑业】 2022年，蕉岭县工业增加值比上年下降5.6%。规模以上工业增加值实现24.69亿元，同比下降8.0%。规模以上工业企业实现主营业务收入77.68亿元，同比下降14.5%；利润总额亏损0.23亿元，同比下降101.9%。规模以上工业新型建材产业实现工业产值71.38亿元，同比下降17.9%，新型建材产业工业总产值占全县规模以上工业总产值的89.8%。建筑业增加值12.56亿元，同比下降8.3%。全年具有资质等级的总承包和专业承包建筑企业14个，增长40%；总承包和专业承包完成建筑业总产值20.22亿元，下降51.1%；实现利润总额11471万元，下降28.7%；利税总额11471万元，下降28.7%。建筑施工企业房屋建筑施工面积41.4万平方米，下降55.1%，房屋竣工面积4.6万平方米，增长88.2%。

【固定资产投资】 全年全县固定资产投资额比上年增长1.0%。分产业上看，第一产业完成投资额同比下降100.0%；第二产业完成投资额同比下降12.9%；第三产业完成投资额同比增长9.6%。分投资主体看，国有经济投资同比增长112.16%，民间投资比上年下降47.3%。民间投资占全县固定资产投资的比重为36.3%。

【服务业】 全年全县实现服务业增加值41.18亿元，同比增长2.9%。其中，批发和零售业增加值4.19亿元，同比下降7.3%；住宿和餐饮业增加值1.06亿元，同比下降3.2%；金融业增加值5.48亿元，同比增长6.3%；房地产业增加值4.90亿元，同比下降0.7%；交通运输、仓储和邮政业增加值2.30亿元，同比下降1.3%；其他服务业增加值23.50亿元，同比增长 5.8%。

全年规模以上服务业企业实现营业收入 28534 万元，同比增长 14.4%；利润总额 1074 万元，增长 10.4%。

全县已投入 50 辆新能源公交车；开通 24 条城乡公交线路，实现 8 个镇全覆盖，全县 97 个行政村中均已开通了公交线路，覆盖率达 100%。

全年公路运输方式完成货物周转量 123240 万吨千米，同比下降 5.9%；公路旅客周转量 84321 万人千米，同比下降 52.7%。

年末公路通车里程 1491.84 千米，其中高速公路里程 40.46 千米，“四好农村路” 1242.51 千米。年末全县民用汽车拥有量达到 3.4 万辆，同比增长 3.7%，其中私人汽车 3.07 万辆，增长 3.8%。民用轿车保有量 1.62 万辆，增长 6.6%，其中私人轿车 1.62 万辆，增长 6.7%。

全年完成邮电通信主营业务收入 19740 万元，同比增长 17.7%。其中，移动增长 21.7%，电信增长 14.1%，联通增长 12.5%。年末固定电话用户 24730 户，同比下降 6.9%；移动电话用户 221939 户，同比增长 2.4%，其中 4G 用户 169706 户，同比增长 8.5%，占移动电话用户比重达 76.47%。当年新增移动电话用户 19812 户。年末互联网宽带接入用户 145818 户，其中宽带（固定）41491 户，移动宽带 104327 户。

【国内贸易和对外经济】 2022 年，蕉岭县实现社会消费品零售总额 38.41 亿元，同比下降 2.4%。从消费形态看：商品零售额 34.46 亿元，同比下降 2.5%；餐饮收入 3.95 亿元，同比下降 2.1%。按经营地统计：城镇消费品零售额 29.04 亿元，同比下降 2.7%；乡村消费品零售额 9.37 亿元，同比下降 1.4%。进出口贸易企业的进出口总额 1559.3 万美元，同比下降 29.7%。贸易出口总额 1542.4 万美元，同比下降 29.7%。

【金融和保险业】 年末金融机构本外币存款余额 133.34 亿元，同比增长 9.1%，其中居民（住户）储蓄存款余额 106.77 亿元，同比增长 13.9%。金融机构本外币贷款余额 69.21 亿元，同比增长 7.3%，其中住户贷款 46.97 亿元，增长 5.7%。年末全县农村合作机构本外币存款余额 39.43 亿元，增长 6.9%。银行业金融机构本年利润（税后）1.80 亿元，下降 0.47%。年末银行业金融机构不良贷款率为 0.89 %，比上年回落 0.13 个百分点。

全年财产、人寿实现保险费收入 23079 万元，比上年增长 13.6%。其中，财产保险费收入 13474 万元，同比增长 32.5%；人寿保险费收入 9605 万元，同比下降 5.4%。财产和人寿已决赔款 8943 万元，比上年增长 8.3%，其中财产保险已决赔款 5837 万元，同比增长 12.4%；人寿保险已决赔款 3106 万元，同比增长 1.4%。

【科技、教育、文化、卫生和体育】 2022 年，全年专利授权量 210 件。其中，发明 13 件，实用新型 164 件，外观设计 33 件。全年共有 179 家企业获得专利授权 179 件。

全县有普通高中 2 所，在校学生 3589 人；初级中学 13 所，在校学生 7029 人；小学 20 所，在校学生 14522 人；幼儿园 52 家，在园幼儿 6968 人。适龄儿童入学率 100%；小学生升学率 100%；初中学生升学率 100%；高中学生升学率 100%，九年义务教育巩固率 98.4%，高中阶段教育毛入学率 98.2%。考上大专以上的人数 972 人，其中本科 555 人。

年末黄桂清图书馆有藏书 42.22 万册，比上年增长 19.8%。法刚博物馆馆藏物品 8631 件。积极开展文化“三下乡”活动，全年送戏下乡 22 场，送电影下乡 1164 场，送书下乡 3584 册，受教育群众达 23.00 万人次。广播电视业不断发展，全县有 300 瓦立体声调频广播电台 1 座，有线电视在用用户 1.87 万户，城乡入户率 94.72%，电视覆盖率

94.65%。

全县共有各种卫生机构161个。全县拥有病床床位1108张，其中县人民医院320张、中医院200张、妇幼保健院100张；平均每万人拥有病床59张。卫生专业技术人员有1366人，其中执业医师371人、助理执业医师129人、注册护士555人。平均每万人拥有医生数27.22人。

全县共有各类体育场、体育馆1181个，其中标准运动场9个；共召开大中型运动会4场，参加人数2110人。

【环境和人民生活】 全年平均降水量1839.3毫米，比上年增长61.6%；全年平均气温21.7℃；全年平均湿度75.5%；全年日照时间1821.9小时。

全年全县水资源总量约9.64亿立方米，比上年增长164.8%；全县大型水库蓄水总量10393万立方米，比上年增长7.7%。全县城乡共建成生活污水处理厂8座，城市污水处理能力达到2万吨/日，城市生活污水集中处理率达到98.85%，城市生活垃圾无害化处理率达到100%。

全县共有环境监测站1个。全县环境质量保持稳定良好，蕉岭城区空气质量综合指数为2.49，优良率100%；主要江河水质达到功能区水质要求，主要饮用水水源水质达标率为100%；区域噪声、道路交通噪声保持稳定，城市声环境质量较好，各功能区噪声达标率为100%。

年末活立木蓄积量649.95万立方米，森林覆盖率79.4%。全县设立县级以上自然保护区2个，自然保护区面积13296.96公顷。全年森林抚育面积1500公顷，建成生态公益林3.74万公顷，林木采伐量3.16万立方米。

全年规模以上工业综合能源消费量149.10万吨标准煤，比上年下降3.5%；单位GDP能耗比上年下降2.9%；规模以上工业单位增加值能耗比上年增长4.4%；单位GDP电耗比上年下降5.0%。全社会用电量14.68亿千瓦时，比上年下降5.3%，其中工业用电量11.82亿千瓦时，下降6.7%。

2022年，全县常住居民人均可支配收入为28295元，同比增长4.8%。按常住地分，全县常住城镇居民人均可支配收入为33026元，同比增长3.7%；全县常住农村居民人均可支配收入为22257元，同比增长5.9%。农村增速比城镇高2.2个百分点。

全年全市居民消费价格指数为101.8%（上年为100%），上升了1.8个百分点。全年城镇新增就业人数1452人，城镇登记人口失业人员1346人，失业人员实现再就业人数812人，就业困难人员实现再就业242人。

年末，全县城镇职工养老保险参保人数（含企业离退休人员）有5.35万人，比上年末增长3.2%；参加工伤保险的有2.90万人，比上年末增长0.2%；参加职工基本医疗保险的有2.70万人，比上年末下降8.3%；参加职工失业保险的有2.17万人，同比增长2.1%；参加生育保险的有2.70万人，同比增长20.1%。参加城乡居民养老保险的有5.92万人，比上年下降3.5%；参加城乡居民医疗保险的有16.11万人，比上年下降10.2%。

全县有各类型社会福利院10家，床位326张，收养人数126人。全县得到各级政府救济5937人次；全年共发放救济金额3205万元。享受低保救济的困难群众3632人，其中城镇212人，农村3420人，发放低保救济金额1587万元。城乡社区服务机构和设施438个，其中综合性社区服务中心107个。年末拥有社会组织数量为277个。

政 治

责任编辑：黄卫锦、廖勘

县领导机关

中共蕉岭县委员会

【中国共产党蕉岭县第十四届委员会第二次全体会议】 2022年1月14日上午，中国共产党蕉岭县第十四届委员会第二次全体会议召开。全会以习近平新时代中国特色社会主义思想为指导，深入学习贯彻党的十九届六中全会和中央经济工作会议精神，认真贯彻省委十二届十五次全会和市第八次党代会、市委八届二次全会精神，研究召开中国共产党蕉岭县第十四次代表大会第二次会议有关事宜，动员全县上下凝心聚力狠抓发展第一要务，攻坚克难奋力打造老区苏区振兴高质量发展广东新样本，以优异成绩迎接党的二十大胜利召开。

会议书面传达省委十二届十五次全会和市委八届二次全会精神；研究中国共产党蕉岭县第十四次代表大会第二次会议召开时间和会议议程，决定中国共产党蕉岭县第十四次代表大会第二次会议于2022年1月17日在蕉城召开。

全会审议并通过《县委报告（稿）》《2021年抓党建工作情况报告（稿）》《县经济工作专题报告（稿）》《县纪委工作报告（稿）》和2021年党费收缴、使用和管理情况报告，以及中国共产党蕉岭县第十四次代表大会第二次会议提案处理意见（草案）；研究中国共产党蕉岭县第十四次党代会代表变动情况；听取县委常委会2021年传达学习贯彻落实习近平总书记重要讲话和重要指示批示精神情况；表决通过全会决议（草案）。

全会指出，2022年是党的二十大召开之年，全县上下要围绕这个大局，坚持以习近平新时代中国特色社会主义思想为指导，深入贯彻落实中央决策部署和省市部署要求，坚决扛起政治责任，积极抢抓机遇，沉着应对挑战，坚定不移做好自己的事情，切实营造平稳健康的经济环境、国泰民安的社会环境、风清气正的政治环境，以优异成绩迎接党的二十大胜利召开。

全会强调，要旗帜鲜明讲政治，切实增强“四个意识”、坚定“四个自信”、做到“两个维护”，不断深化对县情的认识，采取接地气的措施，贯彻落实好习近平新时代中国特色社会主义思想。要为民造福促发展，坚持正确政绩观，坚持以人民为中心，有“功成不必在我”的精神境界和“功成必定有我”的责任担当，以实干为荣、用实绩说话，让蕉岭苏区振兴成果更多地惠及群众。要统筹兼顾保安全，全力以赴抓好疫情防控、经济发展、安全防范、民生保障等各项工作，咬定目标不放松，精准发力求突破，确保广大群众度过欢乐祥和的新春佳节。

【中国共产党蕉岭县第十四次代表大会第二次会议】 2022 年 1 月 17 日上午，中国共产党蕉岭县第十四次代表大会第二次会议在蕉城开幕。会议的主要任务是坚持以习近平新时代中国特色社会主义思想为指导，深入学习贯彻党的十九届六中全会和中央经济工作会议精神，认真落实省委十二届十五次全会和市第八次党代会、市委八届二次全会部署，总结 2021 年工作，部署 2022 年工作，动员全县上下狠抓发展第一要务，全面激发内生动力，大力实施“三三三五”发展战略，奋力打造老区苏区振兴高质量发展广东新样本，以优异成绩迎接党的二十大胜利召开。

会议书面传达省委十二届十五次全会和市委八届二次全会精神。县委书记、蕉华工业园区党委书记刘鸿涛代表县委作报告。

大会充分肯定县委 2021 年的工作。一致认为，过去的一年，县委深入学习贯彻习近平新时代中国特色社会主义思想和习近平总书记在广东考察时的重要讲话精神，按照省委、市委工作部署，结合蕉岭实际，深入开展党史学习教育，举办庆祝中国共产党成立 100 周年系列活动，科学谋划“十四五”时期经济社会发展，召开县第十四次党代会，经济质效稳步提升，乡村振兴扎实推进，城乡环境提档升级，改革创新步履坚实，重点民生持续改善，党的建设全面加强，实现“十四五”规划良好开局。

大会指出，2022 年是党的二十大召开之年，这是党和国家政治生活的一件大事。做好 2022 年的工作意义重大。要坚持以习近平新时代中国特色社会主义思想为指导，全面贯彻落实党的十九大和十九届历次全会以及中央经济工作会议精神，认真落实省委、市委部署要求，弘扬伟大建党精神，加强党的全面领导和党的建设，狠抓发展第一要务，全面激发内生动力，大力实施“三三三五”发展战略，推进工业强县、产业兴县，统筹疫情防控和经济社会发展，统筹发展和安全，继续做好“六稳”“六保”工作，以优异成绩迎接党的二十大胜利召开。重点要抓好五个方面工作。一是着力壮大实体经济，坚持经济建设为中心，先行先试探索建设粤闽赣苏区改革试验区，加快以绿色建材为主体的实体经济强链延链，加快培育新经济发展壮大新动能，全面拉动实体经济扩量提质。二是着力推动乡村全面振兴，坚持以产业振兴为重点，深入推进农村一、二、三产业融合发展，争创“抓党建促乡村振兴示范县”。三是着力优化城乡发展环境，以推进城乡融合发展省级试点工作为契机，补齐基础设施短板，推动城乡建设绿色发展。四是着力保障和改善民生，坚持以人民为中心，强化就业优先导向，扩大优质教育医疗供给，完善社会保障体系。五是着力在更高水平上统筹发展和安全，坚决维护国家政治安全，全力抓好安全生产，提升社会治理水平。

大会强调，要全面落实新时代党的建设总要求，把各级党组织建设得更加坚强有力。要旗帜鲜明讲政治，坚决捍卫“两个确立”，落实新一轮基层党建三年行动计划，建设高素质专业化干部队伍，保持正风肃纪反腐高压态势，不断提高政治判断力、政治领悟力、政治执行力，增强“四个意识”、坚定“四个自信”、做到“两个维护”。

会议还书面报告县委常委会 2021 年抓党

建工作情况、县经济工作情况，书面审查县纪委工作报告及蕉岭县2021年党费收缴、使用和管理情况报告。

会议以视联网平台直播形式传输至各镇分会场。

【蕉岭县党史学习教育总结会议】 2022年1月27日，蕉岭县召开党史学习教育总结会议，强调要学深悟透习近平总书记关于党史学习教育的重要论述，认真总结党史学习教育的成功经验，努力把学习教育成果转化为推动蕉岭苏区振兴发展的强大动力，狠抓发展第一要务，奋力打造老区苏区振兴高质量发展广东新样本。

市委党史学习教育第五巡回指导组副组长陈友权及成员到会指导。县委书记、蕉华工业园区党委书记刘鸿涛作总结讲话，县委副书记、县长，蕉华工业园区管委会主任刘裕君主持会议。县委常委、县委宣传部部长陈丽传达习近平总书记重要指示和中央、省、市党史学习教育总结会议精神。

刘鸿涛指出，党史学习教育开展以来，在市委党史学习教育第五巡回指导组的悉心指导下，县委牢牢把握“学史明理、学史增信、学史崇德、学史力行”要求，高起点筹划、高标准推进、高质量落实，推动党史学习教育取得明显成效，积累了宝贵经验。县委要认真总结，发扬光大。一是必须坚持示范带头、上下联动，形成强大合力。二是必须坚持人民至上、服务群众，不断增强群众的获得感、幸福感和安全感。三是必须坚持以知促行、知行合一，奋力走好新时代赶考之路。四是必须坚持与时俱进、守正创新，推进工业强县、产业兴县，努力干出新成效、展现新气象。

刘鸿涛强调，要深入学习贯彻习近平总书记关于党史学习教育的重要论述精神，总结好、巩固好、拓展好党史学习教育成果，推动党史学习教育常态化、长效化。一要坚定不移加强政治建设，始终在思想上政治上行动上同以习近平同志为核心的党中央保持高度一致。二要坚定不移强化理论武装，持续在学深悟透上下功夫求实效，坚持学以致用、知行合一。三要坚定不移践行为民初心，健全“我为群众办实事”长效机制，持续办好每年十件民生实事。四要坚定不移扛起使命担当，狠抓发展第一要务，大力实施“三三三五”发展战略，突出实体经济、乡村振兴两大重点，全面启动粤闽赣苏区改革试验区先行先试建设，全力推动以绿色建材为主体的实体经济强链延链，大上增加税收、促进就业、产生效益的“打粮食”项目。五要坚定不移推进自我革命，建好一张职责清单、一个党建课堂、一张党群联系网、一批振兴发展项目。

刘裕君要求，要在“学”上深化拓展，以更高站位把牢政治方向，切实把增强“四个意识”、坚定“四个自信”、做到“两个维护”落实到具体行动上；要在“效”上树立标杆，以更实举措巩固学习成果，把党史学习教育融入日常、抓在经常，切实推动“学党史、悟思想、办实事、开新局”走向深入。要在“用”上知行合一，以更强担当汲取智慧力量，狠抓发展第一要务，搭平台、兴产业，大力推动粤闽赣苏区改革试验区（蕉岭片区）建设，推进实体经济、基础设施、乡村振兴等工作提质提效，奋力走好新时代的赶考之路。

会议以视联网平台直播形式同步传输至各镇分会场。县领导林文建、丘文慈、谢伟传、张艳辉等参加会议。

【李希、王伟中到梅州调研】 2022年4月13—14日，省委书记李希，省委副书记、省长、深圳市委书记王伟中到梅州市，深入红色教育基地、文物保护单位、农业产业园、企业、镇区等，就认真贯彻落实习近平总书记在广东考察时的重要讲话精神和重要指示精神，统筹做好疫情防控和经济社会发展工作，推动高质量发展进行调研。

在广东药庄生物科技有限公司、蕉岭县丝苗米省级现代农业产业园，李希、王伟中走进实验室和南药、水稻种植基地，实地考察了解农业龙头企业联农带农、粮食生产和产业园运营等情况。李希强调，要充分发挥农业龙头企业和农业产业园积极作用，不断做大做强南药、丝苗米等特色优势产业，丰富“公司+基地+农户”等利益联结机制，让农民获得更多的产业增值收益。

梅州圣戈班汽车玻璃系统有限公司位于梅州高新区的广梅产业园区，是广州对口帮扶梅州的重点产业项目。李希、王伟中走进企业研发中心、生产车间，听取生产经营介绍。李希充分肯定企业响应号召，以实际行动积极参与老区苏区建设，勉励企业继续扎根梅州，加大研发生产投入力度，在助力当地发展中不断做强做大。要求当地党委政府加强服务保障，联合帮扶方共同做好产业园区建设运营，吸引更多的优质项目落地。

在平远县仁居古镇、红四军纪念馆，蕉岭县丘逢甲故居、梅江区林风眠纪念馆，李希、王伟中详细了解红色遗址、历史文物和名人故居保护利用情况。李希指出，梅州有光荣的革命传统和深厚的文化底蕴，要创新方式方法保护好利用好这些珍贵红色资源和文化资源，教育引导干部群众从中汲取丰富营养，弘扬老区苏区精神、赓续红色血脉，满怀信心奋进新征程，踔厉奋发建功新时代。李希、王伟中还到蕉岭县广福镇的粤闽省际交界处，实地了解当地开展省际合作的经验做法及有关工作规划。李希强调，要充分挖掘省际边界优势，积极开展形式多样的跨省合作，联动各方争取更多支持政策，在互利合作中实现共赢发展，为老区苏区振兴发展注入新动能。

李希强调，近年来，梅州深入学习贯彻习近平总书记在广东考察时的重要讲话精神和重要指示精神，落实省委、省政府“1+1+9”工作安排，推动老区苏区全面振兴取得新进展。迈上新征程、奋进新时代，梅州要对标对表总书记、党中央决策部署，对照老区苏区人民的期盼，以一往无前的奋斗姿态、风雨无阻的精神状态，走对走实走好高质量发展之路，奋力推动老区苏区全面振兴发展。一要立足老区苏区优势所在、潜力所在、后劲所在，扎实推动高质量发展。加强与“双区”和横琴、前海两个合作区建设的改革联动、发展对接。依托北部生态发展区功能定位和资源禀赋特点，发展具有梅州特色的优势产业，以产业振兴为全面振兴发展提供坚实支撑。省委省政府及各有关单位要进一步加大支持力度，集中资源力量，健全工作机制，用足用好中央和省支持老区苏区发展的系列优惠政策，有力有序有效推进老区苏区发展各项工作。二要坚持生态优先，推动红色苏区绿色发展。做足绿色经济文章，深入推进污染防治攻坚战，大力发展绿色富民产业，建立起以产业生态化和生态产业化为主体的生态经济体系，打造“绿水青山就是金山银山”的梅州样本。三要深入实施乡村振兴战略。不误农时抓好农业生产，严格保护耕地“命根子”，全力打好种植业“翻身仗”，切实保障粮食安全。依托特色优势资源做强做大生态农业、智慧农业，持续加强驻镇帮镇扶村工作，不断增强农村内生动能、发展活力。四要毫不放松抓好常态化疫情防控，扎实做好“六稳”“六保”工作。坚持“外防输入、内防反弹”总策略和“动态清零”总方针，从严从紧从细从实落实各项防疫措施。坚持稳字当头、稳中求进，抓好项目建设、实体经济纾困解难、物流畅通等工作，做好困难群众救助帮扶，全力稳增长、保民生。五要传承弘扬优秀传统文化和红色文化。精心发掘保护革命遗址和文化古迹，更好弘扬伟大建党精神，在传承红色基因、赓续城市文脉中汲取强大精神力量。六要加强党的全面领导和党的建设。深入贯彻新时代党的建设总要求，旗帜鲜明讲政治，持之以恒正风肃纪反腐，锻造更加坚强有力的党组织，为推动梅州老区苏区全面振兴发展提供坚强政治保证和组织保证。

调研期间，王伟中主持召开工作协调对接会，认真落实省委工作要求，组织省有关部门和单位就梅州需要协调解决的有关事项进行现场研究对接。王伟中表示，要深入学习贯彻习近平总书记在广东考察时的重要讲话和重要指示批示精神，坚定不移推动梅州高质量发展，切实把总书记对老区苏区的亲切关怀和厚望重托转化为实实在在的发展成效。省直部门要加强统筹协调，带头转变作风、转变观念、加强服务，积极帮助梅州协调解决实际困难，省市合力推动梅州重大平台、重大项目落地见效。梅州市要完整、准确、全面地贯彻新发展理念，算好生态账、经济账，坚持生态优先、绿色发展，因地制宜发展生态经济，走出一条美丽与发展共赢之路；要对标先进地区找差距补短板，通过深化改革持续优化营商环境，找准产业定位更大力度开展招商引资，以产业梯度转移为契机提升内生发展动力；要牢牢扭住重大项目建设这个“牛鼻子”，做好项目前期工作，用好用足专项债资金，加快项目进度，形成更多实物工作量；要全力抓好粮食生产和乡村振兴，不断擦亮“文化梅州”“生态梅州”品牌，在北部生态发展区建设中展现新的更大作为。

省领导张福海、许瑞生参加调研。市委书记马正勇，市委副书记、市长王晖等陪同调研。

【蕉岭县传达学习贯彻省第十三次党代会精神干部大会】 2022年6月1日，蕉岭县传达学习贯彻省第十三次党代会精神干部大会在丘成桐国际会议中心召开。会议坚持以习近平新时代中国特色社会主义思想为指导，深入学习贯彻习近平总书记在广东考察时的重要讲话精神和重要指示精神，传达学习贯彻省第十三次党代会精神，动员全县上下进一步坚定信心、抢抓机遇，狠抓发展第一要务，全面激发内生动力，奋力推动蕉岭红色苏区绿色发展，为广东在全面建设社会主义现代化国家新征程中走在全国前列、创造新的辉煌贡献蕉岭智慧、蕉岭力量。

县委书记、蕉华工业园区党委书记刘鸿涛主持会议并讲话。县委副书记、县长、蕉华工业园区管委会主任刘裕君传达省第十三次党代会、省委十三届一次全会和全市干部大会精神。

刘鸿涛指出，省第十三次党代会是在广东省进入全面建设社会主义现代化国家新征程、豪情满怀迎接党的二十大胜利召开的重要时刻召开的一次十分重要的会议，为全省走好新赶考之路指明了方向、厘清了思路、提供了遵循，也为蕉岭吹响了冲锋号、绘出了施工图、列出了任务书。

刘鸿涛强调，各级各部门和全体党员干部要认真学习领会，把思想和行动统一到省党代会精神上来，忠诚拥护“两个确立”，坚决做到“两个维护”。要切实把中央和省的关怀厚爱转化为工作动力，精准对标对表省委提出的未来五年重点工作，以学习贯彻省第十三次党代会精神为新的起点，坚持用好“大学习、深调研、真落实”工作方法，进一步强化危机意识、机遇意识和狠抓意识，扎扎实实办好蕉岭的事，走好新的赶考之路。

刘鸿涛强调，要推动融湾先行，在服从服务大局中抓住蕉岭机遇，奋力推动蕉岭红色苏区绿色发展。要坚定融湾的信心决心，把握融湾的预期优势，夯实融湾的基础保障，深刻认识蕉岭是苏区融湾的“策源地”“先手棋”地位，坚持狠抓发展第一要务，全面激发内生动力，切实加强交通谋划、产业谋划、园区谋划，不断壮大实体经济，努力抢占发展制高点、争夺发展主动权。

刘鸿涛强调，贯彻落实好省第十三次党代会精神，要认真落实“疫情要防住、经济要稳住、发展要安全”的要求，切实把省委“1+1+9”工作部署落实到蕉岭红色苏区绿色发展各方面，全力打造更具持续力的生态发展新标杆。一要扎实推进党的建设，全面推进党的政治建设、基层党组织建设、干部队伍建设和纪律作风建设。二要扎实推进改革创新，深入推进全域土地综合整治国家级试点、省级城乡融合发展等改革试点任务，推进融湾进区，持续优化营商环境。三要扎实推进平台建设，全力争取成为粤闽赣苏区对接融入粤港澳大湾区振兴发展先行区建设的试点，积极争取“飞地园区”落户蕉岭，适度超前谋划基础设施建设。四要扎实推进产业转型，推动绿色建材产业强链延链，培育壮大新能源产业，推动“打粮食”项目竞相落地，促进大健康产业“接二连三”。五要扎实推进乡村振兴，坚决守住粮食安全底线，抓好丝苗米、毛竹省级现代农业产业园建设，统筹美丽圩镇和省际廊道建设，争创抓党建促乡村振兴示范县。六要扎实推进文明创建，牢牢掌握意识形态工作领导权，活化利用文化资源，全力以赴创建全国县级文明城市。七要扎实推进生态建设，让蕉岭的天更蓝、山更绿、水更清。八要扎实推进民生改善，完善社会保障体系，办好人民满意教育，推进健康蕉岭建设。九要扎实推进平安建设，全力防范化解重大风险，提高基层治理现代化水平，确保安全生产持续稳定，全力创建国家安全发展示范城市。

刘鸿涛强调，学习贯彻落实好省党代会精神，是蕉岭县当前和今后一个时期的重要政治任务。各级党组织要认真制订学习宣传贯彻工作方案，精心组织，抓好传达学习、宣传宣讲，迅速掀起学习宣传贯彻省党代会精神的热潮。要持续聚焦年度十件民生实事、全县18宗市重点项目、20个贯彻落实重点工作任务、27项重中之重工作、47家规模以上企业，以及债券资金支出、招商引资等工作，以钉钉子精神狠抓各项工作落实见效，推动省党代会精神在蕉岭落地落实，以实际行动迎接党的二十大胜利召开。

会议传达省党代会纪委工作报告精神。会议以视联网平台直播形式开至各镇分会场。县委、县人大常委会、县政府、县政协全体领导人；县法院院长、县检察院检察长、县纪委副书记（县监委副主任）；各镇党委书记、镇长等参加会议。

【2022年蕉岭县文明委全体会议暨创建全国县级文明城市工作推进会】 2022年7月13日，2022年蕉岭县文明委全体会议暨创建全国县级文明城市工作推进会召开，深入学习贯彻习近平总书记关于社会主义精神文明建设的重要论述精神，认真落实省市部署要求，总结部署蕉岭县创建全国县级文明城市工作。省委宣传部二级巡视员马必文，县委书记、蕉华工业园区党委书记、县文明委主任刘鸿涛出席会议并讲话，县委副书记、县长、蕉华工业园区管委会主任刘裕君主持会议。

马必文充分肯定蕉岭县创建全国县级文明城市工作成效。他指出，2022年是第七届全国文明城市创建周期的第二年，是文明城市创建工作承上启下、提质增效的关键一年。蕉岭县要切实提高政治站位，振奋精神，鼓足干劲，全力以赴推进文明城市创建工作。一要实施“美心”工程，传承弘扬中华优秀传统文化，培育和践行社会主义核心价值观；二要实施“美景”工程，围绕“精致、绿色、和谐”的城市定位，持续推进城市美化、绿化、亮化、净化工程，建设“宜居、宜业、宜游、宜养、宜学”的“五宜”城乡；三要实施“美序”工程，加强文明风尚培育，深化移风易俗，打造廉洁高效的政务环境和良好社会秩序。

马必文强调，要创新工作方式，注重科学规划、精细管理和人文关怀，不断提升城市精细化管理水平。要建立健全领导机制、激励机制、问责机制、投入机制、淘汰机制、群众参与机制和媒体监督机制，形成创建合力。要树立工作情怀，坚守人民情怀，厚植家国情怀，弘扬英雄情怀，激励广大党员干部在创建全国县级文明城市工作中勇于担当、建功立业。

刘鸿涛强调，各级各部门和广大党员干部要深刻认识到创建全国县级文明城市是贯彻落实习近平新时代中国特色社会主义思想的需要，是先行先试建设赣闽粤原中央对接融入粤港澳大湾区振兴发展先行区的需要，是彰显苏区干部初心使命的需要，要一鼓作气、奋勇争先，全力以赴争取在本轮创建周期成功创建全国县级文明城市，为奋力推动蕉岭红色苏区绿色发展提供强大精神动力，以实际行动迎接党的二十大胜利召开。一要补齐短板。坚持问题导向、目标导向，聚集基础设施、公共秩序、环境卫生等重点，深入开展提升行动，不断提升创建实效。二要抓好引领。大力培育和践行社会主义核心价值观，深入推进精神文明“1+9+N”专项行动，稳步推进全国乡村“复兴少年宫”试点，深化拓展文明实践，全力塑造“文明风骨”。三要重点突破。突出精细化管理、对标化创建、立体化宣传，营造浓厚的宣传氛围。

刘鸿涛强调，要强化组织领导，形成上下联动、密切协作、齐抓共管的良好局面。要畅通监督渠道，构建立体化投诉平台和问题处理运行机制。要加强督查考核，形成“以实绩论英雄、以结果用干部”的良好工作氛围。

刘裕君强调，各级各部门要切实把思想和行动统一到县委、县政府的部署上来，提高文明创建工作的政治自觉、思想自觉和行动自觉。要突出工作重点，强化问题攻坚，逐项细化分解任务，压紧压实各方责任，加强督查督办。要健全完善机制，强化共建共享，把精神文明建设与推动先行区（蕉岭片区）建设、实现蕉岭红色苏区绿色发展深度融合，充分激发群众参与、支持创建的热情，大力营造“创建为民、创建惠民、创建靠民”的良好氛围。

会上，县委常委、宣传部部长陈丽总结和部署蕉岭县创建全国县级文明城市工作。蕉城镇、县城市管理和综合执法局、蕉城镇城西社区作大会发言。

县委、县人大常委会、县政府、县政协领导同志，县法院院长、县检察院检察长，县纪委副书记（县监委副主任），各镇党委书记、分管负责人，县精神文明建设委员会成员单位主要负责人等参加会议。

【2022年县委农村工作会议暨全县实施乡村振兴战略工作推进会】 2022年7月13日，县委农村工作会议暨全县实施乡村振兴战略工作推进会召开。会议深入学习贯彻习近平总书记关于“三农”工作的重要论述和在广东考察时的重要讲话精神、重要指示精神，全面贯彻落实中央农村工作会议、省第十三次党代会和市第八次党代会精神，对2022年“三农”工作进行再部署、再推进、再落实。县委书记、蕉华工业园区党委书记刘鸿涛出席会议并讲话。县委副书记、县长、蕉华工业园区管委会主任刘裕君主持会议。

刘鸿涛指出，2021年，蕉岭县全面贯彻落实党中央重大决策部署，按照省市部署要求，有力有序推进乡村振兴工作并取得扎实成效，但也要清醒地认识到在产业效益、人居环境整治、乡村人才振兴等方面仍存在的短板弱项，必须不断增强全面推进乡村振兴的责任感使命感，真正把实施乡村振兴战略作为新时代“三农”工作的总抓手，开拓进取、接续奋斗，不断提高工作成色，全力推动乡村振兴干在实处走在前列，以实际行动迎接党的二十大胜利召开。

刘鸿涛强调，做好2022年乡村振兴工作，必须深入贯彻落实习近平总书记关于“三农”工作的重要论述，坚持守底线、优规划、补短板、促提升、强支撑，以有力的措施确保农业稳产增产、农民稳步增收、农村稳定安宁。一要守底线防风险，提升成果巩固成效。要全力攻坚撂荒耕地复耕复种，抓好防返贫长效机制落实，牢牢守住保障国家粮食安全和不发生规模性返贫两条底线。二要兴产业促发展，打造融合发展格局。要以“融”促产，发挥好生态优势和资源优势，坚定不移走“精、优、特”农业产业高质量发展道路，大力发展丝苗米、毛竹、蜂蜜、食用菌、蔬菜五大主导产业和烤烟、茶叶、水果、南药、光伏、预制菜、冷链物流、米酒八大特色产业，充分依托丝苗米、毛竹省级现代农业产业园，推动发展农产品精深加工、乡村休闲旅游等产业，促进农村一、二、三产融合发展；要以“链”促产，大力培育一批产业集群发展的专业镇、专业村，积极探索产业社区建设，形成产供销一体化的完整产业链条，让优质农产品“融湾”直通湾区大市场、“入海”进军沿海经济带和海西经济区；要以“新”促产，发展壮大龙头企业，鼓励各类新型农业经营主体融合发展，通过股份合作、订单生产等利益联结形式形成农业产业化联合体，鼓励依法组建农业产业协会和产业联盟，引导本地资本积极创办农业龙头企业。三要补短板强基础，推动发展环境提质。要强化规划引领，按照“点线面一同整治、镇村户一体推进、全民一起参与”的思路，扎实推进乡村振兴示范带建设，高标准整治提升农村人居环境，加快补齐农村道路、供水供电、乡村物流、宽带网络等基础设施短板，持续优化教育、医疗卫生、社会保障、养老等公共资源配置，不断提升群众幸福感、获得感。四要抓党建优治理，营造和谐文明气象。要加强党对“三农”工作的全面领导，持续建强乡村战斗堡垒，深入推进平安乡村、法治乡村建设，扎实推进“万企兴万村”行动，强化乡村振兴人才引育，凝聚起推动乡村振兴的攻坚合力，全力创建抓党建促乡村振兴示范县。

刘裕君强调，各级各部门要进一步增强做好“三农”工作的责任感、使命感和紧迫感，牢牢把握“三农”工作重点要点，凝聚工作合力、强化工作举措，推动乡村产业再提质、乡村建设再提标、乡村治理再提档、乡村改革再提效。要加强督查督办，以督查考核压责任、强担当、促落实，以乡村振兴实绩迎接党的二十大胜利召开。

县领导张伟杰、钟梅芬、林文建、曾光华、曾文渊、丘文慈、谢伟传、古育辉、丘志铭、李杜强、丘建安、张艳辉、钟光庆、汤超宏参加会议。

会前，与会人员前往广福镇粤闽交界省门省际廊道和广育村、长潭镇白马村白马农业主题公园等地，现场考察乡村振兴示范点建设，相互学习交流好经验好做法，促进乡村振兴工作共同提升。

【蕉岭县招商引资工作大会】　2022 年 8 月 25 日，蕉岭县招商引资工作大会召开。会议坚持以习近平新时代中国特色社会主义思想为指导，全面落实省第十三次党代会、省委省政府主要领导到梅州调研指示和市第八次党代会、全市招商引资工作大会以及县第十四次党代会精神，动员全县上下大招商、招大商、招好商，奋力推动蕉岭红色苏区绿色发展，以实际行动迎接党的二十大胜利召开。

县委书记、蕉华工业园区党委书记刘鸿涛出席会议并讲话。县委副书记、县长、蕉华工业园区管委会主任刘裕君与相关单位签订招商引资责任书。县委常委、副县长胡班主持会议。

刘鸿涛强调，实体经济是蕉岭高质量发展的“底盘”，抓好实体经济的关键一招就是招商引资。各级各部门要切实提高政治站位，从全局和战略的高度深刻认识招商引资工作的重要性和紧迫性，把招商引资摆在更加突出的位置，增强狠抓招商引资的政治自觉、思想自觉和行动自觉，动员一切资源要素，用心用情、全力以赴强平台、争政策、引投资、壮产业，在新征程的赛道上奋力争先、在区域竞争中冲刺在前，以招商引资的新成效推动蕉岭县经济社会高质量发展。

刘鸿涛强调，要突出重点，不断提升招商引资的精准度和实效性。一要突出精准高效。要围绕“融湾入海”目标，紧盯广州、深圳等珠三角主要城市，瞄准产业转移的趋势和机遇，深度对接大湾区产业溢出项目，积极组织各类经贸洽谈活动、项目推介会等，努力扩大蕉岭的知名度和影响力。二要突出主攻方向。要坚持“效益”招商、“链式”招商、“优势”招商，从“投入思维”转向“产出思维”，从“过日子思维”转向“发展思维”，围绕绿色建材、新能源、新材料、装备制造、资源经济、农产品精深加工等产业，用投资强度、亩均税收、单位能耗、单位排放、容积率等主要指标说话，积极引进500强企业、大型央企、省属国企、珠三角市属国企、知名民企、上市公司、龙头企业、链主企业，努力把蕉岭的资源优势转化成经济发展优势。三要突出营商环境。要强化政策保障，形成“政策洼地”，确保各类政策、要素直达企业；要强化配套保障，完善园区“七通一平”基础设施配套，实现企业“拎包入住”、签约即开工；要强化服务保障，扎实推进投资领域“放管服”改革，建立健全项目审批“绿色通道”，为企业投资项目提供优质快捷的审批服务。

刘鸿涛强调，县领导要带头参与指导支持招商引资工作，各级各有关单位“一把手”要亲自抓、负总责，驻外招商队要精准招商、比学赶超、相互成就。要加强与市驻外招商队联系沟通，获取更多的项目流转信息“为我所用”。要强化督查考核，以实绩论英雄、用结果说话。

会上，县委常委、组织部部长谢伟传宣读《关于组建县级驻外招商队和招商工作专班的决定》，副县长谢彦博传达贯彻梅州市招商引资工作大会精神，驻外招商队代表、广福镇、文福镇、蕉华园区作表态发言，开展招商引资业务培训。

【2022年梅州市蕉岭县乡村产业振兴擂台赛】

2022年，为加强产业谋划，激发镇村内生动力，推进蕉岭乡村全面振兴，8月31日，2022年梅州市蕉岭县乡村产业振兴擂台赛举行，全面营造乡村振兴“你追我赶、比学赶帮超”的浓厚氛围，推动乡村产业多点开花，凝聚乡村振兴强大合力。县委书记、蕉华工业园区党委书记刘鸿涛参加活动。

县委副书记、政法委书记林文建在致辞中指出，乡村产业振兴擂台赛，是汇聚发展经验的“聚宝盆”，也是交流学习的好机会，更是相互竞赛的新平台。全县8个镇要以此为契机，继续加快现代农业产业发展，推动乡村产业多点开花，凝聚乡村振兴强大合力，促进“农业强、农村美、农民富”，推动乡村全面振兴。要通过比赛强化深度融合、促进农业发展、优化产业布局、做优特色精品，着力建设更多富有特色的乡村振兴蕉岭样板。要丰富拓展擂台赛成果，继续加强农业产业项目谋划，加大财政资金有效投入力度，创新人才引进培养机制，提升农业基础设施短板，充分调动党员干部干事创业的精气神，勇于创先争优，奋力比学赶超，赛出乡村振兴加速度，擘画乡村振兴新蓝图。

活动现场，各镇党委书记或镇长现场演讲PK，围绕本镇产业资源、讲重点、亮点，展示本镇抓产业促振兴乡村成效，阐述产业发展模式创新及可行性。同时，评审团专家分别对每名参赛选手竞演内容进行点评提问。

活动根据实地评估得分（占总得分60%）+现场比赛得分（占总得分40%）的规则，计算出总分数。经过激烈角逐，最终蕉城镇获得一等奖，广福镇获得二等奖，三圳镇、文福镇、蓝坊镇获得三等奖。

县领导张伟杰、钟梅芬、丘志铭、李杜强、张艳辉参加活动。

【清华大学求真书院师生到蕉岭开展数学特色社会实践活动】 2022年9月2日，清华大学求真书院2022年暑期赴广东蕉岭开展数学特色社会实践活动启动大会在梅州蕉岭举行。蕉岭县相关代表以及清华大学求真书院实践团队师生参加。

在活动期间，清华大学求真书院一行深入世界长寿乡蕉岭开展为期一周的社会实践活动，通过参与劳动实践、游览客家传统古建筑、探访寿乡秀丽山水、品味客家美食等感悟研学蕉岭、数理蕉岭、人文蕉岭、生态蕉岭、产业蕉岭的魅力，并通过走访梅州名人名居，切身领略“世界客都·长寿梅州”的文化底蕴。

为培养一大批引领世界数学发展的一流人才，保障丘成桐数学科学领军人才培养计划（“数学领军计划”）开展，清华大学于2021年4月20日成立清华大学求真书院，由菲尔兹奖得主、清华大学丘成桐数学科学中心主任、北京雁栖湖应用数学研究院院长丘成桐担任院长。多年来，祖籍梅州蕉岭的丘成桐院士始终心怀祖国，心系家乡，以推动中国数学的发展、推广普及科学为己任，致力于人才培养和学术传播。

蕉岭县相关负责人表示，蕉岭是世界长寿乡，素有生态明珠之美誉，得天独厚的自然生态环境与底蕴深厚的数理人文、红色苏区的绿色发展交相辉映。希望清华大学求真书院的师生们多到蕉岭研学交流，传授先进教学理念和教育经验，助力蕉岭基础教育发展。希望清华大学求真书院广大师生一如既往地关心支持、广泛宣传蕉岭的新发展、新变化、新突破，大力推动蕉岭经济社会高质量发展。同时，也将继续秉承“宾至如归、服务至上”的理念，为更多到蕉岭开展社会实践、学术研讨的专家学者们提供最便利、最快捷、最优质的服务。

【蕉岭县传达学习贯彻党的二十大精神大会】

2022年10月31日，蕉岭县传达学习贯彻党的二十大精神大会召开，传达学习宣传贯彻党的二十大精神，动员全县上下全面学习贯彻习近平新时代中国特色社会主义思想，坚定信心、团结奋斗，踔厉奋发、勇毅前行，以党的二十大精神引领蕉岭红色苏区绿色发展，为全面建设社会主义现代化国家、全面推进中华民族伟大复兴作出蕉岭新的贡献。

县委书记、蕉华工业园区党委书记刘鸿涛主持会议并讲话。县委副书记、县长、蕉华工业园区管委会主任刘裕君传达学习贯彻党的二十大精神和全省、全市传达学习贯彻党的二十大精神大会精神。

刘鸿涛指出，全县上下要认真学习、深刻领会、牢牢把握党的二十大提出的重要思想、重要观点、重大战略、重大举措，深刻领悟“两个确立”的决定性意义，牢记“国之大者”，增强“四个意识”、坚定“四个自信”、做到“两个维护”，切实把思想和行动统一到党的二十大精神上来，深学细悟过去五年工作和新时代十年伟大变革的重大意义、习近平新时代中国特色社会主义思想的世界观和方法论、以中国式现代化全面推进中华民族伟大复兴的使命任务、以伟大自我革命引领伟大社会革命的重要要求、团结奋斗的时代要求、党章修改的重大意义。

刘鸿涛强调，要坚持笃行实干，切实把党的二十大精神转化为苏区融湾入海振兴发展的生动实践。一要突出融湾入海，加快先行区建设，加快工业园建设，全力招大商、招好商，持续优化营商环境，着力补齐交通短板，全力建设综合示范窗口。二要突出绿色发展，大力发展新材料、新能源、资源经济、数字经济，全力壮大实体经济。三要突出产业支撑，以工业思维、链式思维抓农业产业，统筹建设美丽家园、美丽河湖、美丽田园、美丽圩镇，持续深入推进全域土地综合整治国家级试点和城乡融合发展省级试点工作，全力推动乡村振兴。四要突出补齐短板，健全社会保障体系，办好人民满意教育，加快建设健康蕉岭，全力提升民生品质。五要突出底线思维，着力防范化解重大风险，全面抓好安全生产，提高社会治理现代化水平，全力维护安全稳定。六要突出党建引领，全面落实新时代党的建设总要求，持续抓好基层党组织建设，加强纪律作风、干部人才建设，全力推进全面从严治党。

刘鸿涛强调，要切实把学习宣传贯彻党的二十大精神作为当前和今后一个时期的首要政治任务和全部工作的重心，迅速掀起学习宣传贯彻热潮，坚定不移把党的二十大提出的目标任务落到实处，推动党的二十大精神在蕉岭大地落地生根、结出丰硕成果。各级党组织和广大党员要精心组织学习活动，读原著、悟原理，原原本本研读党的二十大报告及相关文件；各级领导干部要以身作则、以上率下，先学一步、学深一层，带动形成全县党员干部一起学的良好局面；各级党校要推动学习培训覆盖到每一个党组织、每一个党员。要精心组织宣传报道，用好平台载体，推动党的二十大精神进机关、进企事业单位、进城乡社区、进校园、进军营、进各类新经济组织和新社会组织、进网站。要在全面落实上下功夫，把学习贯彻党的二十大精神与做好当前工作紧密结合起来，统筹发展和安全，扎实做好第四季度各项工作，科学谋划2023年的重大项目、重点工作。

会议以视联网平台直播形式同步传输至各镇分会场。县委、县人大常委会、县政府、县政协全体领导，在蕉城居住的正处级以上老同志，县法院院长、县检察院检察长，县纪委监委副书记（副主任），县人大常委会、县政协各专（工）委主任，县直副局以上和省、市属驻蕉岭各单位主要负责人，蕉华园区有关负责人，县各民主党派、县工商联主要负责人，各镇领导班子成员，各村（社区）党组织书记参加会议。

【蕉岭县推进新能源产业高质量发展大会】

2022年11月4日，蕉岭县召开推进新能源产业高质量发展大会，认真学习贯彻党的二十大精神，深入贯彻落实习近平生态文明思想和习近平总书记关于能源革命的重要论述精神，抢抓机遇、乘势而上，全力推进新能源产业高质量发展，奋力打造“融湾入海”新能源产业聚集地。县委书记、蕉华工业园区党委书记刘鸿涛出席会议并讲话，县委副书记、县长、蕉华工业园区管委会主任刘裕君主持会议。

刘鸿涛强调，全县各级各部门要提高站位、把握机遇，既要深刻认识当前形势和发展趋势，又要牢牢把握政策机遇，乘势而上、奋勇争先，以更大力度、更实举措，推进蕉岭县新能源产业高质量发展。

刘鸿涛强调，要突出重点、精准发力，以新能源为实体经济注入新动能。一是坚持统筹开发。要高质量编制新能源产业发展规划，坚持源网荷储一体推进，优化整合电源、电网、负荷资源，合理确定建设规模、运行模式、进度安排等事宜，实现一体化发展。要突出环境保护，注重风貌管控和安全性能把控，促进新能源项目发展和乡村振兴有机统一。二是精心谋篇布局。要高标准谋划光伏装备制造产业园，推动光伏产业布局与“一区两园”建设统筹衔接，力争推动一批光伏设备制造业项目尽快落户园区，集中力量培育形成产业链集群，促进“产、销、供、用”一体化发展，构建光伏设备制造全产业链条。要高质量推进光伏发电产业，加快塔牌光伏发电储能一体化、广能集团光伏发电、广发集团“光伏小镇”项目建设进度，强化要素保障，确保项目早建成早投产早见效。要高规格推动抽水蓄能产业，精心选择布局抽水蓄能电站，延伸拓展配套发展数字经济，培育大数据产业，延长抽水蓄能产业链条。三是做强产业保障。要加强政策保障，积极争取将蕉岭县新能源产业发展规划纳入省、市新能源产业发展规划中，尽快制定出台产业发展优惠政策措施。要加强资金保障，积极争取国家政策银行和融资机构的支持，扩大资金投放。要加强主体保障，探索组建新能源投资公司，建立健全新能源投资平台，推动投资公司更广泛参与蕉岭县新能源产业发展。四是加快绿色升级。要大力支持传统建材企业绿色转型升级，加快优化调整能源结构，建设“绿色工业”；加强节能环保的宣传引导，建设“绿色乡村”；引导群众绿色出行，加快新能源汽车的推广应用，建设“绿色交通”。

刘鸿涛强调，要树立全县“一盘棋”思想，加强组织领导、压实责任、担当作为、凝聚强大合力，全力推进新能源项目落地建设、投产达效。要坚持服务关口前移、“一企一策”、“一项目一策”，全力优化发展环境，确保项目安全有序实施。

刘裕君要求，蕉岭县各镇各相关部门要切实把会议精神转化为推动产业发展的思想自觉、政治自觉和行动自觉，切实增强高质量发展的信心和决心。要把新能源产业与蕉岭“融湾入海”紧密结合、一体推进，在研究政策、争取指标、项目建设、招商引资、金融服务等方面主动作为、全面发力，力争为全市新能源产业高质量发展提供可借鉴、可复制、可推广的“蕉岭模式”。要落实好“一把手”负责制，按照“一项目一方案一专班”工作机制，力促项目有序推进、早见成果，确保蕉岭县新能源产业实现高质量发展。

会议传达了梅州市推进新能源产业高质量发展大会精神，通报了蕉岭县新能源产业发展情况，县发改局、蕉岭供电局、新铺镇、塔牌集团作大会发言。

【蕉岭县档案馆新馆建成启用揭牌仪式】

2022年11月28日，蕉岭县档案馆新馆建成启用揭牌仪式举行，标志着蕉岭档案事业迈上新台阶。

县委书记、蕉华工业园区党委书记刘鸿涛，市委副秘书长隋斌共同为“蕉岭县档案馆”揭牌。县委常委、县委办主任丘文慈，副县长谢彦博参加揭牌仪式。

丘文慈在致辞中指出，县档案馆新馆的建成，是新的起点、新的使命。新馆要积极运用“互联网+档案”和大数据等信息技术，优化档案结构，丰富馆藏资源，创新服务模式，简化使用程序，推动档案供给质量和公共服务能力走在全市前列。蕉岭县档案工作者要坚守“为党管档、为国守史、为民服务”的初心使命，积极开展蕉岭苏区振兴发展、加快融湾入海等新征程新伟业建档服务工作，记录留存好蕉岭红色苏区绿色发展的奋斗历史和峥嵘岁月。同时，加强红色档案资源建设，加大抢救保护征集力度，切实发挥红色档案“存史资政育人”的重要作用。

据了解，县档案馆新馆按县二级档案馆标准建设，库房面积1272平方米，可满足未来30年左右蕉岭县档案的保管存放需求。馆内功能齐全，包括馆藏库房、业务功能用房、对外服务厅、基础办公用房四大区域，配备智慧型密集架、恒温恒湿装置、全方位视频监控系统等，集接收、查阅、展览、数字管理、服务公众等功能于一体，能够保障优质的档案供给和公共服务能力。新馆在设计和建设过程中始终把数字化项目摆在突出位置，目前已完成90%的纸质档案电子化扫描，通过实施数字化项目，不仅能提供电子化档案的接收和保管，馆藏档案的自动化实时分类统计、档案条目的电子化查询服务，还能进行档案的全文检索，实现精准查找。

揭牌仪式结束后，参加活动的领导到库房、展览厅等地，详细了解新馆功能布局、馆藏档案、电子档案管理综合系统等情况。

【学习贯彻党的二十大精神市委宣讲团宣讲报告会暨蕉岭县科级领导干部学习贯彻党的二十大精神专题研讨班开班式】 根据中央统一部署和省委、市委、县委工作安排，2022年12月15日，学习贯彻党的二十大精神市委宣讲团宣讲报告会暨蕉岭县科级领导干部学习贯彻党的二十大精神专题研讨班开班式在县政府礼堂举行。市委宣讲团成员、市委党校常务副校长、市社会主义学院常务副院长张劲龙作专题宣讲报告。县委书记、蕉华工业园区党委书记刘鸿涛主持会议并作开班动员讲话。

报告会上，张劲龙作了题为《全面建设社会主义现代化国家的行动纲领》的宣讲报告。报告从深刻认识和把握党的二十大的主题和主要成果、过去五年工作和新时代十年伟大变革、党的二十大的理论创新、以中国式现代化全面推进中华民族伟大复兴的使命任务、以伟大自我革命引领伟大社会革命的重要要求等五个方面，对党的二十大精神进行了系统全面的阐释和深入透彻的解读，对全县党员干部学习宣传贯彻党的二十大精神持续走深走实具有重要指导意义。

刘鸿涛要求，蕉岭县各级党员干部要切实提高政治站位，充分认识这次学习研讨班的重要性和必要性，切实把思想和行动统一到党的二十大精神上来，深刻领悟“两个确立”的决定性意义，增强“四个意识”、坚定“四个自信”、做到“两个维护”。要统筹兼顾、学用结合、振奋精神、鼓足干劲，将学习宣传贯彻党的二十大精神成效转化为抓好各项工作的强大动力，统筹发展和安全，奋力推动蕉岭红色苏区绿色发展。

刘鸿涛强调，全县上下要切实把党的二十大作出的决策部署与全县经济社会发展各项工作结合起来，推动党的二十大精神融于心践于行。一要先行示范推动融湾入海。坚持大产业、大平台、大项目、大企业、大环境，举全县之力建设赣闽粤原中央苏区对接融入粤港澳大湾区振兴发展先行区（蕉岭片区），全力打造苏区融湾先行区综合示范窗口。二要强链延链推动产业升级。扎实推动建材支柱产业绿色转型升级，规划建设装配式建筑产业集聚园区，创新发展资源经济；积极培育光伏新能源产业和抽水蓄能产业，规划建设光伏装备制造产业园，延伸发展电力装备制造等上下游产业；发展数字经济，用数字化为制造业高质量发展赋能；抓好3个省级现代农业产业园建设，打造以生物医药、食品加工为主的大健康产业集群。三要均衡可及推动民生提质。全力攻坚重大交通基础设施建设，统筹推进全域土地综合整治和山水林田湖草沙一体化修复保护，打造绿美广东建设的蕉岭样板；拓展优化“六事”乡村治理方式，科学精准做好疫情防控工作，全力维护社会和谐稳定；积极创建基础教育高质量发展实验区和全国基层中医药工作先进县。

县委、县人大常委会、县政府、县政协全体领导干部，在蕉城居住的副处职以上老干部，县法院院长、县检察院检察长等参加会议。

（古玮婕）

2022年中共蕉岭县委领导名录

书　记：刘鸿涛

副书记：刘裕君　林文建

常务委员会委员：刘鸿涛　刘裕君　林文建
胡　班　曾文渊　杨红军
林伟胜　丘文慈
余　翔（任至5月）
陈　丽（女）　徐永岭
谢伟传

2022年中共蕉岭县委办公室负责人名录

主　任：丘文慈

常务副主任：王　标

副主任：钟云霞（女，任至5月）
黄集运（任至8月）
涂建强（5月任职）

2022 年中共蕉岭县党群系统党委负责人名录

书　记：丘文慈

副书记：涂建强（任至 5 月）

专职副书记：曾文媛（女，11 月任职）

2022 年县委政策研究室负责人名录

主　任：王　标

蕉岭县人民代表大会

【概况】 2022 年，蕉岭县人民代表大会常务委员会坚持以习近平新时代中国特色社会主义思想为指导，切实领会习近平总书记关于“四个机关”的重要论述，认真学习贯彻党的二十大精神，不断探索践行全过程人民民主，完善人大各项议事制度，引领代表更好发挥人大代表作用，依法做好人大决定、监督、任免各项工作，发挥人大职能作用，为促进蕉岭红色苏区绿色发展作出积极贡献。

【坚持党的领导】 2022 年，蕉岭县人民代表大会常务委员会坚持对标看齐讲政治。立足政治机关定位，始终旗帜鲜明讲政治，坚持县委对人大工作的全面领导，严格执行重大问题、重大事项及时向县委请示报告制度，向县委报告蕉岭县人民代表大会常务委员会党组年度工作情况和全面工作情况。贯彻落实县委工作安排，依法任免“一府一委两院”干部，及时将党委意图和决策通过法定程序转化为全县人民的共同意志和自觉行动，为地方发展夯实政治基础和组织保障。坚持常学常新守初心，坚决把学习贯彻习近平新时代中国特色社会主义思想作为贯串人大工作的主题主线，严格落实第一议题制度，深入学习贯彻习近平法治思想、习近平总书记关于坚持和完善人民代表大会制度的重要思想，全面落实中央、省委、市委人大工作会议精神，认真分析面临的新形势新任务，理清加强和改进人大工作的新思路，制定贯彻落实办法。

【实施依法监督职能】 2022 年，蕉岭县人民代表大会常务委员会依照宪法和法律行使职权，对全县政务和法律司法等方面进行监督。

谋实谋细经济预算监督　听取和审议县政府 2022 年上半年国民经济和社会发展计划执行情况报告、2022 年上半年财政预算执行情况报告、2020 年度审计查出突出问题整改情况报告、2021 年蕉岭县本级财政决算草案报告，审查和批准本级决算、2021 年蕉岭县本级预算执行和其他财政收支审计工作报告、国有资产管理情况报告、行政事业单位资产管理情况报告、本级预算调整方案等，依法加强新常态下的经济工作监督，推动全县经济持续健康发展。

抓实抓细重点工作监督　聚焦发展实体经济，组织开展赣闽粤苏区对接融入粤港澳大湾区振兴发展先行区（蕉岭片区）建设视察，为园区建设积极建言。聚焦乡村振兴，组织开展新铺镇全域土地综合整治工作视察，为全域土地综合整治工作出谋划策；开展撂荒耕地专项调研；听取全县乡村振兴工作情况专项报告。聚焦民生实事，通过走访单位、听取汇报、现场督查等形式对民生实事项目进行集中督查。听取和审议禁毒工作报告，环境状况和环境保护目标完成情况报告，红色资源，名人故居（祖居）保护利用情况报告，县十件民生实事完成情况报告，开展人民法院发挥审判职能为群众排忧解难、人民检察院公益诉讼守护美好生活、居家养老服务、农村饮水安全问题等专题视察调研，为守护人民群众对美好生活的期盼献智出力。

落实落细法律司法监督　认真开展规范性文件备案审查工作，修订《蕉岭县人民代表大会常务委员会规范性文件备案审查工作规定》，启用备案审查信息平台，坚持有件必备、有备必审、有错必纠，2022年备案审查规范性文件13件，组织省法规规章规范性文件数据库校对46件，有效维护法治统一。专题听取和审议蕉岭县贯彻《宗教事务条例》《广东省宗教事务条例》情况报告，开展《中华人民共和国固体废物污染环境防治法》《广东省固体废物污染环境防治条例》《广东省知识产权保护条例》《广东省专利条例》实施情况执法检查，推动法治宣传教育活动深入开展。多次组织人大代表旁听法院庭审、参加检察院案件听证，参与对县公检法司等部门的行风监督，支持督促政法机关加强队伍建设，促进司法公正。

【依法人事任免】 2022年，蕉岭县人民代表大会常务委员会认真行使监督权、决定权、任免权，共组织召开人大常委会会议9次，听取审议“一府一委两院”工作报告16项，开展执法检查2次、视察调研7次，作出决议决定60项，任免国家机关工作人员48人次。

【代表工作】

全覆盖搭建代表履职平台 2022年，蕉岭县人民代表大会常务委员会重视人大代表工作，充分发挥人大代表依法行使职能，抓好议案和建议的督办等工作。出台《蕉岭县人大代表联络站建设量化考核管理办法（试行）》《进一步推进全县人大代表联络站标准化、规范化、常态化建设工作方案》，规范代表联络站建设和各项活动，促进代表联络站提质增效。在抓好线下联络站建设的同时，在全市率先建立移动代表联络站，打通服务群众网上“最后一米”问题，打造“实体+网络”二位一体的代表联络站，实现代表联系群众全天候和零距离。

全方位拓宽代表履职路径 完善出台《关于蕉岭县人民代表大会常务委员会主任会议组成人员联系县人大代表和县人大代表密切联系人民群众的意见》《关于加强和改进县人大代表工作的具体措施》等代表履职工作制度，推动代表工作规范化、制度化、常态化。对县乡两级人大代表及人大干部900多人次开展轮训。为市县镇代表订购、印制《新时代人大代表履职手册》《人大工作和代表履职法律法规汇编》等资料。常态化邀请代表参加常委会开展的视察调研、执法检查等活动，持续畅通代表知情知政渠道，优化代表履职服务保障。抓实抓好代表主题活动，县镇人大深入开展“推进爱国卫生工作更好发挥人大代表作用”“我是代表我表率，复耕复种我出力”“助力乡村振兴、人大代表在行动”“我是代表我带头，我为疫情防控做贡献”等主题活动，发挥代表在各项中心工作中的主体作用。

全流程抓好议案建议督办 注重代表议案建议办理，突出代表建议精准交办，推动落实代表建议办理“一把手”责任制。着力构建代表建议办理全过程监督闭环，认真抓好代表建议领办督办、建议承办大户走访督办、不满意件再交办工作，推动代表建议办理满意率、解决率双提升。县人代会一次、二次会议27件建议办复率100%，做到件件有着落、事事有回音。

【自身建设】

政治建设不断加强 2022年，蕉岭县人民代表大会常务委员会为提升工作水平，从几个方面加强自身能力建设。以党组为统领，以机关党支部“主题党日”活动为契机，采取集体学习和自学相结合的方式，学深悟透习近平新时代中国特色社会主义思想，深研细读习近平总书记关于坚持和完善人民代表大会制度的重要思想，系统领会中央、省委、市委人大工作会议精神。持续推进全面从严治党，贯彻落实中央八项规定及其实施细则精神，持之以恒改进作风。

机关效能持续提升 坚持用制度抓落实促规范，修订完善机关管理各项制度，持续

用力精文减会，改进文风会风，机关运行更加规范有序。特别是完善蕉岭县人民代表大会常务委员会、主任会议议事规则，规范向蕉岭县人民代表大会常务委员会主任会议汇报议案和事项规定、规范向蕉岭县人民代表大会常务委员会提交审议报告、议案及有关事项规定等，提高蕉岭县人民代表大会常务委员会会议、主任会议质量。

人大宣传成效明显　重视人大宣传工作，县镇人大在省、市各级新闻媒体发表人大宣传稿件15篇，其中《出新招 求实效 提高蕉岭县人民代表大会常务委员会会议审议质量》稿件被选送到省人大网站和《人民之声》刊登，每季度排名均在全市前列，人大宣传工作的影响力和实效性不断增强。

工作联动更加紧密　自觉接受上级人大工作指导，全年配合做好省、市人大常委会执法检查、调研视察等工作10次。坚持县乡人大"一盘棋"，建立常委会领导和机关各工委（室）联络指导乡镇人大工作制度，加强对乡镇人大法定会议、主席团工作、代表活动的指导，坚持邀请乡镇人大主席列席常委会会议。开展县镇人大交流活动，通过县人大出题、乡镇答题的方式，形成8个镇8套工作范例，推动乡镇人大工作规范化建设，有力提升全县人大工作整体水平。　（郑舒瑜）

蕉岭县第十六届人民代表大会常务委员会主任、副主任、委员名录

主　任：张伟杰
副主任：饶森健　江运洪　陈苑娜（女）
　　　　古育辉　张　卫　丘志铭
委　员：王　标　邓小强　丘佐平　阮东凤
　　　　何伟东　宋觉川　张　利（女）
　　　　张晋悦　林国良　罗晓霞（女）
　　　　夏新明　徐　艾　徐晓楠（女）
　　　　涂永平　傅学秀（女）
　　　　温淑芬（女）　游志富
　　　　赖玉梅（女）

2022年蕉岭县人民代表大会常务委员会领导班子名录

党组书记、主任：张伟杰
党组副书记、副主任：江运洪
副主任：饶森健
党组成员、副主任：陈苑娜（女）　古育辉
　　　　　　　　　张　卫　丘志铭
党组成员、办公室主任：王　志

2022年蕉岭县人民代表大会常务委员会办公室负责人名录

主　任：王　志
副主任：叶国荣

蕉岭县人民政府

【政府工作报告】　2023年1月13日，县长刘裕君向县十六届人大三次会议作《政府工作报告》（以下简称《报告》）。《报告》分为两个部分，第一部分是2022年工作回顾；第二部分是2023年工作安排。《报告》提出2023年政府工作的总体要求：以习近平新时代中国特色社会主义思想为指导，全面贯彻党的二十大精神和中央经济工作会议部署，深入贯彻习近平总书记在广东考察时的重要讲话和重要指示批示精神，坚持稳中求进工作总基调，完整、准确、全面贯彻新发展理念，认真落实省委、市委和县委部署要求，聚焦融湾入海，坚持高质量发展，狠抓发展第一要务，发展壮大县域经济，突出制造业当家，牢牢扭住实体经济、乡村振兴两大重点，全面激发内生动力，举全县之力建设先行区（蕉岭片区），全力打造梅州苏区融湾先行区综合示范窗口，奋力推动蕉岭红色苏区绿色发展，为蕉岭全面建设社会主义现代化开好局起好步。

【政府常务会议和县长办公会议】 2022年，蕉岭县人民政府召开常务会议18次、县长办公会议7次。主要讨论研究经济、安全生产、乡村振兴、依法行政、生态环境保护等工作；研究本级财政预算方案、2022年十大民生实事、审核公布蕉岭县2021年城镇国有建设用地标定地价更新项目成果事宜、启动成立广东桂岭控股集团有限公司相关工作、《G205国道蕉岭县樟坑至蕉华段改线工程工作方案》、蕉岭县美丽圩镇建设项目、《蕉岭县数字政府改革建设“十四五”规划》、《蕉岭县蕉华社区医院医养结合建设项目实施方案》；研究公布蕉岭县2022年度重大行政决策事项目录、实施桂岭学校改扩建项目事宜、蕉岭县松源河上游水体治理工程（二期）项目以及《蕉岭县2022—2023年推进撂荒耕地复耕复种保障粮食安全工作方案》《蕉岭县加强瓶装液化石油气安全管理工作实施方案》《蕉岭县促进先进制造业招商引资工作实施办法（二次修订版）》《蕉岭县中小微企业信贷风险补偿资金管理办法》《“十四五”蕉岭县国家重点生态功能区县域生态环境质量考核工作实施方案》《蕉岭县2022年第四期国有建设用地使用权出让方案》等文件和事宜。

【重点项目建设】 2022年，蕉岭县省市重点建设项目21宗，全年完成投资20.87亿元，梅州蕉华产业转移工业园通用标准厂房二期建设及配套基础设施项目、蕉岭县健态实业竹制品深加工综合产业化园区和年产2万吨高档生活用纸加工项目、广东供销天业（蕉岭）冷链物流产业园项目、蕉岭县桂岭新区医院生命通道基础设施建设项目、蕉岭县毛竹省级现代农业产业园项目、蕉岭县农村供水巩固提升工程、蕉岭县桂岭新区扩容提质工程、蕉岭县疾病预防控制中心迁建项目、蕉岭县县城智慧化停车场项目、梅州市广鑫包装材料有限公司蕉华大健康粤鑫包装材料项目、梅州市宏基新材料科技装配式集成墙板（生态纳米全屋整装）项目、蕉岭县广福镇供水保障工程、蕉岭县县城基础设施及电路改造项目、蕉岭县城镇生活污水处理设施提质增效建设项目、蕉岭县全域土地综合整治项目、蕉岭县桂岭学校改扩建（中学）项目、蕉岭县蕉华社区医院医养结合建设项目等项目进展顺利。

【主要民生实事】 2022年，主要做好以下民生实事。

提供优质基础教育 努力让学生“上好学”，完成新铺镇中心小学改扩建项目和广福中学改扩建项目，共新增公办学位1520个；开展辖区内教师免费轮训合计3491人；义务教育学校课后服务全覆盖、有需求的学生全覆盖，服务时间100%达到“5+2”；扎实开展校园护园行动，完成中小学校幼儿园安全防范建设“4个100%”。

提高低保、特困人员、孤儿和残疾人等困难群众的救助补助标准 从2022年1月起，城乡低保对象最低生活保障人均补差水平分别从每月631元、302元，提高到653元、312元；城乡特困人员供养标准分别从1280元/(人·月)、882元/(人·月)提高到1325元/(人·月)、930元/(人·月)，集中供养孤儿基本生活最低养育标准从1883元/(人·月)提高到1949元/(人·月)，分散供养孤儿、事实无人抚养儿童从1227元/(人·月)提高到1313元/(人·月)；困难残疾人生活补贴、重度残疾人护理补贴标准分别从181元/(人·月)、243元/(人·月)提高到188元/(人·月)、252元/(人·月)。按照《广东省最低生活保障边缘家庭和支出型困难家庭救助办法》要求，扩大救助范围。

实施“双百工程”全覆盖 建成镇社工站8个，建成社工点28个，镇社工站（点）实现100%覆盖，困难群众和特殊群体社会工作服务覆盖率达到100%。司法部门完成法律援助事项共计269件。开展各类职业技能培训762人次，举办线上招聘活动63场次；城镇新增就业1403人，占市下达目标任务数的100.21%；失业人员实现再就业802人，占市下达目标任务数的100.25%，帮扶就业困难人员就业232人，完成市级下达全年目标任务数的178.46%。

提升卫生健康水平　开展HPV疫苗免费接种，共有1241人参加接种；招录培养一批定向本科、专科医学生，补充农村卫生人才队伍，完成招生8人；将56种门诊特定病种纳入医疗保障，落实门特医保待遇；从11月1日起落实职工医保门诊共济政策。

改善农村人居环境　制订《蕉岭县农村村内道路建设攻坚行动实施方案》，投入资金2502万元，实施村内道路建设项目22个，完成109.21千米农村村内道路硬化建设任务；整治农村削坡建房风险，2022年已完成农村削坡建房边坡整治任务233户，开工率达100%，竣工率达100%。推动小型病险水库除险加固，6宗水库进行除险加固工程，已完成工程建设任务。

加强生态文明建设　守住绿水青山，实施石窟河碧道蕉岭县段、溪峰河碧道等两宗万里碧道建设工程，完成建设8.6千米，完成年度投资计划100%；开展高质量水源林建设，完成高质量水源林2600亩建设任务；实施矿山石场治理复绿工作，市下达蕉岭县矿山治理复绿任务数79.5亩，修复87亩，完成率约109.4%。

加强历史文化保护传承　举办1期文化公益讲堂《修身·读书·写作》，完成17个村综合性文化服务中心提质增效工作目标，提质增效率达55.6%；完成国保单位谢晋元故居及纪念馆陈列布展提升项目；新建5个非遗传习场所；完成5场非遗进万家展示展演活动。

加强食品风险监控　对食品累计抽检908批次，占全年任务总数的100%，不合格批次21批次，不合格食品核查处置率为100%；完成食用农产品快检11311批次，占全年任务总数的102%，处理不合格产品119千克，处置率100%。

提升城市安居保障水平　完成全县住建系统房屋外业调查、房屋调查质检和整改工作，进度100%；完成住建系统市政道路、市政桥梁、供水设施外业调查、系统填报工作，进度100%；完成应急系统国家审核后的数据整改、佐证材料收集、系统上报工作，进度100%。

全面开展城镇燃气安全整治　县城综合执法局联合各职能部门入户安检餐饮场所1306次，排查安全隐患351处，实施行政处罚5宗，处罚金额7.5万元。全县燃气相关企业、燃气基础设施、燃气安全运行情况等进行全面摸底排查，台账建档率已达100%；配合市住房和城乡建设局编制《梅州市城镇燃气发展“十四五”规划》，完成蕉岭县城镇燃气发展“十四五”规划项目。

大力建设“数字政府”　提供高效便捷政务服务，按照梅州市与福建龙岩、江西赣州的跨省通办协议，实现59项事项“跨省通办”；完成新生儿出生、灵活就业、公民婚育等11个“一件事”主题的认领、编制和发布。

【出台的主要文件】　2022年，蕉岭县人民政府出台的主要文件有《关于印发蕉岭县全面推进农房管控和乡村风貌提升三年行动方案的通知》《关于印发蕉岭县农房管控和乡村风貌提升贷款贴息工作方案（试行）的通知》《关于印发蕉岭县数字政府改革建设“十四五”规划的通知》《关于印发蕉岭县促进先进制造业招商引资实施办法（二次修订版）的通知》《关于印发蕉岭县应急管理“十四五”规划的通知》《关于印发蕉岭县县级储备粮食管理办法的通知》等。　（黄　锋）

2022年蕉岭县人民政府负责人名录

县　长：刘裕君

副县长：胡　班　林伟胜

余　翔（任至5月）

徐永岭　吴东海　张　慧
谢彦博　李杜强　陈春妮（女）
党组书记：刘裕君
党组副书记：胡　班
党组成员：林伟胜　余　翔（任至4月）
徐永岭　吴东海　谢彦博
李杜强　陈春妮（女）
丘建安　张艳辉（女）
刘文龙（1月任职）
钟光庆（5月任职）

2022年蕉岭县人民政府办公室负责人名录

主　任：肖培彬（任至1月）
刘文龙（1月任职）
副主任：曾祥志（任至5月）
阮东凤（任至1月）　王城庆
林剑锋（任至5月）　谢海婴
戴春华（5月任职）
党组书记：肖培彬（任至1月）
刘文龙（1月任职）
党组成员：曾祥志　阮东凤（任至1月）
王城庆　林剑锋（任至5月）
谢海婴　江萍英（女）
戴春华（5月任职）
杨　庭（11月任职）

2022年中共蕉岭县政府系统党委负责人名录

书　记：肖培彬（任至1月）
刘文龙（1月任职）
副书记：谢永忠

中国人民政治协商会议蕉岭县委员会

【政协十二届二次会议】　中国人民政治协商会议第十二届蕉岭县委员会第二次会议于2022年1月20日在蕉城召开，大会听取和审议县政协钟梅芬代表政协第十二届蕉岭县委员会常务委员会所作的工作报告；听取和审议肖培彬副主席所作的提案工作情况报告；听取和讨论县长刘裕君所作的《政府工作报告》及其他报告；审议通过政协第十二届蕉岭县委员会第二次会议决议。

【民主监督】　2022年，中国人民政治协商会议蕉岭县委员会认真贯彻民主协商、平等议事、求同存异、体谅包容的原则，加强与党派团体的合作，邀请民主党派、工商联、无党派人士、人民团体参加政协的调研、座谈、视察、协商、民主监督等活动，让党派团体在政协组织履职有平台、建言有渠道、工作有作为。全年县各党派团体共提交各类发言材料、意见建议69条，切实发挥政协履职主力军的作用。

【提案工作】　2022年，中国人民政治协商会议蕉岭县委员会十二届二次会议期间，共收到提案19件，其中涉及市政交通方面5件、科教文卫体方面4件、农业农村方面1件、经济旅游环境保护方面5件、综合类4件。经审查，立案17件，立案率89%，提案办复率和委员满意率均达100%。

【助力民生】　2022年，中国人民政治协商会议蕉岭县委员会围绕赣闽粤原中央苏区对接融入粤港澳大湾区振兴发展先行区（蕉岭片区）建设、重点项目建设、实体经济发展等事关全县经济发展的重要问题，开展“加大招商引资力度，助推实体经济发展”“发展壮大县域经济，助力乡村振兴”等专题调研；为助推乡村全面振兴，开展以“用好驻镇帮镇扶村力量，合力促进乡村振兴”“巩固拓展脱贫攻坚成果同乡村振兴有效衔接，推进高质量发展”为主题的专题视察，聚焦“持续巩固拓展脱贫攻坚成果、产业促乡村发展、推进乡村振兴示范带建设、实施九大攻坚补短板行动”专题督查；针对生活垃圾分类处理存在的难点、痛点问题，开展“全县城区生活垃圾分类处理工作情况”专题调研等。

【文史工作】　2022年，中国人民政治协商会议蕉岭县委员会积极发挥政协文史“存史、资政、团结、育人”作用，开展“全县历史文化资源保护与开发利用”专题调研，理清全县历史文化资源的基本情况，对加强蕉岭历史文化资源的保护与开发利用提出意见、建议。举办红色文化进校园、进课堂活动，积极探索以红色文化育人促进学生全面发展的新路子，让红色基因革命薪火代代传承。成功举办以“发挥政协优势，助力粤闽赣苏区对接融入粤港澳大湾区振兴发展”为主题的闽粤赣三省十县（区）政协第51次联系协作会议，加强三省十县（区）政协的沟通联系。同时做好地方史料收集整理工作。

（李　芳）

2022年蕉岭县政协领导班子及常务委员、办公室正副主任名录

党组书记、主席：钟梅芬（女）
副主席：彭　刚　古芹花（女）　汤超宏
党组成员、副主席：张永超　肖培彬
　　朱发庆
党组成员：徐　文　黄　玲（女，任至1月）
　　陈建新（1月任职）
秘书长：黄　玲（女）
常务委员：马修勇　刘冬梅（女）　刘应华
　　江县良　汤　凯　汤维彬
　　巫志勇　李　斌　杨燕春（女）
　　吴绍锋　邹　志　张荣收
　　陈　辉　陈　锋　陈伟雄
　　钟铎民　徐　鹏　徐如初
　　徐志锋　徐国平　黄近芳（女）
　　黄茂龙　黄苑琼（女）　傅凌华
　　曾志强　温崇文
办公室主任：黄　玲（女，任至1月）
　　陈建新（1月任职）
副主任：刘建军（任至8月）

中共蕉岭县纪律检查委员会
蕉岭县监察委员会

【概况】　2022年，中共蕉岭县纪律检查委员会、蕉岭县监察委员会履行党章和宪法赋予的职责，全县纪检监察工作取得新进展、新成效，为蕉岭红色苏区绿色发展提供坚强政治保障。

【主要会议】　2022年1月17日，中国共产党蕉岭县第十四次代表大会第二次会议在蕉城召开。大会审查、批准中共蕉岭县纪律检查委员会向大会书面提交的工作报告。2022年2月22日，中国共产党蕉岭县第十四届纪律检查委员会第二次全体会议在蕉城召开。县委书记、蕉华工业园区党委书记刘鸿涛出席全会并讲话，县委副书记、县长、蕉华工业园区管委会主任刘裕君传达学习中央纪委、省纪委和市纪委全会精神。全会审议通过县委常委、县纪委书记曾文渊代表县纪委常委会所作的题为《发扬党的自我革命精神推进新时代纪检监察工作高质量发展，为蕉岭奋力打造老区苏区振兴高质量发展广东新样本提供坚强政治保障》的工作报告。全会审议通过《中国共产党蕉岭县第十四届纪律检查委员会第二次全体会议决议》。

【学习贯彻党的二十大精神】　2022年，中共蕉岭县纪律检查委员会、蕉岭县监察委员会坚持真学真懂真信真用习近平新时代中国特色社会主义思想，学习宣传贯彻党的二十大精神，贯彻党中央、中央纪委国家监委对全面从严治党的新部署新要求，结合职责定位抓落实，增强服务保障新时代新征程党的使命任务的思想自觉、政治自觉、行动自觉；坚持在全面学习、全面把握、全面落实上下功夫，以举办专题研讨班、到基层调研、进行专题辅导授课、召开支部组织生活会等方式，开展内容丰富、生动灵活、持续深入的学习活动，持续掀起学习宣传贯彻党的二十大精神热潮。

【强化政治监督】 2022年，中共蕉岭县纪律检查委员会、蕉岭县监察委员会紧紧围绕为中共二十大胜利召开创造安全稳定的政治社会环境这一主题主线，聚焦落实疫情要防住、经济要稳住、发展要安全等重要部署，以5个专班高频次的政治监督推动各单位时刻保持快速响应状态。坚持从国家安全高度看待粮食安全，持续深化粮食购销领域专项整，围绕党中央关于建设粤港澳大湾区、推动老区苏区振兴发展等重大战略，强化对蕉岭先行先试规划建设赣闽粤原中央苏区对接融入粤港澳大湾区振兴发展先行区（蕉岭片区）等工作的监督，确保政令畅通、一贯到底。

【管住“关键少数”】 2022年，中共蕉岭县纪律检查委员会、蕉岭县监察委员会强化对下级“一把手”自上而下的监督，县委书记见人见事见思想面对面约谈下级“一把手”51人次。县纪委书记及时跟进谈话提醒14人次，并坚决查办存在的违纪违法问题，持续巩固“面对面”监督的成果和优势。发挥传统监督与大数据监督融合效益，用好用活各单位的大数据资源，查纠“关键少数”权力运行出轨、脱轨等问题。扎实开展政治生态调研分析，提高监督的精准性、有效性。

【经济督查】 2022年，中共蕉岭县纪律检查委员会、蕉岭县监察委员会共立案85件85人（其中乡科级干部立案13件13人，占立案总数的15.3%），移送检察机关依法审查起诉1人；通过监督检查和审查调查，为国家和集体挽回经济损失586.2万元。开展国资领域违规发放津补贴突出问题专项治理，依纪依法立案处分2人；推动县属国有企业全面开展自查自纠，主动上缴违规发放的各类补贴195万余元；深度梳理分析发现的问题和漏洞，督促相关职能部门出台完善县属国有企业工资总额管理办法等19项制度，达到查处一案、警醒一批、教育一片、规范一方的效果。

【持续纠治“四风”】 2022年，中共蕉岭县纪律检查委员会、蕉岭县监察委员会紧盯重要节点，开展防治“天价”月饼、蟹卡蟹券等问题专项监督，坚决防止“四风”问题反弹回潮。全年查处享乐主义、奢靡之风13起，处分15人，督促清退违规发放津补贴481万多元。坚持从讲政治的高度整治形式主义、官僚主义，严肃纠正贯彻落实重大决策部署中的不担当不作为问题，点名通报曝光3个单位，查处6起，处分11人；从严查处“吃空饷”现象，从重处置漠视纵容发空饷的领导干部2人。充分发挥文化的浸润效应，结合创建全国县级文明城市工作，建设蕉岭县廉洁文化公园，在主次干道、背街小巷打造廉洁文化长廊，与群众共建廉洁林，营造全社会廉洁的氛围。

【盯紧群众关切】 2022年，中共蕉岭县纪律检查委员会、蕉岭县监察委员会跟进“行政审批事项100%网上受理，100%网上办结”改革落地的监督，助推全县政务服务管理模式转变。学习宣传贯彻《中华人民共和国反有组织犯罪法》，督促相关单位追回村集体资金40万元，推动扫黑除恶“惩腐打伞”常治长效。贯通财会监督，推进企业违规使用土地出让金问题的整改督查，督促追回财政资金39.63万元；联合行业监管，深挖彻查非法盗采稀土矿背后的失职渎职问题，追责问责处分 4 人。

【深化政治巡察】　2022 年，中共蕉岭县纪律检查委员会、蕉岭县监察委员会聚焦习近平总书记重要指示批示精神和中央决策部署深化政治巡察，盯紧省市县委各项任务有效落实，精准发现问题、及时纠正偏差。全年完成十四届县委第一轮、第二轮对 18 个县直单位、4 个镇、10 个村的常规巡察，对 6 个县直单位、3 个镇、12 个村进行乡村振兴资金管理使用暨农村集体“三资”管理专项巡察，共发现问题 486 个。同时，做实做细巡察整改，按每轮不少于 20%的比例抽查被巡察单位的整改落实效果，并向县党政领导及相关部门通报抽查情况。全年共督促整改 321 个问题，重点督办 3 个专题报告涉及的 16 个问题，跟踪督办 42 个县委书记点人点事事项，集中约谈 4 个整改不力的单位党组织负责人，巡察治本效应得到充分发挥。　（廖伟煌）

2022 年中共蕉岭县纪律检查委员会负责人名录

书　记：曾文渊

副书记：陈运华　汤维彬

常　委：曾文渊　陈运华　汤维彬　卢　汕

　　　　丘应奋　陈广文　汤霖攀

办公室主任：卢　汕（任至 1 月）

　　　　　　汤霖攀（1 月任职）

2022 年蕉岭县监察委员会负责人名录

主　任：曾文渊

副主任：陈运华　汤维彬

委　员：曾文渊　陈运华　汤维彬

　　　　丘应奋　陈广文　杨　文

　　　　温国常

办公室主任：卢　汕（任至 1 月）

　　　　　　汤霖攀（1 月任职）

民主党派

中国农工民主党广东省蕉岭县委员会

【概况】　2022 年，中国农工民主党广东省蕉岭县委员会下设机关、教育一、教育二、人民医院、卫生、退休 6 个支部。有农工党员 77 人，其中在职党员 43 人，退休党员 34 人。党员中有市政协常委 1 人、县政协副主席 1 人、县人大常委 1 人、县政协常委 2 人，县政协委员 14 人。

【政治交接】　2022 年，中国农工民主党广东省蕉岭县委员会把思想政治建设摆在首要位置，强化思想政治引领，引导广大农工党员深刻领悟“两个确立”的决定性意义，牢固树立“四个意识”、坚定“四个自信”、做到“两个维护”。以专题学习会议为重点，组织农工党员深学笃行习近平新时代中国特色社会主义思想和中共二十大精神等，深化理论研究；以主题教育为抓手，组织农工党员前往大埔县青溪镇、梅县区松口镇、平远县仁居镇等开展“矢志不渝跟党走、携手奋进新时代”政治交接主题教育，深化政治交接和强化党性教育；以辅助学习资料为依托，向农工党党员发放《习近平谈治国理政》第四卷、“新时代提案工作丛书”等书籍资料，提升履职成效；以网络媒体宣传为突破，组织撰写多篇新闻通讯稿在农工党广东省委会网站刊登发表。

【自身建设】 2022年，中国农工民主党广东省蕉岭县委员会按照“四新”“三好”要求，推进农工党“五大建设”，提升“五种能力”，守正创新强基固本，推进参政党基层组织自身建设，迈出新步伐。发展4名新党员，全县有农工党党员77人，其中中高级职称占比64.9%。多名党员当选农工党广东省委会、梅州市政协、蕉岭县监察委员会等相关职务，扩大党派影响力。组织农工党党员与县委统战部党派联系干部联合开展主题教育，走访联系农工党员，推动民主党派青年人才发展培养。与农工党梅县区委会、九三学社梅县区支社开展党务交流，学习先进经验做法。

【建言资政】 2022年，中国农工民主党广东省蕉岭县委员会推进履职作为，围绕蕉岭县中心大局，聚焦苏区融湾入海、实体经济、乡村振兴等多项重点工作任务，组织农工党党员深入一线走访调研蕉岭县妇女儿童健康事业、创文工作和巩固拓展脱贫攻坚成果，助力乡村振兴等，了解蕉岭县发展所需，倾听民情民意，协调解决企业经营困难、村道硬底化、村民饮用水等企业和群众迫切期盼解决的难题，通过农工党员中的人大代表和政协委员认真协商议政，开展民主监督，建言献策。在县政协十二届二次会议期间，提交2件集体提案和4件个人提案，其中1件集体提案和1件个人提案获得县政协优秀提案表彰。县委会1件提案征集建议被农工党梅州市委会采纳为集体提案。蕉岭县农工党员在梅州市政协八届一次会议上提交2件个人提案。

【为民信念】 2022年，中国农工民主党广东省蕉岭县委员会坚守参政报国、履职为民的信念不变，凝心聚力，多形式开展社会服务活动，引导农工党员做好事、办实事。到新铺镇南山村和蓝坊镇高南村走访慰问建档立卡脱贫户和边缘易致贫户共26户，助力巩固拓展脱贫攻坚成果。拨付5万元经费支持东山村创文工作，助力提升东山村人居环境。干部职工参加交通志愿服务、爱国卫生月志愿服务等志愿服务活动。农工党党员温崇文爱心捐赠2125千克价值62500元的丝苗米助力五华县抗击新冠疫情。各农工党员立足本职，模范履职，多名党员获得省市县相关表彰。

【党员之家】 2022年，中国农工民主党广东省蕉岭县委员会落实省市县关于加强民主党派组织建设的相关要求，建成农工党党员之家，开展中共二十大专题学习、党务交流等一系列活动，成为凝聚农工党员力量的堡垒、践行新型政党制度的平台和展现参政党良好形象的窗口，为农工党凝聚人心、汇聚力量、履行职能、服务大局和推进自身建设、赓续优良传统发挥积极的作用。 （丘淑娜）

2022年农工民主党蕉岭县委会负责人名录

主　委：汤超宏
专职副主委：游志富
副主委：黄近芳（女）
委　员：钟森炎　余新跃
　　　　刘慧清（女）　黄穗明

群众团体

蕉岭县总工会

【概况】　2022年，蕉岭县总工会9月21日在丘成桐国际会议中心召开蕉岭县工会第十五次代表大会，大会选举产生新一届县工会领导班子，全年新建工会8家，发展会员1050人。

2022年9月21日，蕉岭县总工会第十五次代表大会召开（县总工会提供）

【创新活动】　2022年，蕉岭县总工会深化产业工人队伍建设改革，印发《蕉岭县落实〈新时期产业工人队伍建设改革实施方案〉责任分工方案》，落实产业工人思想引领、建功立业、素质提升、地位提高、队伍壮大等改革措施。强化牵头抓总职责，深化试点工作，以点带面，开展产业工人队伍建设改革工作。实施职工素质建设工程五年规划，推进农民工“求学圆梦行动”，举办职工职业技能培训、比赛，加强产业工人学习社区等网络学习平台建设。举办“建功‘十四五’奋进新征程”主题劳动和技能竞赛。围绕重点工程劳动竞赛、行业技能比赛，立足企业的经济技术创新活动，举办“当好主人翁、建功新时代”主题劳动和技能竞赛，推动企业与职工同担责任、共渡难关。拓展技术革新、技术协作、发明创造、合理化建议和“小发明、小创造、小革新、小设计、小建议”等“五小”活动内涵，完善“工人先锋号”创建评选机制。贯彻落实《关于进一步提高非公企业劳动和技能竞赛工作水平的意见》，探索新产业新业态开展竞赛的新形式。经自下而上民主推荐，县税务局、县龙腾旋窑水泥有限公司机械维修班荣获2022年广东省五一劳动奖状。开展以劳动创造幸福为主题的宣传教育，加强新时代劳动观念教育。春节期间，为全县市级以上劳模发放春节慰问金共计6.07万元，完善劳模信息，配合上级工会创新劳模服务工作，落实劳模政策。发扬企业职工的首创精神，健全以创新能力、质量、实效、贡献为导向的人才评价体系，完善职工创新激励机制，打好关键核心技术攻坚战。推动实施职业技能提升行动，完善“工人先锋号”创建评选机制，推动完善技术工人表彰奖项，联合实施高技能领军人才境外培训计划，培养造就更多高技能人才和工匠人才。

【维权服务】

维护职工劳动经济权益　2022年，蕉岭县总工会按照国家政策，做好职工维权服务。落实就业优先政策，做好下岗职工、农民工、城市困难职工家庭高校毕业生等重点群体就业工作，推进粤工惠就业服务网上平台建设，实施“阳光就业暖心行动”，推进以训稳岗。

建立健全欠薪报告制度和推动解决拖欠工资问题工作机制，配合做好根治拖欠农民工工资工作。推动完善灵活就业人员社会保障，维护好货车司机、快递员等就业群体的合法权益。深化“安康杯”竞赛等群众性安全生产和职业病防治工作。重视和推进工会户外劳动者服务站点建设，依法维护女职工合法权益和特殊利益，促进工作场所性别平等。

围绕职工多样化需求开展服务工作　建立健全困难职工家庭常态化帮扶机制，防止相对困难、意外致困职工家庭返贫。推进送温暖常态化，强化职工服务中心服务功能，元旦春节期间筹集送温暖资金55.81万元，慰问补助困难职工及新就业形态劳动者189人。实施职工重（大）病医疗救助及生活困难帮扶238人，累计发放救助款22.86万元。“三八”国际劳动妇女节慰问单亲、困难女职工49人，发放慰问金共计2.45万元。“六一”国际儿童节期间，慰问困难职工子女、留守学生80人，发放慰问金、学习用品合计3.2万元。开展职工互助保障活动，为各基层工会办理投保和理赔有关业务。加强女职工休息哺乳室、职工户外休息驿站建设等工作。继续巩固挂钩村定点扶贫成果。开展防暑降温“送清凉”活动，筹措资金7万多元，为3000多名户外劳动职工、生产一线职工送上清凉饮料，关注防暑降温措施，关心职工身体健康。开展“抗疫有你 关爱有我”活动，慰问县中医院抗疫一线医务工作者。组织开展“金秋助学”活动，资助44名困难职工家庭学子，发放助学金共计22万元。

参与劳动关系协调　继续实施劳动关系“和谐同行”能力提升三年行动计划、集体协商“稳就业促发展构和谐”行动计划，加强专职集体协商指导员队伍建设，做好集体协商质效评估工作，强化工会劳动关系发展态势监测和分析研判。加大职工特别是农民工法律援助力度，深化“法院+工会”劳动争议多元化解工作。健全以职工代表大会为基本形式的企事业单位民主管理制度，探索企业集团职工代表大会制度。全县累计签订工资集体协议48份，涵盖企业200多家、涉及职工8854人。其中，行业性、区域性集体协议15份，职工人数5295人。加强工会引导劳动领域政治安全工作，探索建立从隐患消除、风险控制到多元化解的矛盾纠纷排查化解工作机制。实施工会系统“八五”普法规划，组织开展县总工会2022年普法学习与学法考试工作。配合县有关部门开展2022年安全生产月活动，加强企业安全生产及职工劳动保护工作。

【组织建设】　2022年，蕉岭县总工会组织开展“中国梦·劳动美——永远跟党走、奋进新征程”主题宣传教育，开展“我为群众办实事”实践活动，把党的关心关怀送到职工心坎上。

开展多种形式的学习教育　加强党史、新中国史、改革开放史、社会主义发展史宣传教育。开展健身运动、庆“五一”职工文体活动。6月，组织干部职工到平远县红军纪念园参观学习，加强革命传统教育。9月，县总工会、县文化广电旅游体育局联合在蕉岭（南沙）体育馆举办“中国梦·劳动美——喜迎二十大 建功新时代”2022年蕉岭县职工羽毛球比赛、职工乒乓球比赛。以劳动创造幸福为主题，开展社会主义核心价值观宣传教育活动，加强新时代劳动观念教育。动员职工积极投身创建全国文明城市活动，配合开展蕉岭好人评选表彰活动。

落实意识形态工作责任制，牢牢掌握意识形态斗争主导权　加强工会引导劳动领域思想动态工作，探索建立矛盾纠纷排查化解工作机制，维护职工队伍和谐稳定。参与推进市域社会治理现代化建设和平安创建活动。强化网上舆论引导，用好“12351”职工维权服务热线平台等载体，引导职工群众依法理性有序表达利益诉求，把“五个坚决”落到实处。

【自身建设】　2022年，蕉岭县总工会把增强政治性、先进性、群众性贯穿工会改革全过程，坚持问题导向，明确改革的任务书、时间表、路线图、责任链，推动工会改革向基层延伸，支持开展差别化创新，增强团结教育、维护权益、服务职工功能。

破解基层基础薄弱难题　强化大抓基层的鲜明导向，坚持落实到基层、落实靠基层，加强乡镇和区域性、行业性工会联合会建设，健全“小三级”工会组织体系。坚持党建带工建，以非公有制经济组织、社会组织、新产业新业态为重点领域，加大组建工会和发展会员工作力度。联合开展“组织和关爱”货车司机行动，推进以“八大群体”为代表的新就业形态群体入会工作，努力扩大覆盖面。

加快智慧工会建设　加强工会大数据资源体系统一规划，构建智慧工会标准规范体系。加快推进应用整合和数据共享，强化网络安全保障体系建设，逐步形成线上线下有机结合的工会网上工作体系。

提升工会工作制度化法治化水平　以推动工会资产实现高质量发展为主线，建立健全工会资产监督管理指标体系、政策体系、考核体系，加强工人文化宫阵地建设，增强公益性和服务性。做好工会财务预算管理工作，强化财务监督检查，构建工会常态化经审工作体系。（何　锐）

2022年蕉岭县总工会负责人名录

县人大常委会副主任、县总工会党组书记、主席：钟豪才（任至4月）

陈苑娜（女，4月任职）

县总工会党组副书记、常务副主席：林敦权

县总工会党组成员、副主席：黄君玲（女）

县总工会党组成员、二级主任科员：刘　智

县总工会党组成员、二级主任科员：陈　拥

县总工会二级主任科员：徐　鹏

中国共产主义青年团蕉岭县委员会

【概况】　2022年，中国共产主义青年团蕉岭县委员会以“凝聚青年、服务大局、当好桥梁、从严治团”为工作主线，提升团的组织力、引领力、服务力，抢抓苏区对接融湾入海重大历史机遇，为蕉岭全力打造梅州苏区融湾先行区综合示范窗口贡献青春智慧和力量。

【思想引领】　2022年，中国共产主义青年团蕉岭县委员会编撰共青团志，6篇13章19万字的《蕉岭县共青团志》正式印发。

2022年，《蕉岭县共青团志》印发（团县委提供）

完成县域共青团的百年历史记载与传承。召开共青团蕉岭县第十二届委员会第三次全体会议，号召各级团队组织扎实开展“喜迎二十大、永远跟党走、奋进新征程”主题教育实践活动。5月4日，蕉岭县委、县政府发出《致全县青年朋友的一封信》。通过“网络直播”的形式举办2022年“喜迎二十大、永远跟党走、奋进新征程”主题教育实践活动暨“五四”文艺会演。全县团队组织在262个分会场观看中国共产主义青年团成立100周年大会直播，覆盖5万余名团员青年、少先队员。召开蕉岭县学习贯彻习近平总书记在庆祝中国共产主义青年团成立100周年大会上的重要讲话精神座谈会，县四套班子主要领导出席。联合县委党校开办蕉岭县青年工作骨干能力素质提升班。组织各级团组织、各界青年集中收听收看中共二十大开幕会，并开展学习讨论，掀起学习热潮。13名县青年讲师深入机关、乡镇、学校等开展主题宣讲活动160余场，覆盖团员青年8000余人次。邀请残奥会冠军谢豪、曾思妮夫妇，全国优秀共青团干部吴永丰等先进模范，与青少年面对面交流，积极打造“我与榜样面对面”励志公益活动品牌，引导青少年树立积极向上的学习生活态度。

【助力乡村振兴】 2022年，中国共产主义青年团蕉岭县委员会联合举办多期蕉岭县“领头雁”青年创业培训暨省级农村电商培训活动，提升蕉岭青年的整体素质和就业创业技能。实施大学生志愿服务山区计划，从高校毕业生中选派31名志愿者加入驻镇帮镇扶村工作队，助力乡村振兴工作。实施“希望乡村教师计划”行动、“美丽中国支教项目”，组织大学生志愿者22人次开展乡村支教活动。开展扶助困难学生上大学活动，为26名困难学生发放助学金15.6万元。

【服务实体经济】 2022年，中国共产主义青年团蕉岭县委员会联合梅州市青年企业家协会开展“振兴发展·青年先行”专题活动。联合相关高校开展“喜迎二十大、永远跟党走、奋进新征程”暑期“三下乡”社会实践活动、乡村产业调研以及农产品直播带货活动，助力农民增收致富。引导支持青年返梅留梅创业就业。响应“青梅计划”，开展“转屋夸”大学生返乡暑期实践活动、展翅计划实践活动等。举办蕉岭县高校毕业生就业创业座谈会暨“青梅计划”政策宣讲会。招募31名“青梅计划”蕉岭在校大学生联络员，建立常态化政策推介和联络机制。实施“圆梦计划”资助蕉岭新生代产业工人报读成人大专、本科。

【志愿服务】 2022年，中国共产主义青年团蕉岭县委员会完成60项创文工作任务，组织开展“青春情暖慰问行动”“‘3·5’学雷锋志愿服务主题月”“文明交通指引”“义务植树活动”“为高考‘降噪’”“爱心车队全力护考”等志愿服务活动，为蕉岭县创建全国文明城市贡献青春力量。联合蕉岭消防救援大队成立“1+5+8+N”志愿服务体系，为经济社会发展营造良好的消防安全环境。开展庆祝蕉岭县志愿者联合会成立10周年暨“12·5”国际志愿者日活动。蕉岭县志愿者联合会有注册志愿者2.8万余名、志愿服务团队238个，累计开展志愿服务达103.96万小时。

【服务青年活动】 2022年，中国共产主义青年团蕉岭县委员会召开蕉岭县中长期青年发展规划实施工作联席会议第二次全体会议，推动18项青年民生实事落地见效。联合开展“缘起富美寿乡”蕉岭梅江青年联谊交友活动。联合开展公考公益活动，服务蕉岭广大备考青年，鼓励更多有志青年服务家乡。联合开展2022年“春风行动”·“南粤春暖”暨“春暖梅州”网络招聘活动，组织40个机关单位、企业提供144个实习岗位。开展2022年青春情暖系列活动，解决青少年实际困难。联合公益组织举办“我与奥运冠军面对面”励志公益课、“艺趣成长”舞蹈公益课、“心系国防，有你有我”国防安全教育讲座等特色活动，绘出“关心关爱”暖心底色。创新开展防溺水“四个一”关爱行动，有效保障留守儿童暑期安全。

【少先队工作】 2022年，中国共产主义青年团蕉岭县委员会落实蕉岭县少先队辅导员导师团例会制度，引领全县少先队辅导员走专业化科学化成长道路。举办蕉岭县少先队骨干培训班，推进少先队改革和全县少先队工作高质量发展。召开2021—2022年度蕉岭县少先队先进集体和个人表彰会议，持续开展“红领巾奖章”争章活动，创新思想政治引领和价值引领，健全少先队激励机制。成立梅州市林玲华少先队名师工作室，发挥名师的专业引领、带动、辐射作用。

【从严治团】 2022年，中国共产主义青年团蕉岭县委员会召开蕉岭县县域共青团基层组织改革工作部署会，成立以县委主要领导为组长的蕉岭县县域共青团基层组织改革工作领导小组，出台《蕉岭县县域共青团基层组织改革实施方案》，牢牢把握改革目标，以“六化”为主攻方向，推进改革工作。按照团中央统一部署，对全县历史低龄团员集中开展认定和整改工作。成立检查组到基层团队组织开展共青团和少先队标志标识规范使用情况专项检查，维护团队组织的政治性和纯洁性。 （吴琪琪）

2022年共青团蕉岭县委员会负责人名录

书　　记：何伟东
专职副书记：陈俊亮
兼职副书记：马　跃　杨　扬

蕉岭县妇女联合会

【概况】 2022年，蕉岭县妇女联合会围绕县委县政府中心工作，找准切入点，担负起引领服务联系妇女的职责使命，抓好妇联各项工作创新发展。

【思想引领】 2022年，蕉岭县妇女联合会坚持党的领导，通过党组理论学习中心组学习、党支部学习、上党课等方式，落实“第一议题”制度，开展“巾帼心向党　喜迎二十大”群众性宣传教育活动、“我奋斗 家国美”巾帼故事汇活动、“强国复兴有我”主题活动等，举办“温暖在我身边”微电影、“新思想在我身边”巾帼宣讲案例、“幸福在我身边”征文、“榜样在我身边”摄影作品等征集活动；发动巾帼宣讲员开展中共十九届六中全会、省党代会精神等的宣讲，依托基层妇联、城乡“妇女之家”等阵地线上线下开展宣传教育，引领广大妇女坚定不移听党话、感党恩、跟党走，以实际行动迎接中共二十大胜利召开；传达学习贯彻中共二十大精神，制订《蕉岭县妇联学习宣传贯彻中共二十大精神工作方案》，召开党组理论学习中心组学习会、支部扩大学习会20多场次。

【思想教育与创业服务】 2022年，蕉岭县妇女联合会围绕家庭家教家风建设，以唱红色赞歌、绘红色画卷、讲红色故事等形式开展“少年儿童心向党”主题活动20余场次，讲好红色家风故事，弘扬中华优秀传统文化；持续挖掘市级以上“最美家庭”“书香家庭”等3户，培育和践行社会主义核心价值观。联合多部门开展社会主义核心价值观教育、家校共育、全民阅读、优秀传统文化教育、扣好人生第一粒扣子、绿色进我家、家庭文明建设等主题活动20余场次，推动妇联家庭工作创新开展；联合有关部门举办“家长课堂”“心理健康普法微课堂”“护童成长云讲堂”等系列线上家庭教育讲座，组织“益家学堂”巡讲活动，开展“送法进万家 家教共成长”、关心关爱母亲心理健康辅导、儿童安全防护等系列志愿服务活动30余场次，助力家校社协同共育。县妇联主动参与赣闽粤原中央苏区对接融入粤港澳大湾区振兴发展先行区（蕉岭片区）建设工作，以“富美家园”建设行动为抓手，输送一批女性参加省农业经理人巾帼培训、“不凡女性”创业支持公益项目培训、蕉岭农村电商培训等技能培训项目，拓宽和提升广大妇女创业就业的渠道和技能；争取省级财政贴息资金 20 万元，发放妇女创业小额贷款 270 万元，惠及 27 名创业妇女。

【妇女儿童工作】 2022 年，蕉岭县妇女联合会实施“县级妇联改革破难行动”，开展寻找“最美妇联执委”活动，发动各级妇联执委主动参与乡村振兴、疫情防控、防汛防灾、美丽家园建设等中心工作；做好省级第四期“妇女之家”示范点的终期评估迎检工作，加强对村（社区）妇联组织的指导，到各村（社区）妇联调研走访，科学编制新一轮“两个规划”，并于 5 月底正式出台实施。围绕省市县打拐、防性侵、防溺水行动等，组织开展防艾防拐、禁毒、心理健康、《中华人民共和国民法典》、《中华人民共和国家庭教育促进法》和反电信诈骗等宣传活动 30 多场次，发放千余份宣传手册，做好重点人群，重点家庭的上门走访工作，帮助解决实际困难，提供多形式的关爱服务；开展“她健康粤幸福”助力乡村振兴公益活动，协助实施农村适龄妇女免费“两癌”检查项目，为符合条件的 5947 名贫困妇女赠送“两癌”健康保险，申报低收入妇女“两癌”救助项目，同时做好全县适龄女生人乳头瘤病毒（HPV）疫苗免费接种的宣传工作，发放宣传资料 500 余份。以节日为契机，多方筹措善款 22 万余元帮扶困境妇女儿童近 350 人次，争取省妇女儿童基金会“农村母亲关爱工程”项目资金 3.5 万元，对 4 名“两癌”患病妇女进行资助。2022 年，争创广东省“三八红旗集体”1 个，广东省巾帼文明岗 1 个，梅州市“我心中的三八红旗集体”1 个，梅州市“我心中的三八红旗手”2 人，梅州市“巾帼文明岗”1 个，梅州市“最美妇联执委”2 人；推荐 1 名性别平等教育教师参加省妇儿工委办开展的男女平等基本国策宣讲交流活动；成立家庭教育讲师团并招募讲师团成员 7 名，进一步推动“十四五”时期全县家庭教育工作创新发展。

【廉洁从政】 2022 年，蕉岭县妇女联合会邀请县纪委监委组织宣传室黄孟主任作《廉洁文化进家庭——以廉洁家风涵养清风正气》专题党课，引导广大妇女当好“廉内助”，守好家庭廉洁堤防；组织“弘扬清廉家风”主题宣传教育，开展清廉家风故事分享会、优秀家规家训诵读等活动，营造崇廉尚洁的社会氛围；开展党的优良传统和作风教育，落实中央八项规定及其实施细则精神，教育引导党员干部自觉做党的优良传统和作风的传承人、新风正气的践行者。 （张玉莲）

2022 年蕉岭县妇女联合会负责人名录

党组书记、主　席：赖玉梅（女）
党组成员、副主席：杨淑云（女）
　　　　　　　　　徐华丽（女）

蕉岭县科学技术协会

【概况】 2022 年，蕉岭县科学技术协会加强自身思想建设，尽职尽责，开展科普宣传，激发青少年科学创新精神，为工农业生产，为实体经济发展科技助力。2022 年，荣获广东省基层科协组织建设及提升基层科协组织力“3+1”工作先进单位称号。

【政治建设】 2022 年，蕉岭县科学技术协会党史学习教育常态化长效化，以开展“我为群众办实事”活动为抓手，举办各类种植养殖技术培训 5 场次，乡村振兴相关活动 4 场次，促进村民增收 200 多万元。坚持“第一议题”学习制度，把学习第一议题引领各类学习、指导实践和推动工作。政府与科协、科协与各部室签订责任书，确保责任落实到位。全年观看警示教育片 3 次，谈话提醒 23 人次，制订、修订和完善各项制度、方案和计划等共 15 项，营造风清气正的工作环境，全年没有发生一宗违法违纪或影响政府公信力的事件。

【全民科学素质提升】　2022年，蕉岭县科学技术协会围绕重点人群，开展科学素质提升行动，提升城乡接合部、学校、农村等群众和未成年人的科学素质，提升各职能部门的科普服务能力，开展科普宣传活动。围绕食品安全与营养、防震减灾、保护生态环境、突发公共应急事件、卫生健康、人工智能与大数据、崇尚科学、反对邪教等内容开展科普讲座、科普展览、科普大赛、青少年科技创新大赛活动共35场次，参与群众、师生8000多人。围绕主题，开展形式多样的科普活动。结合“科普活动周”“全国科普日”等节点开展一系列科普宣传活动，在长潭镇长东村开展“普及种植科学知识，共促林下经济发展”和“普及科学知识，传递科技精神”活动，在广东科诚生态农业科技发展有限公司开展“普及稻谷加工技术活动”，活动共制作科普展板80余块，印发科普图书3000多本、技术明白纸4000余份，现场为群众科普种植养殖知识、答疑解惑，科普助力乡村振兴。与广州市科协、梅州科协、县教育局在广福镇中学开展“点亮科普梦，科普进校园”活动、在城东小学开展“数科节”等科普活动，举办全县中小学生科技创新大赛，营造“发明创造，人人可为”的创新氛围，培养广大中小学生科技创新热情。

【科普阵地建设】　2022年，蕉岭县科学技术协会成立蕉岭县科学普及志愿服务队，壮大志愿服务队伍，由县卫健、农业、应急、气象、水利、教育等系统的科技人员组成，开展青少年科技创新、创客创作、未成年人思想道德建设教育、气象知识普及、农业知识科普、产业工人技能提升等活动20多场次，参与4000多人次。发挥广东固特有限公司、广东科诚生态科技有限公司的示范作用，激发更多的企业实现专家技术研发团队与产品市场开发有机融合，积聚创新资源。推荐卡拉比—丘实景天象馆、蕉岭县国家气象观测站、蕉岭县水利展馆评选市级科普教育基地，补齐科普教育基地的短板。县科协推进创文。围绕创文测评体系5项任务和未成年人思想道德建设2项任务，突出在加强正面宣传、科技文化培育、提升科学素养、健全长效机制“四个突出”上落实落细落具体，全面完成创文年度工作任务。汇聚好农技力量，县农科所及各镇科协积极开展研讨交流并组织科技下乡，先后举办红肉柚种植、蜜蜂养殖、木耳灵芝种植、稻谷机械化加工等技术推广培训会32场次，受益群众3300多人次。助力农民增收致富，促进乡村振兴。

【科学创新精神】　2022年，蕉岭县科学技术协会推进“科学大普及”工作品牌建设，丰富校园科普活动，在未成年人中形成爱科学、学科学、讲科学、用科学的浓厚氛围。通过举办形式多样的科普活动，激发青少年科技创新的热情。2022年，组织举办蕉岭县第三十七届青少年科技创新大赛。

2022年5月27日，蕉岭县开展2022年全国科技活动周“走进科技 你我同行”科普系列活动（县科学技术协会提供）

获梅州市第7届中小学创客创作大赛一等奖3项、二等奖2项、三等奖2项。汇聚科普志愿服务技术力量，保障青少年健康成长。

（刘春玲）

2022年蕉岭县科学技术协会负责人名录

主席：谢广宁（1月任职）

专职副主席：徐洪杰　刘仁方（5月任职）

蕉岭县归国华侨联合会

【概况】 2022年，蕉岭县归国华侨联合会积极履行职责，开展宣传宣讲、经贸合作、接待服务、侨界慈善等工作，为建设"世界寿乡·富美蕉岭"做出侨联应有努力。

【精神引领】 2022年，蕉岭县归国华侨联合会组织干部职工深入归侨侨眷聚居地华侨场、三圳芳心、新铺福岭、蓝坊高南等镇村开展中共二十大精神侨界宣传宣讲系列活动，通过发放宣传资料、赠送学习书刊、开展座谈交流等形式，把中共二十大精神送入侨界，引领归侨侨眷听党话、跟党走。通过各种渠道向海外侨胞宣传中共二十大精神，共同画好侨界团结最大同心圆，激发海外侨胞共圆中国梦的热情。

【侨务服务】 2022年，蕉岭县归国华侨联合会做好侨商大会（蕉岭）筹备有关工作，积极发挥桥梁和纽带作用，向内向外开展统筹协调、宣传推介、沟通交流、部门互动等工作。开展一系列为侨企服务的各类活动，协助解决侨企在生产经营过程中出现的问题。坚持热情周到细致的接待理念，为到蕉岭或返乡海外人士提供优质服务。8月6日，毛里求斯共和国驻华大使王纯万及其家人到蕉岭调研考察。王纯万一行听取县侨联负责人就全县经济社会发展、全县侨情、为侨服务等方面的情况介绍。王纯万通过参观、调研，对蕉岭县自然条件、风土人情、侨情特点有了一定的了解，他表示非常看好蕉岭也特别期待蓝坊的酒业及旅游业有更好的发展，将积极向毛里求斯各界宣传蕉岭，为双方的友好合作牵线搭桥，增进彼此沟通和了解，谋求更多的合作机会。

【热心侨务事业】 2022年，蕉岭县归国华侨联合会发挥穿针引线的作用，努力发展侨界慈善事业，到镇村开展归侨侨眷及困难归侨走访慰问活动；在蕉岭县人民医院开展"侨心善行"医疗物资捐赠慈善活动；在侨兴中学举行"王俊宏教育助学金"颁发活动；在蕉岭中学举行"省市侨界仁爱奖教奖学金"颁发活动；做好303名贫困归侨侨眷的救助补助资金的审核发放工作。（潘俊林）

2022年蕉岭县归国华侨联合会负责人名录

主　　席：林晓红（女）

专职副主席：陈巧芳（女）　徐　瑜

蕉岭县工商业联合会（总商会）

【概况】 蕉岭县工商业联合会设有蕉城、新铺、广福、长潭4个乡镇基层商会，日什百货行业、水电行业2个行业商会和福建商会1个异地商会，会员553人，执行委员会人数63人。执委中担任各级人大代表、政协委员的有21人。2022年，与县公安局沟通联系合作机制入选全国100对工商联与公安机关沟通联系合作机制典型事例（2021—2022年）；被省工商联评为2022年度全省工商联民营企业调查点工作先进基层单位。

【思想政治引领民营经济发展】 2022年，蕉岭县工商业联合会坚持"信任、团结、服务、引导、教育"方针，做好新形势下民营经济人士的思想政治引领工作。召开主席（会长）

和各基层商会会长传达中共二十大精神，县非公有制经济组织党委举行学习贯彻习近平新时代中国特色社会主义思想和中共十九届六中全会精神宣讲会，组织优秀青年企业家开展交流学习活动，联合县人民武装部在企业家中开展国防教育，联合县委编办、团县委和县税务局，组织机关党员干部和部分非公有制企业支部书记开展“喜迎二十大、永远跟党走、奋进新征程”主题党日活动，参加宣讲、活动人员超350人次。引导民营经济人士把思想和行动统一到党中央关于支持民营经济发展的决策部署上来，增强推动民营经济高质量发展的信心决心。

【基层组织建设】　2022年，蕉岭县工商业联合会各基层商会配合党委、政府的工作，做好疫情防控的宣传、引导。组织开展慰问环卫工人、老会员、敬老院老人、贫困学子和贫困户等活动，为各类群体送上商会的关心和温暖。水电行业商会贯彻落实省、市、县关于生态流量安装监测设备工作精神，帮助会员解决设备安装及投入省监测平台工作，为会员争取每间电站3500元的设备资金，转由县财政支付，为全县153座小水电站解决资金共计53.55万元；帮助33座电站开展代开税费及办证工作，为会员节约资金；参与全县退出电站评估工作和退出方案的预定工作，为政府与电站之间提供沟通平台。

【履职服务】　2022年，蕉岭县工商业联合会联合县税务局开展“春风行动”税费宣传辅导主题活动和“春雨润苗”暖企活动。为中小微企业发展送政策、优服务、解难题，优化营商环境，助力中小微企业茁壮成长，金融机构为5家民营企业授信1100万元。争取县财政局支持，反馈非公有制经济人士的意见和建议，支持实体经济发展。召开“青梅计划”政策学习宣传会议，助力企业发展。召开县各大银行与基层分会（商会）联席会议，进行精准对接，达成合作意向。

2022年10月20日，市县领导到广东塔牌集团股份有限公司调研（县工商业联合会提供）

【非公有制经济组织党委建设】　2022年，县非公有制经济组织党委把握基层组织正确方向，不断推进“两个覆盖”工作，按照“党性强、懂经营、会管理、善于做职工群众工作”的原则，选优配强党组织书记。按照“控制总量、优化结构、提高质量、发挥作用”的要求发展党员，共有党员103人（其中预备党员1人），入党积极分子10人。引导“口袋党员”“隐形党员”亮身份、转关系。加强对非公有制企业党建工作的指导，提升工作能力。指导顺龙新型环保建材有限公司参加蕉岭县基层党建特色品牌评选活动。

【助力乡村振兴】　2022年，蕉岭县工商业联合会（总商会）主席所在单位塔牌集团与文福镇、新铺镇相关村实现结对帮扶。2022年，塔牌集团捐赠乡村振兴建设资金合计800多万元。发动企业家参与“助力乡村振兴认耕认种认养”活动，认耕撂荒耕地，副主席廖志强认耕50亩，副主席吴鑫隆、刘浩渊，副会长黄茂龙分别认耕5亩。

【法律宣传服务】　2022年，蕉岭县工商业联合会（总商会）与政法部门建立合作机制，为企业发展提供良好的法治环境与服务，助力经济高质量发展。与县公安局联合开展以“与民同心，为您守护”为主题的经侦宣传日活动和以“文明交通安全出行”为主题的法律法规系列宣传活动，参加100人次，现场发放交通安全宣传资料、问卷调查等100多份。与县法院联合举办“法润民企助发展”活动启动仪式暨首场普法专题讲座。指导基层商会举办《中华人民共和国民法典》专题讲座。

【社会责任】 2022年，蕉岭县工商业联合会（总商会）会员企业和商会在扶贫济困、抗击疫情、乡村振兴等行动中捐资捐物合计人民币1000多万元。蕉城商会筹集6万多元慰问240名环卫工人。塔牌集团、龙腾旋窑水泥有限公司、梅州皇马水泥有限公司、新铺商会捐资共120万元，助力疫情防控。广福分会组织慰问抗疫一线工作人员。县总商会捐资5000元支持挂钩村安装太阳能路灯，捐资2000元支持红星村道路建设，为新铺镇儿童溺亡家庭送去3000元慰问金。副主席杨荣辉捐资1万元支持挂钩村乡村振兴建设。副主席钟庆明的企业冠力线艺公司冠名人民医院搬迁一周年义诊活动，受益群众1000多人次。发动民营企业为丰顺防疫抗疫捐款捐物50多万元，其中塔牌集团捐款30万元。在梅州市2022年广东扶贫济困日暨全社会助力乡村振兴活动仪式上，塔牌集团荣获“2021年度梅州扶贫济困奖金奖”，梅州皇马水泥有限公司荣获“2021年度梅州扶贫济困奖银奖”，龙腾旋窑水泥有限公司荣获“2021年度梅州扶贫济困奖铜奖”。

【招商引资】 2022年，蕉岭县工商业联合会（总商会）有3亿元的招商引资任务，已对接京东方、创维集团、正威国际、香雪制药等大集团、大企业。 （钟满兰）

2022年蕉岭县工商业联合会（总商会）负责人名录

主　席（会长）：何坤皇
党组书记、常务副主席：徐如初
党组成员、专职副主席（副会长）：
　古利红（女）
副主席：徐国平　钟庆明　徐永信　郭月亮
　林文贵　李　斌　陈永坚　吴鑫隆
　廖志强　温淑芬（女）　刘浩渊
　杨荣辉　汤志勇
副会长：郭月亮　涂永（女）　江富友
　古德明　黄茂龙　陈广雄　徐裕新
　李宇东　刘丽美（女）

蕉岭县文学艺术界联合会

【概况】 2022年，蕉岭县文学艺术界联合会加强对各文艺家协会规范建设的指导，开展文化惠民活动，送党下乡、戏曲进校园活动，举办美术作品展，节目主题文化文艺活动。

【文艺活动管理】 2022年，蕉岭县文学艺术界联合会加强对各文艺家协会规范化建设的指导，持续强化对各文艺家协会文艺活动、文艺阵地、文艺评奖和蕉岭县文学艺术界联合会所属新媒体的管理，针对文艺宣传工作，落实“三审三校”责任制，全面加强文艺活动管理。

【惠民活动】 2022年，蕉岭县文学艺术界联合会深入基层，开展内容丰富、形式多样的新时代文明实践活动，弘扬中华优秀传统文化，助力创建全国县级文明城市工作和乡村振兴工作。联合县博艺汉剧协会深入三圳镇东岭村开展金狮大锣鼓文艺演出。联合县书法家协会前往蕉岭县8个镇，开展2022年“迎新春·送福气·送春联”文化惠民活动，营造新春喜庆祥和的气氛。联合蕉岭县摄影家协会深入新铺镇下南村、金沙村开展“文艺下乡——送幸福大片”惠民活动，免费为老党员拍摄全家福，送去新春祝福。联合蕉岭县汉乐协会在蕉城镇锡林公园开展2022年文化进万家文艺演出活动，喜迎新春。联合县教育局、县舞蹈协会深入县城东学校开展2022年“戏曲进校园——感受戏曲韵味·弘扬传统文化”活动。联合县教育局和县博艺汉剧协会开展庆祝“六一”国际儿童节“弘扬传统文化·传承戏曲艺术”戏曲进校园活动。

【文艺创作和展览】 2022年，蕉岭县文学艺术界联合会举行“喜迎党的二十大”蕉岭美术作品创作启动仪式。联合县委宣传部、县总工会、梅州市美术家协会以及县文化广电旅游体育局举办“中国梦·劳动美，喜迎党的二十大”县美术作品展，通过画笔描画蕉岭的好山好水和蕉岭乡村建设所取得的成绩，为迎接中国共产党第二十次全国代表大会营造浓厚氛围。联合县作家协会开展“我们的节日·春节”迎新春征文活动和“我们的节日·元宵‘弘扬传统文化，传承诗书艺术’征文作品网上朗诵活动”。联合县文化馆、县作家协会开展“庆祝‘五一’国际劳动节，弘扬工匠精神·实现中国梦”主题诵读活动。联合蕉岭县作家协会举办端午节“诵读屈原经典，增强爱国情感”诗歌诵读会暨现代诗创作研讨。 （薛生凤）

2022年蕉岭县文学艺术界联合会负责人名录

主　　席：赖勇波
专职副主席：黄小文（7月任职）
　　　　　钟靖荣（7月任职）

蕉岭县残疾人联合会

【概况】 2022年，蕉岭县残疾人联合会累计完成白内障复明手术6人，偏瘫康复8人，成人脑瘫康复10人，0~7周岁脑瘫儿童康复7名，0~7周岁智残儿童康复12人，其他肢体残疾康复3人，精神病服药康复125人次，住院治疗189人。

【加强党建】 2022年，蕉岭县残疾人联合会党组坚持以党的政治建设为统领，以落实全面从严治党要求为主线，贯彻落实党组意识形态工作责任制，做好意识形态工作。10月底，把学习贯彻中共二十大精神作为党组会议的“第一议题”，要求党员干部，切实增强学好用好这一重大会议的责任感使命感，引导中心组成员把思想认识统一到会议精神上来。抓好理论学习，为做好残疾人工作提供坚强有力的精神动力和思想保证，努力为残疾人办实事好事。

【残联换届】 2022年，蕉岭县残疾人联合会与各镇共同组织做好全县各镇残联、村残协换届工作。召开全县残疾人第八次代表大会，大会审议通过第七届主席团工作报告，选举产生县第八届残联主席团主席、副主席和执行理事会理事长、副理事长以及五大残疾协会，推进基层残疾人组织建设。

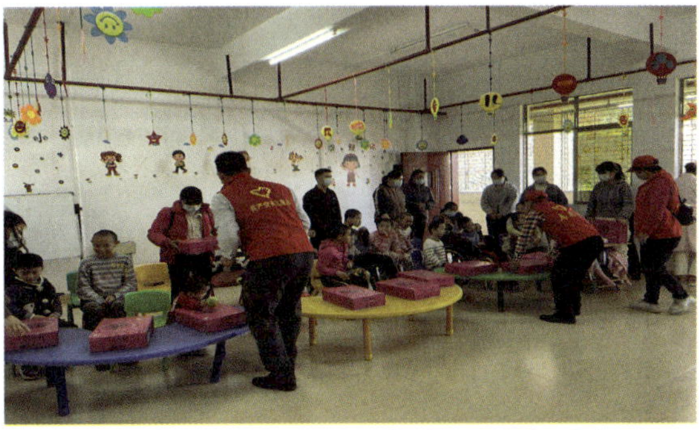

2022年3月10日，县残疾人联合会组织开展关心关爱残疾儿童志愿服务活动（县残疾人联合会提供）

【助残活动】 2022年，蕉岭县残疾人联合会扎实开展活动。县残联全年发放轮椅、拐杖、坐便椅、护理床等辅助器具95个。县残联专程到新铺镇、蓝坊镇、蕉城镇，为4名重度卧床的残疾人送去护理床，并现场安装。为解决残疾人行动不便的实际困难，对20户残疾人的住所进行无障碍改造，方便他们居家生活和外出。组织民康医院医生为行动不便的136名重度残疾人现场评定残疾级别。县残联与民康医院签订合约，定期安排医生到有康复希望的残疾人家中，进行居家康复救治。

（陈国东）

2022年蕉岭县残疾人联合会负责人名录

党组书记、理事长：陈汉铭

党组成员、副理事长：曾海明　刘森辉

军　事

人民武装

【概况】　2022年，蕉岭县人民武装部党委坚决落实中央军委国防动员部、省军区和军分区党委的决策部署，按照稳中求进总基调，推进各项工作，完成各项任务。

【政治教育】　2022年，蕉岭县人民武装部组织全体干部文职职工到蕉岭东岭革命历史事迹馆参观，感受红色文化，增强初心使命。组织全体党员到三圳“不忘初心、牢记使命”主题教育馆重温入党誓词，坚定党员的政治责任和历史使命。

【战备训练】　2022年，蕉岭县人民武装部紧盯应对强敌、紧贴专项任务、紧抓专攻精练，正规战备训练秩序，严格日常战备值班制度，抓好值班执勤，始终保持正规战备秩序和良好戒备状态。先后完成作战室和战备值班指挥信息系统改造和国防教育训练基地综合楼配套建设，补充配置一批军用器材、野营物资等，战备基础得到完善。军地合力落实民兵潜力和国防动员潜力调查核查，完成民兵队伍、专业分队整合分组。严实训练演练，波次组织轻舟技能集训、民兵骨干集训、民兵应急连集训、民兵专业分队集训和任务民兵分队专攻精练，全面提高训练水平和遂行任务能力，连续4年获评战备训练先进单位。

【党管武装】　2022年，蕉岭县人民武装部常态化落实、乡镇党管武装工作述职、国动委例会、党政领导过“军事日”、定期到军事机关现场办公等制度。推动民兵预建党组织与地方基层党建融合抓建，民兵应急力量建设统筹纳入政府应急管理体系，党管武装工作在地方政府绩效考评中增加到30分，增强军地合力。在市党管武装考核中实现零扣分，全市排名第二。

【国防教育】　2022年，蕉岭县人民武装部协调蕉岭县委、县政府将国防教育纳入县委理论学习中心组理论学习、纳入行政学院干部培训课程、纳入普法宣传，推动国防观念不断深入。开展国防教育宣传月活动，组织蕉岭中学、华侨中学等5所学校共4400余名学生进行军训。联合蕉岭县退役军人事务局开展“铸牢国防意识、喜迎党的二十大”国防教育主题活动；联合蕉岭团县委开展“心系国防、有你有我”国防教育系列活动；联合团县委到蕉岭县田家炳实验中学开展“国防知识进校园”主题活动，强化青少年的国防意识和国防观念。

【征兵工作】　2022年，蕉岭县人民武装部协调县委、县政府出台带编入伍、定向招录、完善奖励机制等优待政策，联合下发《关于加强新时代征兵宣传教育工作的实施方案》。在常规宣传手段基础上，与教育局、人社局汇编潜力分布图表，建立县镇村三级骨干联络网，遴选征兵业务骨干、优秀退伍军人、国防教育讲师成立工作专班，走村入户“点对点、面对面”地精准发动宣传。完成年度兵员征集任务，“五率”排名全市第三，被梅州市评为“征兵工作先进单位”。

【双拥工作】　2022年，蕉岭县人民武装部开展扶贫捐款、抢险救灾、志愿服务等双拥共建活动。宣传双拥模范人物和“最美退役军人”先进事迹，营造尊崇军人的良好氛围。支持城乡环境大清洁志愿服务活动，主动作为，进一步理顺协调机制、融洽军地关系。“一对一”帮扶贫困学生，春节、七一、八一期间组织慰问优抚对象，帮助解决实际困难。联合蕉岭县退役军人事务局在镇平小学运动场开展“军民共建双拥林，双拥共叙鱼水情”义务植树活动，巩固发展军政军民团结。　（朱　挺）

退役军人事务管理

【概况】　2022年，蕉岭县退役军人事务局落实上级工作部署，主动作为、锐意进取，各项工作取得新进展、新突破，全县退役军人工作实现“十四五”规划良好开局。

【双拥工作】　2022年，蕉岭县退役军人事务局做好各项双拥工作：

双拥中期考评迎检工作　对标对表整理考评台账，通过市双拥办实地检查调研，中期考评成绩走在全市前列。

开展拥军慰问活动　春节、八一建军节期间，由蕉岭县委、县政府主要领导和分管领导带头慰问驻梅州部队和驻蕉岭部队，召开军地座谈会16场，送慰问物品价值86万元。各级实地走访慰问困难退役军人和其他优抚对象，召开座谈会300多场（次），发放慰问金和慰问品价值87.46万元。

发放“拥军就餐卡”　退役军人刘威兴办的蕉岭长者饭堂推出“拥军就餐卡”，对全县退役军人凭卡就餐提供优惠待遇，得到广大退役军人的一致好评。

为去世服务对象发放吊唁费　从2022年4月5日起，推出拥军新举措，为全县去世退役军人和优抚对象发放吊唁费，充分体现全社会对他们的尊崇和敬重。

【服务保障体系建设】　2022年，蕉岭县退役军人事务局推进全国示范型和省星级示范退役军人服务中心（站）创建工作，并延伸至村级。创建1个县级和8个镇级全国示范型退役军人服务中心（站）、5个广东省“五星级退役军人服务中心（站）”、4个广东省“四星级退役军人服务站”、3个服务对象300人以上国家示范型村（社区）退役军人服务站，按照示范标准建设45个村级服务站；聚焦退役军人返乡报到、关系转接、就业服务、优抚安置等热点，提供各项精细服务，规范和强化退役军人档案管理服务；开展退役军人党员结对帮扶活动，为596名年龄较大、行动不便申领对象上门办理优待证；做好村（社区）退役军人服务站地理位置信息录入百度、高德地图“全覆盖”，完成率达100%；开展志愿服务活动，如发动蕉岭县退役军人红梅志愿服务协会在八一建军节开展“情暖老兵、爱心同行”慰问老兵志愿服务活动等，得到社会广泛好评。

【优抚安置工作】　2022年，蕉岭县退役军人事务局按照国家政策按时按标准社会化足额发放各类优抚对象抚恤补助金，抚恤补助标准均达到或超过省标准，各项优待政策100%落实，累计发放各类优抚对象优抚金930万元。落实优抚对象医疗补助，做好重点优抚对象医疗补助工作，“一站式”结算支出医疗补助费用6万元；实施临时医疗救助，对在医疗补助的基础上费用还较大的困难退役军人进行适当临时医疗救助，拨付临时医疗救助金。落实退役军人应急救助政策，为退役军人雪中送炭、解难解困，全年向市、省申报应急救助19宗，获批应急救助款19宗共53.58万元。6月，启动退役军人和其他优抚对象优待证申领工作，申领率走在全市前列。设立申领优待证流动服务点，开展贴心服务工作经验得到广东省退役军人事务厅的充分肯定。落实移交安置措施，多名符合政府安排工作的退役军人已落实安排工作到位，对接做好社会保险和生活补助工作。接收退役军人，核准发放2021年度自主就业退役军人一次性经济补助资金；继续落实在册困难企业军转干部2022年度生活困难补助，按上级规定落实好部分对象个案补助政策，以及发放节日慰问金和健康检查经费，落实困难企业军转干部政策性待遇。

【学习、就业、创业工作】 2022年，蕉岭县退役军人事务局做好退役士兵学历提升政策宣传和相关审核，通过军人联络群和退役士兵群，转发宣传通过高考报读现代学徒制等相关信息，审核全县报读现代学徒制对象；配合蕉岭县人民武装部，审核通过蕉岭县应征入伍服兵役高等院校学生国家教育资助申请表。落实就业创业政策，为符合条件的创业军转干部、退役军人发放一次性创业资助；发放创业租金补贴，为创业的军转干部、退役军人提供创业政策资金方面的直接支持。拓宽就业创业渠道。宣传动员自主就业退役军人参加中职培训和短期就业创业技能培训。结合疫情防控实际，会同蕉岭县人社部门先后开展2场网络招聘会，积极配合并转发各项网络招聘活动等宣传动员工作，转发相关招聘（录、考）信息30多次，拓宽退役军人的就业门路。培养退役军人创业典型，动员全县军创企业报名参加退役军人创业创新大赛。经过竞赛，蕉岭县太乙崇光农业科技有限公司的刘威获得梅州市第一届退役军人创业创新大赛传统产业组银奖，蕉岭县裕禾种植专业合作社的丘敬如获得优胜奖。

【烈士纪念设施修缮】 2022年3月，蕉岭县革命烈士纪念碑、蓝坊肚战斗遗址被梅州市委宣传部评定为梅州市第五批爱国主义教育基地。蕉岭县退役军人事务局开展蕉岭县烈士纪念设施修缮工程，先后投入323万元，完成一期、二期工程，包括对镇山公园烈士纪念碑、谢晋元纪念亭及配套设施进行修缮、维护，对蓝坊肚战斗烈士纪念碑、黄戈平烈士纪念碑、新铺镇乌泥坪革命烈士纪念碑及6处零散烈士墓等进行修缮，并依托蕉岭县革命烈士纪念碑等红色资源将镇山公园打造为双拥主题公园。

（曾　婷）

2022年度蕉岭县退役军人事务局负责人名录

党组书记、局长：谢志鸿

党组成员、副局长：陈卫东　陈森荣

组织·人事

中共蕉岭县委组织部

【概况】　2022年，中共蕉岭县委组织部严格执行省委坚决落实“两个维护”十项制度机制，压实党委（党组）主体责任，引领党员干部始终站稳政治立场、把牢政治方向。组织基层党组织和党员参与党的二十大和省第十三次党代会代表人选推荐，以实际行动践行“两个维护”。全面执行第一议题制度，严肃规范党内政治生活，织密上下贯通、执行有力、有效实现党的领导的组织体系。着力锤炼干部党性，全年组织3700多名党员开展理想信念教育，举办重温入党誓词等活动400多场，推动办实事好事500多件。

【学习党的二十大精神】　10月，中共二十大召开后，中共蕉岭县委组织部坚持把党的二十大精神作为县镇党校主课、必修课，推进各级党组织书记带头宣讲，为老党员、流动党员和行动不便党员“送学上门”，通过多形式、分层次、全覆盖的学习培训，确保中共二十大精神传达到每个支部、每名党员。围绕学习贯彻习近平总书记重要讲话精神、《习近平谈治国理政》第四卷等持续开展学习培训，引导党员干部参加线上学习培训，分类分级抓好各级党员干部理论武装。推进“党课开讲啦·人人作主讲”活动，组织各党（工）委录制党课视频课件，专题党课《一枚哑弹背后的故事》被评为市优秀党课。选送9人参加全市党员教育工作骨干培训班，培育15名县级党员志愿者讲师。围绕提升“党味”抓好镇委党校建设，广福镇委党校广育村分教点被评为市星级镇街党校分教点。

【内生动力】　2022年，中共蕉岭县委组织部树好导向用干部，坚持好干部标准，考准考实政治素质，到8个乡镇和66个县直机关单位开展“向组织部长说句心里话”谈心谈话活动，掌握领导班子运行和干部表现情况，重点对推进苏区融湾、实体经济、乡村振兴等领域有突出贡献的干部进行提拔使用，全年提拔任用44人，调整干部112人，职级晋升63人。多措并举育干部，实施干部现代化建设能力提升计划，围绕实体经济发展、乡村振兴等中心工作，加强干部经济金融、“三农”等专业能力培训。办好科级干部培训班、广州大学—蕉岭县“结对帮扶与乡村振兴”培训班、“耕耘者振兴计划”蕉岭县乡村治理骨干专题培训班、组工干部业务能力提升班等，提升全县党员干部履职能力。严明要求管干部，严格执行“凡提四必”、正反政治素质评议、“廉政双签”、全程纪实等规定。结合县委巡察，督促4个镇15个单位整改58个问题。严管干部人事档案，加强干部任前审核，实现干部档案管理全程纪实。全年共审核干部档案718本，对64名干部“三龄两历”情况进行认定。落实“三个区分开来”容错纠错机制，开展争做“人民满意的公务员”活动，用好职务与职级并行、机关事业单位绩效考核、党员关爱基金等政策措施，激励各级党员干部奋进新征程、建功新时代。

【引领作用】　2022年，中共蕉岭县委组织部实施“头雁”工程，对全县107名村（社区）党组织书记精准“画像”，扩大“引领型”书记效应。遴选580名导师帮带村干部谋事创业，储备277名后备村干部。88名村干部就读学历提升大专班。落实农村发展党员“村培镇管县审”制度，全年新发展农村党员68名，其中35岁以下占52.94%。夯实基层基础保障，下拨党费348万元用于规范化建设、党员教育、党建品牌打造、支持疫情防控等。制定村级党群服务中心建设指引，落实资金356万元用于乡镇“五小”场所和周转房建设。新招聘15名党建组织员，整顿4个软弱涣散村党组织。深化模范机关创建，县检察院“四双”联动获评全省检察机关党建业务深度融合最佳案例，县人社局入选全国法治人社示范单位候选名单。推进党建引领基层治理促乡村振兴，蕉岭县被省委组织部确定为梅州唯一的党建引领乡村治理试点县，全域推广“六事”治理模式，推动35%的村达到抓党建促乡村振兴示范村标准，获评全国村庄清洁行动先进县。健全“行政村党组织—自治管理单元和经济组织党组织—党员户”的村党组织体系，将党的组织和工作覆盖至村级协商议事会、村民理事会，成体系延链展链，广福镇广育村获评全国民主法治示范村。实施村级集体经济“10万+”提质增量行动，在全市率先实现所有行政村集体经济收入10万元以上目标，提前一年完成市下达任务。成立4个社区“大党委”和2个小区党支部，提升城市基层治理水平。作同着力在大战大考中发挥组织优势，在疫情防控中发挥党组织战斗堡垒和党员先锋模范作用，2022年累计派出党员干部和医务人员上千人次，驰援丰顺、五华、深圳、东莞及西藏自治区等地抗疫工作。抓实“平急转换”机制，组建党员志愿服务队243支，储备志愿者3412名。深化“双报到、双服务”，组织1218名在职党员办好事实事141件。

【苏区振兴发展】 2022年，中共蕉岭县委组织部出台政策，在全市率先制定实施《关于加快新时代人才振兴发展的实施意见》《关于支持县域实体经济引育人才的若干措施》，全面提高人才吸引力。组建4个人才政策宣讲组深入基层推介人才政策，营造爱才、尊才、用才的良好氛围。对接引进人才，以人才服务实体经济、乡村振兴为着力点，引进博士和急需紧缺人才，2022年引进1名博士和11名急需紧缺人才。建好用好人才载体，投入140万元全面建成县镇两级乡村振兴人才驿站，为人才提供高效便捷的“一站式”服务。广东迈科特生物科技有限公司获评2022年广东省博士工作站，培养广东省农村乡土专家49人。

【事业单位人事管理】 2022年，中共蕉岭县委组织部在全市率先启动事业单位管理岗位职员等级晋升工作，完成职员等级晋升40人。完成39家事业单位742名人员经费性质过渡考试，激励事业单位干部担当作为。做好岗位聘用和岗位设置工作，完成62名事业单位干部公开招聘工作，统筹抓好2021年度各行业职称评审和认定的审核、推荐工作，当年评出高级职称92人、中级职称42人、初级职称101人。开展乡村工匠专业人才职称评审工作，14人获乡村工匠专业人才职称，其中高级1人、中级4人、初级9人。扎实开展专项整治假药师证工作，核查证书124份，真实率达99.2%。

【老干部工作】 2022年，中共蕉岭县委组织部抓好离退休干部政治、思想和党组织建设，制定实施《蕉岭县2022年老干部工作要点》，精心做好老干部管理服务工作，抓好政治、生活待遇的落实，打造“医心向党，优质服务”离退休干部巡诊品牌，开展体检、诊疗活动，服务老干部150多人次，解决好老干部关心的医药费报销等实际问题。开展“增添正能量·共筑中国梦”活动，发挥老干部的优势作用，引导老干部为蕉岭推进苏区融湾、实体经济发展、实施乡村振兴战略献智出力。

（吴家熠）

2022 年中共蕉岭县委组织部负责人名录

县委常委、组织部部长，县委党校校长，
县直属机关工作委员会书记：谢伟传
常务副部长、县公务员局局长：涂永平
副部长、县委“两新”工委书记：黄苑琼（女）
副部长、县老干部局局长：黄远志
副部长、县委编办主任：刘　华
副部长：范政宜

机构编制工作

【概况】　2022 年，中共蕉岭县委机构编制委员会办公室严格贯彻落实省委、市委、县委关于机构改革和机构编制管理的部署要求，加强机构编制改革和管理工作。

【县级机构改革】　2022 年，中共蕉岭县委机构编制委员会办公室对县委组织部、县委宣传部、县应急管理局等 5 个单位内设机构设置进行优化，在县文化广电旅游体育局加挂县文物局牌子。重新印发县委编办、县民政局、县财政局等 9 个单位的“三定”规定。加强承担行政职能事业单位改革，印发《蕉岭县事业单位调整优化工作方案》，撤销县水政监察大队、县水库移民管理办公室等 5 个承担行政职能事业单位的建制，调整优化县建设工程质量安全监督监测站工作任务。

【乡镇街道体制改革】　2022 年，中共蕉岭县委机构编制委员会办公室要求各镇和县直有关部门结合工作实际，完善乡镇街道五大委员会统一指挥协调工作机制，提高基层治理水平，更好地服务群众。召开乡镇体制改革经验交流座谈会，对推进改革过程中遇到的新情况新问题进行研讨，加强改革全周期管理，推动各项改革任务落地生根，保障改革稳步推进。

【县直事业单位改革】　2022 年，中共蕉岭县委机构编制委员会办公室统筹各类编制资源科学合理使用，收回县突发事件预警信息发布中心等单位事业编制共 7 名。重新核定全县各中小学校、幼儿园领导职数，加强各中小学校、幼儿园领导职数管理。核增幼儿园教职工编制 30 名，解决幼儿园因生源流动扩班补充教师的问题。调剂 2 名事业编制补充到县疾病预防控制中心，加强健康教育工作。建立以县人民医院、县中医医院为“龙头”，镇（社区）卫生院为枢纽的紧密型县域医共体，提高县域医疗卫生资源配置和使用效率。分别增加县人民医院、县中医医院、县妇幼保健计划生育服务中心事业编制 70 名、30 名、15 名，夯实一线为民服务力量。将蕉岭县妇幼保健计划生育服务中心更名为蕉岭县妇幼保健院，加挂蕉岭县妇女儿童医院、蕉岭县妇幼保健计划生育服务中心牌子。核增县图书馆事业编制 2 名，提高公共文化服务质量。核增县农业农村局（县乡村振兴局）行政执法专项编制 2 名，巩固拓展脱贫攻坚成果、统筹推进实施乡村振兴战略。核增县精神文明建设指导服务中心事业编制 3 名，加强精神文明建设力量，助力创建县级全国文明城市。将原由县林业局管理的蕉岭县森林防火监测中心划转县应急管理局管理，并更名为蕉岭县森林防灭火监测中心。

【开展机构改革评估】　2022 年，中共蕉岭县委机构编制委员会办公室对蕉岭县本轮党和国家机构改革落实情况开展全面评估，深化综合行政执法改革，统筹配置行政执法职能和执法资源，全面梳理、规范和精简执法事项，相对集中行使执法处罚权、行政强制权，在市场监督、文化市场、交通运输、农业四个领域，整合执法队伍，合理配置力量，实行“局队合一”体制，着力解决老百姓反映强烈的多头多层重复执法问题。深化审批服务和政务服务“一网通办”，探索实行“一枚印章管审批”，让群众办事“只进一扇门”“最多跑一次”，着力解决群众办事慢、多头跑等问题。

【机构编制监督管理】 2022年，中共蕉岭县委机构编制委员会办公室抓好机构编制监督管理各项工作。

抓好实名制系统维护管理工作 按照“四清、两相符”的要求，做好机构撤销、设立、更名及编制调整、人员信息更新等水平工作，提升机构编制实名制系统管理。

推进编制使用管理规范化工作 执行《广东省机构编制实名制管理办法》规定要求，依托广东省机构编制实名制系统，加强编制审核和编制卡管理工作。做好蕉岭县机构编制统计工作，按时报送事业编制变动情况表、副科级及以上机关事业单位领导职数管理台账、问题台账、事业编制情况台账等，做到底数清、数字准、情况明。完成对蕉岭县38个事业单位共742名的事业单位改革人员经费过渡的信息审核和编卡办理工作。

做好人才队伍建设工作 围绕蕉岭县人才队伍建设有关工作部署，结合工作实际，做好编制资源使用保障工作。落实《梅州市实施“青梅计划”集聚优秀青年人才的若干措施》要求，做好面向“三支一扶人员”、“广东大学生志愿服务山区计划”志愿者等服务基层人员的公务员、事业单位人员定向招录（聘）编制保障工作。做好“周转池”编制保障工作。按照“乡镇机关空编率常态化控制在5%以下”的要求，制订相关计划，争取用三年的时间把各乡镇机关空编率常态化控制在3%以下，推动加强乡镇人才队伍建设。

做好后勤服务人员和编外人员管理工作 办理聘用（续聘）审批14宗。组织各镇、各有关单位以机构编制实名制系统为基础，按照《中共广东省委机构编制委员会办公室关于开展全省编外人员调研摸底工作的通知》的认定口径，开展摸底调查，掌握蕉岭县编外人员情况，结合实名制系统加强编外人员的进出备案管理。

做好中文域名管理工作 建立政务和公益专用中文域名注册、续费电子台账，重点做好新设立单位政务和公益专用中文域名注册工作，将其纳入机构编制常态化管理，实现域名注册与机构编制日常业务、事业单位监督管理等工作的有机结合，做好全县机构中文域名管理工作。

开展检查监督及整改工作 依托“12310”机构编制违规违纪问题受理系统，对机构编制违规违纪问题举报、信访案件进行监测和查处，全年未收到相关问题的投诉举报案件。推进问题整改，通过调整编制、自然减员、转岗消化等方式统筹整改政策性超编问题10条。

【事业单位登记管理】 2022年，县编委严格审核年度报告，认真审核各单位网上提交的年度报告材料，确保年度报告的准确性。推进事业单位法人公示信息抽查工作，依托广东事业单位登记管理系统，对已报送2021年度报告的121个事业单位进行随机抽查，抽查结果在广东事业单位登记管理网公示，接受社会监督。认真落实机关群团统一社会信用代码赋码工作，以“互联网+政务服务”模式推进“全流程”网上办理，优化统一社会信用代码赋码工作方法。配合做好修改、完善并授权进驻梅州市政务服务平台相关工作，依时完成数据报送工作。 （曾令雪）

2022年中共蕉岭县委机构编制委员会办公室负责人名录

主　任：刘　华

副主任：钟利美　丘标元　徐达云

党 校

【概况】 2022年，中共蕉岭县委党校发挥教育培训基层党员干部主渠道、主阵地作用，为推动蕉岭老区苏区振兴高质量发展贡献力量。

【主体班培训工作】 2022年，中共蕉岭县委党校按照县委部署，举办村（社区）党组织书记培训班、公务员初任培训班、事业单位科级干部培训班、中青年干部培训班暨《习近平谈治国理政》第四卷专题读书班等13期培训班，共682人次参加。

【外培班工作】 2022年，中共蕉岭县委党校活化利用本地资源，开发现场教学点，通过在教学基地开设各类专题培训班，讲好蕉岭故事、传播蕉岭声音，更好地宣传和推介蕉岭。全年接待市委党校、外市县各级干部培训3批次，共培训外地学员200多人次。

【宣讲工作】 2022年，中共蕉岭县委党校选派教师参加县委宣讲团，到各单位宣讲中共十九届六中全会精神、广东省第十三次党代会精神、中共二十大精神等共127场，受众8535人。

【科研工作】 2022年，中共蕉岭县委党校围绕年度科研任务，组织老师申报各类课题，加强对重大理论和现实问题的研究。申报并立项关于构建“赣闽粤原中央苏区对接融入粤港澳大湾区振兴发展、共同富裕”，蕉岭先行区的研究。市级课题和《新时代高质量党员教育培训工作的研究》县级课题。围绕调研素材，结合蕉岭实际，为蕉岭县融湾入海工作出谋划策。鼓励教师撰写论文，提升科研水平，2022年，党校教师结合县委、县政府中心工作，撰写理论文章，在省级刊物发表论文2篇。

（林洁文）

2022年中共蕉岭县委党校负责人名录

县委常委、组织部部长、校长：谢伟传（兼）

常务副校长：王洪星

副校长：杨文敏

专职校委：王卫东

专职校委：赖丽群（女）

2022年7月4日，科级干部任职培训班开班仪式举行（县委党校提供）

2022年9月19日，蕉岭县中青年干部培训班暨《习近平谈治国理政》第四卷专题读书班开班式举行(县委党校提供)

宣传工作

中共蕉岭县委宣传部

【概况】 2022年，中共蕉岭县委宣传部自觉承担“举旗帜、聚民心、育新人、兴文化、展形象”的使命任务，抓好各项工作，为推进老区苏区高质量发展和苏区融湾先行先试提供坚强的思想保证和舆论支持。

【强化理论武装】 2022年，中共蕉岭县委宣传部抓好党委（党组）理论学习中心组学习，组织开展《习近平谈治国理政》第四卷等专题学习研讨活动10场次，印发学习辅导材料300多份。实施理论宣讲进基层“百千万工程”，通过邀请市委宣讲团，组建重大专题县委宣讲团、领导干部宣讲团、百姓宣讲团等，深入基层各领域开展各类宣讲活动300多场次。拓展“学习强国”线下体验空间，规范设置2个“学习强国”阅览室，配合开展主题摄影、“南国书香节”阅读分享和“学习强国”积分购书优惠活动等，累计通过平台向市供稿106件。

【推进文明创建】 2022年，中共蕉岭县委宣传部弘扬社会主义核心价值观，以信念教育弘扬时代精神为引领，有机融入爱国主义教育、新时代公民道德建设等内容，组织开展“喜迎二十大、永远跟党走、奋进新征程”等群众性主题教育实践活动约90场。深化文明创建，部署和推进文明村镇、文明家庭等各项群众性精神文明创建活动，培育文明乡风。以文明校园“六好”标准为主线，开展“扣好人生第一粒扣子”等实践活动1355场，累计参与16.8万人次，2所学校获评第六届梅州市文明校园。用心选树、宣传先进典型，全县共有3人获评“广东好人”，3人获评“梅州好人”，表彰“蕉岭好人”20人、“蕉岭县文明家庭”8户、蕉岭“新时代好少年”20人。开展文明实践志愿服务活动，依托全县新时代文明实践阵地，面向城乡基层开展理论政策宣讲、文化文艺、医疗健身、科学普及等各类文明实践志愿服务活动528场次，参与约1.8万人次。推进全国县级文明城市创建，创新实施网格化管理“八个一”工作机制，为群众办理民生“微实事”422件，提升群众生活品质。

【加大舆论宣传力度】 2022年，中共蕉岭县委宣传部加强新闻策划，开设“新时代·兴发展”“喜迎二十大”“学习贯彻党的二十大精神”等专栏，集中展示蕉岭在贯彻落实党的二十大精神情况以及在经济、社会、精神文明、生态文明等方面取得成就，共播出新闻1229条。借助上级主流媒体的优势积极向外界宣传推介蕉岭，精心制作专题栏目、宣传片、公益类广告、微视频等170多个（条），提升“世界寿乡·富美蕉岭”影响力。抓好爱国主义教育、国防教育以及“三防”宣传工作，广泛开展国防教育线上知识竞赛活动，督促指导全县5个红色革命遗址保护利用项目建设，做好2022年征兵宣传工作，组织4家单位成功申报梅州市第五批爱国主义教育基地。加强网络治理和监测，开展“清朗”“剑网”等专项排查整治20多次，编印《蕉岭舆情信息简报》12期、《网络舆情专报》6期。

【推动文旅发展】　2022年，中共蕉岭县委宣传部全面促进文旅融合发展，持续在美团“畅游蕉岭”品牌馆上架本土特色产品，邀请短视频达人拍摄推广宣传视频，积极承办2022年广东省航海模型锦标赛和2022年广东省无线电测向冠军赛等省级赛事，吸引29家媒体和30多名记者参与报道，提升蕉岭知名度。有序推进重点项目建设，卡拉比—丘实景天象馆、蕉岭寿乡文化旅游基础设施建设项目一期接待中心均已完工，5个广东省红色革命遗址保护利用项目建设顺利推进，丘成桐祖居文化旅游区成功创建国家AAA级旅游景区。丰富群众精神文化生活，举办培训辅导、公益展览、送书送戏下乡等形式多样的公共文化活动，累计开展线上线下文化活动200多场，23万多人次参与。督查文化企业，联合相关部门组织专项行动13次，检查书店、印刷企业、娱乐场所、出版物零售发行单位等，查处盗版书籍立案2宗，没收盗版书籍144本。

（徐倩倩）

2022年中共蕉岭县委宣传部负责人名录

县委常委、县委宣传部部长：陈　丽（女）
常务副部长：曾向君
副部长、县社科联主席、县文明办主任、县新闻出版局（县版权局）局长：丘仕松
副部长、县互联网信息办公室主任：罗伟钦

精神文明建设工作

【概况】　2022年，蕉岭县坚持扎实有效开展文明培育、文明实践、文明创建工作，推动蕉岭精神文明建设取得新的成效。2022年度，全县共有3人获评“广东好人”，3人获评“梅州好人”，蕉华田家炳中学、蕉华田家炳小学获评第六届梅州市文明校园。

【加强文明培育】　2022年，蕉岭县精神文明建设委员会办公室大力弘扬社会主义核心价值观，围绕迎接宣传贯彻中共二十大精神主题主线，组织开展“喜迎二十大、永远跟党走、奋进新征程”等群众性主题教育实践活动约90场。常态化开展文明交通志愿服务，全县党政机关、企事业单位出动文明交通志愿者3000余人次，服务时长累计3200多小时，市民文明出行意识不断提高。广泛普及文明行为规范，开展《梅州市文明行为促进条例》宣传和文明行为规范普及活动，组织开展文明交通、文明旅游、文明餐桌、文明上网等主题系列活动132场次。

【拓展文明实践】　2022年，蕉岭县精神文明建设委员会办公室深化拓展新时代文明实践中心建设，形成纵向涵盖县、镇、村（社区）三级，横向辐射学校、窗口单位的新时代文明实践方阵，常态化开展理论各类文明实践志愿服务活动528场次，参与约1.8万人次。壮大文明实践志愿服务队伍，大力培育特色志愿服务项目，蕉岭县司法局学雷锋志愿者服务队获评梅州市最佳志愿服务组织，消防安全“贴心人”志愿服务项目获评梅州市最佳志愿服务项目，1人获评梅州市最美志愿者。全国首批乡村“复兴少年宫”试点建设稳步推进，形成低成本、受欢迎、可持续、有特色的“蕉岭模式”。

【深化文明创建】　2022年，蕉岭县精神文明建设委员会办公室推进文明村镇、文明单位、文明校园、文明家庭等群众性精神文明创建活动，推动精神文明创建三年行动（2021—2023年）各项任务落实落地、见行见效。加强和改进未成年人思想道德建设，以文明校园“六好”标准为主线，开展“扣好人生第一粒扣子”等实践活动1355场，累计参与16.8万人次，5人获评梅州“新时代好少年”，表彰蕉岭“新时代好少年”20人。

2022年9月蕉岭县文明办、县教育局在华侨中学开展“悦纳情绪从心开始”心理健康教育活动（县创文办提供）

在2022年梅州市未成年人思想道德建设工作检查考评中获“优秀”等次，2022年广东省未成年人思想道德建设工作年度测评成绩在9个全国县级文明城市提名城市中居首位。用心选树先进典型，评选表彰“蕉岭好人”20人、“蕉岭县道德模范”10人、“蕉岭县文明家庭”8户。全力推进全国县级文明城市创建，创新实施网格化管理“八个一”工作机制，为群众办理民生“微实事”422件，不断提升群众生活品质。讲好文明蕉岭故事，营造良好的社会氛围，刊播精神文明建设宣传信息1000多篇次、公益广告3000多条次，编发《蕉岭县创建全国县级文明城市工作周讯》50期。 （陈　敏）

2022年蕉岭县精神文明建设委员会办公室负责人名录

县委宣传部副部长、县文明办主任：

丘仕松（4月任职）

县文明办专职副主任：林玉荣（女）

统一战线工作

中共蕉岭县委统战部

【概况】 2022年，中共蕉岭县委统战部贯彻落实《中国共产党统一战线工作条例》，不断提高统战工作科学化规范化制度化水平，为推动蕉岭苏区振兴高质量发展贡献统战力量。

【迎接中共二十大胜利召开】 2022年，中共蕉岭县委统战部围绕迎接中共二十大胜利召开组织开展统战各领域主题教育，通过组织走访、调研、座谈以及网络联系等方式，及时了解和把握民主党派、无党派、非公有制经济、新的社会阶层、港澳台、海外、民族宗教等各个领域党外人士思想动态，围绕重要时间节点、社会舆情热点、改革发展难点加强思想政治引领，做好宣传政策、解疑释惑工作。组织统一战线成员集中观看党的二十大开幕会和召开学习贯彻党的二十大精神大会，迅速掀起学习宣传贯彻党的二十大精神的热潮。

【抓好重大风险防控】 2022年，中共蕉岭县委统战部把防范化解重大风险作为全年工作的重中之重。建立完善统战领域风险隐患摸底排查、监督预警、分析研判、应对处置等工作制度机制，以大概率思维应对小概率事件，坚决做到守土有责、守土负责、守土尽责，保证统一战线各领域和谐稳定。

【服务发展大局】 2022年，中共蕉岭县委统战部，按照全县政治经济发展大局，做好统战相关工作。

开展招商引资　由县委常委、统战部部长曾光华率招商小分队，赴深莞惠开展驻外招商活动，投身招商引资工作一线，发挥商会、乡贤的纽带作用，宣传蕉岭，开展招商推介，取得初步成效。

组织参与侨商大会　以第二届中国侨商投资大会为契机，挖掘侨商侨资资源，吸引广大侨商侨胞到蕉返蕉投资兴业、发展置业、安居乐业，共签约侨商投资项目4个，投资总额4亿元。

开展暖企行动　与相关部门联合开展“政税联银促发展·春雨润苗激活力”暖企活动、“法润民企助发展”活动，服务市场主体，激发市场活力。开展民营企业、新阶联会员企业、外资企业走访调研活动，广泛听取意见建议，宣传推介惠企政策，鼓励市场主体固根本、增信心。

服务中心工作　引导新阶联围绕中心、服务大局，向全体会员发出“做创建文明城市参与者、做乡村全面振兴推动者、做履行社会责任的践行者”的倡议，筹集资金99.8万元，服务全县中心工作。成功举办“聚‘蕉’农芯·引‘岭’风华——蕉岭县新阶联助力乡村振兴认耕认种认养”活动，认耕认种丝苗米285亩，认耕认种认购合计人民币约49.8万元。助力文明城市创建，捐款30万元用于东山村创文工作。助力美丽乡村建设，捐款20万元支持三圳镇招福村堀唇村道硬底化工程。开展县新阶联涉农会员企业调研，掌握情况，听取建议，为县委、县政府决策提供参考。

【民主政治建设】　2022年，中共蕉岭县委统战部积极支持农工党县委会加强中国特色社会主义参政党建设，全面加强思想政治、组织、履职能力、作风和制度“五个建设”。会同农工党蕉岭县委开展“矢志不渝跟党走、携手奋进新时代”政治交接主题教育和青年人才培养计划“我为青年做件事”活动。蕉岭县农工党党员之家建成投入使用，开展中共二十大专题学习、党务交流等系列活动。做好台盟广东省委员会助力三圳镇乡村振兴的协调服务工作，助力三圳镇乡村振兴资金38万元。开展民主党派和无党派人士走访调研活动，围绕发展实体经济、激发内生动力、推进乡村振兴等领域精准选题、深入调研，提高建言献策质量。加强党外干部队伍建设，出台《县委组织部、县委统战部党外干部培养选拔工作联席会议制度》，加强党外干部的日常管理和实践锻炼，向县委推荐优秀党外干部，全年提拔党外正科职干部1人、副科职干部2人，职级晋升1人。开展县级无党派人士认定登记工作，有47名党外人士被确认为无党派人士（含1名省级无党派人士）。

【民族宗教工作】　2022年，中共蕉岭县委统战部推动民族团结进步宣传活动进机关、进学校、进社区、进企业，铸牢中华民族共同体意识。严格执行党的民族政策和方针，健全常态化走访和座谈机制。坚持宗教中国化方向，加强宗教活动场所安全管理和巡查，聘请有专业资质的第三方对全县69间宗教（民间信仰）场所进行消防检测，对部分宗教活动场所自建房屋进行检测鉴定，抓好隐患整改落实。全面落实“三级网络”“两级责任制”，强化镇、村属地责任，不断提升宗教工作法治化、规范化、科学化水平。

【民营经济】　2022年，中共蕉岭县委统战部走访慰问民营经济人士、新的社会阶层人士65人次，摸清民营企业家思想动态、诉求要求以及实际困难，有的放矢做好思想引领、纾困解难、支持发展等工作。构建亲清政商关系，发挥工商联作为党委、政府联系服务民营经济和民营企业家的桥梁纽带作用，聚焦主业搞好联系服务。强化社会责任，引导民营企业家在抗击疫情、“千企帮千镇”“万企兴万村”行动、扶贫济困等重点行动彰显社会责任担当。

【党外知识分子和新的社会阶层人士】 2022年，中共蕉岭县委统战部做好梅州市第二届党外知识分子联谊会会员人选推荐工作，蕉岭县有8名无党派人士入选。贯彻落实《2021—2025年推进新的社会阶层人士统战工作发展的实施方案》《全省新的社会阶层代表人士培训计划（2021—2025年）》，在新的社会阶层人士中开展“凝聚新力量、筑梦新时代”主题教育，举办“巾帼心向党·建功新时代”座谈会、网络人士座谈会，加强党外知识分子和新的社会阶层人士思想政治工作。同心助力社会发展，引导会员在产业发展、招商引资、项目建设、乡村振兴、服务社会中担当作为，发挥生力军作用。

【港澳台统战工作】 2022年，中共蕉岭县委统战部做好涉港澳台人员等数据建设。联合蕉岭县融媒体中心开展丘逢甲家族后裔及在蕉岭台胞采访活动，协助梅州日报社与丘逢甲之孙、香港特别行政区商务及经济发展局局长丘应桦在丘逢甲故居内进行视频连线。配合民革市委骨干党员到蕉岭开展祖统工作调研活动。扩展交流平台，在蕉岭港澳台青年创业交流基地挂牌设立蕉岭县内地港澳台同胞联谊交流中心，在文福镇沧海诗廊挂牌设立蕉岭港澳台青少年文化交流基地。走访慰问在蕉岭港人、台胞及港资、台资、台属企业，协助台胞寻根，受理台胞台商寻根问祖共8宗，成功寻根6宗。服务融湾工作，组织内地港人开展“知史爱国·携手同行”暨庆祝香港回归祖国25周年主题活动，邀请暨南大学港澳台学生骨干苏区精神研习营到蕉岭开展国情教育活动，组建港澳台同胞微信群发送《世界寿乡·富美蕉岭》短视频，宣传蕉岭，讲好“蕉岭故事”。争取香港“摘星计划”励志助学蕉岭县5名贫困学子；组织部分内地港澳代表人士参加梅港澳经贸合作考察团。

【海外统战工作】 参与“一带一路”，广邀乡亲云端上线共赏2022“客家春晚”节目，组织参与“一带一路”建设交流合作活动4次。激发投资捐资热情，促成蕉岭县侨眷严晓林在蕉华园区拟投资打造客家预制菜跟盐焗食品项目；争取（泰国）亚泰经济交流总商会会长李胜交捐赠给蕉岭县中医医院1辆应急救护车。 （吴月环）

2022年中共蕉岭县委统战部负责人名录

常务副部长：夏新明

副部长：杨燕春（女）

副部长、县委台港澳工作办公室主任、县台港澳事务局局长、县侨务局局长：
邓汝芬（女）

副部长、县民族宗教事务局局长：王均平

副部长、县工商联党组书记、常务副主席：
徐如初

信访·接待·保密

信访工作

【概况】　2022年，蕉岭县信访工作防范化解重大风险，打好信访矛盾化解和重复信访问题治理攻坚战，信访工作考核取得优秀成绩。全年信访总量611件次，同比增长21.7%。其中，来信166件，同比增长1.8%；来访225件次，同比增长14.2%；网信220件，同比增长54.9%。

【《信访工作条例》宣传】　2022年，蕉岭县信访局开展多形式的宣传活动，推进《信访工作条例》学习宣传走深走实，增强群众依法有序信访、合理表达诉求的意识，在全社会营造办事依法、遇事找法、解决问题用法、化解矛盾靠法的良好环境。

【矛盾纠纷排查化解】　2022年，蕉岭县信访局梳理分析矛盾纠纷，针对一般矛盾纠纷做到早发现、早介入，就地化解。对排查出来的疑难复杂矛盾纠纷，启动跨部门联动调解机制，对重点案件及时分析研判，领导包案，形成多元化解合力，切实提高纠纷化解质效。

【信访工作督查督办】　2022年，蕉岭县信访局通过主持召开研判会、现场督办、印发相关通报等形式，加强对各镇各部门开展领导干部接访下访、矛盾纠纷排查化解、信访积案攻坚化解、解决信访问题等情况的督查督办，确保各项信访工作落到实处。（钟信龙）

2022年蕉岭县信访局负责人名录

县政府办公室副主任、县信访局局长：王城庆

县信访接待中心主任：利　玲（女）

县委县政府接待服务中心工作

【概况】　中共蕉岭县委县人民政府接待服务中心属参照公务员管理的正科级事业单位。负责到蕉岭的上级领导和兄弟省市县的负责人及海内外知名人士的接待工作；负责制订接待方案并报批、安排食宿、陪同参观，负责接待物资采购等；负责财政划拨接待经费的管理，加强财务监督控制和协调，定期对接待经费开支情况进行检查、核对；负责县委、县政府指定接待工作的业务指导和全县接待服务系统干部职工的岗位培训工作；承办县委、县政府交办的其他任务。

【接待工作任务】　2022年，中共蕉岭县委县人民政府接待服务中心按照“认真负责、严谨细致，无微不至、精益求精”的工作要求，完成省委省政府主要领导到蕉岭调研、全市春季农业生产暨农机闹春耕现场会、广东省老区建设促进会领导到蕉岭考察、粤闽赣苏区改革开放创新发展试验区建设实地调研和座谈交流会、全市农村生活污水治理工作现场推进会、清华大学求真书院到蕉岭开展暑期社会实践活动、中国能源建设股份有限公司华南区域总部领导一行到蕉岭调研、广东

医科大学及附属医院领导到蕉岭考察等省市领导、重要客商、新闻媒体、专家学者的公务接待工作，做好日常公务接待工作。

【接待品牌打造】 2022年，中共蕉岭县委县人民政府接待服务中心努力打造蕉岭品牌，在传统蕉岭美食的基础上，挖掘黑花生、桂岭蜂蜜、丝苗米等蕉岭特色农产品，推出绿色食品、长寿食品和健康食品；拓展接待基地范围和资源，对新开业的山月居酒店和三圳培鸿乡墅民宿进行实地调研，了解其基本情况和接待能力，丰富和提升蕉岭公务接待能力；加强接待文化建设，向宾客介绍蕉岭县优秀的人文历史、优美的生态环境和淳朴的民风等基本情况，收集整理名人政要在蕉岭的活动情况，把宣传推介蕉岭贯穿到整个接待任务中，体现蕉岭特色，展现蕉岭浓厚的文化底蕴，力求把蕉岭最好的一面展现给宾客，打造蕉岭特色政务接待品牌。

（傅伟良）

2022年中共蕉岭县委县人民政府接待服务中心负责人名录

主　任：丘　虹（女）

副主任：王漳华

保密工作

【概况】 2022年，蕉岭县保密局全面落实党中央决策部署和习近平总书记关于保密工作的重要指示批示精神，正确把握保密工作形势，统筹发展和安全。

【强化思想政治建设】 2022年，蕉岭县保密局把党的政治建设摆在首位，深入学习贯彻习近平新时代中国特色社会主义思想，正确把握保密工作形势，提高政治站位，认识保密工作的政治属性，坚持党管保密原则，召开蕉岭县2022年县委保密委员会全体（扩大）会议，统一思想认识，增强风险意识和敌情意识，树立底线思维，有效防范化解风险，维护党和国家秘密安全，将统筹发展和安全贯彻到保密工作的各方面、全过程。

【加强保密宣传教育】 2022年，蕉岭县保密局结合“4·15”全民国家安全教育日活动开展保密法律法规和保密知识宣传，联合县委政法委、县普法办、县公安局在蕉岭县实验中学、蕉岭县人民小学开展现场宣传活动，现场展出宣传展板29块，发放宣传资料、保密小册子2000余份，观看宣传教育片2部，组织开展主题班会讨论30余场。扎实开展保密宣传月活动，组织开展保密教育线上培训，组织全县干部职工通过“保密观”APP和中国保密在线网站参与线上培训，学习失泄密典型案例及新型保密防范技术。通过党校教育平台，在县委组织部、党校的大力支持下，在2022年新进公务员培训班中安排保密知识课程来普及保密知识。巧用网络新媒体，开展保密公益宣传。利用新媒体传播速度快的优势，通过电视台、县政府官网、蕉岭发布公众号、蕉岭县博物馆公众号等渠道，播放宣传视频，发送宣传推文，扩大宣传覆盖范围，筑牢保密工作的人民防线，巩固群众基础。

【严格监督管理检查】 2022年，蕉岭县保密局做好各类考试的监督管理，配合做好各个环节的保密监督、指导和服务工作，重点做好高考、中考、“双百工程”社工招聘、蕉岭县事业单位招聘等12场考试的保密工作，确保所有考试试题万无一失，考试公平公正。开展保密风险隐患排查，集中整治全县党政机关外包服务保密管理工作，发现薄弱环节，整改不足。持续加强保密技术监管，强化县委、县政府互联网监管平台监管作用，2022年共识别告警信息1753条，其中文件关键词

840 条，网络传输 393 条，电子邮件 62 条，其他 458 条，经判别均为非涉密信息。严格开展保密检查工作，联合县委机要局组成联合检查组，对全县 8 个乡镇开展专项保密检查，查漏补缺，加强涉密人员和设备管理，防范化解风险隐患。（卢润斌）

2022 年蕉岭县国家保密局负责人名录

县委保密委专职副主任、保密局长：

钟云霞（女）

副局长：陈　山

政策研究·综合政务服务管理

蕉岭县人民政府发展研究中心

【概况】　2022 年，蕉岭县人民政府发展研究中心围绕全县经济社会发展重点工作，深入企业、基层开展调研活动，协助省、市政府发展研究中心进行课题调研并提供相关材料，完成上级交办的工作任务，为打造赣闽粤原中央苏区对接融入粤港澳大湾区振兴发展先行区建言献策。

【主题教育】　2022 年，蕉岭县人民政府发展研究中心组织全体党员干部前往丰顺李坚真纪念馆开展以“重温入党誓词，庆祝中国共产党成立 101 周年”为主题的革命传统教育活动。

【调查研究活动】　2022 年，蕉岭县人民政府发展研究中心深入塔牌集团股份有限公司、皇马水泥有限公司、宏基新材料股份有限公司等企业开展纾困解难调研，配合市政府发展研究中心形成《把握机遇 化危为机——关于梅州市水泥制造业面临问题与对策建议》《抢抓扩容机遇 加强上市培育——关于我市新三板挂牌企业经营状况》等报告，牵头制订《蕉岭县深化“放管服”改革全面优化营商环境工作实施方案》。（张圣明）

2022 年蕉岭县人民政府发展研究中心负责人名录

主　任：张丽春（女）

副主任：陈忠辉　杨海容

蕉岭县政务服务数据管理局

【概况】　2022 年，蕉岭县政务服务数据管理局坚持以人民为中心，优化政务服务流程，打造高效便捷的政务服务体系，持续夯实数字基础支撑能力，推进数字政府改革建设，各项工作均取得较好的成效。

【政务服务能力】　2022 年，蕉岭县政务服务数据管理局坚持优服务、提效能，优化提升政务服务能力。全年，蕉岭县政务服务中心实体大厅进驻单位 24 个，全年办件量为 104706 件。蕉岭县有 40 个成员单位接入“粤省心”梅州市“12345”政务服务便民热线平台。蕉岭县热线共转派工单 3785 件，按时办结率为 100%，群众对工单办理的满意率为

99.72%。推广“好差评”应用，蕉岭县有评价办件数42079件，主动参评率为99.03%，差评整改率100%。持续加强对市统一申办平台办件情况监察，发出5份提醒函，提醒并通报出现红黄牌的单位。按照“实际需要、宜放则放、分批实施”的原则，完成第三批涉及公安、教育、民政等部门共计223项政务服务事项下放（委托）乡镇工作，协调县直单位开展事项授权、业务培训、跟踪指导等工作，举办蕉岭县乡镇体制改革下放（委托）事项业务培训20场，参加126人次。2022年，8个镇均已按计划签订下放（委托）政务服务事项委托协议，在广东省政务服务事项管理系统完成政务服务事项的承接工作。乡镇党群服务中心均初步建立管理和协调机制，设立综合服务窗口，制定相应的岗位操作规范、窗口人员管理规定等规章制度。

【优化营商环境】 2022年，蕉岭县政务服务数据管理局持续优化营商环境，激发市场活力。推动“双百”工作落实，按照“应网尽网”“应上尽上”“应进必进”原则，推动县“行政审批事项100%网上受理，100%网上办结”工作。2022年，蕉岭县依申请六类和公共服务事项1852项可网办率达到100%，全流程网办事项占比达到100%。同时设立蕉岭县政务服务中心公共法律服务分厅、婚姻登记服务分厅、车辆管理服务分厅、退役军人服务分厅、人社服务分厅和残疾人服务分厅等6个分厅，已申请6类政务服务事项进驻蕉岭县政务服务中心及分厅，进驻率达100%。推进“一窗受理”服务模式。在蕉岭县级政务服务大厅设立工程建设项目审批、企业开办、不动产“一窗受理”专窗，推行“前台综合受理、后台分类审批、统一窗口出件”服务模式。推广应用“证照联办”。“证照联办”审批平台共有58项主题事项入驻，减少群众跑动次数和等候时间均达95%以上。推动“全市通办”。在梅州市统一申办受理平台上线“全市通办”模块，蕉岭县政务服务中心设立“全市通办”专窗，通过异地代收代办、全流程网上办理和一体机自助办理等方式实现政务服务事项市内通办，2022年“全市通办”办结1249件，打破业务受理的空间限制，解决群众、企业“多地跑”“往返跑”等问题。推进“一件事”主题集成服务改革。印发《关于印发蕉岭县“一件事”主题集成服务改革实施方案的通知》（蕉府办函〔2022〕80号），首批推出40项“一件事”改革主题事项，整合优化行政审批流程。抓好蕉岭县行政许可清单编制工作。全年完成274个事项，涉及8个乡镇和26个县直部门的《蕉岭县行政许可事项清单（2022年版)》的编制。

【数字政府建设】 2022年，蕉岭县政务服务数据管理局抓改革、促完善，提高数字政府建设水平。推广“粤系列”应用，实现蕉岭县主要党政机关（县级25家、镇级8家）“粤政易”非涉密电子公文在线审批，助推行政效能提升。全县共部署116台“粤智助”自助机，实现村（社区）投放全覆盖。蕉岭县通过“粤商通”注册市场主体共计19722户，实现市场主体100%全覆盖。推动“粤视会”在全县视频接访、监督管理、政企会商、应急救援、党建教育、培训直播、网络招标采购、政务咨询等领域的场景应用，实现县镇村三级全覆盖。强化网络安全管理，做好网络信息安全预警工作，上级发布的安全漏洞情报，共发出安全预警30次。做好网络信息安全处置工作，定向定点督促相关单位完成网络安全处置10起，有效降低网络信息风险。夯实数据资源编制基础，配合县财政局和县税务局，组织11个涉税信息单位编制挂接数据资源目录，完成42个数据资源目录的编制挂接。配合县发改局组织相关企事业单位完成2个数据资源目录的编制挂接。完善惠民信息平台功能。对原有的“蕉岭县惠民信息平台”的网站系统、微信公众号以及客户端 APP 进行功能升级，新增“基层小型工程建设项目”功能板块，为纪委监委机关深化基层监督、提升监督实效提供重要抓手。

（谢娟娟）

2022 年蕉岭县政务服务数据管理局负责人名录

党组书记、局　长：徐凌球（1 月任职）

党组成员、副局长：陈贵平

副局长：李　珏（女）

党组成员：谢　冰（女，7 月任职）

党史·地方志·档案

党史研究

【党史挖掘编纂】 2022 年，中共蕉岭县委党史研究室挖掘抗日志士徐可生革命事迹，在 2022 年梅州市“嘉言懿行·书功竹帛”家书征集活动中获得“优秀家书”奖，在《梅州日报》《南方日报》等新闻媒体刊登。编纂《蕉岭红色故事选编》一书，协助市委党史研究室完成《梅州市申报“中央苏区县”拾萃》编辑工作以及《广东省红色革命遗址大博览》《游学红色梅州》核校工作，报送 2023 年蕉岭县申报“中央苏区县”工作综述，参加 2022 年岭南学术论坛和新时代广东原苏区振兴发展学术论坛，共报送论文 3 篇。

【党史宣传教育】 2022 年，中共蕉岭县委党史研究室与县教育局联合开展以“传承红色基因·弘扬红色文化”为主题的红色文化进校园系列活动，到实验中学、晋元中学等中小学赠送《广东中央苏区蕉岭革命简史》《红色蕉岭·百年百事》《蕉岭县革命遗址通览》等红色读物 500 多本。到县图书馆开展“传承红色基因·赓续红色血脉”赠书活动，赠送红色书籍近百本。派员参加“学党史、讲党史——梅州市党史部门喜迎二十大宣讲活动”，荣获优秀奖。向全县县直机关、事业单位和全县 41 所中小学校发放《蕉岭红色故事选编》，宣传弘扬蕉岭红色文化。编写《党史宣讲——苏区精神在蕉岭》《红四军进军蕉岭》《东江红军能人钟占文》《信念如磐》等党史宣讲讲义，深入县直机关、事业单位和中小学校进行宣讲。

【革命遗址保护利用】 2022 年，中共蕉岭县委党史研究室配合相关镇和县直单位开展革命遗址保护利用工作：协助蕉城镇、新铺镇、三圳镇等单位做好红四军宿营地、中共蕉岭县委成立及发展革命遗址群保护利用项目，钟占文故居、蕉岭县（东岭）革命历史事迹展、蕉岭县第一个中共支部旧址等革命遗址布展的史料审核工作。协助县文化广电旅游体育局做好蕉岭县不可移动革命文物申报工作，审核《梅州市蕉岭县核定的不可移动革命文物名录》等资料。协助梅州市老区建设促进会完成“弘扬老区精神传承红色基因示范基地”牌匾申报工作，报送蕉岭县第一个中共支部旧址相关资料。定期向有关部门报送蕉岭县红色文化的传承保护利用工作情况汇报，将革命遗址保护利用工作做细做实。做好第一次全国军工遗产普查工作，向市委党史研究室报送蕉岭县军工遗产普查情况。

（江广梅）

2022 年中共蕉岭县委党史研究室负责人名录

主　任：徐志良

副主任：丘奋飞（11 月任职）

　　　　朱翠英（女，任至 11 月）

地方志工作

【概况】 2022年，蕉岭县人民政府地方志办公室贯彻《广东省地方志工作条例》和《关于进一步加强新时代地方志工作的通知》精神，抓住修志、编鉴这一主业，积极推进依法治志。同时，配合县委、县政府的各项中心工作，挖掘整理和开发利用地情资源、历史人文资源，服务经济社会的发展。

【《蕉岭年鉴（2022）》编纂出版】 2022年，蕉岭县人民政府地方志办公室按年鉴编辑出版方案中每年出版一部的要求，学习领会、落实好中国地方志指导小组办公室举办的"'精品年鉴品读季'活动启动会议暨2022年中国年鉴精品工程研讨会、第七期全国年鉴主编培训班"精神和市年鉴审读评议会议精神，做好年鉴的编纂，通过"一修、二改、三校"程序，层层落实责任，保证编纂质量。初稿形成后及时召开年鉴编辑交流会，取长补短，按照精品年鉴的标准要求，在完善封面设计，提高纸张质量，改单向装订为双向装订的基础上，做好补充与核实工作，增加文中彩版插图，按时完成《蕉岭年鉴（2022）》的编纂出版工作。《蕉岭年鉴（2022）》首次获评梅州市优秀年鉴。

【指导修志】 2022年，蕉岭县人民政府地方志办公室指导南礤镇石寨村编纂出版《石寨村志》，指导团县委编修部门志，开创志书编纂工作新局面。同时，加强调研，收集资料，为新一轮修志工作做好准备。

【地情资源开发利用工作】 2022年，蕉岭县人民政府地方志办公室结合蕉岭县的实际，挖掘地情，充分开发利用。开展"多彩乡村·弘扬岭南文化"主题教育实践活动。梅州市、蕉岭县地方志办公室联合举办"庆祝建党101周年·走进多彩乡村"主题党日活动。

2022年，县方志办开展"庆祝建党101周年·走进多彩乡村"主题党日活动（县方志办提供）

发挥与嘉应学院政法学院共同举办实践教学基地的作用，组织嘉应学院师生参加2022年"多彩乡村·弘扬岭南文化"主题教育实践活动，深入三圳镇九岭村、南礤镇石寨村开展乡村调研活动，报送作品3篇。做好《广东乡村美食》《广东乡村地理标志产品》《广东乡村传统体育》《广东乡村特色技艺》的稿件修改、补充工作，为《广东乡村经典菜肴》提供稿件8篇、图片46张。指导协助镇村方志馆建设。协助文福镇长隆村建设和平方志馆和仓海诗廊，促进乡村充分挖掘利用当地历史人文资源，发展乡村文化建设和乡村旅游产业，推动文化和旅游的融合发展，助力乡村振兴。做好《全粤村情·蕉岭卷》编纂出版工作。《全粤村情·蕉岭卷》由广东旅游出版社出版，根据出版要求，认真完善稿件相关数据资料。

【服务能力建设和信息化建设】 2022年，蕉岭县人民政府地方志办公室争取县委、县政府的重视支持，在完善地方志办藏书查阅室的基础上，开展保管史志资料和提供查询服务工作，增强地方志部门存史、服务职能。全年提供查询服务8次，赠阅书籍73册。做好地方志信息化建设工作，完成2016年以来的《蕉岭年鉴》《蕉岭县志（1979—2000）》

及《石窟一征》等地情书籍的数据入库及上架工作。参与广东省情网“产业·产品”栏目共建工作，提供资料3篇。（古文粤）

2022年蕉岭县人民政府地方志办公室负责人名录

主　任：李　最

副主任：江萍英（女，任至5月）

　　　　古文粤　郭新辉（5月任职）

档案工作

【档案馆概况】　2022年11月，新档案馆建成启用。新馆各项主要功能和指标均符合县级档案馆的建设标准。库房面积有1272平方米，可满足未来30年左右蕉岭县档案保管存放需求。馆内有智慧型密集架、恒温恒湿装置、消防报警监控平台和自动灭火装置、真空杀虫机、全方位的视频监控系统等，极大地改善档案管护条件。

【档案利用】　2022年，蕉岭县档案馆积极开发馆藏信息资源，为查阅利用者提供优质高效的服务，全年查阅档案计1460人次，为社会各界查阅文件、编史修志、查阅个人履历档案、解决历史遗留问题等发挥重要作用。

【档案安全】　2022年，蕉岭县档案馆开展档案安全风险排查，完善档案安全防护措施，建立健全档案安全长效机制。坚持“安全第一、预防为主”的档案安全工作方针，坚持问题导向，增强底线思维，梳理查找风险隐患点，防止档案发霉虫蛀现象的发生，确保档案安全。

【档案接收】　2022年，蕉岭县档案馆协助县档案局指导各相关单位进行档案立卷归档工作，丰富馆藏资源，满足服务大局、服务民生的需求。经过努力，圆满完成年度档案接收任务，全年接收疫情防控档案2018件、照片12盒265张。

【档案信息化建设】　2022年，蕉岭县档案馆完成90%纸质档案电子化扫描，通过数字化项目，开展电子化档案的接收和保管业务，实现馆藏档案的自动化实时分类统计、档案条目的电子化查询。开展档案的全文检索工作，实现精准方便、快捷、准确、全面地查询档案，服务水平得到更大的提升。

（江华丽）

2022年蕉岭县档案馆负责人名录

馆　长：宋继平（1月任职）

　　　　徐向星（任至1月）

副馆长：汤中辉　赖会南

法　治

社会治安综合治理

【概况】　2022年，中共蕉岭县委政法委员会围绕维稳安保工作主线，防风险、保安全、护稳定、促发展，全县政法工作取得显著成效，为推动蕉岭高质量发展创造安全稳定的政治社会环境。

【政治队伍建设】　2022年，中共蕉岭县委政法委员会落实第一议题制度。政法各单位举办中心组学习、专题党课报告、政治轮训20多场次。开展习近平法治思想大学习大培训大研讨活动。组织全覆盖大学习，细化课题进行深调研，制订落实方案，确保真正落地落实、见行见效，一体推进政治建设、业务建设、队伍建设。制定《蕉岭县政法系统党员教育培训制度》，累计举办培训班45场次。落实《中国共产党政法工作条例》。制定重大事项请示报告、政治督察、纪律作风巡查等配套工作制度，组织开展政治督察、执法监督、纪律作风巡查，切实把党的领导贯穿政法工作始终。

【取得荣誉】 2022年，中共蕉岭县委政法委员会抓好争先创优工作。蕉岭县人民检察院获评广东省新时代“五好”基层检察院，被省人社厅、省检察院联合授予“先进基层检察院”称号，“坚持‘四双’联动促进党建业务深度融合”案例获评全省检察机关党建业务深度融合最佳案例；蕉岭县人民法院“山区农村执行新模式”获评广东法院“抓示范促改革惠民生”改革培育计划“良好改革项目”。

【安保维稳】 2022年，中共蕉岭县委政法委员会全力维护政治安全，以九个专项行动为抓手，统筹协调督促指导各牵头单位，落实有效防控措施，防范化解政治领域重大风险。

维护社会大局平安稳定，紧盯存在的矛盾纠纷、风险隐患，做好防风险、保安全、护稳定各项工作。召开专题研判处置工作会议，落实预警报告制度。做好重大活动安保工作，加强组织部署，落实安保举措，启动高等级响应，完成重要时段的安保维稳工作任务，全县社会治安平稳有序。

【社会治理】

校园周边环境综合治理 2022年，中共蕉岭县委政法委员会抓好社会治理各项工作。开展校园周边环境综合治理工作，组织14个单位集中优势力量进行集中整治，出动执法人员1287人次，对全县各中小学校周边一定范围内的娱乐场所、非法行医“黑诊所”和“三无”食品等进行集中专项整治，确保全县中小学校周边环境持续安全、有序。

巩固综治三级平台建设 推进“中心+网格化+信息化”工作体系建设，通过“综治e通”移动终端完善网格内群众基本信息，实现信息化提效。推动“全科网格”“粤平安”社会治理云平台建设应用，促进政法跨部门大数据办案平台建设。

提升维护公共安全能力水平 严格治安管控，优化整合警力，形成全天候动态巡查防控工作机制，全年无刑事警情天数达205天，位居全市前列。加强涉枪涉爆单位管理，全年未发生涉民爆、危化品等安全案、事件。加强道路交通安全整治力度，加强摩电整治、货车专项整治和交通宣传，全年发生亡人交通事故同比下降56%。

推进市域社会治理现代化 发挥牵头抓总、统筹协调职能作用，创新基层社会治理模式，提升基层社会治理水平，基层社会治理多个项目取得阶段性成果。“一核三线三方”社会治理新模式、“五个对”工作机制、龙安村的“积分制”以及“六事”治理方式等相关工作经验得到省、市委政法委的高度认可，“六事”和“一核三线三方”社会治理新模式得到《中国新闻周刊》《南方日报》《梅州日报》等主流媒体的广泛宣传推介。

【依法治县】 2022年，中共蕉岭县委政法委员会全面统筹依法治县工作。制定出台《法治蕉岭建设规划》《蕉岭县法治社会建设实施纲要》《蕉岭县法治政府建设实施纲要》《蕉岭县2022年全面依法治县工作要点》《蕉岭县2022年法治政府建设工作要点》，加强党对全面依法治县工作的集中统一领导，法治建设重大部署、重要任务、重点工作落到实处。推动法治政府建设，加强规范性文件和重大行政决策的法制审查，2022年共开展合法性审查事项198宗，审查县政府规范性文件 14 件。开展重大行政决策事项目录制定和公布工作，建立党政机关法律顾问和公职律师制度，加强行政执法监督、刑事执行监督、法治监督，推动全面落实行政执法“三项制度”，制定印发《蕉岭县行政执法公示制度》，促进政法机关规范执法，加快推进行政执法“两平台”的上线应用。推进乡镇综合行政执法改革，加强对全县行政执法人员的管理和培训，推进行政复议与应诉工作，优化法治营商环境，深化“放管服”改革和“减证便民”工程，提高法治服务效能。加强法治乡村建设，2022 年，南礤镇甲华村获评广东省民主法治示范村（社区），广福镇广育村获评全国民主法治示范村（社区）。

【司法为民】　2022 年，中共蕉岭县委政法委员会提升一站式诉讼服务中心功能。持续推行诉讼服务“网上办”，全年网上立案 326 件、网上开庭 207 次、网上调解 329 件，小额诉讼程序适用率居全市第二。

创新便民举措　密切警民关系，开设 3 个农村摩托车考场，2448 人成功申领驾照，开通摩电带牌销售点 22 家。紧扣人民群众和企业急愁难盼问题，优化户政、交管、出入境等服务，强化文明执法，推动“柔性”执法，对轻微交通违法行为采取“教育为主，处罚为辅”的原则，让人民群众感到暖心和满意，共为群众做好事实事 134 件。

“公益诉讼守护美好生活”专项监督　开展生猪养殖污染治理、洗车行业用水及排污整治、红火蚁防控、农家乐餐饮安全监督等工作，全年办理公益诉讼案件 96 件。蕉岭县人民检察院与市人民检察院联合呈报的“打造公益诉讼大数据应用平台，建立健全‘三省五市’跨区域检察一体化办案机制”被省人民检察院确定为“加强新时代检察机关法律监督工作改革创新项目”。

优化公共法律服务　创新法治宣传教育，积极实施村（社区）“法律明白人”培养工程，完善公共法律服务实体平台建设，加强示范性公共法律服务工作站（室）建设，深入推进“一村（社区）一法律顾问”工作，扎实开展公证便民服务，提升法律援助质效。全年共办理法律援助事项 274 件。

强化未成年人综合司法保护　打击侵害未成年人违法犯罪，共批准逮捕 5 人，对 7 人提起公诉。建立国家司法救助与社会救助工作衔接机制，整合救助资源、拓宽救助渠道，全年共办理司法救助案件 4 件，发放救助金 15 万元。

【常态化开展扫黑除恶斗争】　2022 年，中共蕉岭县委政法委员会坚持以贯彻《中华人民共和国反有组织犯罪法》为抓手，发挥县扫黑办统筹协调作用，抓好线索核查和案件办理，深化重点行业领域整治，强有力推进扫黑除恶常态化“十件实事”，加强舆论宣传，营造氛围，严厉打击涉黑恶违法犯罪行为。

【打击整治养老诈骗】　2022 年，中共蕉岭县委政法委员会制订《蕉岭县打击整治养老诈骗专项行动方案》，开展宣传教育，组织宣传活动 35 场，利用新媒体平台发布举报渠道及宣传作品，通过张贴海报、电子显示屏播放和拉横幅等形式，将涉老反诈宣传推进社区、农村、家庭，营造全民知晓、全民参与的浓厚社会氛围。开展线索摸排，自主摸排和接收线索的核查率达到 100%。完善核查机制，依法精准打击，形成严打高压态势，铲除各类养老诈骗违法犯罪滋生土壤，取得明显成效。

（徐丽婷）

2022 年中共蕉岭县委政法委员会负责人名录

县委副书记、政法委书记：林文建
第一副书记：吴东海
常务副书记：黄　敏
副书记：曾艳贞（保留正科级待遇）
　　　　徐裕平

2022年中共蕉岭县委政法系统党委负责人名录

书记：林文建

副书记：钟剑文

公 安

【概况】 2022年，蕉岭县公安局做好防风险、保安全、护稳定、促发展各项工作，保障全县政治社会大局持续安全稳定，全年无刑事警情天数连续4年达200天以上，连续4年八类刑事案件发案为个位数，全县道路交通事故实现“双下降”（道路交通事故数、亡人交通事故数分别同比下降18.02%、56%）。

【维护稳定】 2022年，蕉岭县公安局围绕党的二十大安保维稳主线，把维护政治安全置于首位，严厉打击邪教违法犯罪活动，持续做好风险排查，强化情报研判和预警、应急处突和维稳工作。加强组织部署，落实安保举措，完成党的二十大、全国两会、全县两会、全国高考等安保工作任务，各大会议及活动期间全县社会治安平稳。

【打击防范】 2022年，蕉岭县公安局开展扫黑除恶斗争，开展专案打击和线索核查，着力铲除黑恶势力滋生土壤。全年共立涉黑恶类刑事案件5宗，破案3宗，抓获犯罪嫌疑人6人，打掉涉恶团伙1个。

深入开展专项打击行动 以“梅安2022”、夏季治安打击整治“百日行动”为抓手，严厉打击各类突出违法犯罪活动。全年共立刑事案件424宗，同比下降25%，破案157宗，抓获犯罪嫌疑人153人。发现、受理、查处行政治安案件440宗，处理违法人员212人。开展夏季治安打击整治“百日行动”期间，全县破获刑事案件、刑拘数、提请逮捕人数、查处治安案件同比分别增长110.00%、166.67%、118.18%、21.67%，增幅均为全市最大。

严厉打击电信网络诈骗 坚持打防并举，全力推动形成“全民反诈”新格局，全年共立涉电诈刑事案件228宗，同比下降8.43%。深化断卡攻坚，抓获涉“两卡”犯罪嫌疑人216人，挽损金额300万余元。

【治安防控】

织牢社会治安防线 2022年，蕉岭县公安局完善全县136家治安保卫重点单位最小应急单元建设，完成6个“1、3、5”分钟快速反应圈建设，举办最小应急单元培训、保安员培训4期，培训人员205人，发放保安员证38人。坚持“警力跟着警情走”，全年出动警力10030人次，深入辖区治安问题高发区域，形成全天候动态巡逻查缉工作机制，蕉岭安全系数持续提升。加强实有人口服务管理。

落实安全隐患排查 开展清查行动，全年共检查娱乐场所、寄递物流行业、加油站、涉枪涉爆单位等重点行业场所3299家次，整改安全隐患98处，发出现场及限期整改通知110份，全年未发生涉民爆、危化品等安全问题，切实保障社会公共安全。

2022年，县公安局到娱乐场所检查（县公安局提供）

加强道路交通整治 深化应用“治超非现场执法监测”，全天候打击整治大货车超限超载现象，加大对涉摩托车的整治力度，最大限度消减摩电交通安全隐患，不戴头盔、无牌无证及酒驾醉驾现象大幅减少，全年摩电交通事故数同比下降 9%，全县道路交通环境明显改善。

2022年，县公安局整治超限载（县公安局提供）

加大公安宣传力度　推动反诈、防盗、交通等宣传精准入户，全年开展“进校园、进单位、进家庭、进场所、进社区、进农村”等线下宣传活动 292 场次，受教育群众 10 万余人。制作 152 期短视频在新媒体账号发布，展现公安工作成果，全年短视频累计播放量 985.7 万次，点赞 14.5 万次，分别比 2021 年增长 15 倍、9 倍，宣传成效明显。

【为民办事】　2022 年，蕉岭县公安局全年为群众做好事实事 134 件，其中参加救死扶伤 17 起 21 人，排忧解难 61 起，找寻走失老人儿童 56 起 56 人。开通摩电带牌销售点 22 家，解决农村偏远地区群众考证难问题，共开设 3 个农村摩托车考场，2448 人成功申领驾照。全面规范“110”接警员、服务窗口、派出所接处警工作，2022 年第二、三季度，蕉岭县公安局“110”接处警工作警务评议满意率均位列全市第一。（丘思诗）

2022 年蕉岭县公安局负责人名录

副县长、党委书记、局长：吴东海
党委副书记、政委：张永忠
党委委员、常务副局长：刘青泰
党委委员、副局长：徐伟胜　丘国平
党委委员、政工室主任：丘秀霞（女）
党委委员、刑警大队长：李胜华
党委委员、驻局纪检监察组组长：林芳烈

检　察

【概况】　2022 年，蕉岭县人民检察院获评广东省新时代“五好”基层检察院，被广东省人力资源和社会保障厅、广东省人民检察院联合授予“先进基层检察院”称号。

2022年1月，蕉岭县人民检察院获“先进基层检察院”称号（县检察院提供）

第二检察部被广东省人民检察院记“集体二等功”，第一检察部获梅州市“巾帼文明岗”称号。

【服务大局】　2022 年，蕉岭县人民检察院坚持总体国家安全观，严厉打击整治养老诈骗、电信网络诈骗等群众反映强烈的突出违法犯罪，常态化开展扫黑除恶斗争，做好党的二十大维稳安保工作。批准逮捕 43 人，提起公诉 114 人。深化认罪认罚从宽制度适用，优化“案件比”，最大限度减少适用退查、延长审限，提前介入引导侦查 7 件，自行补充侦查 3 件。落实“蕉华工业园区检察服务点”常态化工作机制，主动走进园区开展安全生产等法治宣传。推进涉案企业合规改革试点工作，与县公安局、司法局等 8 家单位共同成立涉案企业合规第三方监督评估机制管理委员会，帮助涉案企业走上依法合规经营之路。发挥检察建议在推动社会治理中的作用，向县委和县人大汇报检察建议制发和落实情况。出台《关于充分发挥检察职能服务保障乡村治理的工作措施》，助力健全乡村治理体系。

【监督履职】 2022年，蕉岭县人民检察院落实“少捕慎诉慎押”刑事司法政策，依法不批捕17人，不诉24人；开展羁押必要性审查并改变原强制措施11人；提出量刑建议109人，精准量刑建议采纳率为99.07%。联合县公安局成立侦查监督与协作配合办公室，提升公安执法和检察监督规范化水平。常态化开展监管场所监督活动、社区矫正监督活动和职务犯罪案件财产刑执行专项检察活动，发出监督意见书11份。全年检察收押118人、出所113人。推进“公益诉讼守护美好生活”专项监督，开展生猪养殖污染整治、红火蚁防控、农家乐餐饮安全等工作。联合福建省武平县常态化开展“河长+检察长”巡河活动，推动实现跨省跨界区域性的生态资源保护联防联治。强化数字科技赋能，利用大数据应用平台搜集公益诉讼案件线索153条，运用特邀检察官助理协助办案29件。在精准监督上下功夫，办理民事检察案件14件。办理行政检察案件7件，实质性化解行政争议2件。一份检察建议书获评广东省人民检察机关第一届行政检察“优秀法律文书”。

【司法为民】 2022年，蕉岭县人民检察院做实“群众信访件件有回复”，受理各类信访案件92件，信访案件7日内程序性回复率、3个月内办理过程或结果答复率100%。在“弱有所扶”上持续用力，联合相关单位建立国家司法救助与社会救助工作衔接机制，办理司法救助案件4件，发放救助金15万元。持续开展“我为群众办实事”实践活动，办理各类实事89件。完成检察听证室和听证员库建设，首批入库的21名听证员涵盖法律、税务、农业等专业领域，召开公开听证会7场。

【过硬队伍】 2022年，蕉岭县人民检察院牢记全面从严治党永远在路上，巩固拓展党史学习教育成果和政法队伍教育整顿成果，执行新时代政法干警“十个严禁”和防止干预司法“三个规定”，共填报重大事项记录29件。打造“朝阳路47号”青年先锋队，推行“双导师”人才培养机制，培养一批敢想敢为、善作善成的新时代检察青年。全年，有9个集体、21人次的干警获省、市、县级表彰奖励。

（肖诗雨）

2022年蕉岭县人民检察院负责人名录

党组书记、检察长：周铁军

党组副书记、副检察长：徐卫斌（5月任职）

检察委员会专职委员：丘文军（任至11月）

党组成员、副检察长：张世祥

林剑浩（10月任职）

党组成员、政治部主任：

李红梅（女，11月任职）

法 院

【概况】 2022年，蕉岭县人民法院全年受理各类案件2471件，审结2392件，结案率96.8%，同比提高0.85个百分点，完成省法院确定的“两升三降”执法办案指标任务，全年共有4个集体与个人在梅州法院五项重点工作中获得表彰。

【审判工作】 2022年，蕉岭县人民法院严惩刑事犯罪，助推平安建设。贯彻总体国家安全观，坚决维护国家安全和社会稳定，受理刑事案件74件117人，办结73件116人，结案率98.65%。打击暴力和多发性侵财犯罪，审结故意伤害、“两抢一盗”等案件33件46人；严惩性侵害未成年人犯罪，由院领导亲自办理审结案件4件4人；依法惩处“黄赌毒”犯罪，审结组织卖淫、开设赌场、跨境赌博等案件6件6人；打击扰乱社会秩序犯罪，审结黄某非法经营、刘某买卖国家机关证件等案件14件14人；维护社会安全稳定，审结危险驾驶、交通肇事等案件18件18人；常态化开展扫黑除恶斗争，实施打击整治养老诈骗专项行动，通过山歌剧普法巡演加大宣传力度。《“养老诈骗”送法下乡》入选全省法院2022年度“百项精品普法”项目，审理的汤某某组织、领导传销活动诈骗案入选全市法院打击整治养老诈骗典型案例。履行打击犯罪的协同职责，向有关机关移送涉嫌犯罪线索7条。

【妥处民事纠纷】 2022年，蕉岭县人民法院受理民事案件1368件，办结1307件，结案率95.54%，解决诉讼标的金额近4亿元。抓好《中华人民共和国民法典》及配套司法解释的实施，全面准确适用；保障公民人身权益，审结交通事故责任纠纷、教育机构责任纠纷等人身损害类案件90件；妥善处理家事纠纷，审结婚姻、继承、赡养等案件197件；制止家暴违法行为，出台《蕉岭县人民法院人身安全保护令工作规程（试行）》，签发人身安全保护令2份；构建和谐劳动关系，审结劳动争议案件48件；引导房地产市场健康发展，审结建设工程、房屋买卖、租赁、物业服务等案件178件；倡导诚实信用社会风尚，判决驳回周某连续故意购买过期食品后索要惩罚性赔偿的诉求。

【执行工作】 2022年，蕉岭县人民法院破解执行难题，兑现胜诉权益。全年受理执行案件1000件，办结988件，结案率98.8%。深化“山区农村执行新模式”改革创新举措。开发“蕉岭执行”微信小程序。

2022年，“蕉岭执行”微信小程序截图（县人民法院提供）

升级“指尖上的阳光执行”；深化“警务化+集约化+动态化”执行机制，强化执行威慑力度；探索建立“执行+乡镇综合行政执法”机制，不断完善“执行+”联动格局；探索“司法拍卖+网拍辅助”措施，推动司法拍卖提速增效；全市首创在民事裁判文书后附“强制执行风险提示”和“司法拘留预告知”措施，督促义务人主动履行法律义务；优化“失信+舆论”双惩戒机制，限制高消费434人，列入失信被执行人120人，公开曝光119人；贯彻善意文明执行理念，落实信用修复制度，将19人移出失信名单，对71人解除限制高消费。2022年执行案件主要质效指标均优于全市平均水平且绝大部分指标居全市法院前两位；“山区农村执行新模式”顺利通过广东法院改革培育项目评估验收并获评“良好改革项目”。

【服务大局】 2022年，蕉岭县人民法院维护社会安全稳定。落实“一盘棋”应急响应和重大突发事件“四个一”应急处置工作机制，落实安保维稳、网络安全等工作措施，稳妥处理“问题楼盘”案件，完成全年重大会议、重大活动安保维稳工作。审理问题楼盘、非法集资、劳资争议等案件144件。

服务实体经济发展 制定《蕉岭县人民法院关于为促进实体经济高质量发展提供司

法服务和保障的实施意见》，打好服务实体经济发展的“组合拳”。以“法院+工商联”机制常态化开展“法润民企助发展”活动，设立蕉华工业园诉讼服务点，组织“诊疗式”“暖企”活动16次，实地走访企业20家，解答企业涉法问题55个，组织面向企业、企业家法律宣讲活动2场，精准发力帮助企业防范经营法律风险。

服务乡村振兴 探索创新“法助农兴”服务新机制，下乡开展“一讲一册一行动”活动8场次，妥善审理涉“三农”领域案件115件，助力乡村振兴战略实施。打击破坏生态环境资源犯罪，开展环境资源审判“二合一”改革，提升环境资源司法保护整体效能，服务保障红色苏区绿色发展，审结的叶某危害珍贵、濒危野生动物罪案件入选全市法院环境资源司法保护典型案例。2022年，蕉岭县人民法院创新普法助推法治蕉岭建设。探索“法院+”联动普法模式，分别与县山歌剧团、县阳光爱心协会等合作，线上线下相结合，因地制宜编制主题鲜明、内容丰富的普法“菜单”；持续深化“普法进校园”，开展普法宣传活动5场次。

【司法为民】 2022年，蕉岭县人民法院抓好“一站式”建设，增强利民实效。优化诉讼服务功能区划，建设“三中心”，升级“一站式”诉讼服务功能，推行诉讼服务“网上办”，网上立案326件、网上开庭207次、网上调解329件，最大限度地满足当事人的司法需求，“一站式”诉讼服务质效评估得分居全市法院第一位。小额诉讼程序适用率居全市法院第二位，235件案件一审终局，解决标的总额376万多元，大大提高案结事了效率。

强化诉源治理，靠前为民解纷 引导当事人选择非诉讼解决办法，通过“诉前联调+司法确认”模式快速妥善化解纠纷，年内诉前调解成功395件，调解成功率45.03%，同比提高13.5个百分点，诉前化解纠纷标的额3300多万元。以蓝坊、新铺法庭恢复办公为契机，优化“庭、站、点”基层诉源治理机制，深化“一庭挂两镇”市域社会治理参与机制，为促进基层社会治理从化讼止争向少诉少访转变发力，全年上门开展法律服务96次，调处基层矛盾纠纷123宗。新收民事诉讼案件同比减少60件，首次同比回落，诉源治理初见成效。

强抓基础建设，升级便民条件 抓住审判法庭大楼建设良机，争取上级法院支持，全面新建科技法庭10个、网上调解室3个，彻底解决长期以来审判场所严重不足，原有科技法庭设备陈旧、功能落后、运转缓慢等难题，极大改善司法便民条件，同时也为蕉岭法院审判工作长远高质量发展打下坚实基础。（叶子平）

2022年蕉岭县人民法院负责人名录

党组书记、院长：刘志平
党组副书记、副院长：丘忠列
党组成员、副院长：丘　吉
党组成员：曾繁干
党组成员、审委会专职委员：陈育东
党组成员、纪检组组长：林德亮

司法行政

【概况】 2022年，蕉岭县司法局学雷锋志愿者服务队被评为梅州市最佳志愿服务组织，1人获广东省司法厅个人嘉奖。

【依法治县】 2022年，蕉岭县司法局持续发挥依法治县办统筹协调的作用，印发《法治蕉岭建设规划》《蕉岭县法治社会建设实施纲要》《蕉岭县法治政府建设实施纲要》《蕉岭县2022年全面依法治县工作要点》《蕉岭县2022年法治政府建设工作要点》，落实法治政府建设年度报告制度，完成2022年度法治梅州建设考评迎检工作；推动党政主要负责人认真履行法治建设第一责任人职责，组织开展部门负责人专题述法；完成对全县各个乡镇、县直单位依法行政的绩效考核，配合市委依法治市办督察组到蕉岭开展法治政府建设实地督察工作。

【法治政府】 2022年，蕉岭县司法局发挥职能作用，坚持依法行政，提升法治保障水平，法治政府建设成效明显。推进民主科学依法决策。开展2022年度重大行政决策事项目录制定和公布工作，提请县政府印发《蕉岭县人民政府2022年度重大行政决策事项目录》；建立党政机关法律顾问和公职律师制度，聘请县级顾问律师3名，发挥决策参谋作用，确保决策的合法性。加强行政性规范文件管理。加大对规范性文件和重大行政决策的审查力度，全年开展合法性审查198宗，审查县政府规范性文件14件。开展规范性文件清理工作，印发《蕉岭县规范性文件清理工作方案》。深化行政执法协调监督，推动全面落实行政执法“三项制度”，印发《蕉岭县行政执法公示制度》；推动信息化执法建设，加快推进行政执法“两平台”的上线应用；推进乡镇综合行政执法改革，对第一批下放的519项行政执法事项实施情况及承接能力进行综合评估；规范行政执法行为，组织开展行政执法案卷评查共44宗，制订《蕉岭县规范行政处罚自由裁量权工作实施方案》；加强行政执法人员资格和证件管理，实现资格审查、执法证件申领和审批全流程办理。组织举办综合法律知识培训班，培训达96人次。加强行政复议及应诉工作，全面落实行政复议与应诉职责，将“复议为民”落到实处；严格落实行政机关负责人出庭应诉机制，依法履行出庭应诉职责，切实加强行政应诉规范化建设。全年受理行政复议案件10宗，代理县政府行政应诉案件5宗，无行政败诉案件发生。优化法治营商环境，“无证明城市”，提请县政府印发《蕉岭县贯彻落实创建“无证明城市”工作实施方案》，指导各镇及县有关单位全面梳理各类事项办理时需提供的申请材料目录清单；推进包容审慎监管工作，推行行政执法“减免责”“综合查一次”清单制度，全方位助力包容审慎监管工作落地。

【社区矫正】 2022年，蕉岭县司法局社区矫正工作以全面贯彻落实《中华人民共和国社区矫正法》等相关法律法规为总抓手，以落实对社区矫正对象的日常监管和教育矫治为核心，提高社区矫正工作法治化精细化水平，社区矫正工作呈现出监督管理无缝隙、教育帮扶有成效的良好局面。全县在管社区矫正对象133名，无脱管漏管虚管现象。加大刑释解教人员的帮教力度，做到无缝衔接，加强分析研判和预防预警，全力做到底数清、情况明。全年共接收安置帮教对象157人，在管安置帮教对象669人，没有发生脱管、漏管和重新违法犯罪情况。

【法律服务】 2022年，蕉岭县司法局整合村（社区）法律顾问、公证、法律援助、人民调解等各类法律服务资源，推进完善公共法律服务体系建设。完善公共法律服务实体平台建设，加强示范性公共法律服务工作站（室）建设，全面完成全县4个省级示范性公共法律服务工作站和19个省级示范性公共法律服务工作室的建设。推进村（社区）法律顾问工作，全年共有18名律师与107个村（居）、蕉华区4个办事处签订法律顾问合同，全县村（社区）法律顾问共为村（居）干部及村民解答法律咨询1276人次，出具专业法律意见书14份，草拟、审查、修改合同及其他法律文书560多份，成功调解民间纠纷案件13宗，上法治课及开展法律培训458场次。全面提升法律援助质效，以提供法律援助服务列入县十件民生实事为契机，加大对《中华人民共和国法律援助法》的宣传力度，为困难群众办理法律援助案件，切实维护弱势群体合法权益，全年共办理法律援助事项 274 件。

【法治宣传】 2022 年，蕉岭县司法局坚持创新发展，开创普法新模式，营造全民尊法、学法、守法、用法的良好法治氛围。推进“八五”普法规划，推进国家工作人员年度学法考法，组织领导干部参与旁听庭审案件；深化履职报告评议活动，形成国家机关与社会力量共同参与、多源头内容供给、多方位支撑的大普法格局；开展民法典普法宣传活动，开展宣传活动共计 25 场次，发放宣传资料 1.8 万多份，受教育人数 1 万多人；推动“法律明白人”培养工作，全县共培养 330 多名“法律明白人”，完成“农村学法用法示范户”入册 79 户；扎实推进民主法治示范村创建工作，2022 年，广福镇广育村被命名为第九批全国民主法治示范村（社区），南磜镇甲华村被命名为广东省民主法治示范村（社区）。

【矛盾化解】 2022 年，蕉岭县司法局充分发挥人民调解维护社会稳定“第一道防线”作用，坚持和发展新时代“枫桥经验”，积极探索多元化矛盾纠纷预防和调处化解综合机制；依托三级联动调解网络体系和个人调解工作室，整合人民调解、行政调解、行业性专业性调解等力量，做好中共二十大安保维稳工作，推进基层矛盾纠纷大排查大化解专项行动，促进平安蕉岭建设，助力市域社会治理现代化。全年受理各类矛盾纠纷案件 779 宗，调处率 100%，调处成功 774 宗，调处成功率 99.4%。开展各类矛盾纠纷排查 155 次，排查各类矛盾纠纷 538 宗，无民转刑案件发生。 （江菊芬）

2022 年蕉岭县司法局负责人名录

党组书记、局长：傅建新
党组成员：林忠平
党组成员、副局长：林建平 李忠福（女）
黄胜松
党组成员、政工办主任：刘萍珍（女）

普法教育

【概况】 2022 年，蕉岭县普及法律常识办公室全面贯彻实施“八五”普法规划和决议，加大全民普法工作力度，加强社会主义法治文化建设和法治乡村建设，开展普法依法治理各项工作。广福镇广育村被司法部、民政部命名为第九批全国民主法治示范村（社区），南磜镇甲华村被评为广东省民主法治示范村（社区）。

【学习贯彻习近平法治思想】 2022 年，蕉岭县普及法律常识办公室把深入学习贯彻习近平法治思想作为全民普法的首要政治任务，在全县范围内开展《习近平法治思想学习纲要》学习活动；依托广东省学法考试平台，组织全县干部职工参加“习近平法治思想”网络专题学习；把习近平法治思想列入党委（党组）理论学习中心组重点学习内容，列入县镇党校培训重点课程，纳入干部教育培训计划，融入中小学校教育，贯彻到全民普法的全过程、各环节。2022 年，县委党校在科级干部任职培训班、事业单位科级干部培训班、村（社区）党组织书记培训班和中青班等各类培训班中开设《中华人民共和国宪法》、习近平法治思想、保守国家秘密和《信访工作条例》等内容的法治课程。全县各镇各单位结合实际，组织干部职工进行习近平法治思想的学习宣传，不断把学习贯彻习近平法治思想引向深入。

【宣传宪法民法典】 2022 年，蕉岭县普及法律常识办公室为宣传学习宪法、民法典，相继下发《关于开展 2022 年“美好生活·民法典相伴”主题宣传活动的通知》《蕉岭县关于开展国家宪法日暨宪法宣传周活动的通知》等文件。围绕“美好生活·民法典相伴”宣传主题，全县各镇各单位共组织开展法治宣传活动60多场次，发放各类宣传资料、宣传品2万多份。

【法律六进】　2022年，蕉岭县普及法律常识办公室围绕疫情防控、防范化解重大风险、乡村振兴、国家安全、打击治理网络电信新型犯罪、预防青少年违法犯罪等重点内容，结合“三八”妇女节、“3·15”消费者权益保护日、“五一”劳动节、“12·4”国家宪法日等时间节点，大力开展相关法治宣传主题活动。2022年，全县各镇各单位共开展各类普法宣传活动1000多场次，法治讲座120多场次，发放普法宣传资料5万多份，推送学习宣传信息4万多条，蕉岭台4次/天推出法治宣传公益广告及系列报道，受众10万多人，全县110个楼宇视频播放点全天候播放法治公益广告。

【国家工作人员普法】　2022年，全县各级党委（党组）理论学习中心组学法150多场次；县委党校举办各类培训9场，初任公务员、党员发展对象等503人参加学习培训；举办全县行政执法人员综合法律知识培训1期，培训行政执法人员96人次，发放行政执法培训资料800本；与县人民法院联合组织开展领导干部旁听案件庭审活动，23名科级干部参与现场庭审；组织全县8562名干部职工进行2022年度学法考试，平均分99.61分，优秀率达99.51%。

【青少年普法】　2022年，蕉岭县普及法律常识办公室贯彻落实《青少年法治教育大纲》，加强部门协作联动，强化对未成年人的全面综合司法保护；加强依法治校，全面构建学校、家庭、社会“三位一体”的青少年法治教育网络建设。与县普法办、县教育局联合下发《关于组织法治副校长深入校园开展法治宣传教育工作的通知》，全县53名法治副校长以及相关职能部门累计举办法治讲座120多场次。“12·4”国家宪法日，县教育局举办“宪法晨读”活动，全县33所中小学校近2.3万名师生同步参与“宪法晨读”。

【农村普法】　2022年，蕉岭县普及法律常识办公室组织实施农村“法律明白人”“农村学法用法示范户”培养工程。全县各镇共培训村（社区）“法律明白人”330多人，完成“农村学法用法示范户”入册79户。全县村（社区）法律顾问共为村（社区）干部及村民解答法律咨询1276人次，出具专业法律意见书14份，草拟、审查、修改合同及其他法律文书560多份，成功调解民间纠纷13宗，上法治课及开展法律培训458场次，法律援助1宗，其他法律服务53件。

【新媒体普法】　2022年，蕉岭县各镇各单位充分运用门户网站、微信、微博、客户端等新兴媒体开展“云端普法”“指尖上的普法”。蕉岭县普及法律常识办公室利用新媒体抓好普法宣传工作，县文化广电旅游体育局以线上线下方式举办32场文化惠民演出，《诚信为本·守法为先》《什么都敢假》等法治文艺作品深受群众欢迎。

【履职评议】　2022年，蕉岭县普及法律常识办公室从7月开始到11月中旬结束，组织履职报告评议团，分阶段开展国家机关“谁执法谁普法”履职报告评议活动。对参与评议的县住房和城乡建设局、县审计局、县水务局、县残联和新铺镇人民政府5个单位进行实地考察、社会网络评议和履职报告评议，5个单位均达到优秀或良好等级。　（赖冬梅）

2022年蕉岭县普及法律常识办公室负责人名录

主　任：林建平

经　济

责任编辑：林景昌、古文粤

基础设施建设

交　通

【概况】　2022年，蕉岭县交通运输局实施一批省道改建改造工程、县乡村公路改建工程、路网提升改造工程、农村公路美丽公路建设工程以及“四好农村路”建设等项目，重点推进交通建设项目18项，年度完成投资约1.89亿元。蕉岭县境内有高速公路40.46千米，国、省道209.136千米，县道267.679千米，乡道406.274千米，村道568.558千米，全县公路通车总里程1492.107千米，公路密度达155.13千米/百平方千米。

2022年，省道222线蕉岭县石子排至横町奇段路面改造工程现场（县交通运输局提供）

【公路养护】　2022年，蕉岭县交通运输局通过对公路日常养护的严格管理，推行路长制，加强县辖区内省、县、乡、村道的日常性养护，累计出动巡查678人次，巡查235天，巡查里程11488.16千米，收取损坏路产赔偿款总额39516元，有力地维护路产、路权，管辖内的县乡村道安全畅通。

【综合执法】　2022年，蕉岭县交通运输局强化货运源头日常监管，开展路面治超专项整治和推进科技治超工作，营造安全有序、规范的道路交通环境。查处各类案件967宗，其中道路运政案件27宗、公路路政案件146宗、治超案件794宗。查处超限车辆74辆次，超限卸货3035.77吨，非现场执法案件720宗，处罚源头企业30家次，路产路权得到有效保护，道路运输行为得到有效规范。

（骆佛胜）

2022年蕉岭县交通运输局负责人名录

党组书记、局长：黄志权

党组成员、副局长：谢其才　张运锦（任至8月）

张郁鹏

党组成员：李敏燕　周月芬（女）
　　　　　张剑生（8 月任职）
党组成员、总工程师：谢文冠（11 月任职）

2022 年中共蕉岭县交通系统党委负责人名录
党委书记：黄志权
专职副书记：周月芬（女）

蕉岭汽车运输有限公司

【概况】　蕉岭汽车运输有限公司隶属梅州市粤运汽车运输有限公司，车站占地面积 7630.6 平方米，建筑面积 2320 平方米。公司经营项目有旅客运输、汽车维修等。2022 年，公司有建制营运大客车 6 辆，中巴车 3 辆，城乡公交车 50 辆。经营蕉岭至广州、东莞、深圳、梅县等地的客运班线。

【公交一体化】　2022 年，蕉岭汽车运输有限公司推进城乡公交一体化项目工作，投入营运 50 台新能源纯电动车，开通 20 条公交班线，全面覆盖蕉岭县各乡镇，97 个行政村通 89 个，通车率达 91.75%；开通村镇通新铺镇、广福镇、文福镇班线，投入营运 50 辆（宝骏 730 型、7 座）小轿车，全面覆盖蕉岭县各乡镇。（徐均铭）

2022 年蕉岭汽车运输有限公司负责人名录
副总经理：姚锦炜（主持全面工作）
副总经理：谢晋健

公　路

【概况】　2022 年，蕉岭县公路事务中心负责养护的公路总里程 92.080 千米，其中国道 205 线 42.161 千米（省道 223 线 26.030 千米、S332 线 23.889 千米）。

【公路建设】　2022 年，蕉岭县公路事务中心重视公路工程建设工作，国道 205 线蕉岭县闽粤交界至天汕高速文福出口段改建工程，项目用地预审与选址意见书成果初稿完成。5G+智慧公路建设项目一期，接入梅州市智慧公路系统（综合管理云平台），具备车辆抛洒、盖板识别、清洗检测等基础功能模块，视频综合平台部署在梅州市蕉岭县公路事务中心。蕉岭县国道 205 线桥梁维修加固工程（大坝 1 桥、大坝 2 桥、大坝 3 桥、洋高湖桥），蕉岭县国道 205 线 K2542+200~K2542+400 段修复性养护工程，蕉岭县省道 332 线新铺大桥维修加固工程等 15 个项目的建设全面完成，省道 332 线蕉岭县新铺圩至十二排段路面改造工程及 15 项养护专项工程，全年投入 1.033 亿元。

【养护管理】　2022 年，蕉岭县公路事务中心养护工作推行精细化养护管理模式。督促各养护作业点做好路面路肩保洁、水沟桥涵清理等日常养护工作。加强公路巡查，对公路撒漏和损坏设施及时进行清扫修复。加强巡查各养护管辖路段公路、桥梁涵洞、高边坡、标志牌、路灯，发现隐患和险情立即采取设立警示标志、限行限载标牌，做好应急抢险器械、器材的筹备和全面排查工作。加强预防性养护，实施中修工程，投入 200 多万元，完成省道混凝土路面挖补修复 2000 平方米、沥青路面修复 3200 平方米、灌缝 5000 平方米，累计投入机械 100 多个台班，人员 336 多工日，资金 150 多万元抢通、修复国省道一般水毁 100 余处。加强国道公路绿化和美化，投入 100 多万元对国省道路新种、移植、补种乔木细叶榄仁 100 多棵，补种灌木及小苗 3000 多株，清除路肩种草皮及清杂 2 万平方米。抓好国省道红火蚁防控工作，全年共发现和消灭红火蚁356处。

【路政管理】 2022年，蕉岭县公路事务中心路政部门坚持日常巡查，发现、制止各类违章侵权行为。发现违法建筑9宗，报告交通运输局9宗，发出侵权行为告知书45份，清理公路路障、杂物21立方米及广告横幅28幅，国省道干线公路路域环境得到有效整治。

【安全生产】 2022年，蕉岭县公路事务中心完成省级督办1处隐患路口、市级督办1处干线公路事故多发路段、县级督办国省道六类道路隐患事故多发路段、平交路口4处的排查整治工作，通过市、县道安办的验收。修复国省道一般水毁100余处、重点水毁路段3处。健全安全生产检查、督查机制，加强安全监管，抓好安全生产综合检查、专项检查和日常检查工作。对管养的国省道实行每周国道不少于2次、省道不少于1次的日常安全巡查。对于较大的重点在建项目实行专项安全生产巡查制度，每月日常安全巡查2次以上，发现安全隐患立即要求施工单位整改。

（古诗倩）

2022年蕉岭县公路事务中心负责人名录

党委书记、主任：曾剑涛
党委副书记、副主任：陈　新
党委委员、副主任：汤发群
党委委员、副主任：黄　晓
党委委员、总工程师：陈方政（4月任职）
党委委员：钟　誉　丘志宁（7月任职）

邮　政

【概况】 2022年，中国邮政集团有限公司广东省蕉岭县分公司抓好邮政业务，设施建设、企业管理各项工作，全年累计实现业务收入3738.39万元，完成全年收入目标任务的102.23%，同比增长11.56%。

【邮政业务】 2022年，中国邮政集团有限公司广东省蕉岭县分公司围绕“提金融、调寄递、降成本”的工作思路，寄递业务结构持续优化，特快业务有效益发展，全县邮政特快边际贡献率达到69.1%，同比提升36.1个百分点。快包业务质效提升，根据固定成本与业务量、流量流向与资费设置之间关系做好成本把控，清理效益低下的客户，盘活做优现有客户，边际贡献率29.2%，同比提高15.8个百分点。邮务类业务提质增效，在加强业务过程管控的同时以项目为抓手，拓展业务市场，提升邮政品牌影响力。协同业务有声色，邮银协作不断深入，共同推动融资E“突围战”、惠农项目“攻坚战”，建立“专班+专业+支局+渠道经理”的协同营销模式。

2022年8月9日，蕉岭邮政新东路营业部揽投人员正在进行邮件分拣（县邮政分公司提供）

【设施建设】 2022年，中国邮政集团有限公司广东省蕉岭县分公司抓设施建设，做好资金、人身、邮件、交通、网络、信息、枪弹、局房、消防、食品、机要、保密等安全管理工作，开展安全生产大检查大整治，做好安全服务保障、消防安全大检查、邮件处理中心规范化管理和安全生产隐患排查整改等工作，加大安全隐患排查整治力度，有效管控重大风险，夯实安全基础。深化揽投网改革，实施县城以上揽投网作业优化改革，建立特快揽投专段；实行网格化投递，采取“1+2”网格化作业模式，实现特快邮件、快包邮件差异化服务，提升特快邮件、普服邮件的处理时效。推进区域直投中心建设及自提点建设，县城营业部设立直投道段1条。全县邮政直投快包邮件占比达到12.1%。网点基础能力提升，加强代理金融网点整治建设，全年对3个代理金融网点进行“微整治”，满足代理金融网点功能分区布局和财富管理转型，打造网点内部场景建设，提升客户体验。加大寄递能力建设投入力度，结合“邮快合作”“交邮合作”以及自提点建设的推进，提高邮件处理能力。三级物流体系服务能力提升，推进三级物流体系建设项目落地实施，2022年完成共配中心建设，实现全县3个乡镇共配中心、97个村级综合便民服务站的建设目标。全县邮政规划农村投递道段（不含圩镇道段）9条，完成“私车公助”汽车8辆，对16条县乡邮路进行了优化，完成进度100%。

【企业管理】　2022年，中国邮政集团有限公司广东省蕉岭县分公司抓企业管理，降本增效取得成效，三大环节件均成本中投递环节件均成本和管理支撑环节件均成本实现压降目标和管控目标。资金资产管理成效提升，完善欠费管理规章制度，规范业务合同，强化欠费管控及客户信用管理，加强业务清欠工作，每月对用户逾期欠费进行通报清缴。优化人力资源配置，对照经营业绩指标、人力资源年度重点工作，推动人力资源管理由职能导向向业务导向转变，优化人员结构、管控用工总量，健全薪酬分配机制，不断提升人力资源线条精细化水平、专业化水平，激发企业活力。提升质量抓服务，未发生“两条红线”案件，无重大质量事故和中央级省级媒体负面曝光事件。调整各级人员配置，以教育培训为抓手，促进员工素质提升。严格落实责任，全面做好重大风险防范化解，保持内控案防高压态势，金融风险防控严防死守，“平安邮政”建设持续推进，未发生重大金融风险和安全事故。

【精神文明建设】　2022年，中国邮政集团有限公司广东省蕉岭县分公司抓好精神文明建设，强化“暖心工程”建设，推进“关爱工程”，对部分支局接待室、县邮政分公司职工之家饭堂进行升级改造，改善员工工作和生活环境。注重关爱员工，开展员工困难扶助、节日慰问和群团工作。落实意识形态工作责任制，加强职工思想工作，为企业和谐稳定发展提供基础保障。组织开展企业形势任务教育，结合邮政当前形势，做好邮政企业文化宣传。（宋苑苑）

2022年中国邮政集团有限公司广东省蕉岭县分公司负责人名录

党总支书记、副总经理：汤怀裕（主持全面工作）
副总经理：王裕庆
副总经理、县寄递事业部常务副总经理：
钟　立
综合办公室经理：汤文元

中国电信蕉岭分公司

【概况】　2022年，中国电信蕉岭分公司聚焦“宽、移、云”三大基础业务，开展场景营销，推动重点业务发展，实现全年收入预算完成率100.66%，同比增长14.65%，县级分公司年度绩效考核居全市第一。荣获梅州电信第二届岗位技能竞赛团体一等奖，1人获得“省公司现场综合化维护技术之星”称号，11人次获得梅州电信岗位技能竞赛个人奖。组织开展文体活动，荣获梅州电信天翼杯篮球赛季军。视频作品《记录》《梅州电信党建助力乡村振兴，共享信息新生活》荣获省公司“科技创新·工匠精神”企业形象传播推广劳动竞赛优秀作品奖。

【网络建设】 2022年，中国电信蕉岭分公司全年建成基站95个（含室分），4G信号持续完善，5G信号覆盖县城区域和各乡镇并向农村区域延伸，为5G信号发展提供网络基础。参与乡村振兴信息化建设，全年完成24个数字乡村平台升级，实现村级监控平台接入县政法平台、县公安局“110”指挥平台、县应急平台，为社会综合治理、乡村数字化治理提供支撑服务。

【社会责任】 2022年，中国电信蕉岭分公司搭建县级管理平台，协助县直单位系统上云和使用天翼“安全大脑”，提升全县整体网络信息安全防护水平。支撑卫生系统组建全县医疗专网。圆满完成中高考通信保障、全县行政村粤智助安装通信保障、2022年教育质量检测通信保障、蕉岭流调应急通信保障、重要领导到蕉岭调研通信保障及中共二十大期间通信保障。 （张爱玲）

2022年中国电信蕉岭分公司负责人名录

党委书记、总经理：叶志锋
副总经理：江国中
副总经理：李志伟

中国移动蕉岭分公司

【概况】 2022年，中国移动通信集团广东有限公司蕉岭分公司加大资源投入力度，巩固网络优势，提升服务水平，推进信息基础设施建设。无线网络综合覆盖率超过99%，移动电话市场份额超过86%，光纤宽带入户率100%，光纤宽带市场份额超过65%。荣获“中国移动梅州分公司2022年度县域经营综合考评三等奖”。

【基础设施建设】 2022年，中国移动通信集团广东有限公司蕉岭分公司重视基础设施建设。无线网络：投入7600万元，开通5G站点95个，全面完成城区、镇区、行政村以上区域的5G信号连续覆盖；投入2120万元，建设开通29个4G站点和3个大型4/5G室分建设。传输网络：投入483万元完成核心网的建设；投入191.6万元完成蕉岭第二重要汇聚传输机房的前期投入；投入97.1万元完成6段管道的修复建设；投入211.6万元完成182千米的光缆建设；政府投资131.3万完成线路迁改。宽带建设：投入93.1万元，新建光纤宽带预覆盖数2123户，光纤宽带入户率达到100%全覆盖，全县家庭户数10户以上自然村已100%实现光纤宽带接入。

【网络安全保障】 2022年，中国移动通信集团广东有限公司蕉岭分公司抓好基础维护工作，保证网络安全稳定运行，尤其是重大节假日、重要会议期间网络通信畅通，圆满完成、“五一”、中秋、国庆、春节及农民丰收节、数学大会等节日和重要活动期间的通信保障和两会网络保障。

【互联网+服务】 2022年，中国移动通信集团广东有限公司蕉岭分公司重视“互联网+”行动。互联网+网络：持续打造以卓越网络为核心的蕉岭县“互联网+”基础网络枢纽设施及服务，完善各级政府、企事业单位办公场所及工业园区光纤网络覆盖，光纤覆盖率达到100%，可为各单位提供质优价廉的光纤网络接入服务。5G+政务：应用AI（人工智能）、5G技术、大数据、云计算、NB-IoT等技术，在为政府提供智慧医疗、智慧农业、惠民平台、智慧水务、智慧公路的基础上，投入智慧防疫设施，提升防疫效率；打造智慧燃气、政务OA（办公自动化）、智慧办案等信息化项目。互联网+家庭：配合政府启动“电信普遍服务”项目，发挥中国移动光纤宽带“高起点、高技术、低资费、低门槛”的特点，开展光纤入村到户建设，行政村光纤100%到达，光纤入户率100%，光纤使用用户超过5.5万户。推动“平安乡村”“数字家庭”等智慧乡村、家庭建设，数字家庭客户规模超4.6万户、移动看家客户规模超2.5万户。

【综治工作】　2022年，中国移动通信集团广东有限公司蕉岭分公司坚持“预防为主、标本兼治、重在治本”的方针，加大综治工作力度，落实综合治理的各项措施和目标管理责任制。参与“反电信诈骗”志愿服务、“学雷锋”、“创文志愿”服务、大学生社会实践等系列社会活动，履行社会责任。

（刘茂才）

2022年中国移动蕉岭分公司负责人名录

总经理：张　磊

副总经理：刘茂才

中国联通蕉岭分公司

【概况】　2022年，中国联合网络通信有限公司蕉岭县分公司全面发力数字经济主航道，持续加快5G、全光网络、云计算、大数据、人工智能等新型基础设施建设，提升基础设施服务能力，为经济社会发展畅通信息大动脉、构筑数字新底座。同时，融入千行百业，灵活满足5G行业客户需求，在工业互联网、城市安全、智慧政务、医疗、智慧教育、数字乡村等重点领域，与地方经济发展实现同频共振。

【网络建设】　2022年，中国联合网络通信有限公司蕉岭县分公司聚焦资源打造三张精品网：打造5G精品网络，完成900兆低频网建设，新开通92个站点，实现全县行政村全覆盖，提升城镇密集居民区、地下停车场、商超等深度覆盖场景的网络质量，用户感知体验明显提升；打造千兆宽带精品网，完成城区大中型住宅小区、商务楼宇千兆宽带新建接入，为商品楼房家庭客户提供千兆上网服务；打造政企精品网，依托梅州联通数据中心承载政务、医疗、工业、教育等信息化应用场景能力，完成多个政企精品网节点建设，同步扩容建设联通云、5G+MEC边缘云等设施，实现省市县节点端到端互联互通，大幅提升网络数据交换的速率。

【数字化建设】　2022年，中国联合网络通信有限公司蕉岭县分公司推动蕉岭水泥行业的科技创新，打造从“制造”到“智造”的转型升级，打造县级油坑集团“5G+智慧生产管理”标杆项目、皇马水泥“5G+智慧安全生产”标杆项目。该项目有效破解数字化系统集成难、生产线效率低、数据采集难和信息孤岛等难题，实现工厂生产线工艺切换时间大幅短缩、产品质检同类缺陷发生大幅下降、人力时效同比增加、设备运行效能提升等目标，提高企业资源综合利用率和劳动生产率。

【数字惠农】　2022年，中国联合网络通信有限公司蕉岭县分公司以数字乡村平台为牵引，投入专项资金，推动智慧指挥平台、智慧党建、森林防护、智慧烟感等11个数字乡村项目在农村基层的运用，实现集约化、一体化、高效率的乡村治理和服务闭环管理。

【客户服务】　2022年，中国联合网络通信有限公司蕉岭县分公司承诺千兆宽带慢必赔，即用户在使用时遇到千兆Wi-Fi网速慢、服务慢时可申请赔付，推动解决宽带端到端全流程体验的快速改善；承诺业务定制差错必赔，即出现未征得用户明确同意，为用户定制收费业务的行为，可获得赔付，规范业务宣传、完善业务办理，从而实现明白消费并加强个人隐私保护。同时，还为老龄与残障

人士推出贴心服务，持续提升跨区域通办能力和携号转网服务能力，以差异化的优悦服务，提升品牌形象。（杨利红）

2022 年中国联合网络通信有限公司蕉岭分公司负责人名录

总经理：孙宇南

供 电

【概况】 2022 年，蕉岭供电局全年完成供电量 14.7 亿千瓦时，售电量 14.54 亿千瓦时。客户平均停电时间（低压）3.87 小时/户，用户平均停电时间（中压）4.65 小时/户。第三方满意度 86 分。

【服务地方】 2022 年，蕉岭供电局全年完成配电网总投资 2110 万元，做好赣闽粤苏区改革开放创新发展试验区（蕉岭片区）配套电网建设，配合政府做好 110 千伏乐干站选址及 10 千伏线路规划。新建改建台区 28 个，新增配变容量 3300 千伏安，新建改建低压线路 47.78 千米，完成 15 个解决过载及低电压问题项目和 22 个智能配电 V3.0 项目。推动帮扶点产业发展，实施分布式光伏发电项目，协助对口扶贫点广福镇大坝村实现村集体经济收入超过 10 万元。服务“双碳”目标实现，完成分布式新能源消纳能力分析及《蕉岭县电网大规模分布式屋顶分布式光伏接入配套电网专项规划》报告编写。推进新能源并网，推动全市最大的分布式光伏项目塔牌集团蕉岭分公司 18.84 兆瓦分布式光伏项目投入运行，做好“新铺光伏小镇”光伏项目接入方案设计工作，新接入分布式光伏项目 128 个，新增容量 4.93 万千瓦，全县新能源发电并网容量同比增长 817.5%。全额消纳清洁能源 2.64 亿千瓦时，投运充电桩 26 个。

【安全生产】 2022 年，蕉岭供电局保持电网安全稳定运行，加强安全隐患排查治理，治理各类安全隐患 1116 处。贯彻落实“十五条硬措施”和“1+4”作业风险管控机制，全年电力安全事件和用户故障出门事件同比减少 4 起。有效提升整体应急专业技术能力，完成应急演练 40 场次，完成 10 场重要保供电任务。

【电网建设】 2022 年，蕉岭供电局重视电网建设，推动赣闽粤苏区改革开放创新发展试验区（蕉岭片区）配套电网建设重点项目——广福站 10 千伏河叶乐线 983 与广福站 10 千伏河留线 993 网架完善工程投产，完成投资 380 万元。落实需求侧管理，调动企业参与的积极性，需求响应累计注册用户 81 户，注册用户负荷 160.24 兆瓦，守住“决不允许拉闸限电”的底线。强化配网风险和设备缺陷管理，消除缺陷 747 项，提高设备线路运行水平。全面加强故障停电管控、综合停电管控和防外力破坏整治，完成 90 回公线 2.5 万棵树障清理工作，中压线路故障率同比降低 25.99%。整治低电压台区 95 个，供电可靠性得到提升。

【打造良好电力营商环境】 2022 年，蕉岭供电局推广应用不动产过户“一窗办理”，用电报装实现在线电子签章，业扩服务时限缩短。多措并举助力中小企业纾困解难，全面落实房租减免政策，累计减免租金 8.54 万元。完成电费融资 1460.45 万元，缓解 6 家企业的资金压力。贯彻落实对困难小微企业和个体工商户实行阶段性“欠费不停供”。

【经营管理】 2022 年，蕉岭供电局执行“能涨能跌”电价市场化机制，稳妥、规范、有序为全县 15498 户工商业用户开展代理购电业务。推进电能替代。推广策略，全年完成可量化替代电量 140.42 万千瓦时。

（陈德文、钟明悦）

2022年10月31日，蕉岭供电局党员服务队主动上门做好分布式光伏项目验收工作，帮助塔牌集团顺利实现全容量并网目标（肖思摄）

2022 年蕉岭供电局负责人名录

党委书记、副总经理：邓园铭
党委副书记、总经理：谢烈阳
党委委员、副总经理：黄雄文　丘竟君
　　　　　　　　　　张锦欣
党委委员、纪委书记：陈玉李

住房和城乡建设

【房地产市场】　2022 年，蕉岭县住房和城乡建设局强化房地产市场监管，促进全县房地产市场健康有序发展。房地产开发项目完成开发投资 5.68 亿元，同比下降 58.26%。新办商品房预售许可证 6 宗 6.36 万平方米，同比下降 75.37%，新建商品住宅 478 套；商品房销售面积 13.91 万平方米，同比下降 26.67%；销售金额 6.84 亿元，同比下降 32.35%；销售均价 4956 元/平方米，同比下降 16.8%。

【建筑市场】　2022 年，蕉岭县住房和城乡建设局完善建筑市场监管体系，规范建筑行业秩序，建筑市场平稳健康发展。全县建筑施工企业 14 家，全年建筑业总产值 15.07 亿元，比上年减少 12.8 亿元；在省内其他地级以上市完成的产值 2.04 亿元，比上年减少 2.97 亿元；全县共有预拌混凝土企业 6 家，全年总产量为 29.11 万立方米，总销量 28.97 万立方米，总产值 0.954 亿元，比上年减少 4.626 亿元。全年散装水泥供应量达 842.95 万吨，预拌混凝土产量达 33.55 万立方米。

【监管和检测】　2022 年，全县通过工建系统产生项目数 280 个，受理办件 414 件，并联审批 115 件，联合验收 17 单。房屋市政工程验收备案 32 宗 72.44 万平方米，房屋工程消防验收备案 14 宗 25.6 万平方米。

【安全生产检查】　2022 年，蕉岭县住房和城乡建设局组织开展 10 次大规模安全生产专项大检查及 113 次日常巡查和 8 次县领导交叉安全督导督查，出动 799 人次，检查在建工地 97 项次，发现问题 1232 个，其中安全隐患问题 983 个，发出整改通知书 62 份，约谈相关企业管理人员 68 人次，对安全责任落实不到位的施工、监理企业及其相关责任人进行动态记分，发出动态记分表 113 份 217 条，记 773 分。

【自建房安全】　2022 年，蕉岭县住房和城乡建设局推进自建房安全专项整治行动，蕉岭县区域内房屋总数 93051 栋，排查自建房 52153 栋，其中经营性自建房 2751 栋、其他自建房 49402 栋，排查进度 100%；累计判定存在安全隐患的自建房 366 栋，其中经营性自建房 33 栋，采用管理措施、工程措施等的经营性自建房 33 栋，经营性自建房安全隐患整治率 100%，按时按质完成经营性自建房安全整治百日行动实施计划。

【老旧小区改造】　2022 年，蕉岭县住房和城乡建设局多方筹措资金共 209.415 万元，实施对七十二家、广岭新村、蕉中教师村和长潭电厂宿舍的修缮改造工作。

【农村削坡建房安全检查】 2022年，蕉岭县住房和城乡建设局推进农村削坡建房风险排查整治工作，上级下达整治任务233户，实际开工整治240户，竣工240户，超额完成考核任务。省级下达整治补助资金246.6万元，县级整治补助资金36万元。

【美丽圩镇建设】 2022年，蕉岭县住房和城乡建设局统筹推进美丽圩镇建设，分配省级涉农资金3185万元用于实施美丽圩镇建设攻坚行动项目，包含1个规划项目和12个圩镇建设项目，通过市级美丽圩镇验收。新铺镇、广福镇达到“示范圩镇”标准，其余6个圩镇达到“宜居圩镇”标准。

【人防工程】 2022年，蕉岭县住房和城乡建设局办理应建防空地下室民用建筑项目行政许可审批4宗，易地修建防空地下室民用建筑项目行政许可审批3宗；全县25台防空警报器运行状态正常，全部实现电声化和鸣声自动化，城区覆盖率100%，鸣响率100%，有效提高战时预警和应急保障能力。

【审批制度改革】 2022年，蕉岭县住房和城乡建设局推进工程建设项目审批制度改革。编制行政许可清单13项，梳理并实施政务服务事项清单49项；办理房屋市政工程建筑工程施工许可证18宗，全部实现电子证书，报建面积约32.46万平方米，房屋市政工程验收备案30宗，验收面积约119.67万平方米，房屋工程消防验收4宗，验收备案10宗，验收面积约25.6万平方米。 （陈立鸿）

2022年蕉岭县住房和城乡建设局负责人名录

党组书记、局长：黄万彬（任至1月）
　　　　　　　　丘　伟（1月任职）
党组副书记、副局长：陈伟文
党组成员、副局长：刘学远（任至12月）
党组成员、副局长：傅小平
党组成员、副局长：涂军海
党组成员：涂国青

城市综合管理

【概况】 2022年，蕉岭县城市管理和综合执法局推进城区市容环境整治、城乡生活垃圾分类、城镇燃气安全整治“百日行动”、重点工程等工作，提升城区市容环境和城市管理水平，完善市政基础设施功能，改善人居环境，营造干净、整洁、有序、优美的城市环境。

【公共事业管理】 2022年，蕉岭县城市管理和综合执法局抓好市容环境治理，提升城市管理水平，加强对“六乱”行为的整治，全年开展15次专项整治，纠正违规乱摆乱卖、违规占用公共停车位等行为6000起，拆除各类占道设施共400起。强化违法建设的监管，对辖区内的各类违法建设行为加强巡查，发现情况及时处理，全年拆除违法建设建筑面积1000多平方米。强化对建筑垃圾的管理工作，组织力量集中清理责任区范围内的乱倾倒建筑垃圾，加大巡察力度，严查乱倾倒建筑垃圾行为。强化扬尘污染、油烟污染等大气污染的监管，全年查处城区工程运输车辆扬尘撒漏行为、露天烧烤行为、餐饮油烟污染等行为约120起。加强广告招牌监管，全年拆除设置不规范、残旧破损存在安全隐患的户外广告、招牌、灯箱、横幅、宣传标语等200个，清理“三乱”小广告1万起，规范城区街道秩序，提升城市品位。开展城镇燃气安全整治“百日行动”，维护燃气安全。“百日行动”检查90多次，派出检查组200人次，安全执法检查300次，排查人员密集公共场所、燃气场站等500处；餐饮场所、居民用户入户安检4000次，利用电视台、新媒体的宣传平台开展宣传500次，全县餐饮经营场所工商业可燃气体报警装置安装率达98 %以上，开展燃气“百日行动”。蕉岭县智慧化停车场项目于1月动工，总投资7000万元，分两期实施，首期建设6个停车场（福星大道北停车场、朝阳路停车场、成桐公园停车场、锡林公园停车场、新东市场停车场和县政府停车场），约270个停车位，完成福星大道北停车场和新东市场停车场建设，其余正在建设中。蕉岭县县城基础设施及电路改造项目总投资13000多万元，项目建设包括城区街道提升、电路改造等，分两期实施，首期建设于5月开工，完成人民医院等4条路段的道路提升及环城路等3处路段的路灯亮化改造。

2022年，新东市场智慧停车场（县城市管理和综合执法局提供）

【绿化亮化】 2022年，蕉岭县城市管理和综合执法局切实抓好城区绿化、亮化、净化工作。根据气候变化，实行科学调度、分时管理、四季调整的工作模式，细化县城道路的路灯照明和大型建筑物外墙亮化管理，实现城市路灯节能及亮化的智能管理。加强城区公园广场、绿化设施的维护，全年修整绿化面积20多万平方米，换种苗株6.3万株，修剪清理绿化带约15千米，对存在安全隐患的低度枝等进行截短修剪等，消除隐患。

【简政放权】 2022年，蕉岭县城市管理和综合执法局分3批次将11项职能委托下放给各乡镇实施并对各乡镇承接业务工作人员进行培训；同时按照市、县公布的行政许可、行政处罚目录，梳理综合服务事项目录，列入政务服务中心办事大厅办理事项，为群众提供一站式、一门式服务。

【城区环境卫生】 2022年，蕉岭县城市管理和综合执法局加大城区环境卫生保洁的巡查力度，每天由专项工作组轮班巡查城区主大街小巷的卫生情况，落实卫生考核检查制度，每月进行卫生考核，督促保洁公司加强对生活垃圾的收集清运处置，坚决纠治随意倾倒、运输扬散渗漏、非法填埋处置垃圾等行为。执行考评制度，将考评结果与保洁费挂钩，做到保洁到位，不留卫生死角，保证城市街道的干净、整洁、有序。推进城区垃圾分类，完成3个社区的垃圾分类工作。结合实际印发《蕉岭县城市生活垃圾分类2022年工作任务方案》，将具体工作细化、压实到各部门；开展垃圾分类主题宣传，通过进社区、入户等形式，向居民宣传垃圾分类知识，增强全社会垃圾分类意识。开展活动13场，入户宣传12次，参与志愿者约1500人次；城区111个八大场所全部开展垃圾分类工作，设置垃圾分类亭41个，投放分类垃圾桶1000个；完善建立分类收运处理体系，配置垃圾清运电动三轮车、厨余垃圾密闭运输车等专用车辆，提高分类垃圾的收运能力，垃圾回收后按照相应的分类进行环保处理。 （李晓毅）

2022年蕉岭县城市管理和综合执法局负责人名录

党组书记、局　长：曾艳贞（任至1月）
　　　　　　　　　谢志玉（1月任职）
党组成员、副局长：李　俊　陈伟平
　　　　　　　　　林文胜
党组成员、环卫所所长：郭雪峰（8月任职）
党组成员：古苑晖　何添胜

住房保障

【概况】 2022年，蕉岭县公有房屋和保障性住房服务中心抓好农村危旧房改造、公共租赁住房和直管公房的管理以及住宅小区物业管理。

【农村危房改造】 2022年，蕉岭县公有房屋和保障性住房服务中心抓好农村危房改造工作。全县农村危房改造任务为11户，开工11户，竣工11户，竣工率100%。

【城镇住房保障】 2022年，蕉岭县公有房屋和保障性住房服务中心以服务民生为重点，做好城镇住房保障工作。蕉岭县政府投资保障性住房建成428套，分配400套，入住率93.46%，对住房困难家庭安排入住6户。全年发放租赁补贴28户，发放租赁补贴资金1.863万元。完成已申请的39户城镇保障对象的调查审核，在政府网站的保障住房专栏中公示，其中符合保障条件的37户、不符合保障条件的2户。依据城镇住房保障有关法规，清退不再符合住房保障入住条件对象24户。

【直管公房】 2022年，蕉岭县公有房屋和保障性住房服务中心严格履行住房管理职责，对直管公房不定期进行安全检查，发现问题马上采取维护措施，消除安全隐患。全年排查安全隐患386处，建筑面积1.3万多平方米，维修25宗公共租赁房和直管公房。

【物业管理】 2022年，蕉岭县公有房屋和保障性住房服务中心加强住宅物业行业管理，规范物业行业市场。加强各物业小区的消防安全宣传教育，增强群众火灾防范意识，提高自救能力。全年举办物业领域业务培训2次，前期物业合同备案1宗，住宅维修资金开户备案1宗，住宅专项维修资金列支备案6宗，协调物业服务公司解决小区居民，化解居民纠纷。配合有关部门工作，下沉小区进行消防安全、创文、垃圾分类等检查76人次，净化物业管理行业领域的环境，提升行业治理水平。

【房产交易】 2022年，蕉岭县公有房屋和保障性住房服务中心严格执行商品房“一房一价”备案制度，规范商品房买卖活动，加大商品房预售资金监管制度执行力度，防控房地产潜在风险，杜绝因资金监管不到位造成的“烂尾楼”事件。全县商品房预售登记备案651宗，商品房销售面积共95797平方米。

（邓联勇）

2022年蕉岭县公有房屋和保障性住房服务中心负责人名录

主　任：涂国青

副主任：钟祥科　郭荣平

土地房屋征收安置中心

【概况】 2022年，蕉岭县土地房屋征收安置中心聚焦主业，依法征收，推进蕉岭县土地房屋征拆各项工作有效落实。

【征收工作】 2022年，蕉岭县土地房屋征收安置中心科学谋划，围绕重点工程建设、招商引资项目等重点工作，推进国有土地上房屋征收，着力保障华侨农场产业起步区、现代农业示范区、老场区、赣闽粤原中央苏区对接融入粤港澳大湾区振兴发展先行区（广福园区）等重要区块开发建设。对蕉岭县2021年度收回部分广东省蕉岭华侨农场（产业起步区、现代农业示范区、老场办事处）国有土地建设项目红线范围内的拟征收房屋开展征收补偿工作，涉及被征收户4户，完成签约3户，剩余1户正在沟通中。开展蕉岭县2022年度第七、第八、第九批次城镇建设用地项目的前期房屋征收工作，完成拟征收范围内的房屋的调查摸底和评估工作。组织拟定《蕉岭县国有土地上房屋征收与补偿规定》，规范蕉岭行政区域内国有土地上房屋征收与补偿行为，完善征收政策体系。加强对乡镇政府的征收业务指导，就房屋征收工作涉及的法律法规、房屋征收工作程序及补偿标准等具体工作进行答疑指导，对2022年度第八、九批次城镇建设用地（广福园区）项目工作组成员开展1次业务培训，提升工作组成员的政策水平和业务操作能力。

（谢雅雯）

2022年蕉岭县土地房屋征收安置中心负责人名录

主　任：汤　宏

副主任：曾　平　徐　振（7月任职）

生态环境保护

【概况】 2022年，蕉岭县全县环境空气质量保持稳定。城区环境空气质量均保持优良，优良率100％。水环境质量稳中向好，国考新铺断面水质平均浓度达到目标水质Ⅱ类，省考长潭水库、龙潭水库、长潭、三圳断面及集中式饮用水水源黄竹坪水库水质均达到或优于Ⅲ类，县、镇集中式饮用水水源地水质均在Ⅱ~Ⅲ类，达标率100%。生态补偿和主要河段监测断面水质稳定达标。县域未发生环境污染和环境应急事件。

【污染防治】 2022年，梅州市生态环境局蕉岭分局抓好大气、水、土壤、固体废物污染防治行动，各项目标任务按时推进，打好污染防治攻坚战，推进美丽蕉岭建设。强化大气污染防治工作，加强工业企业全链条防治，实施工业企业分级管控，有序推进三大水泥集团企业的超低排放改造工作。加强柴油货车尾气达标排放执法检查，通过联合执法的方式重点进行机动车尾气抽测，组织机动车路检路查每月至少1次，检查柴油车36辆。开展春节、元宵期间烟花爆竹禁放工作，抓好2022年春节、元宵期间烟花爆竹禁放工作，取得明显成效。做好扬尘管控工作，加强对施工场地扬尘污染控制，督促企业采取有效措施加强对水泥、制砖等行业煤堆、渣堆、料堆、灰堆扬尘污染控制。抓好水污染防治工作，抓农村生活污水治理工作。按照省、市民生实事工作部署，完成11个以上自然村民生实事治理任务（含3个重点区域示范村）。印发《蕉岭县农村生活污水治理设施运维工作方案》，确保污水处理设施不出现“晒太阳”现象。推进黑臭水体治理，完成对城区5口池塘（西街徐氏祠堂水塘、西街尾水塘、黄田栗园丘氏祠堂水塘、寿官第祠堂水塘、庙下祠堂水塘）的黑臭水体环境综合整治。严格执行饮用水源保护制度，完成2021年度县级集中式饮用水水源地环境状况评估工作。完成5个饮用水水源保护区（新铺、百丈礤水库、水口水库、隔子水库、彭坑水库）的规范化建设。完成入河排污口（排水口）排查专项行动，排查河流265.65千米，排查长度479.2千米（含河流两岸），完成比例100%。加强对危险废物、固体废物监督管理。指导危险废物经营企业和产废企业规范危险废物储存场所、管理台账，严格执行电子联单制度；督促相关企业编制突发环境事件应急预案并开展应急演练。加强三大水泥企业的铝灰渣危险废物应急处置管理，防控铝灰渣收运处置环节的环境风险，推进三大水泥企业铝灰渣危险废物利用处置单位办理危险废物经营许可证。开展打击固体废物环境违法行为。全面摸排重点区域非法转移、倾倒、处置固体废物违法犯罪线索，依法进行严厉打击，坚决遏制辖区内外非法转移、倾倒处置固体废物违法犯罪案件多发态势。加强辐射安全隐患排查工作。深入辐射装置持有、使用单位，加强检查指导，排查辐射安全隐患。2022年，核发Ⅲ类射线装置辐射安全许可证2家。

【环境管理】 2022年，梅州市生态环境局蕉岭分局按照分类管理、分级审批、总量前置审批的原则，把好项目环保审批关，全年审批通过环境影响评价文件33个（其中报告表32个、报告书1个），审批通过项目的总投资136465.25万元，其中环保投资8313万元。

【督察整改】 2022年，梅州市生态环境局蕉岭分局在中央生态环境保护督察期间，收到35件信访件，均办结。之后对所有交办件组织一次自查自纠复查工作，未发现存在虚假整改、整改后问题反弹的情况。

【环境执法】 2022年，梅州市生态环境局蕉岭分局加强对重点污染源的现场监督检查，采取定期与不定期，突击检查与常规检查相结合的方式，对日常检查中发现的问题及时提出整改要求，保证环境执法工作落到实处。开展“双随机”监管工作，按照省统一部署开展“双随机”执法监管工作，随机抽查企业117家。开展绿色护考专项巡查工作，印发《关于做好2022年普通高考、高中学业水平和中考考试期间环境噪声管理工作的通知》，会同城管执法局开展城区日夜巡查，高考、中考期间安排工作人员在考点周边执勤巡查，全力保障高考、中考期间良好的环境。加强饮用水水源地周边环境安全隐患排查。做好汛期环境安全生产工作，全年出动执法人员1344人次，检查企业487家次，发出责令整改通知20份，立案4宗，处罚金额23.60万元。

【国家生态考核】 2022年，梅州市生态环境局蕉岭分局做好国家重点生态功能区考核工作，制订“十四五”生态考核实施方案，并完成相关考核材料的上报工作。从2012年起，累计获得中央财政拨付的国家重点生态功能区转移支付资金13亿元。

【入河排污口排查】 2022年，梅州市生态环境局蕉岭分局完成入河排污口（排水口）排查专项行动，排查河流265.65千米，排查长度479.2千米（含河流两岸），完成比例100%。

【重大项目建设】 2022年，梅州市生态环境局蕉岭分局获得中央及省级环保专项资金补助1亿多元，用于大气、水、农村环境综合整治及生态环境能力建设等工作，重点做好松源河、石窟河流域和重点水库的系统治理工作。实施蕉岭县松源河上游水体治理工程一、二、三期项目，新铺、蓝坊、南礤等镇水环境综合整治项目，污染天气应对项目，蕉岭县城镇生活污水治理设施提质增效项目，蕉岭县镇村级农村生活污水治理设施的运营与维护等生态环境保护与治理项目，同时科学统筹、提前谋划2023年生态环境治理项目。

【环境监测】 2022年，梅州市生态环境局蕉岭分局完成地表水、饮用水水源地水环境质量及城区环境质量监测工作及考核工作，全面掌握全县大气环境质量状况和变化趋势，完成环境保护责任制考核，完成国家重点生态功能区考核相关工作。全面完成跨界河流断面水质监测及国控、省控企业的监测工作，以及投诉、备案、验收、新建项目、监督性验收工作。

【环境保护宣传教育】 2022年，梅州市生态环境局蕉岭分局开展生态环境宣传教育工作，采取线上线下结合、形式多样的主题宣传活动，以“6·5”世界环境日、“5·22”国际生物多样性日、2022年全国节能宣传周及全国低碳日等主题活动为契机，把生态环境保护宣传带进校园、社区和农村，呼吁人民群众共同推动生态文明建设，共建美丽蕉岭。

【国家排污许可证核发】　2022年，梅州市生态环境局蕉岭分局按照国家排污许可制改革工作部署，采取各种有效措施加快推进排污许可证的申领及核发工作，全县所有企业全面实行排污许可证制度，督促排污单位落实主体责任，持证排污，按证排污，依证监管。其中全县纳入发证或备案登记管理企业478家，发证78家、备案登记400家，2021年全县排污许可执行报告提交率达到100%。

（傅惠娜）

2022年梅州市生态环境局蕉岭分局负责人名录

党组书记、局　长：赖天德

党组成员、副局长：丘新强　何增辉

傅惠娜（女）

农·林·水利

农　业

【概况】　2022年，全县农作物总播种面积22840公顷。水稻播种面积9332公顷，产量6.2643万吨；玉米种植面积466公顷，产量0.1976万吨；花生种植面积2076公顷，产量0.5143万吨；大豆种植面积260公顷，产量0.0651万吨；薯类种植面积440公顷，产量0.933万吨；甘蔗种植面积92公顷，产量0.2801万吨；蔬菜瓜果种植6324公顷，产量14.8271万吨；其他农作物种植面积3850公顷；水果总种植面积3153公顷，产量6.1334万吨；茶叶种植面积881公顷，产量0.3289万吨。2022年，在广东省农业农村厅组织的“广东农业生产托管南粤行争先赛”活动中，蕉岭县荣获第二名。

【农业产业化】　2022年，蕉岭县农业农村局推进农业产业化经营模式，培育发展农业龙头企业和引导、扶持农民、规模经营户、家庭农场组建专业合作社，加快家庭农场发展，成立和规范运营“蕉岭县农民合作社服务中心”“蕉岭县家庭农场服务中心”“蕉岭县农业社会化服务运营中心”，加快新型农业经营主体发展，推进农业产业化进程。2022年，全县有农业龙头企业38家。其中，省级农业龙头企业11家、市级农业龙头企业14家、县级13家。农民专业合作社455家，其中，国家级示范社2家，省级示范社13家，市级示范社7家，县级9家。登记注册的家庭农场有406家，其中，省级示范性家庭农场25家，县级17家。推进三大省级现代农业产业园建设：完成蕉岭县丝苗米省级现代农业产业园创建项目，开展丝苗米产业园提质增效工作；实施蕉岭县毛竹省级现代农业产业园项目建设，申报蜜蜂省级现代农业产业园创建，申报项目通过评审和公示。蕉岭县被评为全国农业社会化服务创新试点县，创建期限3年。完成水稻生产托管覆盖面积5800公顷、服务面积8666公顷，培育服务组织12个，实现亩均增收15%，农药用量每亩减少10%，化肥施用量减少41%。

2022年，蕉岭县毛竹省级现代农业产业园（县农业农村局提供）

【改善乡村人居环境】 2022年，蕉岭县农业农村局推进农村人居环境整治提升五年行动，开展村庄清洁行动、镇村“三线”整治，推进农村厕所革命和生活垃圾污水治理，加大农村面源污染整治力度，因地制宜打造“四小园”2730个。完成圩镇人居环境基础整治，建成2个示范圩镇、6个宜居圩镇。农村生活垃圾处理覆盖率和村庄保洁率达100%；完成11个自然村农村生活污水治理民生实事任务，建成污水处理设施镇级8座、村级266套，农村生活污水治理率67.56%；摸查农村问题户厕217户、公厕8座，全部整改完毕；75%的镇村完成通信系统户外架空线缆违章乱架清理。全县97个行政村达到干净整洁村标准，其中建成43个美丽宜居村和17个特色精品村。持续提升乡村风貌，建立乡村风貌提升“1+N”政策体系，推进乡村风貌提升三年行动，落实农房管控风貌提升奖补和贴息贷款政策，推进美丽乡村风貌带、美丽乡村精品带、乡村振兴示范带建设。集中整治205国道沿线企业环境，打造总长42千米、覆盖5个镇21个行政村的省际廊道美丽乡村风貌带。以“寿乡画廊”和“水墨长潭”两条省级美丽乡村精品线路为依托，以特色精品村为节点、新铺示范圩镇为枢纽，以丝苗米产业为核心，打造总长30千米、串联4个镇20个行政村的“寿乡画廊”乡村振兴示范带。示范带建成特色精品村6个、美丽宜居村14个，全域实现美丽蝶变。提升农村基础设施。实施“九大攻坚”行动，推进农村水、电、气、路、网等公共基础设施建设，建立健全长效管护机制，推动基础设施提档升级。村内道路硬化完成率100%，行政村通自来水、自然村集中供水覆盖率均达到100%，行政村物流快递覆盖率100%，新建5G基站79个，完成农村削坡建房风险点整治任务。县财政按照每座公厕平均3000元的标准拨付各镇，落实农村公厕长效管护机制。推进“六事”治理方式，推广运用积分制清单制，巩固乡村治理体系建设试点工作成果，创新·“六事”治理方式·提升乡村善治效能获全国创新性典型经验推广。

【防返贫救助】 2022年，蕉岭县农业农村局重视帮与扶乡村振兴工作，全县筹集扶贫资金28818万元，其中中央、省级、市、县(包含广州对口帮扶资金）下达19908万元；计划实施帮扶项目104个，累计带动脱贫户458户1682人；投入信贷担保金额135万元，贴息安排金额65万元，发放信贷金额1430.1万元，累计带动脱贫户755户2107人。落实“四个不摘”要求，健全防贫监测机制，守住不发生规模性返贫底线。全县有建档立卡脱贫人口2607户5213人，全部纳入年度城乡居民基本医疗保险、大病保险和医疗救助保障范围，推进全市医疗救助“一站式”报销结算，参保率100%。整户无劳动力人口2109人全部纳入保障兜底，符合条件的2598人由财政代缴2022年度城乡养老保险，60周岁以上的按标准发放养老保障待遇。落实教育助学政策，协助符合条件的脱贫学子申请年度教育助学政策，保证义务教育阶段适龄儿童少年无因贫失学辍学（除身体原因不具备学习条件外）；41名符合条件的新升学脱贫学子享受“防返贫救助保险”教育津贴。对所有脱贫村实行在集中供水的基础上定期监测水源质量，保证脱贫人口饮用水安全。有防止返贫三类监测对象70户205人，全面纳入“四个不摘”和“两不愁三保障”帮扶体系。为全部建档立卡脱贫户和“三类监测对象”合计2677户购买2023年度“防返贫救助保险”，为整户无劳动力建档立卡脱贫户和全部“三类监测对象”2430人购买2023年度“保尚保医疗补充保险”，为全部“三类监测对象”购买“防返贫意外保险”，筑牢防止返贫屏障，守住不发生规模性返贫底线。

【畜牧业】 2022年，蕉岭县农业农村局稳定生猪生产，保障市场供给，抓好非洲猪瘟等重大动物疫病防控，推进标准化屠宰厂建设。推进畜禽养殖粪污资源化利用，加快畜牧业转型升级。全县生猪出栏9.27万头，存栏7.42万头；家禽饲养量208.3万羽，存栏62.5万羽，出栏145.8万羽；牛羊饲养量2.95万头；养殖蜜蜂5.25万箱。肉类总产1.21万吨。畜牧业总产值4.46亿元。

【农业机械化】 2022年，蕉岭县农业农村局重视农机工作，蕉岭县各类生产农机具拥有量是1.5771万台（套），农机总动力13.8万千瓦时。有各类拖拉机1491台，其中大中型拖拉机91台，水稻联合收割机256台，水稻插秧机207台，旋耕机2042台，水稻育秧设备播种流水线保有量9套，育秧大棚保有量4000平方米，植保无人机17台。机械烘干装备保有量69台（套）。全县工商注册有农机专业合作社18家，全国农机专业示范社2家，市级农机专业示范社1家。农作物综合化机械水平42.25%，水稻生产机耕率99.55%，机播率41.62%，机收率99.87%，水稻综合化机械水平82.27%，水稻生产实现全程机械化。全县完成中央财政农机购置补贴6批，中央农机购置补贴额31.201万元，购机40台（套），受益户28户，购机销售额134.89万元。完成农机报废9台，补贴额4.27万元，受益农户3户。全国农机使用一线“土专家”名录第一批入选专家1人（李伟强），全省农机使用一线“土专家”名录入选专家4人（李伟强、林干松、张志生、涂文俊）。晟福农机专业合作社和蕉岭县伟强农机专业合作社、梅州市建丰农业发展有限公司被上级认定为省级“全程机械化+综合农事”服务联合体。 （周鹏飞）

2022年中共蕉岭县农业系统党委负责人名录

书　记：涂政平
副书记：陈广志

2022年蕉岭县农业农村局负责人名录

局　长：汤超宏（任至1月）
　　　　涂政平（2月任职）
党组书记：涂政平
党组成员、副局长：钟俊峰　谢志锋
　　　　　　　　　钟丽阳　邓程群
　　　　　　　　　曾飞锋　张业仑（挂职）
党组成员、总农艺师：叶静林
党组成员、纪委监委驻农业农村局
纪检监察组组长：黄敬明
党组成员：陈广志

林　业

【概况】 2022年，蕉岭县林业局抓好创建县级国家森林城市、全面推行林长制、森林提质增效等工作。全县林地总面积7.47万公顷，森林覆盖率79.02%，活立木总蓄积量649.95万立方米。蕉岭县竹产业发展基地被广东省林业局认定为广东省首批林业特色产业发展基地；梅州市蕉岭竹海公园被广东省全面推行林长制工作领导小组办公室授予“2022年广东省林长绿美园”称号。在“2022年度县市康养百佳样本”评选中蕉岭位居全国第六。

【生态工程】 2022年，蕉岭县林业局开展“共建共享绿色生态家园”“大手拉小手 爱心护绿行”等系列全民义务植树活动，完成义务植树62.5万株，尽责率达100%，建立义务植树基地1个。建立县级领导义务植树基地1个，“巾帼林”“共青林”“志愿林”主题林3处。完成2022年高质量水源林建设工程造林种植173.33公顷。超额完成2022年新造林抚育任务147.67公顷。完成山水林田湖草沙一体化保护和修复工程森林抚育项目1500公顷。完成大径材培育示范基地建设466.67公顷。实施人工纯林林分改造工程66.67公顷。完成南礤镇石寨村绿美古树乡村建设工作。

2022年，县林业局组织开展义务植树活动（县林业局提供）

【创建国家森林城市工作】 2022年，蕉岭县林业局抓好创建国家森林城市工作，蕉岭县创建国家森林城市通过国家林草局备案，蕉岭县国家森林城市建设总体规划上报省林业局并通过专家评审，《广东省蕉岭县创建国家森林城市建设总体规划（2022—2031年）》通过国家林草局专家评审，蕉岭县人民政府同意颁布实施，蕉岭县2023年正式进入县级国家森林城市建设期。

【森林防火】 2022年，蕉岭县林业局实现连续多年每年森林火灾受害率控制在0.5‰以内的目标，蕉岭县林业局作为全省唯一一个县（市）级林业局被广东省林业局推荐上报国家林草局参评“2019—2021年全国森林防火先进单位”。

【森林资源保护】 2022年，蕉岭县林业局贯彻执行《中华人民共和国森林法》《广东省森林保护管理条例》《广东省森林防火条例》等林业法律法规，加强林木管护，落实管护责任及措施，加大森林督查和卫片核查工作力度，做好林地林木审核审批和日常监督检查工作，与上年相比违法图斑数量、面积、比率均有所下降；强化省、市级自然保护区的建设和管理工作；抓好林业法治建设，强化林业行政执法培训和监督；逐步建立森林生态保护的长效机制。

【珍稀动物保护】 2022年，蕉岭县林业局重视珍稀野生动植物和名木古树保护工作，联合县公安局森林警察大队共同完成蛇类等野生动物的救助工作，建立蕉岭县野生动物救助放生档案，记录救助和放过情况。推动补偿保险工作，开出全省首单野生动物致害险补偿保单。实施“红外相机监测”项目取得显著成效，在广东长潭省级自然保护区发现国家一级重点保护野生动物中华穿山甲。申请山水林田湖草沙中央资金116万元用于实施生物多样性检测项目，加强对穿山甲等保护动物种群的监测。

【古树名木保护】 2022年，蕉岭县林业局完成南礤镇南礤村的10株三级古树复壮项目。完成制作蕉岭县古树名木画册并拍摄专题片。开展古树名木资源补充调查，新增古树26株，注销古树8株，按照“一树一档”要求，建立古树名木图文档案和电子信息数据库，及时录入广东省古树名木信息管理系统，制作411块古树名木保护牌并完成挂牌工作。

【推行林长制】 2022年，蕉岭县林业局以成立县林长制事务中心为契机，实现机构创新，搭建林长智慧平台，实现管理创新，聚焦林业产业振兴，推进改革创新，建立“林长+”模式，全面推行林长制，健全组织体系，加强森林资源管理，提升森林资源质量，以“林长制”实现“林长治”，让绿水青山变成金山银山，为建设富美蕉岭提供生态保障。

【林木病虫害防治】　2022年，蕉岭县林业局抓好松材线虫病等主要林业有害生物防治，做好疫源疫病监测防控。完成松材线虫疫情除治2233.33公顷，超额完成省下达的任务；完成食叶害虫防治1000公顷、薇甘菊防治面积52公顷、林地红火蚁防治15.2公顷。根据蕉岭县2022年秋季普查结果，蕉岭县松材线虫病发生面积为1378.26公顷，病死树数量为599株。实现减少面积73.4公顷，减少病死株数12株，完成面积、株数双下降目标。

【林业产业】　2022年，蕉岭县林业局依托“世界寿乡”品牌，立足资源禀赋和优势，抓好以毛竹和蜂蜜等为主的林下种植和林下养殖，引导和鼓励发展白及、日本白蜡木等特色经济林，探索发展森林康养等新兴产业，取得初步成效。6月，广东省竹产业创新发展研讨会在蕉岭召开。完成2022年度“重中之重”工作事项中的“成功申报竹业林业省级特色产业发展基地”工作。做好2022年度食用林产品质量监测抽检工作，完成35批次的检测任务，合格率为100%。　（徐仕菲）

2022年蕉岭县林业局负责人名录

党组书记、局长：谢　刚
党组副书记：蔡增芳
党组成员、副局长：利粤东　徐咏梅
副局长：汤丽芬（女）
党组成员、总工程师：王　江
党组成员：丘丹苗　徐良初

广东蕉岭长潭省级自然保护区

【概况】　2022年，广东蕉岭长潭省级自然保护区坚持“绿水青山就是金山银山”的理念，履行工作职责，生物多样性监测、科普宣传教育、森林资源管理等工作有序推进，自然生态保护迈上新台阶。全区林业用地面积5001.1公顷，非林地面积（含水库水域面积）584.6公顷，森林覆盖率达89.5%，绿化率100%，森林活立木总蓄积量63.37万立方米。

【护林防火】　2022年，广东蕉岭长潭省级自然保护区压实安全生产责任，开展辖区内人员密集场所和在建工程项目的安全隐患排查，深入辖区内小水电站，要求业主开展安全隐患排查。多形式多渠道开展森林防火宣传，营造全民“护林防火 人人有责”的浓厚氛围，严防森林火灾发生。落实护林员网格化巡查和定点看护制度，发挥其第一线“哨口”作用，在重要林区地段安装6个森林哨卫系统，以24小时监控和语音提示警报等手段，形成系统完善的“天上看，地面管”的监测保护体系，增进对辖区内野生动物的种类、数量、栖息地状况的了解，加大对生物资源的保护力度。

【科学监测】　2022年，广东蕉岭长潭省级自然保护区加强对保护区陆生兽类和地栖性鸟类群落汲种群的动态监测，为生物多样性管理和资源利用提供基础依据。在辖区内布设红外相机39台，监测到40种野生动物，包括国家一级重点保护野生动物穿山甲和国家二级重点保护动物豹猫、林雕、白眉山鹧鸪、白鹇、褐翅鸦鹃、画眉、红嘴相思鸟等多种珍稀濒危重点保护物种。

【资源管理】　2022年，广东蕉岭长潭省级自然保护区落实自然保护地管理工作要求，开展保护区科学考察与总体规划修编工作，查清蕉岭长潭省级自然保护区的生物多样性、自然地理环境、社会经济状况和威胁因素，保证科考数据时效性，为保护区的有效保护和管理提供完整、准确的基础资料和决策依据，保护蕉岭长潭省级自然保护区自然资源和生态环境。通过对蕉岭长潭保护区保护现状梳理及存在问题的分析，提出解决措施，科学规划近远期建设内容和投资估算，健全保护区保护管理体系。

【科普教育】 2022年，广东蕉岭长潭省级自然保护区借被认定为广东省自然教育基地的东风，新建自然教育之家，完善科普功能，提升保护区宣教中心自然保护、公众教育、游憩展示能力，发挥保护区在生物多样性、重要生态系统和珍贵自然资源等方面的科普教育作用。开展自然教育活动，让更多群众了解长潭保护区，参与自然保护工作，加强生物多样性保护，营造保护生态、人人有责的良好氛围。利用国际生物多样性日、野生动物保护宣传月等重要时间节点，在保护区周边校园，引导中小学生践行“绿水青山就是金山银山”的生态文明理念，增强青少年尊重自然、热爱自然的意识，传递保护野生动植物的重要意义。

【资源整合】 2022年，广东蕉岭长潭省级自然保护区与华南师范大学合作“广东蕉岭韩江源野外科学观测研究站”建设项目，完成测流堰和地表径流场修缮，新建小气候观测点2处。该站已经产出水、土、气、生等各类数据10万多条，该科研监测项目的实施，将为韩江流域和广东省的地区水资源管理、生态修复和“双碳”目标实现，提供数据和技术保障。 (杨凌云)

2022年广东蕉岭长潭省级自然保护区负责人名录

主　任：谢　刚

副主任：张　雷

蕉岭县国有皇佑笔林场

【概况】 蕉岭县国有皇佑笔林场位于蕉岭县东北部山区，毗邻蕉城、文福、南磜、蓝坊四个镇，有山林面积5200公顷，活立木蓄积量51万立方米，森林覆盖率96%，是广东省森林生态旅游示范基地，蕉岭新八景之一的“皇佑叠翠”就坐落其中。辖区内有黄竹坪和龙潭2座水库。

【森林防火】 2022年，蕉岭县国有皇佑笔林场强化值班值守及巡查监控等防范措施，开展防火宣传和防火灭火培训工作，加强林区周边清杂、巡护工作，坚持依法护林防火、科学护林防火，实现连续多年零火警零火灾。根据皇佑笔林场资源禀赋及生态特点，制订《皇佑笔林场森林经营方案（2021—2025)》，本年度进入关键实施阶段。林场原有的防火器材仓库年久失修，器材堆放较为杂乱，将林场场部大门侧面的空地修做防火器材仓库，完善防火物资的管理。

【完善护林设施】 2022年，蕉岭县国有皇佑笔林场重视护林人员工作、生活的基础硬件设施建设，对石桥子护林站进行修缮，修缮后的石桥子护林站集监测、收集信息、办理业务等功能于一体，为更好地发挥护林站护林防火、监测的职能打下坚实的基础。建于20世纪80年代的石计下护林站房屋残旧，为更好地开展护林防火工作和改善职工的办公住宿条件，通过政府采购对护林站内外进行重新修缮，对护林设施进行全面升级改造。

配合水务、供电相关部门实施低压线路延伸工程，将林场各工区用电纳入电网，实现林场各工区用电的安全性和可靠性。

【小水电站清退】　2022年，蕉岭县国有皇佑笔林场为落实自然保护区小水电站退出政策要求，主动向水务部门争取专项资金清退林场范围内老虎坑、七字沟2座电站。

（邓　苏）

2022年蕉岭县国有皇佑笔林场负责人名录

场　长：吴　威（任至9月）

主持林场全面工作：丘丹苗（9月任职）

副场长：黄添荣　黄柏忠

水　务

【概况】　2022年，蕉岭县水资源总量9.64亿立方米，同比增长164.8%。年末全县大型水库蓄水总量10393万立方米，同比增长7.7%。全县城乡有生活污水处理厂8座，城市污水处理能力达到2万吨/日，城市污水集中处理率达到98.85%。

【水利工程】　2022年，蕉岭县水务局实施水利重点项目11项，申报专项债券资金4.68亿元，完成项目投资6.51亿元，多方筹措资金，成立工程建设督导组和廉政建设督导组，加大督查力度，项目建设落实到位。优化水资源配置，完善与区域发展格局相适应的水资源配置格局，加强水库挖潜增效及河库连通。完善供水水源工程体系。实施广东省梅州市粤闽赣苏区改革开放创新发展试验区（蕉岭先行区）广福镇供水保障工程。

2022年，广福镇供水工程（县水务局提供）

完成年度投资1亿元。实施大水坑水库、下岭岗水库、高背岌水库、矮岭三口水库、焦坑水库、冷水坑水库6座小型病险水库除险加固工程。实施农村水系综合整治（新铺镇）、乌土河红星水生态清洁小流域治理工程及乌土河文槐水生态清洁小流域治理工程。推进全县山塘复核治理，对撂荒地复耕及有较大灌溉、供水功能需求的山塘进行清淤加固，修复其功能，率先对新铺镇21宗山塘进行除险加固。抓好抗旱保供水工作，有效应对60年以来最严重旱情。

【防汛工作】　2022年，蕉岭县水务局落实防汛责任，落实水利工程防汛“三个责任人”1030人次，落实山洪灾害防御责任人139人。全面落实“三个重点环节”，完善防汛相关方案、预案。开展水利工程隐患排查。组织开展水利工程汛前、汛期、汛末安全大检查，组织开展专项水利工程安全检查452人次。应对强降雨洪水防御，抓好汛期水库等水工程运行管理，特别是多年来最强的“龙舟水”降雨过程，通过采取病险水库空库运行、降低水位运行等措施，开展河湖障碍物清理，科学调度水库和拦河电站。错峰、削峰，有效应对流域性的强降雨。提升水旱灾害防御能力，开展蕉岭县水旱灾害防御体系标准化（试点县）建设。通过完善指挥调度、预报预警、预演预案、抢险保障“四大体系”，畅顺县镇水旱灾害防御工作链条，提升防御能力。

【河湖长制】 2022年，蕉岭县水务局严格落实河湖长制，完善河湖管护长效机制，与各镇、县河长制领导小组成员单位抓好重点任务落实，全县水安全、水环境、水生态持续向好，推动领导小组决策部署和河长制各项工作落到实处。2021年度市对县河湖长制进行考核，蕉岭县获得“优秀”等次。

【碧道工程】 2022年，蕉岭县水务局高质量实施碧道工程，以防洪、截污、河道整治、休闲廊道建设，历史文化、寿乡文化挖掘，水岸经济融合发展为目标，推进蕉岭县石窟河碧道工程（二期）前期工作。维护河湖健康生命，坚持山水林田湖草沙一体化保护和系统治理，强化河湖生态流量保障，加快小水电清理整改和绿色转型升级，加强水土保持综合防治，推进生态清洁小流域建设，河湖生态环境明显改善，完成徐溪河生态清洁小流域综合治理工程。以县总河长令的形式全面开展妨碍河道行洪突出问题排查整治，持续推进河湖“清四乱”“五清”常态化、规范化，整治新铺镇矮车村汽车教练场妨碍河道行洪问题，并在水利部河湖管理督查系统完成销号。完成蕉岭县流域面积50平方千米以下河道管理范围划定175千米工作，根据采砂规划编制技术成果，在电视台公告2022年整年全河段禁采河砂。通过复苏河湖生态，全县饮用水水源达标率、主要断面水质优良比例、断面水质优良率均达到100%，“水清岸绿、鱼翔浅底、水草丰美、白鹭成群”的美丽画面在蕉岭河湖随处可见。

【水利保障】 2022年，蕉岭县水务局加强乡村振兴水利保障工作，强化农村供水安全保障，推进年度投资6000万元的蕉岭县农村供水巩固提升工程（二期），完成投资5000万元的蕉岭县供水管网、供水智慧化提升建设。以实现“三同五化”（城乡供水同标准、同质量、同服务和规模化发展、标准化建设、一体化管理、专业化运作、智慧化服务）为目标，推进城乡一体化供水工作。实施投资1亿多元的黄竹坪灌区、东联灌区改造工程。小水电站清理退出工作稳步推进。全县小水电站生态流量泄放设施改造全面完成。

【水资源利用】 2022年，蕉岭县水务局推进水资源集约安全利用，加强取水许可管理，规范取用水行为，提高水资源集约节约利用水平。健全用水总量及用水效率控制指标体系，完善水资源刚性约束制度，发展高效节水灌溉，强化农业节水增效，推进农业水价综合改革，完善农业用水计量设施及取水计量监控，逐步提高农业用水效率。协同工业、农业、城建等部门开展节水行动。开展规模以上取水在线监测计量体系建设工作，建成较为完整的取水口监测计量体系，完成日取水200立方米以上的农饮工程取水许可证发证工作。蕉岭县作为梅州市第一批节水型社会建设县，推进县域节水型社会达标建设，完成县域节水型社会建设达标市级初审，并通过省级专家验收。

【水治理能力】 2022年，蕉岭县水务局推动水治理能力现代化，深化“放管服”改革，优化审批程序，提升营商环境。严格规范水行政执法，保持高压态势，开展次巡查和督导480人，聚焦重点领域开展水污染防治、“蚂蚁搬家式”非法采砂、非法取水整治等专项行动，加强与县人民检察院在生态损害公益诉讼、与县公安局在水事违法查处方面的协作。成功创建全国小型水库管护样板县，同时被列为全省率先在全国试点开展小型水库安全监测能力提升项目建设县，加强小型水库运行管理，建立长效机制，形成“管理责任明细化、管理工作制度化、管理人员专业化、管理范围界定化、管理运行安全化、管理经费预算化、管理活动日常化、管理过程信息化、管理环境美观化、管理考核规范化”水库“十化”管理模式，发挥标杆示范作用，形成可复制、可推广的小型水库管护模式。提高生产建设项目水土保持监督管理职能，规范审批水土保持方案，完成4宗水土保持方案核查，受理7宗水土保持设施验收报备。严格审批，从源头抓起，依法审批水土保持方案和征收水土保持补偿费。加强与福建省跨界河流管护工作对接，多次与武平县联合执法，变“各自为战”为“共管共治”，有效解决跨界流域水质、水浮莲治理等问题。

【移民工作】　2022年，蕉岭县水务局承接长潭水库移民工作，重点为水库移民解决民生实事。

（林伟洋）

2022年蕉岭县水务局负责人名录

党组书记、局　长：徐伟彬

党组成员、副局长：郭建新　徐成江

林美红（女）

党组成员：郭大鹏　朱胜华

气　象

【概况】　2022年，蕉岭气象情况如下：

光照　全年日照时数1821.9小时，比上年偏少321.4小时。日照时数最多的月份是9月，为245.1小时；日照时数最少的月份是2月，为55.2小时。

气温　2022年，全年平均气温21.7℃，同历年平均气温22.2℃相比偏低0.5℃。7月是全年最热的月份，月平均气温29.3℃。年极端最高气温39.8℃，出现在8月23日，2月、12月是全年最冷的月份，月平均气温为11.4℃，年极端最低气温0.2℃，出现在12月19日。

降水　2022年，全年平均降水量1839.3毫米，比历年平均偏多107.9毫米，降雨日数151日。全年降水量主要集中在6月、8月，为453.6毫米。汛期（3月至9月）降水量1355.6毫米。全年有4次较大的暴雨过程，分别出现在3月23—26日（90.5毫米）、5月12日（69.2毫米）、6月13—14日（55.2毫米）、11月24—25日（54.3毫米）。

霜、雪、风及灾害性天气　2022年初霜日是12月19日，无下雪日，全年平均风速每秒1.8米。热带气旋对蕉岭影响较小。

【气象业务工作】　2022年，蕉岭县气象局发布预警信号69次，其中暴雨18次、雷雨大风8次、高温20次、寒冷12次、冰雹1次、森林火险10次，与上年同期相当；累计发送决策短信350条，受众数55余万人次。发布各类决策材料125份，其中《重大气象信息快报》51期、《天气报告》67期、《重大气象信息专报》7期。在3月23—26日、5月12日、6月13—14日、11月24—25日等强降水过程，预报准确、预警及时，为气象防灾减灾工作争取宝贵时间，保障人民群众的生命财产安全。全年实施人工影响天气作业1次，发射增雨火箭弹4枚，有效缓解旱情。

（莫济鹏）

2022年蕉岭县气象局负责人名录

局　长：黄志兴

党组纪检组组长：潘光跃

气象台台长：莫济鹏　（12月任职）

工业·贸易

经济贸易

【概况】 2022年，蕉岭县47家规模以上工业实现总产值79.49亿元，同比下降20.4%；实现工业增加值24.69亿元，同比下降8.0%；完成工业投资9.40亿元，同比下降12.9%；技术改造投资2.25亿元，同比下降62.6%；新开展技改企业14家。水泥、熟料产值56.13亿元，同比下降20.6%。

【经济运行】 2022年，蕉岭县科工商务局抓好各产业的经济运行。建材业：1—12月建材业规模以上25家企业实现产值71.38亿元，同比下降17.2%。建材业产值占规上工业总产值的89.8%。大健康产业：1—12月大健康产业规模以上4家企业实现产值1.39亿元，同比下降23.6%。大健康产业产值占规上工业总产值的1.8%。竹木精深加工业：1—12月竹木精深加工业规模以上4家企业实现产值0.70亿元，同比下降49.6%。竹木精深加工业产值占规上工业总产值 的0.9%。

【科技创新】 2022年，蕉岭县科工商务局完成蕉岭县广东省农业科技园区的规划和申报工作，成功入选第八批广东省农业科技园区建设名单。申报高新技术企业7家，全县拥有高新技术企业总数达18家，培育一批具有自主知识产权和核心技术的高成长性科技型企业，培育认定科技型中小企业18家。新增广东省博士工作站1家：广东迈科特生物科技有限公司博士工作站。全县拥有广东省博士工作站2家；省、市工程中心18家，其中省级4家，市级14家；拥有科技企业孵化器1家（省级备案）；拥有众创空间2家（其中省认定1家、省备案1家）；拥有国家级星创天地1个。通过产学研合作，有1项成果获得梅州市叶剑英科技进步奖三等奖（项目名称：毛竹林下种植白及新技术研究与推广应用；主要完成单位是广东客嘉源南药种植有限公司）。

【商务工作】 2022年，全县实现社会消费品零售总额38.42亿元，同比下降2.4%，增速居全市第七位，降幅比前三季度扩大0.8个百分点。分行业看：商品零售额34.46亿元，同比下降2.5%；餐饮收入3.96亿元，同比下降2.1%。全县进出口贸易企业的进出口总额1559万美元，同比下降29%。其中，出口1542万美元，同比下降29%；进口17万美元，同比下降29%。电子商务：推进省级电子商务进农村综合示范项目建设，完成8个镇级电商服务站点、68个村级电商服务站点和1个县级电子商务公共服务中心建设，开展农村电商人才培训3075人次，该项目通过省级部门验收。 （曾　文）

2022年蕉岭县科工商务局负责人名录

党组书记、局长：钟渊元
党组副书记：李　辉
党组成员、副局长：赖育兵　吴诚锋
　傅新锋
　林桂芬（女，任至12月）
　张卫军（挂任）
　黄信浒（挂任）
党组成员：林子锋（任至12月）
总经济师：刘　妲（女）

2022年中共蕉岭县经贸系统党委负责人名录

书　记：钟渊元

专职副书记：林子锋(任至12月)

林桂芬（12月任职）

蕉岭县招商和企业服务中心

【概况】　2022年，县招商和企业服务中心深入贯彻落实市第八次党代会精神，围绕狠抓发展第一要务，全面激发内生动力，紧盯《2022年度全市招商引资任务安排》《2022年梅州市产业园（集聚地）提质增效预期目标》两大工作目标，扎实推进招商引资和园区建设各项工作。

【全力抓好园区建设】　2022年，蕉岭产业集聚地完成固定资产投资额7.06亿元；实现工业总产值63.08亿元，同比增长-17.3%；实现规模以上工业增加值19.1亿元，同比增长-9%；实现税收总额3.1亿元，同比增长-43.84%。蕉岭产业集聚地成功获批省级绿色建材特色产业园，进一步提升集聚地软环境平台。集聚地大力开展基础设施配套建设，通过申报政府专项债券3000万元，全力推进广州南沙蕉岭集聚区一期市政及配套工程项目中日处理污水能力4000立方米/吨污水处理厂建设。推动广东梅州蕉华工业园区北部发展区基础设施配套建设和标准化厂房建设项目动工建设，总投资39.13亿元，并成功获得政策性开发性金融工具资金3.9亿元。

【全力抓好招商引资】　紧紧围绕绿色建材、大健康、新材料等产业，通过以商招商、产业链招商、资源招商等方式，瞄准龙头企业、链长企业、大型央企国企开展招商引资工作。成立4支驻外招商队进驻指定城市区域，加强对广州、深圳、珠海、厦门等重点城市的招商引资工作。成立县招商工作专班，加强招商信息收集、发布和项目对接、研判等工作，有效提升招商工作统筹服务水平。全年精准引进一批16个“打粮食”项目，计划投资61亿元。（陈　敏）

2022年蕉岭县招商和企业服务中心负责人名录

主　任：潘俊强

副主任：郑海万　姚嘉健

谢志忠（5月任职）

蕉岭县城镇集体企业联社

【概况】　2022年，蕉岭县城镇集体企业联社以深化综合改革和发展为主线，以抓党建、抓服务、抓管理为重点，团结带领联社班子和干部职工，开拓联社工作新局面。

【主要经济指标情况】　2022年，蕉岭县城镇集体企业完成工业总产值632.58万元，比上年同期下降49.38%，其中建包公司同比下降54.92%、利华德公司同比下降19.93%；完成销售收入582.57万元，比上年同期下降54.98%。其中，建包公司同比下降66.77%，利华德公司同比增长5.40%。

【主要工作措施】　2022年，蕉岭县城镇集体企业联社抓服务，强筋骨提水平。围绕为城镇集体企业服务这一根本宗旨，发挥联社职能作用和独特优势，加强为企业服务，提升服务质量水平，努力建设成为城镇集体企业服务的综合平台。抓管理，创和谐保稳定。采取系列有效措施，强化机关内部管理，落实安全生产和平安建设等“一岗双责”制，层层签订各项工作责任书，明确责任人和相关要求。抓好综治和平安建设安全生产月、安全生产万里行活动、全民国家安全教育周等活动。组织联社所有企业、出租门店等举行安全生产应急实演操练2次，参加人员50人。

（赖宇民）

2022年蕉岭县城镇集体企业联社负责人名录

党总支部书记、主任：赖宇民

蕉岭县供销合作社联合社

【概况】 2022年，蕉岭县供销合作社联合社推进供销社综合改革、发展和服务，为促进蕉岭乡村振兴发展贡献供销力量。全年全系统商品总购进11849万元，比上年同期增加6484万元，其中农采11374万元，比上年同期增加6274万元；商品总销售14085万元，比上年同期增加8294万元，其中农资销售310万元，比上年同期增加20万元。2022年，蕉岭县供销合作社联合社被评为蕉岭县平安建设先进单位，在全省供销社系统综合业绩考核中获县级三等奖和县级改革发展进步奖。

【综合改革】 2022年，蕉岭县供销合作社联合社根据中央和省、市、县关于深化供销合作社综合改革实施意见和《关于加快推进全省供销合作社系统“三会”制度建设的通知》，于5月30—31日在县丘成桐国际会议中心召开第四次社员代表大会。此次会议是继1983年11月第三次社员代表大会以来，时隔39年召开的社员代表大会。会议正式代表35人，其中县社代表8人、职工代表10人、社员代表17人。会议审议通过蕉岭县供销合作社联合社章程、工作报告等，选举产生第四届理事会、监事会班子成员。

【为农服务体系建设】 2022年，蕉岭县供销合作社联合社抓好为农服务体系建设各项工作。

公共型冷链物流骨干网建设 总投资1.55亿元，占地面积约50公顷，计划建设冷藏冷冻综合库、分拣加工车间、综合楼等。2022年度计划投资0.8亿元，完成投资1.1015亿元，占年度计划投资比例137.68%，工程完成量占81.2%。

2022年，县供销社冷藏冷冻综合库（县供销社提供）

放心农产品直供配送网络建设 蕉岭县供销农产品合作总社与广东供销农产品股份有限公司、广东梅州供销嘉合农产品有限公司、梅州市南方长寿生物科技有限公司合作共建县域放心农产品直供配送蕉岭子平台，成立梅州蕉岭供销农产品配送有限公司，注册资本为400万元。

联农带农工程 建立2家农业产业化联合体、2家村级供销社、2家农村综合服务社、4家专业合作社。

农资服务 发挥农资流通主渠道作用，以兴邦供销农资有限公司、农资配送中心、助农服务平台（中心）为窗口开展农资综合服务。在疫情防控期间，有序组织调度货源，配送化肥523吨、农药3.5吨，派出农技人员56人次，解决问题30个，举办农技培训30次872人次，送出宣传资料2100份。

撂荒地复耕复种和土地托管服务 开展撂荒耕地复耕复种面积86.67公顷，土地全托管面积173.33公顷，实现农业社会化服务面积800公顷，惠及农户4836户。

帮扶发展服务 协助挂钩的文福镇坑头村村委做好森林防火、防疫等工作，筹措1.5

万元支持挂钩村党建和撂荒地复耕等工作，成立1家专业合作社，助推村集体经济发展。

抗疫保障服务　发挥供销社“调度中心”“供给平台”作用，做好各类农（副）产品储备和供给；支持丰顺县抗击疫情，组织配送群众生活物资爱心包5批次8000份，捐赠黑木耳1000份。

农业社会化服务　与广州市供销合作社驻新铺镇帮扶工作队到建丰粮业有限公司调研，帮助该公司与广州市供销合作社下属企业搭建对接通道，将蕉岭特色农产品直接销往大城市，销售额达80万元。　（傅　文）

2022年蕉岭县供销合作社联合社负责人名录

党组书记、主任：黄桂庭（任至12月）

党组成员、副主任：谢富伟（任至12月）

郭玉华（5月任职，任至12月）

副主任：林翠娥（女，任至12月）

9月职务调整规范后：

理事会主任：黄桂庭（12月任职）

理事会副主任：谢富伟（12月任职）

郭玉华（12月任职）

林翠娥（女，12月任职）

烟草专卖

【概况】　2022年，蕉岭县烟草专卖局（分公司）抓好专卖管理、烟叶生产、卷烟营销工作，高效统筹疫情防控和生产经营，全年上缴税收2406.77万元。

【专卖管理】　2022年，蕉岭县烟草专卖局（分公司）坚持“双随机、一公开”检查与重点监管相结合，对内加强市场管理，对外强化边界协作，实现三省六县边界专卖管理协作机制常态化，守法经营率保持在97%以上。全年查处涉烟违法案件62宗，抓获涉刑人员6人，判刑2人，查获的2022年“5.14”无证运输假烟案案值564万元，查获假烟251万支，是蕉岭县历史上查获的运输单一品种规格假烟最大数量案件。开展电子烟常态化监管排查，联合市场监管局、教育局、检察院等部门开展电子烟市场监管，将蕉岭县4户既存电子烟经营主体纳入专卖管理。推进行业“放管服”改革，动态优化零售点合理布局，有持证户963户，比上年末下降6.14%，许可证办证质量和布局提升。

【烟叶生产】　2022年，蕉岭县烟草专卖局（分公司）在全县落实种烟面积488公顷，收购烟叶20320担，其中上等烟比例70.73%、中部上等烟比例42.42%；收购均价8.06元/公斤，实现烟叶税720.6万元。在广福建立2000亩“烟稻双优”融合发展示范基地，探索推进撂荒耕地复耕复种工作。全年完成烟基建设项目145件，投入资金207.21万元。建设烟基项目147件，投入补贴资金169.68万元。围绕“绿色化”，开展统一高效专业化植保服务，开展烟用地膜清除回收工作；改造（购置）生物质燃烧机78套，推进低碳精准烘烤，推行绿色生产。

【卷烟营销】　2022年，蕉岭县烟草专卖局（分公司）推进“20支”卷烟全零售连锁网络的布局工作。推动“20同话”　“易灵通”使用推广和盈利分析工具优化，提升数据支撑应用成效。基本实现“20同话”在客户群体的全覆盖，辖区加入“易灵通”的终端已达119户，占辖区总客户数的12.38%，其中农网“三转”终端52户，占农网总客户数的10.1%。为8户城区客户设立以绿茶、蜂蜜为主的本地拳头农特产品陈列专柜，助力畅通农特产品进城“最初一公里”，拓展终端的经营宽度。

【践行社会责任】 2022年，蕉岭县烟草专卖局（分公司）将志愿服务活动与业务工作相融合，先后开展“奋战烟叶收购季”“营造美丽环境，党群同迎华诞”“垃圾分类，从我做起”“守护成长”“‘宪’给你最好的守护”等志愿服务活动。党员干部下沉一线，聚焦烟农、零售客户的痛点、难点问题开展有针对性的重点帮扶，开展烟基项目建设，加大烟农扶持补贴力度。2022年，累计开展志愿服务活动19场，300余人次参与。开展“广东扶贫济困日”捐款活动，募集善款1.12万元，为推进乡村振兴汇聚力量。（李　琨）

2022年蕉岭县烟草专卖局（分公司）负责人名录

党总支部书记、局长、经理：张　丽（女）
党总支部副书记、副经理：李　波
党总支部纪检委员、副局长：丘乐仪
党总支部宣传委员、副经理：陈　文

食盐专营

【概况】 2022年，广东省盐业集团梅州有限公司蕉岭分公司销售盐产品819吨。其中，小包装食盐574吨，销售工业盐及其他盐产品245吨。2022年，监测结果显示蕉岭县碘盐覆盖率100%，碘盐合格率100%，合格碘盐食用率100%，碘缺乏病健康宣传取得显著成效。

【食盐市场的安全保障工作】 2022年，广东省盐业集团梅州有限公司蕉岭分公司开展“减盐行动”，推广食用加碘低钠盐，倡导科学用盐和“低钠饮食”理念，用多种宣传渠道，推广加碘低钠盐，提高群众低钠饮食防控高血压、心血管疾病的意识，履行食盐专营的社会责任。按照蕉岭县有关部门和广东省盐业集团梅州有限公司的工作部署和要求，广东省盐业集团梅州有限公司蕉岭分公司参与蕉岭县市场监督管理局组织的集中统一行动，协助蕉岭县市场监督管理局等职能部门联合检查，采取集中整治与强化日常市场访销相结合，保障蕉岭县食盐安全。在走访市场时，通过发放宣传资料等方式，向所有门店和消费者宣传粤盐品牌，做好低钠盐的宣传和销售工作。结合“3·15”国际消费者权益日和“5·15”碘缺乏病防治日等宣传日，配合相关单位和部门开展粤盐品牌宣传活动。做好维护食盐市场稳定工作，加强食盐库存储备工作，保证各品种食盐库存充足，保障食盐安全和食盐供应。加强与配送商和商超的沟通联系，对配送商和商超的食盐销售情况及库存情况进行了解，对库存较少的配送商和商超进行食盐配送，保障配送商和商超的食盐供应，保证市民的用盐需求和食盐安全。

要求各配送商和商超严格按照规定的食盐价格进行批发和零售，不得擅自哄抬盐价，保障食盐市场价格稳定。加大对餐饮和食品加工行业的市场访销力度，保障用盐安全。全年进行食盐市场访销工作，出动工作人员1083人次，访销食盐经销点零售店、酒楼饭店、学校（幼儿园）食堂、食品加工单位2800多间次，派发宣传资料2.6万份。根据市场访销情况来看，配送商和商超库存充足，食盐价格稳定，保证市民的用盐需求和食盐安全。（王书鸣）

2022年广东省盐业集团梅州有限公司蕉岭分公司负责人名录

经　理：张　诚

中石化蕉岭石油分公司

【概况】 2022年，中石化蕉岭石油分公司下设有中心、桂岭、文福、福汕、金城、牛岗、华侨场、油坑、新沙、蕉岭服务区东、蕉岭服务区西 11 座在营油站。中石化蕉岭石油分公司贯彻落实中石化总部和广东石油梅州分公司的工作要求，践行“每一滴油都是承诺”“质量永远领先一步，服务永远领先一步”的社会责任，以“全力以赴保障蕉岭成品油市场稳定供应”为己任，以“扩销量、强三基、保安全、塑形象”为工作主线，主动服务于蕉岭社会经济发展，实现社会效益和企业效益的双丰收。

【零售工作】　2022 年，中石化蕉岭石油分公司完成销售总量为 3.36 万吨，其中汽油销售 1.08 万吨、柴油销售 2.28 万吨；全年缴纳税金 3126 万元。

【安全管理】　2022 年，中石化蕉岭石油分公司提高中石化加油站的品牌形象，稳定员工思想动态，保障国家财产和员工人身安全，开展安全管理工作。各加油站建立健全 HSE 管理体系，加强油站安全工作的领导，健全安全生产责任制，落实三级值班制，保证人员准时到位。开展安全检查防事故工作，组织隐患自查整改，保障设备正常安全生产。同时克服麻痹思想，从思想上、行动上、组织上，做好抗击各类自然灾害的准备工作。抓好员工队伍思想教育，加强对“十大禁令”“八大纪律”的学习与贯彻，提高员工对安全生产的自觉性，对存在安全隐患又未得到整改的重点部位，采取措施，落实责任到人。全年实现安全生产无事故。

【规范服务】　2022 年，中石化蕉岭石油分公司开展管理服务提升年活动。根据市公司的统一部署指导油站有序开展活动，不走过场，提高加油站服务水平。

【便利店服务】　2022 年，中石化蕉岭石油分公司开展非油品业务。为适应形势发展的需要，方便广大的消费者，加油站开设便利店，方便顾客，节约时间，便利店及时补充质量合格、价格合理适销的商品，提高加油站经营服务水平和经营质量。　（丘　婷、巫利平）

2022 年中石化蕉岭县石油分公司负责人名录

经　理：黄利华

金 融 · 保 险

蕉岭县金融工作局

【概况】　2022 年，蕉岭县金融工作局有序推动金融创新，有效防控金融风险，营造良好金融发展环境。截至 12 月 31 日，蕉岭县银行业金融机构本外币存款余额 133 亿元，比年初增长 10.44%，贷款余额为 69 亿元，比年初增长 4.69%，存贷比 42.25%，比上年回落 0.13%。小额贷款公司新增贷款 4 笔 600 万元，贷款余额 7887.6 万元。中国人寿、人保财险两家保险公司保费收入 1.95 亿元，同比增长 21.5%。广发证券蕉岭营业部股票基金交易额 499.97 亿元（双向），同比增长 3.81%；新开账户 4848 个，同比下降 3.67%。

【防范金融风险】　2022 年，蕉岭县金融工作局周密细致部署防范金融风险。6 月 30 日，召开蕉岭县 2022 年金融支持实体经济暨金融生态建设工作会议，通报2021年蕉岭县金融生态工作考评结果，颁发信用镇牌匾和2021年度金融生态奖；蕉岭农商行对84个信用村进行预授信，向蕉岭县金融首贷服务点授牌。10月13日，召开蕉岭县金融联席会议，总结部署全县金融工作。强化宣传教育。印发《蕉岭县2022年防范非法集资宣传月活动方案》，用好专有平台，结合老年群体更多关注电视节目的特点，在蕉岭电视台增加防范和处置非法集资宣传的密度和强度，播放公益宣传片，揭露非法集资对家庭带来的危害，增强群众防范非法集资意识。拓宽线上平台，利用好“长寿蕉岭”微信公众号、视频号以及“蕉岭发布”APP，转载发布防范和处置非法集资宣传视频及宣传漫画素材，鼓励处非领导小组各成员单位在朋友圈、微信群转发宣传，掀起浓厚的宣传氛围，提升蕉岭县防范非法集资宣传活动的“知晓度”。延伸线下平台，由各金融机构组队到各镇开展宣传，活动以派发宣传手册、面对面讲解等形式，向群众讲解相关知识，派发纪念礼品；联合辖区内各商铺，利用电子显示屏滚动播放防范非法集资宣传标语口号，打造现实版“刷屏”，提高宣传活动与群众的“融合度”。2022年，开展传统宣传8场，实现“七进”宣传全覆盖，派发宣传小册子5万份，辐射群众约15万人次。

【深化融资对接】 2022年，蕉岭县金融工作局深化“政银企”对接机制。制订印发《蕉岭县政银企融资对接工作实施方案》，成立政银企融资对接工作领导小组，定期组织召开政银企融资对接工作会议，研判全县金融形势、金融发展规划以及民营企业特别是中小微企业的融资需求，促成企业融资。推进银企精准对接。开展知识产权质押融资“入园惠企”行动，提供政策上门、服务上门，推动广东固特超声股份有限公司、蕉岭县飞扬机电有限公司2家企业成功办理专利质押融资，贷款金额共计1400万元，推动知识产权质押融资在蕉岭常态化、规模化落地发展，为实体经济高质量发展注入“源头活水”。加大企业上市培育力度。协同完善对“专精特新”、科技型企业的上市扶持机制，建好上市公司后备资源库，加速推进宏基新材、建丰粮业等企业上市。

【创新农村金融服务】 2022年，蕉岭县金融工作局开展农村金融体系建设工作，优化农村信用体系，验收2021年度信用镇8个、信用村84个，占比分别为100%、86.6%；提高农户评级授信、小额信用贷款覆盖面，农户最高授信额度由3万元调整到5万元，解决农户贷款难、担保难问题；围绕县委县政府关于“一镇一业”“一村一品”“龙头企业”产业规划，利用蕉岭农商行辖内16个营业网点、20个金融服务站、36个助农取款点、116台“粤智助”政务服务自助机和向107个村居委、30名“金融特派员”点多面广等优势，为全县107个村居委和全县居民搭建线上、线下优质、高效、无盲区全覆盖的金融服务，保障各类普惠金融工作扎实落地，为各类活跃经济体注入低成本信贷资金，激活乡村集体优势和特色产业发展活力；推动涉农保险扩面、增品、提标，保障农民增收，推动农业产业发展。 （谢婷婷）

2022年蕉岭县金融工作局负责人名录

县政府办公室副主任、县金融工作局局长：

阮东凤（任至1月）

戴春华（5月任职）

中国人民银行蕉岭县支行

【概况】 2022年，中国人民银行蕉岭县支行围绕“金融生态示范区建设”和“金融支持乡村振兴”两条主线，创新方式，多措并举加大金融支持地方经济发展力度，各项工作取得较好成效。创建全市首个“老年金融宣传教育基地”，率先在全市通过“粤书吧”设立金融读书角，一名退休职工被评为“广东好人”（广东金融系统唯一获奖人员），支行被评为“蕉岭县精神文明建设先进集体”；推动县政府颁发金融生态奖激励有关金融机构和乡镇，修订完善蕉岭县金融生态奖励办法，金融服务实体经济等做法被《金融时报》《南方日报》等报道15次，得到县政府通报表扬2次。

【落实国家货币政策】　2022年，中国人民银行蕉岭县支行落实稳健的货币政策，保持信贷合理适度增长。做好两项货币政策直达工具的续接转换，实现对小微企业、“三农”等重点领域的精准滴灌。发放信用贷款支持计划金额1110万元，办理延期还本付息贷款550万元，办理普惠小微贷款支持工具互换协议金额9194.52万元。加强政策引导、窗口指导和管理督导，组织银行机构科学调配信贷资源，重点加大对乡村振兴、民营和小微企业等领域的支持力度，全县各项存款余额为131.81亿元，新增存款超过9.5亿元，同比增长10.45%；各项贷款余额为69.17亿元，新增贷款超过4.65亿元，同比增长9.06%。

【金融管理和服务】　2022年，中国人民银行蕉岭县支行做好金融稳经济大盘工作，助力企业纾困解难，联合县政府有关部门出台《关于进一步做好金融稳住蕉岭经济大盘有关工作的通知》，引导督促银行业机构扩大对中小微企业的信贷投放力度，发放支农再贷款1930万元·支小再贷款10747万元。在县行政服务中心增设金融“首贷服务”点，县域内8家银行机构进驻服务点，为小微企业和个体工商户提供一站式金融服务。加强政银企对接，推动金融生态示范区建设，认真落实政银企办公室工作职责，推动召开由县长出席的“金融支持实体经济暨金融生态建设工作会”，牵头组织召开蕉岭县“服务实体经济 防范金融风险 促进振兴发展”金融机构座谈会和“稳经济大盘、护金融安全”金融联席会议；举办多场政银企对接政策宣传会议，发挥“几家抬”合力助企纾困，联合县政府有关部门印发《广东省蕉岭县政银企对接工作简报》，有效促进政策、资金、项目精准对接。2022年，通过政银企对接机制，对3家银行业颁发金融生态奖励金，督导银行为10家农业经营主体解决380万元春耕资金需求，为30家小微企业授信2.3亿元，为2家企业通过专利抵押融资1400万元。支持乡村振兴。做好信用镇、村建设工作，推动蕉岭县政府为8个镇颁发“金融生态环境建设信用镇”牌匾，督导蕉岭农商银行对全县84个信用村乡村振兴预授信11.53亿元。编发蕉岭县金融支持乡村振兴产品汇编，通过蕉岭县政府微信公众号“长寿蕉岭”发布。协助制定《蕉岭县乡村振兴产业发展贷款贴息贴保资金管理办法》《蕉岭县中小微企业信贷风险补偿资金管理办法》，推动蕉岭县设立1000万元乡村振兴贷款贴息资金。防范化解重大金融风险，派出工作组到蕉岭农商银行开展资产质量现场评估，加强对辖区潜在风险点的认识和掌握，加强风险防控。约谈梅州客家村镇银行蕉岭支行和蕉岭农商银行，加强重点领域金融风险的监测和排查，判断金融机构风险状况，防范系统性金融风险，开展蕉岭农商行银行业压力测试。落实金融业重大事项及重要信息报告制度，做好存款保险知识宣传。　（邓岑晓）

2022年中国人民银行蕉岭县支行负责人名录

党组书记、行　长：张家华
党组成员、副行长、工会主席：钟超满
党组成员、副行长、纪检组组长：刁依河

中国农业银行股份有限公司蕉岭县支行

【概况】 2022年，中国农业银行股份有限公司蕉岭县支行发挥国有大行的责任与担当，以党建统揽全局，内强素质，外树形象，勇毅前行，抢抓市场先机，抓好党建工作、服务“三农”、乡村振兴金融服务、内部管理及疫情防控等工作，抓业务发展，实现经营效益和社会效益双丰收。年末，各项贷款余额185986万元，比年初增加6929万元，增长3.87%，存量、增量市场份额在全县四大国有商业银行中均居第一位；本外币存款余额达265333万元，比年初增加35319万元，增长15.36%，存量、增量市场份额在全县四大国有商业银行中分别居第一、第二位。全年实现净利润4414万元；全年累计纳税总额达2105万元；在农行梅州分行业务经营考核中多项主要指标位居前列。

【金融信贷服务】 2022年，中国农业银行股份有限公司蕉岭县支行加大稳增长重大项目服务对接力度，成立重大项目营销服务专班，主动与政府相关职能部门对接与深化合作，用好用足支持政策，加强对蕉岭三大工业园区的营销走访，营销金品电路、广东岭裕票据贴现、新汇金抵押E贷业务。加强与县政府部门的沟通联系，加大小微企业、外贸企业的支持力度，联合走访企业，了解小微企业生产经营中痛点、难点问题。践行服务“三农”历史使命，支持乡村振兴战略，聚焦乡村产业、乡村建设、粮食安全“三大”领域，加大信贷支持力度。在丝苗米、毛竹、蜂蜜等现代农业产业园建设等方面坚持靶向施策，瞄准经济重点领域精准发力。支持省级现代农业产业园广东健态实业有限公司发放竹制品深加工贷款1500万元贷款，该企业的贷款额达2280万元；通过农业龙头贷、农园实施主体贷为涉及产业园4户客户投放贷款2263万元生产经营贷款。组织客户经理、金融助理开展公私联动综合营销，主动走访各行业经营者，了解客户需求并推荐农行产品，扩大有效客户群。引导各网点提高服务效率，规范各岗位服务标准，夯实客户基础。严格落实《关于进一步加强金融支持小微企业和个体工商户纾困的通知》要求，向企业送政策、送服务、解难题，推进企业融资量增、面扩、价降，落实减费让利政策，全年为小微企业办理信贷业务的抵质押登记费和评估费减免110万元。紧盯居民日常消费需求，发展消费类贷款全力满足居民消费信贷需求，推广乐分易、网捷贷等纯信用贷款产品。全年累计发放涉农贷款3256笔、金额97257万元。

【强化考核激励】 2022年，中国农业银行股份有限公司蕉岭县支行研究制订《蕉岭县支行2022年度综合绩效考评方案》《各季度重点业务专项考核方案》《蕉岭县支行2022年下半年不良资产管控方案》，激发员工工作热情和主动性。加大员工对公条线营销能力提升项目导入和实战演练、信贷业务培训、蕉城支行迁址、全员技能训练等有效举措力度，增强业务综合服务营销能力，提升客户的实施的满意度和贡献度及金融服务质量。加大市场拓展力度，建立“支行—部门—网点”三级沟通配合机制，多措并举抓落实，取得全年新开对公账户完成率等多项指标居全市农行系统第一的好成绩。

【加强监督管理】 2022年，中国农业银行股份有限公司蕉岭县支行组织全行员工参加省行在“农银e学”平台发布“员工行为守则”的系列课程学习，重温守则，深化“爱岗敬业、诚实守信、勤勉尽职、依法合规”的基本要求，推动全员树立正确的职业道德观，引导全员自觉成为依法合规的忠实崇尚者和坚定捍卫者。推动清廉金融文化建设活动开展，通过警示教育、员工大会、反腐倡廉形势报告会等方式不断强化员工队伍廉洁从业意识，确保党风廉政建设和反腐败工作落到实处。管好用好金融助理，提升金融助理服务质效。围绕“千人驻镇”和“千人千亿”工程“两条主线”，加强与政府沟通，协调解决驻镇人员在工作和生活中遇到的困难。坚持每月召开金融助理座谈会，要求驻镇金融助理严格执行中央八项规定精神及农业银行的廉洁自律规定，严守纪律红线；从严履行管理监督职责，重点监督派驻人员是否履职尽责，督促推动建立健全工作对接支持、日常报备报告、成效成果评价等机制，用好金融助理管理系统，全力做好乡村振兴金融服务各项工作。根据《蕉岭县支行“三化三铁”考评及部门尽职监督检查实施方案》要求，坚持按季度对辖属网点“三化三铁”考评及尽职监督检查情况的通报。加强业务部门自律监督，结合银监部门和上级行关于开展、断卡行动、消防安全等活动要求，定期或不定期对所辖营业网点进行检查，检查面达100%，推动网点“三化三铁”“三化三达标”“平安农行”建设有序开展通过采取注重教育、健全工作机制、强化监督检查等方式，完成综治与平安建设、运营、普法等各项工作任务，实现内部管理与业务发展齐头并进，取得显著成效。把落实中央八项规定精神、农总行“四十严禁”作为重点任务和经常性工作，坚持抓具体、抓经常、抓细小，管出习惯、化风成俗。严格落实主体责任、案件防控“双线管理”责任，做实做细三线一网格管理，全年开展各层级员工家访58人次、谈心谈话60人次，征信普查58人。组织全员参加市分行部署员工异常行为排查4次，累计排查230人次，未发现异常行为。（朱铭新）

2022年中国农业银行股份有限公司蕉岭县支行负责人名录

党委书记、行长：黄 寅

党委委员、纪委书记：邓永忠（1月任职）

陈 明（任至1月）

党委委员、副行长：朱怀习 曾令彬

广东蕉岭农村商业银行股份有限公司

【概况】 2022年，广东蕉岭农村商业银行股份有限公司学习坚持稳中求进的工作总基调，落实“农村金融户户通”和“助企纾困”工作部署。蕉岭农商银行资产总额为45.83亿元，存款总额39.43亿元，贷款总额25.06亿元，实现经营利润6787.28万元，缴纳各项税费2387.20万元，存、贷款县域市场占有率分别为29.57%和34.51%，均居蕉岭县域金融机构首位。

【“农村金融户户通”】 2022年，广东蕉岭农村商业银行股份有限公司围绕蕉岭县委、县政府联合印发的《蕉岭县“普惠金融户户通”工作实施方案》，加快普惠转型发展步伐，聚焦农村金融服务短板，实现全县107个村（居）委党建共建结对、粤智助政务服务机、金融特派员、村委账户资金平台、整村预授信等5个方面全覆盖。通过省联社户户通“四大工具”，完成户户通APP注册人数20049人，信息达标建档19.61万人（户），其中个人建档17.82万人、个体工商户及小微企业建档1.79万户；实现预授信和授信户数共6.60万人（户），授信覆盖率83.52%（比例口径92.8%），授信行政村97个，整村授信覆盖率100%，整村授信户数4.72万户，金额4.30亿元。

【金融产品创新】 2022年，广东蕉岭农村商业银行股份有限公司根据户户通工作中各类客群的金融需求，聚焦重点区域、重点客群，依托省联社“悦农”平台创新丰富符合地方需求特点的信贷产品体系，创新推出“商易贷”“寿乡E贷”“精英贷”“公积金贷”“AUM客户贷”等悦农系列贷款产品。悦农系列贷款授信总额5.04亿元，贷款余额2.16亿元，悦农系列贷款增速达192.15%。为推动乡村经济和农村一、二、三产业的融合发展，支持新型农业经营主体，创新推出“禽畜活体抵押贷”“光伏贷”等信贷产品。至年末，“禽畜活体抵押贷”余额200万元、“光伏贷”余额1887.17万元。

【普惠金融】 2022年，广东蕉岭农村商业银行股份有限公司通过加大农村地区普惠金融载体建设力度，实现117台粤智助政务自助服务机、58台各类自助设备终端等普惠金融载体覆盖县域108个行政村；通过鲜特汇电商平台注册商户11户，累计上架优质农产品37个，销售金额20.81万元，全年悦农e付收银台1446户，收单笔数114.38万笔，收单金额3.16亿元；通过县人行的统一规划，选定蕉岭县新铺镇为移动支付示范镇，满足了当地居民移动支付的需求。

【信贷业务】 2022年，广东蕉岭农村商业银行股份有限公司围绕全县经济发展大局，推动各项业务向实体经济、小微企业和“三农”服务，在信贷投放上突出早调查、早授信、早投放。加大县域市场贷款资金投放力度，累计投入支持实体经济发展贷款13.18亿元，占各项贷款的60.02%，比年初增加1.38亿元，增幅达11.69%。截至年末，小微企业贷款余额12.55亿元，涉农贷款余额16.59亿元，普惠型涉农贷款余额4.87亿元，实现小微企业、涉农和普惠型涉农贷款持续增长。用足、用好再贷款货币政策，优化服务模式，从缩减信贷流程入手，助推再贷款的投放效率，播撒惠农利企及时雨。共发放再贷款1.27亿元，其中支农再贷款1930万元，支小再贷款1.07亿元。畅通“政银企”三方合作渠道。蕉岭农商银行加强与蕉岭县乡村振兴局、蕉岭县科工商务局对接，签订《蕉岭县中小微企业信贷风险补偿资金贷款业务合作协议》，拓宽新型农业主体、中小微企业融资渠道。

【降低融资成本】 2022年，广东蕉岭农村商业银行股份有限公司针对受疫情影响暂遇困难的中小微企业，除严格落实“不压贷、不抽贷、不断贷”外，还根据企业实际情况，采取一户一策，通过信贷重组、续贷、展期、调整贷款利率和还款计划及增加信用贷款等方式与企业共渡难关。广东蕉岭农村商业银行股份有限公司为40户小微企业（含个体工商户）贷款实施延期还本付息，涉及金额3.04亿元，助力县域稳定经济发展。为进一步降低“三农”融资成本，广东蕉岭农村商业银行股份有限公司于2022年全面下调贷款利率，降低小微企业融资成本，最大程度地让利实体经济。广东蕉岭农村商业银行股份有限公司为小微企业减费让利约130万元。

【践行社会责任】 2022年，广东蕉岭农村商业银行股份有限公司推进优化营业网点升级改造，为全面落实原中央苏区振兴发展规划，积极贯彻省委、省政府关于深入实施乡村振兴战略的决定，助推区域发展新格局，三圳、文福支行原址重装升级开业，为群众提供优质、快捷、高效的金融服务。广东蕉岭农村商业银行股份有限公司开展蕉岭县反诈宣传系列活动。通过成立“蕉岭农商银行反诈宣传队”、“金融特派员”走村入户宣讲、拍摄公益宣传视频、利用公众号推文宣传等多种宣传方式，向广大群众普及防范电信诈骗、存款保险、反假货币等金融知识。加强定点联系村发展帮扶，履行“蕉岭人自己的银行”的责任担当，推动“我为群众办实事”实践活动走深走实，在春节、七一、八一等节日，深入蕉岭苏区文福镇、广福镇及定点联系村——新铺镇徐溪村，走访慰问老党员、困难党员和重点优抚对象，送去关怀与温暖。　（张境霖）

2022 年广东蕉岭农村商业银行股份有限公司负责人名录

党委书记、董事长：袁汉番
党委副书记、行长：刘聪莎（3 月任党委委员、副书记，11 月任行长）
纪委书记、监事长：杨新亮
党委委员、副行长：杨德怀（任至 10 月，1 月至 10 月代履行行长职务）
　李锡权（10 月至 11 月代履行行长职务）
党委委员：李颂锋（10 月任职）

中国建设银行股份有限公司蕉岭支行

【概况】　2022 年，中国建设银行股份有限公司蕉岭支行坚持党建工作与业务工作同安排、同部署，做到“两手抓、两不误”，各项工作取得进展。

【金融业务】　2022 年，中国建设银行股份有限公司蕉岭支行发挥党建引领作用，拓展业务发展。截至 2022 年 12 月 31 日，一般性存款时点余额 22.37 亿元，余额在全县四大国有商业银行中占比 38.29%，排名第二位，比年初新增 2.1 亿元，新增额度在全县四大国有商业银行中占比 53.43%，排第二位。一般性存款日均余额 20.73 亿元，在全县四大国有商业银行中占比 36.25%，排名第二位，比年初新增 1.23 亿元，新增额度在全县四大国有商业银行中占比 22.34%，排名第二位。各项贷款余额 12.29 亿元，在全县四大国有商业银行中占比 32.25%，排名第二位，比年初新增 3129 万元，新增额度在全县四大国有商业银行中占比 23.41%，排名第二位。实现利润 4481 万元，在全县四大国有商业银行中占比 32.67%，排名第二位。

【数字人民币】　2022 年，中国建设银行股份有限公司蕉岭支行响应国家数字货币政策，通过各种渠道搭建数字人民币应用场景，提升建行拓展客户的效率和成功率，受到个人客户和众多商户的认可。打造蕉岭数字人民币优惠活动商圈，覆盖蕉岭本地 6 家优质商户，使用“建行生活”APP 数字人民币支付，均可在合作商家获得优惠。蕉岭县桂岭学校教职工食堂上线建行智慧食堂系统，为校园 100 多名教职工开通数字人民币，充值、订餐均通过数字人民币支付，实现数字人民币进行代发工资功能。截至 12 月 31 日，中国建设银行股份有限公司蕉岭支行个人数字人民币总开通数 1970 户，对公数字人民币总开通数 191 户，开通数字人民币结算商户共 165 户。

【“裕农通”】　2022 年，中国建设银行股份有限公司蕉岭支行推出“裕农通”业务，全县有服务点 116 个，服务点活跃率达 100%。完成村委、合作社“裕农通”终端机的安装调试，可为村民们办理“裕农通”储蓄卡、可为村民减免相关费用，方便村民足不出村就能交上水电费、电话费，办理医保社保等业务。“裕农通”终端机开通“城乡居民领取养老保险待遇资格认证”功能，增加一个养老保险认证渠道，为村民提供便捷的金融和非金融服务。

【金融信贷服务】　2022 年，中国建设银行股份有限公司蕉岭支行加大信贷投放力度，优化金融服务，履行国有商业银行的社会担当。为蕉岭金发纸业有限公司、广东固特超声股份有限公司、蕉岭县洋臣木制品有限公司3家企业共计投放1.8亿元贷款。在普惠金融方面，全年授信195户，授信金额为1.41亿元。其中，“惠懂你”线上贷款授信142户，授信金额合计3908万元，线下贷款授信53户，授信金额约1.02亿元，较年初新增4350万元。通过拓展信贷投放深度和服务广度，助推诸多中小微企业及个体工商户稳步发展。建行蕉岭支行荣获蕉岭县首届“金融生态奖”。

【涉赌涉诈管控】 2022年，中国建设银行股份有限公司蕉岭支行配合公安机关打击防范电信网络诈骗、跨境赌博等违法犯罪。落实银行账户管理主体责任，健全账户风险识别和分类管理机制，做好账户风险联防联控和综合治理，开展宣传，以户外营销为契机，同步开展“反诈拒赌，安全支付”“打击治理电信网络诈骗、跨境赌博，我们在行动”等宣传活动，全年共计开展宣传22次，受益群众达3200人，提升百姓防范安全意识，提升防诈拒赌知识社会知晓率。2022年，中国建设银行股份有限公司蕉岭支行被评为广东省分行消保服务工作先进网点。 （陈伟剑）

2022年中国建设银行股份有限公司蕉岭支行负责人名录

行　长：陈增钦

副行长：傅林平　古志彬　钟志煌

中国工商银行股份有限公司蕉岭支公司

【概况】 2022年，中国工商银行股份有限公司蕉岭支行面对更加复杂多变的宏观形势和日益激烈的同业竞争，坚持服务地方经济发展大局，突出质量效益，强化转型发展，牢记使命担当，向把支行做大、做强、做优的目标迈进。提升市场营销能力、品牌影响能力、客户服务能力、风险掌控能力和保障支付能力，努力开创工作新局面，为实现“争先进位上台阶、提质增效创一流”目标而奋斗，加强各项管理，发展各项业务。实现安全运营零案件、零重大差错事故的目标。

【负债业务】 2022年，中国工商银行股份有限公司蕉岭支行人民币各项存款余额（不含同业）为86543万元，比年初减少7886万元。其中，储蓄存款余额为65224万元，比年初增加10620万元，对公存款余额为21319万元，比年初减少18506万元，机构存款余额为11026万元，比年初减少929万元，公司存款为10293万元，比年初减少17577万元。

【资产业务】 2022年，中国工商银行股份有限公司蕉岭支行各项贷款余额61674万元，比年初减少49万元。公司贷款余额为21211万元，比年初减少923万元，其中项目贷款余额为16779万元，比年初减少194万元，小企业贷款余额为4432万元，比年初减少729万元；个人贷款余额为40463万元，比年初增加874万元，其中个人住房贷款余额为35184万元，比年初增加927万元，个人消费贷款余额为2565万元，比年初增加348万元，个人经营贷款余额为2714万元，比年初减少401万元。

【支持地方发展】 2022年，中国工商银行股份有限公司蕉岭支行支持蕉岭县中小企业及创新创业产业发展，加大普惠金融工作力度。支持本地中小企业及“小微双创”实体经济发展，促进蕉岭县产业结构优化升级及集群化平台构建，同时发挥科创型股权、债权投资方面优势，参与科创企业融资和股权投资，助力蕉岭县科创型企业成长壮大。在区域和行业上，深化信贷布局，通过名单制管理、板块化推进和标准化操作，力促信贷规划落地见效，推动线下业务持续稳健增长。扩大普惠业务覆盖面，提升服务实体经济质效，结合当地产业特点和小微客户状况，做好区域性场景开发，实现专业市场开拓落地工作，推动线上普惠金融业务发展。持续推动“E抵快贷”业务发展。

【服务工作】　2022年，中国工商银行股份有限公司蕉岭支行顺应金融业竞争日趋激烈的环境，把服务工作作为一项重要任务来抓，加强员工思想教育，教育员工牢固树立客户就是上帝、服务出效益的经营理念。提高服务质量，把方便客户，让客户满意作为服务工作的宗旨。做好业务分流工作，利用银行自助设备，引导客户能够在自助设备上办理的业务在自助设备上办理，减轻柜面业务压力，业务可分流率呈现逐步下降趋势。

【内部管理】　2022年，中国工商银行股份有限公司蕉岭支行强化各级管理人员对履职规范和禁止性规定的学习贯彻，加强内控案防流程管理，管理工作精细化、系统化和流程化。检查督导力度得到加大，实行行级领导坐班制，每天有一名行级领导坚持在一线工作，对一线员工的日常操作行为进行监督和管理，做到及时发现问题、解决问题。发挥运行督导员的事后排险作用，深入开展多角度、多层次、全方位的规章制度检查，从源头上防范和控制案件发生。严格监督检查，加大检查考核力度，严惩违规行为，加大对信贷以及新兴业务领域违规问题的责任追究力度，严肃查处侵害员工合法权益的行为，发挥惩治的震慑作用，落实案件防控责任，守住金融风险底线，实现安全无事故、无案件，各项业务工作健康发展，支行内控评价被评定为一级。（林炼标）

2022年中国工商银行股份有限公司蕉岭支行负责人名录

行　长：叶　庆（任至5月）
　　　　罗伟东（5月任职）
副行长：张玉明　赖建辉（7月任职）
内控主管：丘文生

中国人寿保险股份有限公司蕉岭支公司

【概况】　2022年，中国人寿保险股份有限公司蕉岭县支公司下辖11个乡镇营销服务部，从业人员200人。全年，围绕总公司“两稳两控两提高”工作思路，开创改革发展新局面，践行和传扬社会主义核心价值观，提升品牌影响力和社会公信度。

【业务经营】　2022年，中国人寿保险股份有限公司蕉岭县支公司坚持“稳字当头、稳中求进”的总基调，推动公司高质量发展，走在行业前列。全年实现总保费收入9605万元，给付各类保险金3106万元，其中短险给付467万元。

【乡村振兴保险】　2022年，中国人寿保险股份有限公司蕉岭县支公司推出乡村振兴卡折产品，解决民生痛点，直击客户需求。保费100元或150元，性价比高，适合乡村收入较低人群；3~100岁均可选择承保，覆盖全年龄段的需求。将保险职能和综合金融优势，充分转化为全面助推乡村振兴的强大动能。

【风险防范】　2022年，中国人寿保险股份有限公司蕉岭县支公司在遵循全面性、独立性、适时性、权责一致原则的基础上，开展风险管控警示教育，对风险管控层层抓落实，抓

早抓小，不忽视任何一个风险，不放过任何一个隐患，群防群治，防范公司经营管理风险，为公司稳健发展保驾护航。（陈梦霞）

2022 年中国人寿保险股份有限公司蕉岭县支公司负责人名录

副总经理：钟玉珠（主持工作）

林荣春（5 月任职）

总经理助理：杜新泉（任至 4 月）

中国人民财产保险股份有限公司蕉岭支公司

【概况】 2022 年，中国人民财产保险股份有限公司蕉岭支公司有员工 28 人，设有经理室、综合部、个险直销团队、个险营销团队、修理厂团队、商团业务团队、农险团队、理赔分部等 8 个部门；支公司属下 2 个营销服务部，分别是东山营销服务部、兴福营销服务部。中国人民财产保险股份有限公司蕉岭支公司牢记“人民保险、服务人民”的宗旨使命，充分履行国有企业使命担当，积极发挥保险保障、风险管理和社会担当功能，为经济发展、社会稳定以及民生改善保驾护航。

【业务经营指标】 2022 年，中国人民财产保险股份有限公司蕉岭支公司整体结构均衡、发展稳定，成为梅州首个无政策性农险的亿元支公司，全险种保费收入 10973 万元，同比增长 40.5%，市场份额达 62.1%，利润 1639 万元。其中，车险保费收入 4900 万元，同比增长 16.95%，市场份额达 48.86%；个非保费收入 1328 万元，同比增长 79.25%；商团保费收入 4627 万元，同比增长 61%。商非市场份额达 76.54%；农险保费收入 118 万元。总体赔付率为 47.89%。贡献税收 1220 万元。

【社会治理创新】 2022 年，中国人民财产保险股份有限公司蕉岭支公司与当地政府、财政局沟通关于巨灾指数保险的事宜，促成巨灾保险新项目落地，签下保费 1200 万元；3 月，由于蕉岭县发生强降雨，达到赔付标准，4 月 29 日支付赔付金额 900 万元，发挥保险对自然灾害的保障作用。商团业务团队保持与政府部门及大集团客户的良好沟通，续保自然灾害公众责任险、食品安全责任险、校园方责任险、精神病监护人责任险、综治保险等政府项目。

【提升服务质量和水平】 2022 年，中国人民财产保险股份有限公司蕉岭支公司在社会治理以及民生领域发挥保险“稳定器”和“助推器”的作用，将民生保险作为各项工作的重要内容，与蕉岭县委、政府部门积极推进民生项目的合作。公司 2022 年“保尚保”项目完成情况在全市名列前茅，完成保费收入 432 万元。与政府部门沟通协调，在“梅州保尚保”启动首日签下全县特殊人群统保团单，涉及 1.4 万人，保费 252 万元，成为梅州首个为全县所有特殊人群统保的经营单位。强化服务体系建设，从战略高度加深对服务的认识，通过明确服务内容、服务标准、具体措施、组织架构、职能职责定位和考核办法，建立具有人保特色的服务体系。以满足客户最迫切的需要为目标，以快速理赔服务为切入点，全面营造车险客户服务体系，提出“快速理赔、准确理赔”的理念。（傅红娴）

2022 年中国人民财产保险股份有限公司蕉岭支公司负责人名录

党支部书记、经理：徐建平

副经理：钟雅菲（女）

经理助理：李森辉（9 月任职）

经济管理

发展改革工作

【概况】　2022年，蕉岭县发展和改革局负责拟订并实施国民经济和社会发展年度计划，指导协调经济体制改革有关工作，落实区域协调发展战略、规划和重大政策。协调利用外资和境外投资规划，组织实施综合性产业政策。做好全县投资综合管理及重大基础设施的综合协调。会同有关部门组织推进经济建设与国防建设协调发展战略和规划。落实粮食安全政府责任制和相关考核工作，对粮食流通进行监督检查。做好电力、煤炭、石油、天然气、新能源和可再生能源等能源的发展和运行调节工作，指导监督全县能源安全保障，参与能源应急保障工作。

【高标准谋划先行区（蕉岭片区）】　2022年，蕉岭县发展和改革局根据县委、县政府工作部署，先行先试规划建设赣闽粤原中央苏区对接融入粤港澳大湾区振兴发展先行区（蕉岭片区），打造融湾先行区综合示范窗口，与梅州市发展和改革局沟通对接，推进全市先行区规划建设工作。牵头收集整理蕉岭县经济产业发展情况、“十四五”期间工作思路、融入大湾区计划及政策诉求等相关材料，汇总各部门意见建议，形成41条具体措施及32条征求意见，协助省起草融湾若干措施，反馈88条具体措施及36条征求意见，协助市起草融湾实施方案。牵头制订2022年先行区（蕉岭片区）规划建设工作方案，确定相关单位的任务清单和工作事项计划表。

【项目建设】　2022年，蕉岭县发展和改革局争取地方政府专项债支持，申报并通过审核的2022年地方政府专项债项目11宗，拨付债券资金8.11亿元支持蕉岭县建设。争取政策性开发性金融工具支持，推进有效投资重要项目建设，政策性开发性金融工具有2个项目申报，取得3.91亿元资金支持。争取中央预算内资金，获得1184万元资金支持。争取中长期贷款支持。组织指导相关企业申报2022年中长期贷款项目共7宗，总投资63.49亿元，申报额度18.08亿元。全县固定资产投资完成31.19亿元，固定资产投资实现转正。2022年蕉岭县列入市重点项目21个，总投资108.11亿元，年度计划投资19.86亿元，1—12月完成投资20.87亿元，建设过程中未发生安全生产事故。谋划项目，抓好重点项目库建设，全年谋划储备项目66宗，总投资152.37亿元，录入国家重大项目库57宗。

【城乡融合】　2022年，蕉岭县成立城乡融合发展省级试点工作领导小组，制定《蕉岭县城乡融合发展省级试点2022年工作要点》《蕉岭县城乡融合发展省级试点2022年重点任务分工清单》，推动农村集体经营性建设用地入市制度建立，初步形成“1+3+6”的蕉岭模式，即1个战略总目标，农村科技服务平台、农村产权流转交易平台和生态产品交易平台3个平台建设和6个城乡要素的转变。

【节能降耗、绿色发展】　2022年，蕉岭县发展和改革局推进光伏发电项目建设，全年累计备案光伏发电项目41宗，总投资4.38亿元；全县备案光伏项目装机容量共173.59兆瓦，累计备案光伏项目装机容量947.4兆瓦；

光伏并网容量21.7兆瓦，累计光伏并网容量53.5兆瓦。全县推进光伏产业落户，总投资56亿元的3个光伏项目现已落地建设。蕉岭县发展和改革局做好违法违规用能项目整改工作。11宗违法违规用能项目已完成整改。成立监察工作组对12家重点用能企业进行现场节能专项监察，要求企业对发现的存在问题进行整改，重点对7家重点用能企业进行现场节能专项监察。开展3次虚拟货币“挖矿”整治工作，及时对现场进行断网、断电处理，查封和没收虚拟货币“矿机”共395台。

【粮食物资储备】 2022年，蕉岭县发展和改革局做好粮油库存质量工作。对蕉岭县金穗粮食收储有限公司进行自查，承储的省、县级储备粮油库存数量真实、质量良好、储存安全。保障粮油市场秩序稳定，组织开展市场调查，加强粮油市场和价格监测，掌握粮油产品生产加工、市场供应和价格变化等情况。做好县级储备粮轮换出入库监管工作，要求粮食企业要严格按照操作规程，严格执行轮换出入库方案，做好储备粮油轮换的各环节工作，全面完成县级储备粮轮换出入库工作。落实粮食“党政同责”，做好粮食安全责任考核，与各职能部门密切配合，采取有效措施，健全管理体制，提高综合生产能力，抓好储备粮管理，全面完成2021年粮食安全政府责任制考核工作，保障粮食安全。

2022年3月，县发改局粮食和物资储备股在蕉城、红岗开展春季粮油检查（县发改局提供）

【安全生产】 2022年，蕉岭县发展和改革局按照《蕉岭县安全生产委员会2022年工作要点》要求，成立安全生产工作领导小组，制订工作方案，与全县加油站、蕉岭县金穗粮食收储有限公司签订《安全生产工作责任书》，组织全体干部职工集中观看安全生产电视专题片，并开展安全生产培训。对粮食企业及全县86个充电桩及其他公共用电设施、26个加油站进行定期监管、突击检查和重大节日安全生产大排查，全年开展消防应急演练和安全生产大检查，排查单位108家次，发现安全隐患15处，13处整改完毕，有效预防和遏制各类安全生产事故发生，实现全年安全生产无事故。

【价格监管】 2022年，蕉岭县发展和改革局做好自来水价格调整工作。县供水服务中心提出调整自来水价格申请，蕉岭县发展和改革局依据政府定价权限受理。依法依规履行征求意见、召开听证会、专家论证等法定程序，形成送审稿报县政府，提请政府常务会议审议。蕉岭县发展和改革局对119个收费项目的目录清单实行动态管理，及时通知各相关收费部门严格执行，通过蕉岭县人民政府网站向社会公布。蕉岭县发展和改革局协助县公安局开展价格认定工作，认定中心严格按照《价格认定行为规范》程序，扎实、有序地开展认定工作，开展价格认定33宗，案值575万元。

【优化营商环境】 2022年，蕉岭县发展和改革局加强涉企违规收费治理工作，优化审批流程，提高服务效率。对各类工程建设项目审批实行“一窗通办”，推动投资项目审批全流程在线办理，备案办理时限由法定5个工作日简化承诺至3个工作日。常态化推进社会信用体系建设，双公示管理系统运行情况整体良好。2022年进驻蕉岭县双公示管理系统共30个县直单位60个采集事项，累计录入

10283 条数据，其中行政许可 6554 条数据，行政处罚 3729 条数据。（利繁鑫）

2022 年蕉岭县发展和改革局负责人名录

党组书记、局　长：古远基

党组成员、副局长：徐达新　黄伟忠　王海胜

审　计

【概况】 2022 年，蕉岭县审计局真审实查、建言献策，发挥常态化“经济体检”和党委政府参谋助手的作用，为全县经济实现高质量发展提供坚强的审计保障，擦亮“全国审计机关先进集体”金字招牌。全年完成审计项目 18 个，查出违规金额 2027.03 万元、管理不规范金额 17.74 亿元，提出非金额计量问题 105 个，提出审计建议 53 条，作出审计决定 5 项，提炼审计专报、审计建议函等 9 篇。

【政策落实跟踪审计】 2022 年，蕉岭县审计局围绕蕉岭县全力建设赣闽粤原中央苏区对接融入粤港澳大湾区振兴发展先行区（蕉岭片区）等中心工作，对重大政策措施贯彻落实情况和实际效果进行跟踪审计，推动重大政策措施在县内落地生根、发挥实效。实施 1 个重大政策落实跟踪审计项目，查出管理不规范金额282.78 万元，提出非金额计量问题 2 个，有针对性地提出审计建议 2 条，被审计单位高度重视并迅速落实整改。

【财政审计】 2022 年，蕉岭县审计局严格落实中央和省、市、县关于构建财政审计“横向到边、纵向到底”全覆盖监督格局的工作要求，依法对县本级财政预算执行、决算草案和其他财政收支情况，县直一级预算单位部门预算执行和其他财政财务收支情况进行审计，促进财政资金规范使用，完善财政管理，防范化解财政风险。4 个财政审计项目，查出违规金额 1726.47 万元、管理不规范金额 17.16 亿元，提出非金额计量问题 18 个，提出审计意见和建议 12 条，被审计单位高度重视并迅速落实整改。

【公共投资审计】 2022 年，蕉岭县审计局围绕稳投资、补短板、促发展，对政府投资及以政府投资为主的重大工程项目的资金管理使用、工程质量管理、投资项目绩效等进行审计，促进重大项目规范管理、有序推进、提升绩效，推动蕉岭县高质量发展。实施 3 个公共投资审计项目，查出管理不规范金额 572.87 万元，提出非金额计量问题 20 个，提出审计意见和建议 9 条，被审计单位高度重视并迅速落实整改。

【民生审计】 2022 年，蕉岭县审计局贯彻以人民为中心的工作理念，围绕各项民生大事、难事、急事，对民生政策贯彻落实、民生资金管理使用、民生项目建设推进等情况进行审计，推动各项惠民富民政策落到实处，保障和改善民生水平，维护好最广大人民群众的根本利益。实施 3 个民生审计项目，提出非金额计量问题 13 个，提出审计意见和建议 8 条，被审计单位高度重视并迅速落实整改。

【企业审计】 2022 年，蕉岭县审计局以维护国有资产安全，促进国有企业科学发展为目标，对国有及国有资本占控股或主导地位的国有企业进行审计监督，推动国有企业深化改革，做强做优做大国有资本，防范化解国有经济运行中的风险隐患。实施 1 个企业审计项目，查出违规金额 111.32 万元、管理不规范金额 541.14 万元，提出非金额计量问题 6 个，提出审计意见和建议 2 条，被审计单位高度重视并迅速落实整改。

【资源环境审计】 2022年，蕉岭县审计局以习近平生态文明思想为指引，落实绿色发展理念，对与资源环境有关的资金和项目进行审计，促进相关主管部门牢固树立绿色发展理念，履行资源环境监管职责，改善生态环境质量，提高资源利用效率，推进生态文明建设。实施1个资源环境审计项目，提出非金额计量问题4个，提出审计意见和建议3条，被审计单位高度重视并迅速落实整改。

【经济责任审计】 2022年，蕉岭县审计局按照中央两办经济责任审计规定，对领导干部贯彻执行上级党委政府决策部署和重大政策措施，地区重要发展规划制定、执行和效果，财政财务收支和经济运行风险防范，以及落实党风廉政建设责任和遵守廉洁从政规定等方面进行审计，聚焦权力运行和责任落实，客观反映问题，准确界定责任，审慎作出评价，促进领导干部依法履职尽责、守法守规守纪、担当作为。实施5个经济责任审计项目，查出违规金额189.24万元、管理不规范金额4355.98万元，提出非金额计量问题42个，提出审计意见和建议17条，被审计单位高度重视并迅速落实整改。（陈　梅）

2022年蕉岭县审计局负责人名录

党组书记、局　长：王良文（3月任职）
党组成员、副局长：王良文（任至3月）
张秀红（女）　钟伟志
刘　林（9月任职）
党组成员、总审计师：陈　玲（女，9月任职）
钟伟荣（任至4月）

自然资源管理

【概况】 2022年，蕉岭县自然资源局围绕蕉岭县委“三三三五”发展战略，认真贯彻落实市、县土地会议精神，紧盯目标任务，有序推进自然资源各项工作。

【耕地保护】 2022年，蕉岭县自然资源局推进垦造水田工作，市级下达蕉岭县新一轮垦造水田任务共101公顷，立项31个，建设规模191公顷，交地施工面积62公顷，完工26.4公顷。打击新增农村乱占耕地建房行为，蕉岭县2宗新增农房问题已全部整改到位，整改率名列全市第一；抓好耕地“进出平衡”，全年完成耕地流入21.77公顷。

【土地管理】 2022年，蕉岭县自然资源局做好重点项目用地保障工作，新收回、新征收土地52.2公顷。经省市批准10宗批次用地，面积共99.45公顷，其中批准征收土地面积8.27公顷，保障梅州蕉华产业转移工业园通用标准厂房二期及配套基础设施建设、蕉岭县桂岭新区医院生命通道基础设施建设、蕉华工业园区重点经济网络公路新建工程、广东梅州蕉华工业园区北部发展区基础设施配套和标准化厂房项目等用地，完成土地供应44.22公顷；抓好节约集约用地工作，完成闲置土地处置3.26公顷，完成2009—2018年批而未供处置任务38.06公顷，完成2019—2022年批而未供处置任务19.8公顷，总共取得用地指标17.64公顷。推进“三旧”改造工作，新增实施“三旧”改造4.1公顷，完成“三旧”改造3.85公顷。开展拆旧复垦工作，全年交易3宗，面积共8.25公顷，县级收益约5500万元。

【国土空间规划】 2022年，蕉岭县自然资源局抓好规划工作，高质量编制国土空间总体规划，科学布局全县生产、生活、生态空间，完成“三区三线”划定工作；推进赣闽粤原中央苏区对接融入粤港澳大湾区振兴发展先行区（蕉岭片区）总体规划和城市设计编制工作，规划成果已通过专委会、规委会审议。开展全县建设工程和县城规划区内个人建房的规划审批工作，全年办理建设工程规划许可98宗，其中个人建房76宗、项目类22宗（其中工业项目类7宗），办理建设工程规划条件核实合格证21宗（其中工业项目类7宗）。

【矿产资源管理】　2022年，蕉岭县自然资源局完成矿业权出让1宗，出让收益3760万元。加强日常监管，不定期对各矿山企业资源开发利用进行检查，打击、处罚非法采矿行为，确保持证矿山规范有序开采。在开发利用的同时注重保护，全年完成矿山石场治理复绿87亩，超额完成市级下达的任务。

【不动产登记】　2022年，蕉岭县自然资源局严把审查关，做好不动产登记发证工作，全年核发不动产权证书、证明共17114份，优化登记环节，实现抵押登记1天办结，一般登记3天办结。加快“房地一体”农村不动产登记发证工作，保障农民合法财产权益，全县发出登记公告35106宗，登记发证2018宗。

【地质灾害防治】　2022年，蕉岭县自然资源局推进地质灾害治理工作，完成全县13处在册中小型地质灾害隐患点综合治理任务。注重汛期管控，发布地质灾害气象风险预警信息，全年发出地质灾害三级预警21次、四级预警25次，发出预警信息40794条。同时全面落实汛前排查、汛中巡查、汛后复查工作，最大限度地避免和减少地质灾害造成的人员伤亡和经济损失。

【“三调”与测绘管理】　2022年，蕉岭县自然资源局高效规范抓好全县第三次全国国土调查工作，主要数据公报在蕉岭县人民政府网站公布。为重点项目提供测绘地理信息数据服务，完成蕉岭县地图和“一村一镇一地图”系统的更新，做好测绘地理信息行业监管，对全县持测绘资质的单位进行监督检查。

【生态修复】　2022年，蕉岭县自然资源局统筹推进全域土地综合整治国家级试点工作，试点启动23个子项目，正有序推进项目施工，打造集约高效的生产空间、宜居适度的生活空间、山清水秀的生态空间；统筹实施广东南岭山区韩江中上游（蕉岭段）山水林田湖草沙一体化保护和修复工程，共实施9个子项目，市级共下达中央资金16696.89万元。　（张力丹）

2022年蕉岭县自然资源局负责人名录

党组书记、局长：钟光庆
党组副书记、副局长：吴珍德
副局长：王永华
党组成员、副局长：林国俊　钟广斌
党组成员、总规划师：黄海云（女）
党组成员、派驻纪检监察组组长：刘　凯
党组成员：汤建丰（7月任职）

市场监督管理

【概况】　2022年，蕉岭县市场监督管理局（知识产权局）深入推进商事制度改革，筑牢安全监管防线，全面提升产品和服务质量，提高科学监管的能力和水平，服务县经济社会发展大局，完成市场监管各项工作。

【营商环境优化】　2022年，蕉岭县市场监督管理局深化“放管服”改革任务落实落地，以市场主体的需求为导向，优化营商环境，深化商事制度改革，强化事中事后监管，激发市场主体活力，服务企业助推蕉岭县经济高质量发展。

2022年8月15日，领导到药店督查（县市场监管局提供）

审批事项提速 优化营商环境，落实全国统一“多证合一”改革，贯彻执行“无费市”工作，推进企业名称自主申报和畅通政银合作渠道，将企业开办全流程压减到1个工作日完成，网办率达到100%，提升企业开办便利度和速度。蕉岭县新登记各类市场主体1641户，同比增长3.5%，期末实有市场主体18948户，同比增长18.64%；共办理各类经营许可类申请1340宗；为397家新办企业节约开办成本约13万元；为企业办理股权出质登记4起，出质股权数额8250万元，被担保债权数额9498万元。

企业服务提质 推进年报工作，抓好2021年度年报工作，2021年度蕉岭县各市场主体应报17783户，实报17500户，年报率98.41%。落实信用监管惩戒措施，依法做好列入移出工作，严格对经营异常或严重违法企业限制办理相关业务，实现一处违法，处处受限，依法协助企业修复信用记录。2022年，列入经营异常名录275户，移出异常名录50户，信用修复移出严重违法失信企业名单1户，实施跨部门联合惩戒2户。突出地标产品保护工作，对“蕉岭绿茶”“桂岭蜂蜜”“蕉岭冬笋”“三圳淮山”4个国家地标产品的专用标志做好管理与保护，同时向国家知识产权局上报“蕉岭冬笋”地理标志证明商标注册申请。开展知识产权质押融资“入园惠企”行动，走访企业、对接需求，提供政策上门、服务上门，推动广东固特超声股份有限公司、蕉岭县飞扬机电有限公司等2家企业成功办理专利质押融资，贷款金额共计1400万元。强化标准化引领作用，鼓励团体标准、企业标准通过标准信息公共服务平台向社会公开，2022年，累计上报65项标准，涵盖65种产品。推进强检平台建设和计量检定工作，开展强检工作计量器具的录入工作，完成集贸市场和基层医疗卫生单位计量器具的免费检定工作。2022年，蕉岭县有7416台（件）强检工作计量器具被录入系统，检定校准计量器具7792台（件）。

执法水平提升 加强法治审核，规范惩罚程序，严抓案件查办工作，落实“四个最严”要求，构建平安监管闭环管理机制，全面提升食品、药品、特种设备和工业产品质量安全水平。2022年，立案60宗，其中“两品一械”案件3宗、食品安全案件26宗、产品质量案件9宗、特种设备案件1宗，办结案件60宗，办结案件涉及货值13.78万元，罚没款14.21万元。同时，指导协助各乡镇行政执法，各乡镇共立案10宗，结案10宗，涉案货值0.17万元，罚没款1.27万元。

投诉处理提效 紧抓消费者合法权益保护工作，畅通消费维权渠道，化解消费纠纷，提高消费维权效能。2022年，受理“12345”政府服务热线、全国“12315”平台消费者投诉举报264件，其中商品服务类投诉157件，解决148件；举报103件，处理100件，为消费者挽回经济损失6.7万元；接待消费者来访来电咨询186人次。保障蕉岭县疫情防控和维护社会稳定工作，提高消费维权效能。做好“3·15”国际消费者权益日纪念宣传活动，有20个单位参加宣传活动，发放宣传资料1600份。悬挂横幅标语12条，宣传画板42幅，接受消费者分批次进场咨询共46人次，切实提升消费者维权意识，营造安全放心的消费环境。

【质量技术监督】 2022年，蕉岭县市场监督管理局推进质量强县战略，做好质量强省建设工作，提高发展质量和效益。2021年度，蕉岭县人民政府质量工作考核被确定为A级等次。狠抓工业产品质量安全，针对防疫用品、烟花爆竹、电动自行车、钢筋、危化品、燃气具及配件、电线电缆、机动车检测、道路交通安全等领域开展质量安全监督检查。全年检查产品质量相关市场主体单位342家次，有力推动蕉岭经济高质量发展。开展产品质量监督抽查工作，按照计划开展成品油、管材、陶瓷、电线电缆、非医用口罩、烟花爆竹、儿童玩具、铅笔、作业本、危化品、纸巾纸等产品监督抽查工作，到不合格处置率达到100%，保障市场产品质量安全。组织实施日常监督检查和各类安全生产大检查专项行动，细致排查安全隐患。全年检查特种设备使用单位175家次，发出监察指令书55份，闭环43份，查封相关特种设备22台(套)，有效防范安全事故的发生。

【食品药品监督】　2022年，蕉岭县市场监督管理局全面加强食品安全监管，推进日常监管，督促食品生产经营单位切实履行安全主体责任，开展食品安全"守底线、查隐患、保安全"等各项专项行动，协调解决食品安全突出问题，维护食品安全"全域全年"稳定，完成2021年梅州市对蕉岭县食品安全考核评议工作，荣获"优秀"等次。办好群众实事，结合民生实事，开展食用农产品快速检测工作和食品安全监督抽检工作，完成快检11862批次，其中不合格108批次，合格率99.09%，完成全年工作目标的104%，处理不合格产品119.7千克，处置率100%；完成县级食品安全监督抽检任务743批次，完成全年任务，不合格21批次。不合格食品处置率均达到100%。抓好餐饮质量提升工程，督促指导餐饮从业人员完成"食安快线通用版"培训考核，规范餐饮加工制作行为，全年完成培训考核覆盖率达100%；完成"明厨亮灶"建设，全县持证且正常经营的餐饮服务提供者1351家，实施"明厨亮灶"1249家，建设覆盖率92.45%，完成2022年目标。抓好重点环节风险管控，开展进口冷链食品、农村假冒伪劣食品、校园周边食品、流通领域食品等专项整治，检查各类经营户2201家次，责令整改192家，均已完成整改。抓好药械化质量安全，强化"两品一械"监督检查工作，在2021年市对县药品安全评价考核抽工作中获得A级。抽检药品20批次，医疗器械3批次，化妆品5批，全部合格；检查"两品一械"相关单位567家次，发现问题并完成整改124家，全县全年立案6宗，结案4宗，罚没款1.4万元。　（凌慧芳）

2022年蕉岭县市场监督管理局负责人名录

党组书记、局长：刘文龙（任至1月）
　　　　　　　　黄万彬（1月任职）
党组成员、副局长：张裕美　汤伟华
　　　　　　　　　邓　峰　曾维夫
　　　　　　　　　徐湘琴（女，任至11月）
　　　　　　　　　黄文敏（任至11月）
　　　　　　　　　黎　楠（挂任至10月）
党组成员、局长助理：时武涛（挂任至10月）
党组成员：陈　明（11月任职）

统　计

【概况】　2022年，蕉岭县统计局贯彻落实《关于更加有效发挥统计监督职能作用的意见》（以下简称《监督意见》）精神，围绕县委、县政府的中心工作，筑牢统计之基，凝聚各方合力，开展统计调查，推进统计服务，完成各项工作任务。蕉岭县统计局编印《2022年蕉岭县统计年鉴》400本，印发11期《统计监测月报》、29期《蕉岭统计分析》，编印及在政府网公开发布《2021年蕉岭县国民经济和社会发展统计公报》，为各级党政和有关部门整理提供大量的国民经济和社会发展统计数据。

【统计数据质量】 2022 年，蕉岭县统计局应对政府经济调度常态化机制，收集整理基础指标，提高数据敏感度，提早预测，及时预警，密切关注先行指标，跟踪数据变化，加强经济运行研判，做到一周一研判、半月一分析，提高风险预见预判预警能力，为蕉岭县高效统筹疫情防控和经济社会发展贡献统计力量。常态化深入企业开展调研和分类指导，促进统计人员业务能力不断提高，保证应统尽统、统准统全；成立县农业统计、工业统计、固定资产投资统计、建筑业和房地产业统计、贸易业统计工作专班，适时召开专班会议，及时互通情况，做到信息、数据及时共享，研究解决该领域统计工作遇到的困难和问题，实现各部门协同高效，应统尽统。加强对重点行业、主导产业、龙头企业的动态监测和预警分析，高度关注工业增加值、固定资产投资等重要统计数据，向县委、县政府反映全县经济运行中苗头性、趋势性问题，有针对性地提出对策建议。瞄准乡村产业振兴、工业新兴产业发展、房地产市场走势、提振消费、能耗“双控”等，深入开展分析研究，为领导决策和社会公众提供参考。2022 年，蕉岭县统计局为县委、县政府及各经济部门提供 11 期《蕉岭统计监测月报》、11 期《蕉岭经济运行简析》、26 期《统计分析》《统计专报》，为党委政府科学决策提供服务。

【依法治统工作】 2022 年，蕉岭县统计局学习统计法律法规，加大统计执法力度，加强统计法治监督，深化普法教育，提升统计工作法治水平。推动监督意见的学习宣传贯彻，加强沟通联系，将监督意见列入县委党校必修课，提高统计监督的社会知晓率和认知度，全年组织 2 期统计法律法规进党校活动；在下基层调研的同时宣传统计法律法规，在编印统计法律法规宣传笔记本时，加入监督意见相关内容，发放给各级领导、各单位、各企业和广大群众；以“述说新时代，奋进新征程”为主题、以“送法”进社区的形式开展统计开放日活动，共发放统计法律法规、统计知识宣传资料 2000 份。以贯彻落实监督意见为契机，全面履行主体责任，刀刃向内从严整肃统计行风，在 2022 年全县统计工作会议上，分别对统计部门、各镇各经济部门、各统计专业和广大基层统计员提出落实监督意见的要求。加强执法队伍建设，强化统计执法检查，组织全局干部职工学习统计法规制度，鼓励符合条件的人员报名参加国家统计执法资格考试，促进统计执法规范化、专业化；通过组织统计执法检查、与县市场监管局开展“双随机、一公开”联合执法检查等方式，严防弄虚作假、少报漏报，共检查 14 家企业和 1 个乡镇，从检查情况看，联网直报企业统计上报数据与检查数据一致，并将检查结果公示。开展统计造假不收手不收敛问题专项纠治工作。争取县委、县政府支持，成立以县委常委、副县长为组长的专项纠治工作领导小组，印发《蕉岭县人民政府办公室关于印发蕉岭县开展统计造假不收手不收敛问题专项纠治实施方案的通知》。县委、县政府主要领导主持召开多场次专项纠治工作会议并提出具体要求，高位推动专项纠治工作。各镇、各相关单位围绕“四个必查”“三个一批”对本单位 2017 年以来的情况认真开展自查自纠。通过自查，全县不存在权力干预、“数据寻租”、统计造假等违法现象。

【统计基础建设】 2022 年，蕉岭县统计局加强统计基层基础建设，健全完善统计基础台账和原始记录，加大基层统计业务培训力度，增强统计工作的科学性、权威性，提高统计数据的真实性、准确性。协助梅州市统计局推进统计内网延伸到镇（街），推进联网直报直管权下放到镇（街），为“第五次经济普查”和统计局其他业务工作的开展奠定网络保障基础。通过邀请市统计局相关科室领导授课、面向基层统计员举办培训班、“送教上门”等方式加强统计业务培训，确保全县统计人员素质有效提升。2022 年，全局以专业为单位召开 11 批次业务培训会，各网报企业单位共 215 人参加培训。根据省、市统计局的安排，成立蕉岭县基层统计“7 个一”规范化建设领导小组，制订《蕉岭县统计局加强基层统计“7 个一”规范化建设方案》，以点带面，推动县、镇两级基础统计“7 个一”规范化先进创建工作，助推蕉岭乡村振兴。在文福镇召开全市镇村规范化建设工作推进现场会。开展农村统计“双基”大调研工作，定期深入镇村开展畜牧养殖、农作物种植、林下经济特色农作物的种植发展调研，从“三农”数据源头把控，防止数据的失实，确保应统尽统；在全县抽取 3 个镇、6 个村，就基础工作情况、规章制度建立和执行情况、数据采集方法、基层台账建设情况、数据处理和数据上报情况等开展农村统计调查基础工作调研。

【普查调查工作】　2022 年，蕉岭县统计局按照上级要求，开展人口变动抽样调查工作，从核实调查小区边界图、入户摸底登记、PDA 数据上报、数据汇总、数据核查、数据验收以及社区表采集等各个环节严把数据质量关，完成 2 个乡镇 4 个调查小区 160 户的调查工作，为县政府领导和有关部门了解群众生活、研究经济发展政策、制定政治措施，提供调查分析数据和统计信息。根据住户调查制度设计要求，有序推进新一轮住户调查大样本轮换工作，做好抽样框构建、宣传动员、经费及物资保障、确定调查户等各环节工作，做到组织领导到位、宣传发动到位、培训指导到位，保证调查数据质量。组建第五次全国经济普查筹备领导小组及办公室，明确领导小组、办公室及各工作组职责，谋划普查思路。加强基本单位名录库建设，完成全县 3050 家单位企业（含产业）核查和名录库审核清理工作，提高名录库数据质量，做好第五次全国经济普查筹备工作。

（钟义腾）

2022 年蕉岭县统计局负责人名录

党组书记：刘碧华
局　长：郭　玲（女，1 月任职）
党组成员、副局长：林森英　刘丽珍（女）
党组成员：黄　伟
副局长：欧海燕（女，12 月任职）
党组成员、县统计普查中心主任：黄荣城

财政·税务

财 政

【概况】 2022年，蕉岭县财政局做好财政收支运行工作，确保收支运行平稳；加强资金规范管理，提高资金使用效能；深化改革，优化政府采购营商环境，提高采购效率；创新合作发展模式，做大做强国有资本和国有企业。

【财政收支运行】 2022年，蕉岭县财政收支运行平稳。

一般公共预算执行情况。2022年，全县一般公共预算收入完成63156万元，减幅为10.09%。其中，税收收入34629万元，减收10569万元，减幅为23.38%，占一般公共预算收入的54.83%；非税收入完成28527万元，增收3483万元，增幅为13.91%，占一般公共预算收入的45.17%。支出完成291224万元，增幅为18.28%，其中民生支出243405万元，占一般公共预算支出的83.58%，增幅为16.24%。

来源于蕉岭的财政总收入情况。2022年，来源于蕉岭的财政总收入合计125168万元，负增长30.43%。全县上划中央“两税”收入完成17792万元，负增长34.74%；上划省四税地市分享部分收入完成16752万元，同比增长37.01%。

政府性基金预算执行情况。2022年，政府性基金预算收入完成3160万元，同比减少68.26%；支出完成81024万元，同比减少1.11%。

国有资本经营预算执行情况。2022年，全县国有资本经营预算收入完成596万元，负增长47.16%；支出完成123万元，负增长65.55%。

【全力以赴抓收入】 2022年，蕉岭县财政部门会同税务局、自然资源局、科工商务局、住建局等各经济口部门，围绕2022年县委、县政府各项工作目标，坚持挂图作战、每月研判，围绕目标，分解目标、落实任务，形成切实有效的工作倒逼机制，最大限度地挖潜增收、盘活资金资源资产，年度财政工作任务按照时间、任务节点稳步推进。同时，争取政策性开发性金融项目信贷资金，向中国农业发展银行争取政策性开发性金融项目信贷资金3.91亿元用于蕉华工业园区北部发展区基础配套设施和标准化厂房建设项目。

【优化财政支出结构】 2022年，蕉岭县财政局做好“六稳”工作，落实“六保”任务。严控一般性支出和“三公”经费支出，从严从紧管好财政支出，压减日常办公经费和非必要的预算支出。做好民生保障工作，确保重点民生实事所需资金足额到位、不留缺口，下达基本民生保障资金2.4亿元，做好统发工资和规范津贴补贴工作与相关部门通力协作，确保工资及绩效、公务交通补贴、住房物业和维修补贴、岗位补贴等按时、准确、足额发放到位。

【规范管理提效能】 2022年，蕉岭县财政局加强债券资金管理，健全县党政主要领导亲自抓、县分管领导具体抓、部门“一把手”直接抓的工作机制，每周通报项目进展情况，加强债券资金支出台账管理，推进项目穿透式监测，掌握项目资金使用、建设进度、运营管理等情况，将长时间无进展或支出进度较慢的项目纳入督查督办事项，明确整改责任和整改时限，确保债券资金支出按节点进度完成。全年，蕉岭县开展地方财经秩序专项整治，成立工作专班，制订工作方案，多次召开专题会议，在全县范围内开展财经秩序专项整治行动，建立问题台账，实行清单制管理。推进“数字财政”建设及国库集中支付电子化相关工作，增加预算单位和功能模块，将所有资金、所有账户、所有单位纳入大平台，建立预算执行动态监控系统，全过程掌握资金使用情况，国库支付中心完成集中支付13517笔，拨付金额42.98亿元。推进“双随机、一公开”工作，随机抽取8家公司，采取现场检查方式开展代理记账机构年度检查。首次全覆盖开展部门整体绩效评价工作，组织全县92个预算单位开展绩效自评，并举办预算绩效业务知识的培训，提高财政资金使用效益和管理水平。推动投资审核改革，节约财政资金，完成工程审核预结算365项，核减工程造价1.28亿元。部署农村财务管理规范化建设工作，制订实施方案，把工作落实到各镇和相关单位，推进农村财务管理规范化工作的开展。

【深化改革谋发展】 2022年，蕉岭县财政局开展涉财税源数据共享机制建设工作，将12个数源单位、47个数据编目纳入共享机制，强化涉财税源数据增值利用，实现数据应用、防范风险、涵养税源、精准服务的多方互利共赢。深化国资国企改革，全面完成23家县属国企的产权登记工作，包括占有登记11家、变动登记11家和注销登记1家；与县属国企相关行业主管部门签订委托监管协议书，明确行业主管部门和国资监管部门的职责。经县编委会批准设立正股级企业国有资产管理股，完善全县国有企业资产管理工作体制和制度，推进成立广东桂岭控股集团有限公司工作。贯彻落实留抵退税、减税降费政策，4月1日对符合条件的微型企业存量留抵退税等业务正式启动办理，切实发挥助企纾困、涵养财源、稳定经济运行的政策效应。推动政府采购改革，广东政府采购智慧云平台项目采购电子交易系统于4月1日全面上线，优化全县政府采购营商环境，提高采购效率。

【做强做大国有资本和国有企业】 2022年，蕉岭县财政局创新地方政府与市属企业合作发展模式，确定蕉岭县城乡建设投资有限公司与广东嘉应城市运营有限公司合作成立广东桂岭基础工程有限公司，参与蕉岭县基础设施建设，实现优势互补、合作共赢。做强做大国有资本和国有企业，支持县属国有企业依法参与实体经济、城乡建设等，实现资产增值、企业增收，组建桂岭控股集团，将有整合价值的国有企业并入桂岭控股集团，带动其他国有企业及民营企业做强做大。以县属国有企业为主体，实施蕉岭县推广光伏发电项目，第一批15家行政事业单位已报县发改局备案、批准。

【加强涉农资金统筹整合】 2022年，蕉岭县累计收到省级涉农资金1.69亿元，统筹整合安排用于71个项目，支出6864万元，支出率为40.64%，项目按进度有序支付。争取省级涉农资金激励奖，贯彻涉农激励政策，以省涉农资金统筹整合改革财政激励政策为旗帜，协同相关部门做好最新政策的对接、贯彻落实，做好2022年度涉农资金统筹整合项目报备工作。加大对涉农资金的支出、监管力度，对资金的支出进度实行每月一通报，督促项目实施单位加快项目建设进度，协调解决存在问题，保障资金按时按进度拨付。突出绩效管理“风向标”作用，引入第三方中介机构对2021年涉农资金统筹整合转移支付区域绩效评价，同时，开展2022年涉农资金支出进度和绩效目标“双监控”，对涉农资金进行绩效目标跟

踪管理，保证资金投入用在刀刃上，发挥涉农资金的最大效益。 （余淑莹）

2022年，县财政局深入广福园区调研（县财政局提供）

2022 年蕉岭县财政局负责人名录

党组书记、局长：张　卫（任至 1 月）
罗万旋（1 月任职）
党组成员、副局长：林英勤（女）
曾雪芬（女，5 月转为挂职）
曾勇武（8 月任职）
黄承珣
党组成员、总会计师：徐海红（女，任至 8 月）
游晓秋（女，8 月任职）
党组成员、县农财办主任：张　生
党组成员、纪检监察组组长：丘志军
党组成员：张荣涛（女）

税　务

【概况】　2022 年，国家税务总局蕉岭县税务局主要负责辖区内各项税收、社会保险费和有关非税收入的征收管理工作。2022 年，国家税务总局蕉岭县税务局以党建带动精神文明建设和群团组织建设，获得“广东省三八红旗集体”“广东省五一劳动奖状”“蕉岭县精神文明建设工作先进集体”等荣誉和称号。

【服务大局】　2022 年，国家税务总局蕉岭县税务局推动组合式税费支持政策红利直达快享，帮助市场主体纾困解难，做到政策落实快、宣传辅导准、风险防控严，退税减税进度如期推进，为广大市场主体送去“及时雨”。以市级税收共治机制为基础增加 5 个责任单位，形成涵盖全县 36 个单位和 53 项工作内容的税收共治协调联动机制，先后与住建、市场监管等单位签订合作备忘录。聚焦园区建设，提前参与招商引资工作规划，对接县招商引资团队，跟进园区引进项目和外来企业落地情况，为园区企业提供“一对一”专属税收服务方案，根据落地企业的涉税需求开展纳税辅导，以税务力量扶持园区落地企业做大做强。

【纳税服务】　2022 年，国家税务总局蕉岭县税务局健全服务体系，完成文福税务分局办税服务厅撤并，形成 1 个城镇中心办税服务厅，4 个镇级“微税厅”和各村（社区）服务中心的 125 台“粤自助”的三级服务矩阵。非接触式办税“更便利”，推行税费服务事项网上办、掌上办、自助办等“非接触式”办理，月平均电子办税率 96.43%。办税缴费“更快速”，线下办税效率显著提高，平均等候时间缩短到 3.7 分钟，平均办理时间缩短到 1.8 分钟，叫号系统评价满意率 100%。纳税咨询更“更智慧”，建设集约运营中心和 V-Tax 可视化办税系统，通过“视频连线”“线上答疑”为办税缴费群众实现“不见面”的深度咨询。

【税费征管】　2022 年，国家税务总局蕉岭县税务局严抓重点税种管理，企业所得税汇缴清缴率 99.77%，个人所得税综合所得和经营所得汇算清缴申报率 100%。抓实重点专项工作，推行土地增值税团队化清算模式，按计划推进清算工作，完成蕉岭首府等 7 个项目的清算入库。加强重点行业管理，采取“以药控税”的方式开展采矿业税收评估，查补税费近200万元。聚焦重点建设项目，尤其是异地建安企业承包项目，掌握各阶段工程进展情况和结算情况，相关税款足额入库。完成金三社保费标准版系统上线工作，开展社保费扩面征缴工作，完成全年城乡居民医疗保险征缴工作。

【依法治税】 2022年，国家税务总局蕉岭县税务局组织开展第五轮现金税费征缴风险排查工作，对发票代开管理、税收票证管理、不动产交易、长效机制建设、追责问题等方面进行新一轮排查。组织新进公务员举行执法模拟考试20多次，通过以考代练，确保执法考试通过率100%。

【队伍建设】 2022年，国家税务总局蕉岭县税务局坚持党管干部原则和好干部标准选人用人，调整股级干部14人次，职级晋升干部19名。从基层分局、艰苦岗位等主战场锤炼、识别和选拔干部，提任2名青年干部担任部门正职，开展20多人次的机关与分局之间和业务岗位与综合岗位之间的交流轮岗，推出2名优秀青年干部参加上级组织的实践锻炼。组织拍摄国家税务总局蕉岭县税务局抗美援朝胜利70周年纪念章获得者彭信松老人的精神传承类视频，八一建军节时在省局微信公众号专题播发。 （曾 昶）

2022年国家税务总局蕉岭县税务局负责人名录

党委书记、局　长：徐小静（女）
党委委员、副局长：林展强（任至7月）
池运军（任至3月）
肖振城（任至9月）
林伟阳
郭程望（12月任职）
党委委员、纪检监察组组长：杨扬城

教科文卫体

责任编辑：梁杰平

教　育

蕉岭县教育局

【概况】　2022年，蕉岭县有开放大学1所，中小学校41所（含特殊学校1所及5所小学教学点），中小学生及在园幼儿共32102人（含特殊学校在校学生41人，送教上门学生54人）。其中，完全中学2所，中等职业学校1所，在校普通高中学生3583人，初级中学10所，九年一贯制学校3所，在校初中学生7029人；完全小学20所，教学点5所，在校小学生14522人。幼儿园52所（公办园18所、民办园34所），在园幼儿6968人。

【普通中小学教育】　2022年，蕉岭县有高中阶段学校2所，初级中学10所，九年一贯制学校3所，完全小学20所，教学点5所。高中阶段有78个教学班，初中阶段有166个教学班，小学阶段有421个教学班（含九年一贯制）。2022年，蕉岭县中小学校义务教育标准化达标率100%，小学适龄儿童入学率达100%，升学率100%；“三残”儿童入学率达98.7%；初中毕业生升学率达100%，初中毛入学率102.5%，初中三年巩固率101.6%。

【学校提质改造】　2022年，投入1.7亿元实施校园提质改造工程，其中学校改扩建3项、运动场升级改造7项、暑期修缮项目20项。新铺镇中心小学、广福中学共新增32个班、1440个学位，桂岭学校预计新增30个班、1500个初中学位。完善南礤学校、蓝坊中学、徐溪中学等一批乡村寄宿制学校。

【幼儿教育】　2022年，蕉岭县有幼儿园52所（公办园18所、民办园34所），有公办幼儿专任教师255名，专任教师大专以上学历比例为94.12%；民办幼儿园专任教师219名，专任教师大专以上学历比例为84.01%；在园幼儿6968人，其中公办园幼儿3775人，民办园幼儿3193人，学前三年入园率为98.59%。该年升级改造4所公办幼儿园，分别是蕉岭县实验幼儿园、蕉岭县润玉幼儿园、蕉岭县幼儿园、长潭镇中心幼儿园。

【教育教学成绩】　2022年，全县参加普通高考考生1190人（蕉岭中学622人、华侨中学568人），本科上线人数达644人（蕉岭中学552人、华侨中学92人），上线率52.6%。特殊控制线分数上线159人；地方专项计划入围238人。全年，申报省级专项课题5项、市级课题31项。组织2项省规划课题结题鉴定工作，6项市级性别平等教育课题结题，其中2项被评为优秀。全县教师获省级表彰28人次、市级表彰95人次、县级表彰497人次。

【教师队伍建设】 2022年，全县有教职工2364人。其中，普通高中435人，普通初中586人，九年一贯制学校64人，小学1008人，幼儿园220人，特殊教育学校20人，中职学校14人，开放大学17人。蕉岭县以“双引双培”和“强师工程”为抓手，引进高素质教育人才，招聘2名硕士研究生，公开招聘教师44名到县直及乡镇学校（幼儿园）任教。 （徐丹玲）

11月3日，蕉岭县召开中小学教育集团化办学工作启动会（县教育局提供）

2022年蕉岭县教育局负责人名录

县委教育工委书记、局党组书记、局长：
徐金伟
县委教育工委委员、局党组成员、副局长：
赖增平 汪英巧 钟 强（12月任职）
罗惠浩（任至12月）
县委教育工委副书记：汤国庆
县纪监委派驻组长、县委教育工委委员、局党组成员：谢 丹
县委教育工委委员、局党组成员：罗思忠
局党组成员：陈广雄

蕉岭县蕉岭中学

【概况】 2022年，蕉岭中学以育人为本，从实际出发，强化精细管理、实效评价举措；提升全员参与、高效育人高度；拓展紧抓课堂、推进教学研究宽度；促进学校内涵发展，实施品牌强校战略。荣获广东省无线电测向冠军赛优秀组织奖，参加广东省教育厅主办的“粤东粤西粤北地区中小学合唱交流展示活动”荣获“广东省一等奖”，被广东省教育厅授予“广东省第二批普通高中新课程新教材实施省级示范校”称号。

【队伍建设】 2022年，蕉岭中学重视健全学校师德建设长效机制，丰富师德建设内涵，从服从组织安排到高质量完成教育教学任务等各个方面充实师德建设内容。树立身边的典范，引导广大教师做“四有”好老师。学校党委书记、校长汤国柱被评为“优秀校长”；陈德荣被评为“2022年梅州市优秀教育工作者”；张志康被评为“2022年梅州市优秀教育工作者”；谢小俊被评为2022年梅州市教学工作先进教师；郑志远被评为“2022年梅州市优秀班主任”；涂天德被评为“2022年梅州市优秀教师”；张亮云荣获“蕉岭县优秀管理人员”称号；赖念丹、黄冬清、黄燕春获“蕉岭县优秀班主任”奖；傅先梅，陈翠辉、黄丽娟获“蕉岭县教学、教育科研积极分子”称号。

【校园安全管理】 2022年，蕉岭中学时刻把师生安全放在第一位，落实责任、警钟长鸣，深入排查校园安全隐患，积极化解矛盾，从源头上、根本上维护学校安全稳定，把校园建成最阳光、最安全的地方。提升安全首位认识，创新安全预防机制，实施安全首要责任制，全方位加强消防安全、交通安全、防溺水安全、防校园欺凌、校舍安全、教育教学安全管理，筑牢安全防线。

【德育活动】 2022年，蕉岭中学在强化德育常规工作的基础上，努力创新德育举措，以问题为引导，以需求为切入点，精细化创新德育管理，发挥学生的主观能动性、激发学生潜能、引导学生个性发展，以充分发展、可持续发展为着眼点进行德育评价。2022年，何秋菊、杨燕琴等班主任获蕉岭中学“盛顺奖教金”优秀班主任奖励。德育工作坚持以活动为载体，通过形式多样的德育活动实现德育总体目标，成功地举行高一年级远足活动、高二年级成人礼、高三毕业典礼、第十三届科技文化节、第十五届体育节、第二十六届校园文化艺术节等活动，展示学生风采，强化学生主人翁意识。学校还通过“三育人”活动，让学生在参与学校日常事务管理中培养自律自觉和劳动服务意识，增强学生的自豪感、责任感。

2022年7月29日，蕉岭中学举行成人仪式
(县创文办提供)

【教学教研】 2022年，蕉岭中学重视教学过程管理，营造良好的学习环境，实施素质教育。通过多层次、全方位的课堂实践来提高教师执行新课程标准实践水平，组织开展新进教师汇报课、青蓝工程师徒帮带课、骨干教师示范、课改专题观摩课等活动，落实“备课、说课、议课、上课、评课”的教学规程，推进“有效教学”，打造“高效课堂”。要求广大教师紧紧抓住课堂教学主阵地，深化课堂教学改革，向课堂四十五分钟要质量，打磨每一节课，提升教师专业化水平。

【高考成绩】 2022年，蕉岭中学全体师生齐心协力，攻坚克难，砥砺奋进，高考再创佳绩。高分生（600分以上）24人，占参考学生622人比例为3.86%，占比居全市各县重点中学第一名；特控线上线159人，占比26.6%；专项计划上线238人，占比38.2%；本科上线552人，占比88.8%。各线比例与往年基本持平，高分学生人数远多于其他兄弟学校。其中汤锦雯、涂华宇、张科被浙江大学录取；孙思琦、傅瑜晗、何润麟、李崑北、李幸欣、谢志煜被中山大学录取；陈俏予、涂舒芊、谢钰荣、徐伊彤、杨垒、钟环宇、钟意被华南理工大学录取。其他一大批学生被名校录取。特殊控制线和本科上线率均比2021年有所提高，继续保持稳中有进的良好势头。 (黄新和)

2022年蕉岭县蕉岭中学负责人名录

党委书记、校长：汤国柱

党委副书记：谢志平

副校长：丘安清　刘广泉　林皇千　曾国剑

蕉岭县华侨中学

【概况】 2022年，华侨中学围绕“抓管理，促质量，谋发展”的工作思路，贯彻“公平、成才、感恩”教育，坚持以科学发展观为指导，以教育教学为中心，以深化课程改革为动力，强化责任意识和服务意识，着力加强教师队伍建设，加大常规管理力度，抓紧抓实教育教学质量，经过全体师生的精心备考，高考本科上线人数达到 92 人。

【落实教学、计划】 开学初，根据学校总体目标和工作要求，结合学校实际，制订教学、教研组计划，保证教学、教研活动的有序进行。各年级按照上级规定教学计划，严格执行课时计划，开好必修课，开足活动类课程，音体美开足课时等。认真落实常规教学检查计划，对所有教师教案共检查 4 次，作业检查 4 次。以普检和抽查相结合，对教师的常规工作强化监督作用，所有考试，尤其重视考试考风考纪问题，以期达到教学管理系统的整体优化。

【开展教学活动】 2022 年，华侨中学落实公开课听课评课制度，开展的听评活动有汇报课、课改展示课、备课组内研讨课。在做好日常教学管理基础上，为更好地提高教师教学、教研水平，推进教师教学能力比赛，举办教研组长“精彩一课”教学比赛活动。重视校本研修、课题研究实践。2021—2022 学年胡添发的《微课技术在农村高中课堂教学的应用研究》获得广东省教育教学科研课题立项。7 名教师县级课题立项，11 名教师县级课题结题。鼓励教师参加各级各类教学比赛，撰写教学论文，有 50 多名教师发表了论文或论文评比获奖。加强学生学科能力的培养，组织各级各科能力竞赛 5 场，表彰学生 200 多人次，极大调动学生的学习热情。

【注重德育工作】 2022 年，华侨中学加强班主任的培训工作，要求班主任在常规工作中转变理念、以心换心，尊重学生，礼待家长，讲究德育工作的实效性、艺术性。完善《班主任文明班考核方案》，加强班会课的检查与记载，调动班主任工作积极性。通过对学生进行行为规范教育，培养学生自我约束、自我管理的能力。开展“告别陋习，走向文明”主题教育，利用国旗下的讲话、主题班会等形式倡导道德自律。引导学生自觉遵守各项行为规范，养成珍惜自己、关爱他人、维护社会的良好习惯。严抓学生仪容仪表、使用手机礼仪和文明上网等问题，完善德育安全常规管理制度，使之更切合实际发展，政教处在总结以往工作的基础上，广泛听取群众意见，完善各项管理制度，使德育安全管理更加细化，更趋合理性与可操作性。加强学生德育安全操行评分检查，在量化管理的基础上，关注其工作实效性和各方面的满意度，奖优罚劣，酬勤惩懒，激发班主任工作的积极性、主动性。

【德育安全、法治教育】 2022 年，华侨中学利用校会、班会、宣传栏等各种形式宣传法律法规和安全知识。邀请法治副校长到校作法治安全教育，向学生宣传法律基础知识。安全是学校一切工作的基础，要特别重视交通、防溺水、食品、预防煤气中毒等自然灾害的安全工作，班主任应增强安全意识，结合各班实际情况，加强对学生的教育和引导，预防事故的发生，杜绝事故隐患。

【青春期心理健康教育】 2022 年，华侨中学贯彻落实《中小学心理健康教育工作纲要》，制订心理健康教育青春期教育工作计划，建立相应的规章制度，完善心理辅导室，重点解决学生学习心理负担过重、人际交往中的心理障碍、青春期烦恼、升学中的困惑等问题。完善心理健康教育课，加强心理健康专职教师对学生的个别辅导与咨询，提高心理咨询室的利用率。开展面向家庭、学生的心理咨询活动，探索学生心理健康教育的特点和规律。健全三级帮教网络，引导班主任重视帮教工作，通过建档、分析、疏导、跟踪等环节，把工作做细做实；对外加强学校与家长、社区的联系，聘请法治副校长共同参与学生的帮教转化，使后进学生情况趋于稳定，杜绝在校学生的违法犯罪现象。

【"学校、家庭、社会"合力育人】 2022年，华侨中学在寻求与家长形成教育合力的目标上，树立服务意识和协作意识，重视家庭教育指导工作，开展有针对性的重点家访工作，发挥家庭教育在思想道德教育中的作用。利用好信息网络平台，加强对学生的管理与教育。

【做大做强体艺特色，丰富"一校两特一精"内涵】 新学期伊始，启动阳光体育活动，让学生走出教室，走进大自然，调动全校师生参与体育锻炼的积极性。开展"阳光路上"的徒步远足春游活动，提高学生的体质，特别是耐力素质水平，把学校阳光体育运动引向深入。举办全校教职工羽毛球、篮球比赛及"三八"节趣味体育活动，组织学校足球队参加县中学生足球比赛。规范艺术课教学行为，经常组织文艺教师开展特长培训。做好全校艺术特长生培训、高三艺术班备考工作。精心组织高二年级成人宣誓、校园艺术节活动及一场有档次、高质量的高三年级毕业典礼。加大体艺师资培训力度，加强校本培训，发挥传、帮、带作用，创造条件开展学习、交流、合作活动，提升体艺教师综合素质，培养学科带头人和骨干力量。加大资金投入力度，在场地、设备等方面做到尽可能地满足兴趣小组和特长培训的需要。斥资440万元，翻修建英体育场。完善美术室、音乐室设施设备，不断满足学校艺术教育发展的需要。 （徐 岭）

2022年蕉岭县华侨中学负责人名录

党总支部书记、校长：刘隆基

党总支部副书记、副校长、高中理科组党支部书记：罗仕东

党总支纪律委员、副校长、工会主席：钟剑平

党总支宣传委员、副校长、高中文科组党支部书记：涂志远

蕉岭县镇平中学

【概况】 2022年，蕉岭县镇平中学秉承"德育为首，育人为本"的办学思想，以"爱国、团结、勤奋、进取"为校风，以教学"常规打基础、改革求出路、管理要质量"为办学宗旨，被梅州市教育局、梅州市体育局、梅州市足球协会评为"梅州市足球传统特色学校"，蕉岭县镇平中学教育集团授牌成立，由徐志峰、丘晓锋、杨荣辉、徐仲维发起成立蕉岭县镇平中学"信锋源奖教奖学金"基金会，"汤邓细玉奖教奖学金"发放数额达3万元。

【队伍建设】 2022年，蕉岭县镇平中学重视教师队伍建设，组织全体党员前往梅州市梅江区西阳镇北联村红色革命教育基地开展"赓续红色血脉 传承革命精神"主题党日活动。以教研组为单位再次学习新的课程标准，形成"实施新课程的成败在教师，教师的要务在于更新教学观念"的共识，抓好教学常规检查工作，明确"四个一"的工作要求，加强校本培训，提高教师素质。

【提升教学质量】 2022年，蕉岭县镇平中学坚持以教学工作为中心，以全面提高教育质量和办学效益为主线，以建设高素质师资队伍为根本，以重实际、抓实事、求实效为教学工作的基本原则，加强教学常规管理，落实新课改，抓好"以生为本"的教学监控，提高教学质量，实践新课程改革，强化教育流程管理，提高教育质量。2022年中考再创佳绩，有196名同学考进重点中学，重点中学入围率达45%，连续多年被蕉岭县委、县政府授予"初中教学质量优胜单位"称号。

【德育活动】 2022年，蕉岭县镇平中学以中学生日常行为规范教育为抓手，加强对学生的思想道德、行为规范和礼仪常规教育，坚持“突出重点，注重实效”地开展德育工作，围绕校园文化建设，开展各类主题教育，使学生学会做人，学会求知，学会生活，学会劳动，学会健体，学会审美，努力培养举止文明、品德优良、心理健康且富有创新精神的一代新人。开展党建带团建“献礼二十大 青春心向党”主题团课活动，强化理想信念教育；开展植树节生态环保主题教育，传播生态文明理念；开展学生预防溺水应急演练，增强安全防范意识和技能；成功举办第六届校园科技文化节、第六届校园文化艺术节暨纪念“一二·九”学生爱国运动87周年文艺会演、第十八届学生秋季田径运动会以及校园拔河大赛，营造丰富多彩的校园文化氛围。

2022年9月27日，镇平中学开展“珍爱生命，预防溺水”安全教育（镇平中学提供）

【特色创建】 2022年，蕉岭县镇平中学以“古典文学的精髓在校园中的深刻渗透”为目标，以“走进古文学，品析古文学，塑造好品格”为宗旨，坚持开展“走进古文学”校园特色活动。设立“古文学”阅览室，以每周读名著、做读书笔记等形式让学生畅游“古文学”，开展“古诗词·古文学的赏析”活动3次、“古诗词·古文学的演讲”活动2场1574人次、“地方民俗的研讨”活动4场520人次，形成“文明知礼，文气浓郁，勤学善思”的校园文化氛围。 （林柳东）

2022年蕉岭县镇平中学负责人名录

党总支部书记、校长：王晓松

党总支部副书记、副校长：林文勇

党总支部委员、副校长：古红梅

副校长：钟　闻

蕉岭县职业技术学校

【概况】 蕉岭县职业技术学校于2004年3月从县镇平中学分离后独立办学，是蕉岭县唯一一所独立的中等职业学校，为县直属正科级建制，功能定位为培养高中学历技术应用人才。2020年秋，根据蕉岭县教育发展工作部署要求，蕉岭县职业技术学校原校址改建成镇平小学，经市、县教育局批准，蕉岭县职业技术学校从2020年秋季开始暂停招生，原在校师生进行分流，并搬迁至蕉岭县华侨中学内，借用华侨中学的设备设施完成剩余的教育教学任务。现职校在编15名教师，其中专任教师15人，本科学历15人，学历达标率100%，高级教师10人，占教师人数的66.7%，双师型教师15人，占专任教师人数100%，商务英语教学班1个，有42名学生。学生全国计算机等级考试通过率达98%以上，全国英语等级考试通过率达75%以上，化学技能课程证书考试通过率达100%。

【学校发展、教育教学管理】 2022年，蕉岭县职业技术学校做到职责分明、责任落实和责任追究。一把手负总责，分管领导具体抓，部门各负其责，做到有落实、有检查、有反馈，勤干实干，营造干事创业氛围，确保抗疫防灾和师生安全保障工作到点到位，确保最后一届商务班42名学生顺利毕业，全部学生考上高等院校。 （陈子龙）

2022 年蕉岭县职业技术学校负责人名录

校　长：王洪兵

副校长：陈移山　陈子龙　何小东

蕉岭县田家炳实验中学

【概况】 2022 年，蕉岭县田家炳实验中学强化师德建设，细化德育管理，深化课程改革，促进学校高质量发展，被梅州市教育局评为“梅州市教书育人表扬单位”，获蕉岭县“县长杯”校园足球比赛初中男子组第一名和初中女子组第二名，被蕉岭县教育局评为 2022 年度五星级德育示范学校，获评 2022 年蕉岭县高质量课堂教学评比展示活动优秀学校；学校获 2022 年梅州市“市长杯”青少年校园足球联赛市级决赛初中男子组第五名。

【加强师生政治思想教育】 2022 年，蕉岭县田家炳实验中学党组织坚持“三会一课”制度，开展主题党日活动，学习贯彻习近平新时代中国特色社会主义思想。组织党员学习习近平总书记在庆祝中国共青团成立 100 周年纪念大会上的重要讲话精神。召开《习近平谈治国理政》第四卷专题学习会，会上邀请县委宣讲团成员钟国波到学校作学习贯彻《习近平谈治国理政》第四卷辅导宣讲。11 月 15 日，学校召开学习宣传贯彻党的二十大精神会议，开展以“迎接党的二十大，培根铸魂育新人”为主题的师德建设主题教育月活动，教师踊跃参加师德征文活动，《以文化人，培根铸魂》《做最受学生欢迎的老师》《十年杏坛路，一蓑风雨情》等优秀师德征文推荐上送教育局参加评比，并获一、二等奖。

【德育管理】 2022 年，蕉岭县田家炳实验中学构建以爱国主义教育为核心的学校德育工作体系，开展红色主题教育、生命教育、理想信念教育、劳动教育、集体主义教育，让学生养成优良品质。充分发挥课堂教学和思政课主渠道作用，推动思想政治教育提质增效。学校党总支部和团委联合心连心义工协会组织开展“走访送温情，慰问暖人心”关爱“空巢老人”志愿服务活动，弘扬雷锋精神，传承社会正能量。学校举行以“喜迎二十大、永远跟党走、争做新时代共青团员”为主题的新团员离队入团仪式。蕉岭县公安局联合蕉岭县教育局在蕉岭县田家炳实验中学开展“向学生欺凌说‘不’”的专题教育。举行“新时代好少年”宣讲活动。学校师生在蕉岭县国防教育主题公园开展“走进国防教育基地 厚植爱国主义情怀”全民国防教育日活动。举办“坚定理想信念，厚植爱国情怀”主题演讲比赛和“学习二十大、永远跟党走、奋进新征程”主题团课。

【教学科研】 2022 年，蕉岭县田家炳实验中学着力于教学科研，促进教师专业成长，形成具有鲜明特色的“三研三学促三新”教师专业发展模式，教师的教育科研意识、团队协作意识、竞争意识、质量意识不断提高。推进集团办学，利用学校首届梅州市中小学郭秋源名校长工作室、张新清名教师工作室的培训功能和辐射作用，组织开展系列活动，发挥名校长、名教师的示范作用。校长郭秋源为学校教师和工作室学员作题为《弘扬家炳精神，争做时代新人》的主题讲座。张新清名师工作室及部分骨干教师走进侨兴中学，开展“支教助教”“校本研修”系列活动。在 2022 年蕉岭县高质量课堂教学评比展示活动中，王荣华、林春燕、钟婷、吴子艳、陈岚葆 5 名老师获一等奖。

【特色活动】 2022 年，蕉岭县田家炳实验中学以开展“校内课后托管”为契机，推进“五育并举，五球联动”艺术特色教育，做到开齐课程、开足课时，上好每一节课，保质保量完成教学任务。开展第二课堂活动、中间操跑操活动及初三年级中考体育项目训练，举办足球、美术、音乐、征文等学科竞赛活动，培养学生特长，把特色创新活动引向深入。学校开展推广粤韵操交流展示活动，普及和推广粤韵操，促进美育发展。举办“传承优良文化，成就美好人生”书法进校园主题活动和第十六届学生田径运动会。

（王荣华）

2022 年蕉岭县田家炳实验中学负责人名录

党总支部书记、校长：郭秋源

副校长：刘千华　黄近芳（女）

　　　　黄维锦　钟利英（女）

蕉岭县新铺中学

【概况】　2022 年，蕉岭县新铺中学坚持德育为先，育人为本，规范教师行为，通过理论学习、上党课、警示教育等形式，教育引导教师筑牢思想根基，规范从教行为。深化理论武装，强化教师队伍建设。开展以“迎接党的二十大·培根铸魂育新人”为主题的师德建设主题教育月活动，全体教师踊跃参加师德征文活动，《培根铸魂育新人·做好学生的引路人》《坚守高尚师德·担当育人使命》等优秀师德征文上送教育局参加评比，获一等奖。

【德育管理】　2022 年，蕉岭县新铺中学围绕学校的中心工作，以人为本，开拓德育新思路，发挥德育途径整体效益，提高学校德育整体效果。加强班主任队伍建设，每学期坚持开好“四种会”，即每周一次主题班会、每月一次班主任会议、每学期 2 次班主任经验交流会、每学期 1 次家长会。开展主题班会观摩活动，让班主任在实践中互学互进，共同提高。加强校园文化建设，推进“书香校园”进程，创设一个“时时受教育，处处受感染”的德育环境。加强学生的思想道德教育和养成教育，学习贯彻《中学生守则》《中学生日常行为规范》和《新铺中学学生在校一日常规》，开展文明礼仪教育、法治教育、安全教育等。办好家长学校。定期召开家长会，通过听讲座、随堂听课等形式，丰富家长学校活动。同时，坚持通过电话联系、家访、经常性地与家长沟通，推进家校联系，提高家教水平。重视思政课建设。

【教学管理】　2022 年，蕉岭县新铺中学以提高学校教育教学质量为中心，以落实“立德树人”为根本任务，以新课程标准为依据，以发展素质教育和培养学生核心素养为抓手，强化教学常规管理，落实各项制度，推进教育科研工作稳步向前发展。按《新课程标准》开齐、上足每一门课程，不随意增减。明确备课、讲课、改作业、辅导、考查等制度和要求。以备课、作业为抓手，完善课前准备、课中教学、作业与辅导三环节的实施与管理。加强教学常规检查，针对备课、上课、测试、作业、辅导、听课等常规检查进行细化。推进课堂教学变革，提升课堂教学效率，在蕉岭县“高质量课堂”教学评比展示活动中，学校获“优秀学校”称号；1 名教师获一等奖；1 名教师获二等奖。

（丘敏华）

2022 年蕉岭县新铺中学负责人名录

校　长：宋伟清

副校长：廖广均　宋贤文

蕉岭开放大学

【概况】　蕉岭开放大学（蕉岭社区学院），原名蕉岭县广播电视大学，是教育部和国家开放大学（原中央广播电视大学）确定的第一批“开放教育”试点单位，是一所以现代远程教育信息技术为支撑，学历教育与非学历教育并举，面向蕉岭乃至全国提供终身教育服务的新型高等学校，是蕉岭实用型人才培育基地和社区教育中心。该校设有4个职能处室，分别是办公室、教务处、网教处、总务处，现有教职工17人，其中专任教师17人，高级职称6人，中级职称10人，初级职称1人。2022年，该校在县委、县政府和上级教育主管部门的正确领导下，坚持以习近平新时代中国特色社会主义思想为指导，贯彻落实党的二十大精神，全面贯彻党的教育方针，以党建引领学校“一体两翼”全面发展。秉持“立足基层、服务社区、服务农村”理念，坚持走内涵发展道路，搭建开放大学学习平台，构建学习型社会，提升成人高等教育为本地经济发展的服务能力。在全体教职工的共同努力下，该校完成各项预期工作目标，实现和谐、科学、转型升级发展，各项事业再上新台阶。2022年12月，该校被评为梅州开放大学体系老年教育先进单位。

【党建和师德建设】 2022年，蕉岭开放大学坚持和加强党的全面领导，推进党的政治建设、思想建设、组织建设、作风建设、纪律建设。一是深化党的政治建设。该校党支部聚焦“两个维护”，深化党的政治建设，组织干部职工学习贯彻习近平新时代中国特色社会主义思想和党的二十大精神，深刻领悟“两个确立”的决定性意义，引导党员增强“四个意识”、坚定“四个自信”、做到“两个维护”。二是巩固拓展党史学习教育成果。运用“三会一课”加强党员干部日常政治理论学习，学习伟大的建党精神，传承红色基因，赓续红色血脉，牢记中国共产党是什么、要干什么这个根本问题，进一步做到学史明理、学史增信、学史崇德、学史力行，引导党员干部学党史、悟思想、办实事、开新局，巩固党史学习教育成果。三是加强基层党组织建设。该校切实增强基层党组织政治领导力，提高基层党组织建设质量。贯彻落实加强党的基层组织建设三年行动计划，深化基层党组织标准化、规范化建设，严格落实“三会一课”民主议事决策、民主生活会制度等制度，提高组织生活质量。四是开展师德建设主题教育月活动。该校组织开展“迎接党的二十大，培根铸魂育新人”2022年师德建设主题教育月活动。通过开展师德建设主题教育月活动，全面提高教职工职业道德水平，建设精干高效、高素质的师资队伍。

【教育教学与管理】 2022年县政府常务会议审议通过《蕉岭开放大学建设方案》，开启蕉岭开放大学转型升级内涵式发展步伐。该校注重学校内涵建设，提高办学质量，落实教学环节、强化教学过程管理，从五个方面入手，严抓教育教学及管理工作，加快县级开放大学的转型升级发展步伐。加强学生思政课教育，结合人才培养目标，组织学生学习党的二十大精神，学党史、学校史、学校规，提高思想政治素养、明确学习方向、端正学习态度。加强师资队伍建设，该校通过严格选聘开放教育教学专、兼职教师和毕业论文指导老师，为每门学科配备合格的专业辅导教师，加强教师业务培训，选派教师参加省市县业务培训等方式提高师资队伍水平。加强教学过程管理，该校严格落实教学环节，强化教学管理过程，树立“以学生为中心”的现代教育理念，整合优质的教学资源提供给学生自主学习；积极提高学习支持服务水平，有效指导成人学生运用手机、电脑终端参加直播课程学习、实时交流讨论和课程答疑等现代远程教育教学学习，积极构建现代教育学习支持服务系统，实现随时随地开展在线学习和网上作业考核。注重考风考纪落实，该校重视考风考纪建设，加强学生的考风考纪教育，加强考前考务工作培训，注重考试的细节管理，以考风促学风，通过细化考试组织管理，利用多种形式对学员加强考风考纪诚信教育，将考风考纪教育关口前移，规范有序开展考试工作，擦亮全国基层电大信得过考点金字招牌，确保考试工作顺利。加强综合实践环节管理。该校在抓好课程实践环节同时重视抓好综合实践（毕业论文、毕业设计等）工作。通过加强综合实践环节管理，引导学生将专业知识技能运用于岗位工作实践，在实践中巩固和提高，培养学生的创新意识、实践能力以及分析问题和解决问题的能力，培养适应社会发展需要的应用型人才。

【招生与人才培养】 2002年蕉岭开放大学贯彻落实立德树人根本任务，积极提高开放教育教学质量，加快县级开放大学的转型升级步伐。建立起了宽进严出、开放灵活的在职人员终身学习人才培养模式，坚持学历教育和非学历教育协调发展，面向全县各行业提供在职研究生、本科、专科学历教育和多种类型非学历教育培训，培养适应社会发展需要的应用型人才。创新学校招生方式，扩大招生规模，该校紧紧围绕“稳定办学规模促发展”这一中心，深入单位企业调研，掌握各单位人员的学历需求，采取积极采取上门服务招生、定向服务批量招生的方法，以服务促招生，以老生带新生等办法开展招生工作；利用微信公众号、县融媒体、户外广告视频等宣传工具全方位加大招生宣传力度。2022年春季招生人数达187人，2022年秋季招生人数为157人，招生人数居全市第三名。2022年学校为地方经济建设输送一批经济适用型人才，全年毕业生人数共286人，共有8人获得学士学位。积极提升办学层次，该校积极与西北师范大学、暨南大学、华南农业大学联合举办在职研究生班，共有50多位学员报名参加考前辅导学习，学校正全力以赴为他们提供考前辅导服务。2022年8月，该校专门邀请暨南大学公共管理学院教授林慕华等专家到蕉岭县举行硕士研究生政策宣讲会，广泛宣传考研政策，鼓励和帮助有意向提高学历的青年朋友报考学习，反响热烈。

【服务全民终身教育】 为加快县级开放大学的转型升级高质量发展，该校积极服务全民终身学习，赋能学习型社会建设，整合各类教育资源，开展社区教育，开办老年大学。积极争取广东老年大学（依托广东开放大学设立）的支持，2022年3月获得广东开放大学同意加挂“广东老年大学蕉岭学院”牌子的批复，并于5月9日举行了广东老年大学蕉岭学院揭牌暨开班仪式，实现学校老年教育从“无”到“有”的历史跨越。2022年9月19日，蕉岭县委刘鸿涛书记来校视察，充分肯定学校的办学工作，肯定全体教职工的工作热情以及团结奋进、开拓创新的精神，并为该校在转型升级高质量发展方面提出要求。多元联动，推动乡镇学习中心建设。蕉岭开放大学积极响应广东开放大学的号召，积极推动“服务社会、服务基层”的乡镇学习中心建设，打造具有山区特色的乡镇“开放教育”品牌，积极搭建由学历补偿向知识补充转变，由文凭提升向技能提高转变，由注重线上向线上线下融合转变的乡镇学习中心平台。将乡镇学习中心打造成为开放大学乡镇招生服务中心、乡镇教学服务中心、乡镇现代远程教育中心、乡镇成人教育中心。该项目得到广东开放大学的大力支持，成功获得2022年省校专项体系建设项目立项，2022年6月广东开放大学孙平副校长一行专程到校调研和指导工作。通过设立蕉岭开放大学乡镇学习中心，立足服务乡村振兴，建设终身教育、在线教育、灵活教育学习平台和对外合作的平台，创造“人人皆学、时时能学、处处可学”的社会环境，构建终身教育体系。 （徐庆均）

2022年蕉岭开放大学负责人名录

党支部书记：赖伟华
副校长（主持全面工作）：赖伟华
副校长：陈　剑　钟苑苑　江远芳

蕉岭田家炳师范学校

【概况】　2022年，蕉岭田家炳师范学校随着新成立的蕉岭县教师发展中心工作的展开，该校原有的教师继续教育和培训等职能已纳入教师发展中心。蕉岭田家炳师范学校紧密跟随着国家和社会发展的步伐，与时俱进，加快转型发展，整合优化教育教学资源，积极打造成人教育培训中心，开展社区教育、老年教育、职务培训等非学历培训工作。学校有教职工17人，其中专任教师17人，高级职称6人，中级职称10人，在全体教职工的共同努力下，该校完成各项预期工作目标，实现和谐、科学、转型发展。

【社区教育】　2022年，田家炳师范学校积极开展社区教育。为加快转型发展，该校积极整合各类教育资源，积极开展社区教育，服务社区群众，先后与县融媒体中心、县文化广电旅游体育局、司法局、卫健局、团县委、妇联、总工会等相关单位合作开展社区教育培训；结合时政和蕉岭县实际开展有实效、有意义的社区教育大讲堂活动；与县融媒体中心合作录制蕉岭“寿乡微课堂”社区教育专栏节目，在县电视台、微信公众号等平台播放，以满足老年人多样化学习需求，提升老年人生活品质，促进社会和谐。

【老年教育】　2022年田家炳师范学校大力开展老年教育。为实现老有所学、老有所乐、老有所为、老有所教，满足中老年人多样化学习需求，提升老年人生活品质，促进社会和谐，蕉岭田家炳师范学校大力发展老年教育。为进一步推进老年教育，该校专门整合一楼教学场地和三楼部分教室，装修改造成音乐舞蹈室、书画培训室、图书阅览室，增设社区教育专题宣传栏等。开设初级太极拳班、八段锦气功健身班、中医健康养生班、书法班、舞蹈、柔力球健身班等7个班，全年共招收500多人，受到广大社区群众和老年朋友的热烈欢迎，帮助社区群众和老年朋友实现“老有所学、老有所乐、老有所为、老有所教”，既增长知识、开阔视野、丰富退休和老年生活，又增强体质，蕉岭田家炳师范学校成为广大社区群众和老年朋友的学习乐园、交友平台、精神家园。

（徐庆均）

2022年蕉岭田家炳师范学校负责人名录

党支部书记：赖伟华
副校长（主持全面工作）：赖伟华
副校长：陈　剑　钟苑苑　江远芳

文化·传媒

蕉岭县融媒体中心（广播电视台）

【概况】 2022年，蕉岭县融媒体中心（广播电视台）坚持宣传抓导向、播出保安全、事业谋发展、队伍强管理，为蕉岭全力建设赣闽粤原中央苏区对接融入粤港澳大湾区振兴发展先行区（蕉岭片区），奋力打造梅州苏区融湾先行区综合示范窗口提供强大舆论支撑。

【新闻宣传】 2022年，蕉岭县融媒体中心（广播电视台）强化新闻策划，开设“新时代·兴发展”“喜迎二十大”等电视新闻专栏，突出实体经济、乡村振兴两大重点，访工业园区、进企业车间、下基层一线，挖掘报道蕉岭县狠抓发展第一要务，推进赣闽粤原中央苏区对接融入粤港澳大湾区振兴发展先行区（蕉岭片区）建设，推动实体经济发展和乡村全面振兴等生动实践和喜人成效。做好民生改善、环境优化、社会治理等宣传报道，探索创新报道形式，切实提高新闻质量。《蕉岭新闻》全年播出新闻1591条。

【融媒宣传】 2022年，蕉岭县融媒体中心（广播电视台）紧跟融媒步伐，丰富宣传方式，集中展示蕉岭经济、社会、精神文明、生态文明等方面的成就。在各类新媒体平台开辟“蕉岭·谈发展”专栏，为蕉岭奋力打造梅州苏区融湾先行区综合示范窗口贡献融媒力量。开设“森林防火”“乡村振兴”“新时代文明实践”“时代楷模”等，同步播发相关新闻资讯，对全县各项工作进行全方位、多层次、接地气的报道。2022年，在“长寿蕉岭”微信公众号、“蕉岭发布”APP，播出或同步发布“蕉岭·谈发展”89篇180次；森林防火相关新闻资讯共66篇140多次；防汛减灾相关资讯60条；创文工作资讯61条；乡村振兴相关资讯248条500多次。

【专题节目】 2022年，蕉岭县融媒体中心（广播电视台）拓宽宣传深度和广度，推送公益类、新闻类、信息类的专题、短视频宣传作品，精心制作《聚“蕉”兴业 赢“岭”未来》《任时光老去 我在蕉岭等你》《寿乡画廊乡村振兴示范带》等专题片，推出《家长课堂》《寿乡微课堂》《文明寿乡》《行走寿乡》等栏目。制作公益类广告50多条（次），专题纪录片80多个，微视频30多个，宣传蕉岭在高质量发展方面取得的各项成就和典型。

【对外宣传】 2022年，蕉岭县融媒体中心（广播电视台）对外宣传工作进展顺利，新闻宣传质量稳步提升。加强与各类媒体的合作关系，借助上级主流媒体的优势向外界宣传推介蕉岭，“蕉岭融媒”抖音号、视频号阅读量突破450万人次。在上级新媒体平台发布新闻105条，“学习强国”学习平台转载24条。《党旗在一线飘扬》《抓好春耕备耕，保障粮食安全》《梅州蕉岭：省道6处路基掏空正全力加快抢险修复》《梅州蕉岭：水库开闸泄洪备战洪峰》等新闻在省级媒体播出，在梅州市电视台播出新闻492条。邀请省、市媒体记者到蕉岭采访，多角度、全方位宣传报道蕉岭科学发展的新举措、新发展、新成就，切实提升寿乡蕉岭红色苏区、绿色发展的影响力。

【安全播出】 2022年，蕉岭县融媒体中心（广播电视台）加强管理，确保播出安全。

严格管理，建立长效机制。完善事故信息报告和处置的工作制度，建立健全安全生产、安全播出等一系列制度，做到分工明确，责任到人。同时，做好值班值守，保持高度的警觉和清醒的头脑，以实际行动高质量完成党的二十大安全播出保障任务。

完善制度，强化内容审查。制定、修订和完善演播室管理制度、节目“三审三校”制度、新闻节目签审播出制度、新媒体采编管理办法、技术资料档案管理制度并严格落实，加强信息审核发布，确保节目政治安全、内容安全、播出安全。

多措并举，深入隐患排查。采取人防、物防、技防等多种措施，加大对无人值守机房的监控监看力度。定期组织专业人员对网络和业务系统进行监测检查、漏洞扫描、安全管理，确保及时发现隐患并处理。中心及时发现安全播出、网络安全和设施保护方面存在的安全隐患和问题2个，至7月底完成整改，有力保障广播电视设施和网络系统的安全健康运行。

【媒体事业建设】 2022年，蕉岭县融媒体中心（广播电视台）坚持移动优先、一体发展、多屏互动、矩阵传播，以深化改革推动深度融合、整体转型，实现平台与网络并用、内容与服务并重。年底，有蕉岭电视综合频道、“中国·蕉岭”政务网、“蕉岭发布”微博、“蕉岭发布”APP、“长寿蕉岭”微信公众号和“蕉岭融媒”抖音号、视频号、头条号及户外大屏等宣传平台，内容运营基本形成“一次性采集、多渠道发布、快速度传播、广覆盖受众”的格局。实行新闻和节目信息“统一指挥、一次采集、多次生成、多媒体传播”的宣传模式。投入53.6万元，对播出设备、制作设备进行升级改造；投入65.5万元，对镇山广播电视发射台进行设备改造；为蕉岭人民提供17套标清数字电视节目和3套调频广播节目的公共服务，保障人民群众免费收听收看无线广播电视节目的基本文化权益。

【队伍建设】 2022年，蕉岭县融媒体中心（广播电视台）切实抓好队伍建设，创新机制体制，推动作风建设，通过“走出去”和“请进来”等方式开展专业技能培训，为媒体深度融合发展提供人才支持和智力保障。扎实推进队伍管理，健全完善管理制度，贯彻执行中央八项规定，深化党风廉政建设，激发干部职工的积极性和创造力，形成爱岗敬业、干净干事的良好氛围。 （徐 军）

2022年蕉岭县融媒体中心（广播电视台）负责人名录

主任（台长）：徐　锋

副主任（副台长）：林　梦　张荣福

郭小静(女)

总编辑：利静荣（女）

卫生·体育

卫生健康

【概况】 2022年，蕉岭县卫生健康局深化“健康蕉岭”建设，推进“防疫情、保健康”等工作。三家公立医院建设成果颇丰，蕉岭县妇幼保健院成功创建二甲妇幼保健院，蕉岭县中医医院顺利完成二甲复审，蕉岭县人民医院与广东医科大学及其附属医院达成合作协议，并挂牌成为“广东医科大学帮扶医院”“广东医科大学附属医院医联体成员单位”。蕉华社区医院医养结合建设项目、蕉岭县疾控中心迁建项目建设稳步推进；蕉岭县人民医院烈性传染病治疗综合区建设完成竣工验收；蕉岭县被评为“广东省健康促进示范县”。

【疫情防控工作】 2022年，蕉岭县卫生健康系统坚持“外防输入、内防反弹”总策略和“动态清零”总方针，在抗疫中驰援五华、深圳、东莞、西藏、惠州、丰顺、梅县等地。2022年12月，全县卫生健康系统抓好疫情防控政策的有序转换，实施好“二十条”和“新十条”，把工作重心从防控感染转到医疗救治上来，防控措施调整转段平稳有序，高效统筹疫情防控和经济社会发展。

【医疗卫生体制改革】 2022年，蕉岭县卫生健康局持续深化医疗、医保、医药联动改革，深化医疗服务价格改革，贯彻执行梅州市医保局印发的《关于制定和调整我市公立医疗机构基本医疗服务价格的通知》（梅市医保规〔2022〕2号）文件精神，坚持药品集中采购原则，根据药品特性和市场竞争情况，依托深圳、广州和省药品采购平台，组织全县公立医疗机构开展各批次国家、省级和跨省联盟药品集中采购工作，指导、监督采购费用结算政策的落实，每月依期收集和汇总上报各医疗机构药品、医用耗材采购情况。完善医共体和分级诊疗体系建设，推进医共体建设“六统一”，发挥县级医院带头作用，协调推进县、镇、村三级联动，融合公共卫生服务资源，优化县、镇、村三级医疗卫生服务资源配置，构建基层首诊双向转诊、急慢分诊上下联动的分级诊疗格局。发挥专科共建优势，组建县人民医院医共体、县中医医院医共体慢性病管理中心及相关团队，以高血压、糖尿病防治为切入点，建立慢性病县、镇、村三级管理模式，在县域内实现筛查、确诊、转诊、随访的联系服务模式“总院+分院”“全科+专科”团队协同慢性病管理。

【基本公共卫生服务】 2022年，蕉岭县卫生健康局抓好基本公共卫生服务工作。蕉岭县居民规范化电子健康档案覆盖率达85.01%，健康教育服务开展率100%，适龄儿童国家免疫规划疫苗接种为99.88%，7岁以下儿童健康管理率95.02%，3岁以下儿童系统管理率94.24%，0~6岁儿童眼保健操和视力检查覆盖率95.02%，孕产妇系统管理率92.29%，儿童中医药健康管理率107.09%，全县高血压管理人数7200人，高血压患者规范管理服务率72.03%，2型糖尿病患者管理人数2900人，2型糖尿病患者基层规范管理服务率71.38%，社区在册居家严重精神障碍患者健康管理率94.09%，肺结核患者管理率100%，卫生监督协管各专业每年巡查（访）2次完成率100%，食品安全标准跟踪评价完成率 100%，传染病和突发公共卫生事件相关信息报告率 100%。广泛开展无偿献血活动。全年组织 6 次无偿献血活动，参加献血的有 1230 人次，献血 30.73 万毫升，全县临床用血 100%是自愿无偿献血，无自采自供血情况，同时，做好红十字会工作，全年有 23 名志愿者加入中华骨髓库。

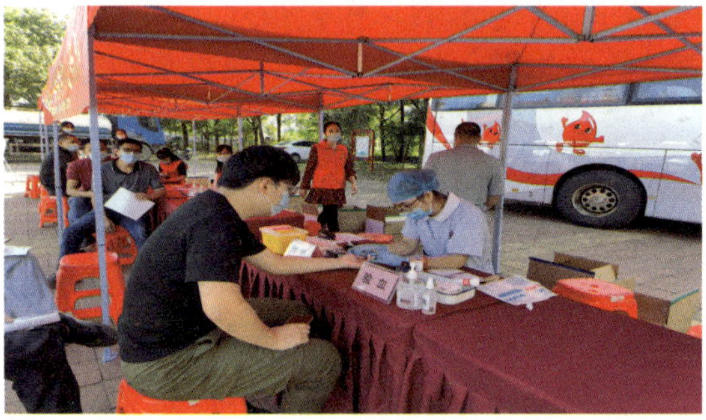

2022年11月10日，“无偿献血手牵手关爱生命心连心”活动现场（县卫生健康局提供）

【人才培养和薪酬保障】 2022 年，蕉岭县卫生健康局落实薪酬制度改革，蕉岭县妇幼保健院、乡镇卫生院“公益一类财政供给”得到有效落实，全县共有 353 名在编人员按照规定的程序完成事业单位改革人员经费性质过渡。招聘 43 名专业技术人才，其中订单定向 6 名，县面向社会公开招聘 30 名，省集中公开招聘 4 名，梅州市 2022 年引进博（硕）士等急需紧缺人才考试招聘 3 名。做好自身人才培养，做好助理全科医生规范化培训 6 人，全科转岗培训 4 人，全科岗位培训 3 人，助理全科医生带教师资培训 6 人；做好 134 名护士的执业注册、延续注册及再注册工作。优化编制结构，2022 年 2 月，核增县人民医院医共体总院事业编制 70 名，核增县中医医院医共体总院事业编制 30 名，调整后县人民医院医共体总院事业编制达 370 名，县中医医院医共体总院事业编制达 140 名。不断强化薪酬保障，加大对县域医共体的财政支持力度，各医共体分院均落实“公益一类财政保障、公益二类绩效管理”，县人民医院医共体总院在编人员基本工资和津贴补贴财政拨款比例由原来的 30%提高至 50%。落实边远地区乡镇卫生院医护人员岗位津贴补助政策。

【卫生监督执法】 2022 年，蕉岭县卫生健康局共出动执法车辆 857 辆次，较 2021 年减少 768 辆次；出动卫生监督员 3134 人次，较 2021 年减少 2595 人次；检查各类经营单位 926 户次，较 2021 年减少 699 户次；发出监督意见书 436 份，发出整改通知书 25 份。在行政许可方面，受理卫生许可申请 82 份，发放许可证 82 份，较 2021 年减少 283 份；办理医疗机构校验 142 家，较 2021 年增加 16 家。在行政处罚方面，立案处罚 18 宗，结案 18 宗，罚款 1.7 万元；在医疗机构不良执业行为记分方面，记录扣分 6 宗，计 12 分。

【疾病预防控制】 2022 年，蕉岭县卫生健康局抓好疾病预防控制工作。报告（按现住址）乙、丙类传染病 12 种 2130 例，其中乙类传染病 7 种 911 例，丙类 5 种 1219 例，无死亡病例，传染病报告率 100%。全县报告 14 起突发公共卫生事件，其中因诺如病毒感染引发的学校突发公共卫生事件 1 起。推进基础免疫规划工作，免疫规划持续高接种率，2022 年常规儿童免疫规划接种率为 99.88%，达到上级规定 95%以上的工作指标；全年报告儿童疑似预防接种异常反应病例 9 例，无疫苗接种差错和接种事故。做好结核病规范管理，全年网络报告可疑肺结核患者 198 例，查出活动性肺结核患者 48 例，转诊到位 53 例，需追踪 119 例，追踪到位 112 例，追踪到位率达 94.12%，总体到位率 97.18%。全方位推进精神卫生工作。2022 年，全县登记在册严重精神障碍患者 1320 人、报告患病率 7.16‰、管理率 95.23%、规范管理率 94.09%、服药率 89.47%、规律服药率 79.55%。

【妇幼健康服务】 2022年，蕉岭县卫生健康局抓好妇幼健康服务工作，完成城乡妇女“两癌”检查2574人，覆盖率100%，提高城乡妇女宫颈癌和乳腺癌的早诊早治率，降低“两癌”死亡率。2022年，全县辖区产妇1168人，活产1181人，建卡率100%，健康管理覆盖率99.9%，系统管理率92.29%，住院分娩率100%，产后访视率98.6%，新生儿产后访视99.4%，出生低体重儿发生率3.9%；出生缺陷儿发生率93.14/万；无孕产妇死亡；婴儿死亡3人；新生儿死亡2例，新生儿死亡率1.7‰；围产儿死亡5人，围产儿死亡率4.2‰；5岁以下儿童死亡5人，5岁以下儿童死亡率4.2‰。做好儿童健康体检工作，为13216名儿童进行体检和营养评价，体检率95.02%；为13216名儿童进行视力筛查，筛查率95.02%。做好婚前、孕前优生健康检查，全年免费婚检941人，婚检率达75.9%；完成国家免费孕前优生健康检查694对，咨询指导694对，指导率为100%，信息系统建档683，建档率为100%；早孕随访685人，随访率为100%；妊娠结局随访685人，随访率为100%。农村妇女增补叶酸预防神经管缺陷项目，全年增补叶酸预防神经管缺陷1635人，计划怀孕人数1676人，目标人群叶酸服用率97.55%，达目标值90%。做好艾滋病、梅毒、乙肝防控工作，全年为孕产妇艾滋病、梅毒、乙肝检测1168人，检测率为100%；检出孕妇梅毒5例、乙肝病毒感染产妇70例，所生婴儿均进行规范的随访和治疗。做好适龄女性人乳头瘤病毒（HPV）疫苗免费接种工作。全县有初一适龄女生1255人，完成人乳头瘤病毒（HPV）疫苗免费接种1241人，接种率98.9%，全面完成上级下达的接种任务。

【老年健康服务】 2022年，蕉岭县卫生健康局推进“银龄安康”行动，免费为全县60周岁老人投保人身意外险，蕉岭县政府出资为全县51488名60周岁以上的老人缴交统保保费67.523万元，老年人抵御意外伤害的能力有所提高，投保家庭因意外风险造成的经济负担有所减轻。开展“全国敬老月”实践活动，通过多种方式，向广大老年人讲解防诈骗知识，提升老年人对养老诈骗的识别能力和自我防范意识。组织走访慰问组到广福镇广育村、铁坑村看望慰问老人，为老年人送上慰问品、慰问金，送去党和政府的关怀与温暖。

【服务中医药事业发展】 2022年，蕉岭县卫生健康局以蕉岭县中医医院为中医药服务龙头，乡镇卫生院重点发挥中医药服务枢纽作用，村卫生站为中医药服务网底的建设目标，完善中医药服务三级网络，提升中医药服务能力。常态化持续引领各基层医疗机构做好创建全国基层中医药工作；常态化开展传统医学师承和确有专长人员、中医医术确有专长人员资格考核报名、审核工作。全年接受传统医学确有专长人员报名5名，其中1名通过考核，接受中医确有专长人员报名4名。督促各医疗机构加大工作力度，采取有效措施早日完成省定绩效目标，老年人中医药健康管理率70%。县中医医院肛肠科通过梅州市中医重点专科(专病)，肺病科通过梅州市中医特色专科（专病）项目验收。设立名医馆，特邀中山大学附属第一医院神经内科、甲状腺乳腺外科、耳鼻咽喉科、中医科、超声医学科专家教授常年来院坐诊，共坐诊5次，让老百姓不出县就能享受到省城知名专家的诊疗服务，满足群众就医需求。县中医医院组织中医师大型义诊活动“服务百姓健康行”1场次，受益群众172名，发放宣传资料360份。

【生育关怀】 2022年，蕉岭县卫生健康局加强人口计生动态监测工作，对蕉岭县生育规模进行分析、预测，推进三孩政策宣传，全县常住人口出生1035人，人口出生率

5.07‰，自然增长率为-3.7‰，符合政策生育率97.29%。开展生育关怀暖心活动，持续开展“生育关怀——关爱计生困难家庭”慈善活动，对全县33户计生困难家庭进行救助，发放3.3万元救助金；开展“一元爱心捐助”活动，募集捐助款3.3万多元；出资24.579万元为农村独生子女、纯二女户和计生贫困家庭免费购买“计生家庭意外伤害保险”，受惠计生家庭8193户、25724人。

【杏林协会成立】 2022年，蕉岭县卫生健康局落实有关要求，推进蕉岭县杏林协会成立，成为全市卫生系统率先成立的行业协会。杏林协会致力于拓展医药卫生领域的科学研究，奖励在医疗事业中表现优秀、有突出贡献的医务工作者和医疗集体，开展医护人员教育培训和公众医药卫生知识科普宣传活动，更好地为医疗卫生工作者、广大群众服务。2022年，杏林协会累计表彰138名医务人员，奖励金额达11.64万元。

【党风建设】 2022年，蕉岭县卫生健康局严格执行政治纪律和政治规矩，坚持用党的政治建设统领全县卫生健康工作；多次邀请县委党校、县委宣讲团老师为卫生系统党员干部职工上党课、主题宣讲课，参与300余人次；加强和规范党内政治生活，严格落实党章要求和《关于新形势下党内政治生活的若干准则》，不折不扣执行“三会一课”，领导班子成员以身作则，以上率下，形成领导带头学、全员覆盖学的良好局面。开展“党课开讲啦·人人做主讲”26场次。组织召开党组理论学习中心组学习26次，召开局机关支委会12次、支部大会6次。组织全系统党组织参与基层党建特色品牌评选活动，其中蕉岭县人民医院“党建+”点亮医院发展之路获评基层党建特色品牌。贯彻执行党风廉政建设和意识形态工作，蕉岭县卫生健康局分别与下属15个医疗卫生单位签订《意识形态工作责任制责任书》《党风廉政建设工作责任制责任书》，坚持以上率下、上下联动；把握、运用好监督执纪“四种形态”，把谈话提醒和抓早抓小工作作为落实党风廉政建设主体责任和监督责任的重要抓手和规定动作，建立健全谈话提醒工作机制，抓早抓小工作目标任务的落实，2022年谈话提醒共有973人次，做到谈话提醒全覆盖。 （傅俊辉）

2022年中共蕉岭县卫生系统党委负责人名录

党委书记：刘红锦（1月任职）
党委副书记：谢汉平
党委委员：罗建阳　黄莉珠（女）

2022年蕉岭县卫生健康局负责人名录

党组书记、局　长：刘红锦（1月任职）
党组成员、副局长：傅延胜　曾利霞（女）
黄志雄（8月任职）
党组成员、纪检组组长：张丽芳（女）
党组成员：熊　锋（4月任职）

蕉岭县卫生监督所

【概况】 2022年，蕉岭县卫生监督所落实卫生监督职责，抓好常态化新冠疫情防控工作，严厉打击各类卫生违法违规行为，完成卫生监督全年各项重点工作任务。

【日常卫生监督】 2022年，蕉岭县卫生监督所做好日常卫生监督各项工作。

加大医疗机构督查力度。围绕社会关注热点，坚持问题导向，常规开展医疗机构依法执业情况、传染病防治、医疗废物处置、预防接种工作、病原微生物实验室生物安全、采供血和临床用血等的卫生监督，不断加强对医疗机构的监督检查力度，大力整治无证行医、超范围执业、异地执业、聘用非卫生技术人员等违法违规行为，规范和整顿医疗服务市场秩序，切实保障广大人民群众就医安全。全年出动卫生监督员1366人次，执法车辆369辆次，检查各级各类医疗卫生机构369家次，发出卫生监督意见书369份；共实施行政处罚9宗，其中简易程序6宗、普通程序3宗，共罚款1.4万元，均已结案；在医疗机构不良执业行为计分方面，记录扣分6宗，共计12分。

做实做细公共场所卫生监督。开展公共场所疫情防控监督检查、卫生量化分级管理和节假日公共场所卫生安全检查等常规工作。2022年，共出动监督员1045人次，出动执法车辆332辆次，对385户公共场所（住宿业、美容美发业、足浴等）开展监督检查，发出卫生监督意见书355份，立案处罚5宗，罚款0.3万元。

加强生活饮用水卫生监管。把饮用水卫生监督作为重大民生问题来抓，履行生活饮用水卫生监管职责，提高饮用水卫生安全监管水平。开展饮水安全工程监督检查工作，监督蕉岭县农村“百吨千人”供水工程65座，农村饮用水情况得到持续改善。对辖区内8家集中式供水单位、5家物业管理公司、3家公立医院、2家高层宾馆的二次供水进行监督检查，重点检查卫生管理工作落实、供水设施清洗消毒、水质检测结果等内容。共出动卫生监督员265人次，发出卫生监督意见书18份。

加强学校卫生监督。将日常监督与专项整治行动相结合，紧盯重要时间节点，加大对学校卫生工作的监督检查力度。2022年共出动卫生监督员66人次，检查各类学校22家次，发出卫生监督意见书22份，及时消除疫情和卫生安全隐患，有效防范学校传染病、饮用水等突发卫生事件发生，切实保障广大师生身体健康。

强化职业健康监管。根据蕉岭县产业结构特点和危害程度，推进职业卫生分类分级监管工作，加大对矿山、建材、化工等重点行业的监督检查力度，2022年辖区在管企业63家，累计完成职业病危害项目申报63家（其中甲类32家、乙类30家、丙类1家），本年度新增1家，申报率达100%。共检查用人单位33家，出动监督员155人次，发出卫生监督意见书33份；立案处罚4宗。执法过程中开展职业病防治现场宣传活动，有针对性地对企业负责人和劳动者讲解职业病、职业危害因素及防护、职业病防治法等相关知识，解答工作中遇到的实际困难和问题，共发出职业卫生宣传手册1125份，宣传纸巾1200盒，宣传折叠雨伞120支。

做好放射卫生监督。为规范放射诊疗工作行为，保障放射诊疗工作人员、患者和公众的健康权益，监督员对辖区内已取得放射诊疗许可证的10家放射诊疗机构进行全覆盖监督检查。放射工作人员持证上岗率100%，个人剂量和职业健康检查建档率100%，放射工作场所辐射危害告知与提示、警示标识设置率100%。

【专项执法检查】 2022年，蕉岭县卫生监督所抓好专项执法检查。

开展“双随机、一公开”专项监督。严格落实随机监督抽查任务，加强和规范事中事后监管。2022年，国家随机抽查任务数51家，完成监督48家，任务关闭3家，监督完成率达100%。发出指导性监督意见书48份，立案处罚2宗，罚款500元，监督检查结果及时被录入广东省卫生健康综合执法监督信息系统。结合梅州市“双随机、一公开”工作部署，按照抽查事项清单及时制定年度抽查计划并下发执行，与县市场监管局、县公安局等开展部门联合抽查。抽取任务数23家，完成监督23家，计划完成率100%，检查结果均已录入梅州市商事平台并向社会公示。

持续开展打击非法行医专项行动。以城乡接合部、农贸市场为重点，打击擅自开展诊疗活动的无证“黑诊所”和无行医资格的游医、假医，以及借助虚假宣传、招摇撞骗，严重危害人民群众身体健康和生命安全的非法行医行为。2022 年，排查相关门店 21 间，查处无证行医 2 宗，取缔 2 宗；作出行政处罚 2 宗，罚款金额 1.3 万元。以学校周边为重点分三个阶段开展集中整治行动，重点排查校园周边有无非法行医机构。经查，学校周边诊所均能依法执业，未发现无证行医“黑诊所”和以“中医养生保健”为幌子开展诊疗活动的行为。

开展消毒产品标签说明书专项整治行动。对辖区内 33 家消毒产品经营、使用单位（其中药店 27 间、超市 4 间、医疗机构 2 间）开展消毒产品标签说明书专项整治。出动执法人员 113 人次，派出执法车辆 33 辆次，累计发出卫生监督意见书 33 份，责令 7 家经营单位按照整改要求限期索取“三证”；核查消毒产品 36 种，下架无消毒产品生产企业卫生许可证的消毒产品 4 种，共计数量 78 个。在监督过程中，执法人员贯彻落实“谁执法，谁普法”责任制，坚持普法在先，人性化执法，加强消毒产品相关法律法规知识宣传，督促消毒产品经营单位自觉依法经营，防止不符合卫生规范的消毒产品流入市场，保障消费者权益。

开展医疗乱象、养老诈骗专项整治行动。专项行动检查各类医疗机构 118 家次。所查医疗机构均具有较强的依法执业意识，暂未发现违法违规行为。

【卫生监督稽查】 2022 年，蕉岭县卫生监督所定期召开卫生监督稽查领导小组会议，开展投诉举报、行政许可、行政处罚案卷、日常监督等稽查工作，反馈评查结果，促进案件质量提升。重视群众投诉、举报的受理和处置工作，全年接上级转来或群众直接投诉、举报 5 宗，全部及时调查处理，将调查处理结果向投诉举报人及时答复并抄送县卫生健康局。

（王　燕）

2022 年蕉岭县卫生监督所负责人名录

所　长：陈广平

副所长：何增权

蕉岭县疾病预防控制中心

【概况】 2022 年，蕉岭县疾病预防控制中心重点加强传染病、寄生虫病、地方病、非传染性疾病等预防和控制，突发公共卫生事件和灾害疫情处置，疫情和公共卫生健康危害因素的监测、信息收集、报告。组织实施全县免疫规划接种；开展疾病和水质相关的检验检测；指导辖区内各医疗卫生机构开展卫生防病工作，并负责培训、考核和评价；推进县疾控中心迁建项目建设；开展卫生宣传教育与健康促进活动，普及卫生防病知识等。

【传染病监测】 2022 年，蕉岭县疾病预防控制中心根据传染病与突发公共卫生事件的防控要求， 对人感染高致病性禽流感、不明原因肺炎、狂犬病、流感等急性传染病进行动态监测。安排人员按要求每天至少 2 次对该县的传染病报告进行网络审核，发现传染病异常情况并提出防控措施。报告传染病 12 种 2132 例，其中乙类传染病 7 种 912 例，丙类 5 种 1220 例，无死亡病例；定期开展禽类市场环境监测，全年开展禽类市场环境禽流感病毒污染监测工作，采集禽类标本 30 份，上送梅州市疾病预防控制中心进行 PCR 检测，检测结果均为阴性。

【艾滋病防控】 2022 年，蕉岭县疾病预防控制中心持续做好艾滋病防治宣传工作，对艾滋病患者和 HIV 携带者定期进行病例随访，对患者家属进行定期检查，开展艾滋病自愿咨询检测工作，对辖区医疗机构的检测点进行工作指导，开展全县的艾滋病防控“一站式服务”工作，统筹全县人口死亡报告管理工作，及时发放死亡证书给各医疗机构，规范死因报告工作。

【免疫规划】 2022 年，蕉岭县疾病预防控制中心加强全县的预防接种服务质量，完善各年龄阶段适龄儿童的免疫规划疫苗和非免疫规划疫苗的接种工作。全年全县常规儿童免疫规划接种率为 99.88%，达到上级规定 95% 以上的工作指标。开展适龄漏种儿童主动搜索，对迁入和迁出儿童进行信息管理，保证各预防接种单位免疫规划对象儿童建卡建证率达 100%。加强接种异常反应监测。全年全县报告儿童疑似预防接种异常反应病例 9 例，其中报告一般反应病例 6 例和异常反应病例 3 例，异常反应病例为过敏性皮疹，无疫苗接种差错和接种事故。

2022年，预防接种服务站（县疾病预防控制中心提供）

【监测检验】 2022 年，蕉岭县疾病预防控制中心做好监测检验各项工作。

饮用水水质卫生监测。全年监测各类水样 192 份，合格 185 份，合格率 96.35%。对县城区市政供水水源（黄竹坪水库、龙潭水库）水样进行卫生监测，检测水源水样样品 12 份。对东宝自来水有限公司出厂水检测 10 份，合格 10 份，合格率 100%；末梢水检测 150 份，合格 150 份，合格率 100%。

监测农村饮水安全。与乡村振兴工作部门、农村饮水安全工程管理部门联合开展“三同时”工作，监测范围覆盖全县所有行政村和所有农村饮水安全工程，共计监测行政村 97 个，农村饮水安全工程 132 个，采集各类水样 526 份，结果显示，合格水样 496 份，合格率 94.29%。

“双随机”采集并监测各类公共场所。112 家次，采集并检验各类样品 982 份。结果显示，场所合格 103家次，合格率 91.96%；样品合格 912 份，合格率 92.87%。监测各类医疗机构 68家次，合格 62家次，合格率 91.18%；采集并检验各项样品 363 份，合格份数 349 份，合格率 96.14%。对县内 1家消毒产品供应企业的消毒质量进行卫生检测和评价，检测 3 次，采集各类餐饮具样品和针织物样品 36 份，合格率 100%。

防治碘缺乏病。2022 年，以“5·15”防治碘缺乏病日宣传为契机，开展地方病防治健康教育宣传活动。2022 年，共监测县内 8~10 岁儿童 200 人以及孕妇 100 人，结果显示，该县 8~10 岁儿童家庭食用盐和孕妇家庭食用盐碘含量中位数、尿碘含量中位数和甲状腺肿大率均符合国家消除地方病的标准要求。

职业病危害因素监测。全年监测 2 家用人企业，委托第三方公司对 15 家用人企业进行职业病危害因素监测。

食源性疾病监测。全年进行食品采样 7 次，采集各类食品样品 96 份，其中食药同源食品 5 份。所有样品均送至梅州市疾病预防控制中心和相关地级市以上疾控中心进行卫生检验，未发现问题。

【迁建项目】 2022 年，蕉岭县疾病预防控制中心迁建项目规划用地面积 2526.47 平方米，建筑总占地面积 670 平方米，总建筑面积 3690 平方米，设置实验用房、业务用房、保障用房；购置物资装备，配套达标工程，包括实验室装备设置、设立专用应急库房、建设标准化冷链配送系统。项目总投资 5874 万元，计划投资2000万元，完成投资2000万元，占年度投资的100%，总投资的34.05%。

【培训和宣传】 2022年，蕉岭县疾病预防控制中心制订和完善各项培训宣传计划和实施方案，组织开展政治学习和业务培训。结合“4·25”全国儿童预防接种日的宣传主题“及时接种疫苗，保障生命健康”和4月26日宣传主题“防止疟疾输入再传播，共创无疟世界”，各预防接种门诊通过张贴宣传海报、利用电子屏和发放宣传资料等形式进行宣传，发放宣传资料360份，艾滋病宣传纸盒100盒。联合蕉岭县田家炳实验中学召开“艾滋病防治知识进校园”宣传活动讲座。

（汤 敏）

2022年蕉岭县疾病预防控制中心负责人名录

主　任：郭立强

副主任：钟 毅 许 涛 古尧平 梁奋峰

蕉岭县人民医院

【概况】 2022年，蕉岭县人民医院一手抓疫情防控，一手抓高质量发展，抗疫支援和新冠感染医疗救治工作高效完成，医疗服务水平和学科建设能力持续提升，党建引领能力增强。从业务数据看，全年总诊疗23.82万人次，同比下降15.4%，出院11526人次，同比增长0.36%，业务总收入1.63亿元，同比增长11%；病床使用率为50.71%，药品收入占业务收入的比例为29.67%，病人平均住院日为5.46天。

【党建引领】 2022年，蕉岭县人民医院以推动党史学习教育常态化长效化为契机，探索党建工作新路，创新工作方法，发挥基层党组织的战斗堡垒作用和党员的先锋模范作用，深化党建引领能力。落实全面从严治党主体责任、双责制度，做好党内组织生活，通过开展专题党课、主题宣讲等活动，引导全体党员坚定信仰信念、强化政治意识、树立清风正气。贯彻执行基层党组织选举工作条例，完成下属8个党支部换届选举工作，完成补选党委委员、纪委委员工作，完善党组织班子建设，增强党的政治领导力、思想引领力、群众组织力和社会号召力。发挥党委领导的“牵引力”，推进“党建+引领医院高质量发展”党建特色品牌建设，获评2022年蕉岭县基层党建特色品牌。

【学科建设】 2022年，蕉岭县人民医院坚持“专注学科建设，致力服务民生”理念，发展新业务、新技术，夯实医疗服务质量和医疗安全，持续打出学科发展“组合拳”。

开展合作共建交流。与梅州市人民医院开展专科共建战略合作，依靠市人民医院专家团队帮扶指导成功实施心脏造影和介入术；与广东医科大学附属医院达成医联体合作，依靠附属医院专家团队帮扶指导成功实施多项妇科、乳腺外科新技术，实现“输血”和“造血”并举。

提升临床专科能力。推进胸痛、卒中、创伤、危重孕产妇、危重新生儿、健康体检中心等六大中心建设，临床科室可以开展多学科诊疗，其中外二科多学科诊疗宣传报道入选“学习强国”学习平台。

重视学科人才队伍建设。向组织部门争取政策上支持，招聘紧缺人才8人，扩增医院编制70个。

【为民服务】 2022年，蕉岭县人民医院聚焦群众看病就医难问题，巩固拓展“我为群众办实事”实践活动成果，开展多种形式的延伸服务：推出“走基层送健康·为民服务践初心”大型巡回义诊服务，全年送医下基层13次，服务群众超过1万人次；对标群众需求推出线上咨询服务，创建专家团队与群众微信健康咨询群3个，更加有针对性指导患者实现便捷就医；开通医院免费专线车，解决中心城区、乡镇群众就医交通不便难题；开设门诊大堂服务中心，为群众提供就医一条龙服务；选派专家到基层坐诊，促进医疗资源下沉；建立全县胸痛中心群，让胸痛救治更迅速。

【精细管理】 2022年，蕉岭县人民医院围绕二级甲等综合医院创建工作方案和评审标准，完善管理制度。制定《蕉岭县人民医院科主任、护士长岗位考核实施办法（试行）》《蕉岭县人民医院中层干部聘用考核管理暂行规定》，加强对中层干部的管理、监督、激励和约束。根据《蕉岭县人民医院改善医疗服务行动实施方案》《蕉岭县人民医院改善医疗服务行动检查方案》要求，持续推进改善医疗服务行动，定期开展满意度调查，引导干部职工转变工作作风、提高工作效率。重视对医院成本管理、核算的监督，编制成本报表，强化成本数据分析，将成本核算贯穿于医疗服务活动的全过程，涉及院内的所有部门和人员。

【文化建设】 2022年，蕉岭县人民医院开展各项文化活动，组织开展庆祝共青团成立100周年、庆祝中国共产党成立101周年、庆祝新院搬迁一周年、“5·12”国际护士节、“8·19”中国医师节等系列活动，以文艺会演、团建拓展、走访慰问、参观学习等形式充分展示干部职工朝气蓬勃的精神风貌，增强团队凝聚力和战斗力。重视文化宣传，全年通过微信公众号发布推文245篇、视频6个，汇集院内新闻，全面宣传医院建设和发展成果，重点宣传医院特色技术、优势学科及名医名家信息，提升医院形象，扩大专科传播力和影响力。

【烈性传染病治疗综合区建设】 2022年11月10日，在县住建局牵头监督下，对烈性传染病治疗综合区项目进行初步竣工验收。

（丘晓婧）

2022年蕉岭县人民医院负责人名录

党委副书记、院长：林　幸（女）
党委副书记：张东文
副院长：彭　刚　林关朋　徐晓楠（女）
纪委书记：傅爱琼（女）

蕉岭县中医医院

【概况】 2022年，蕉岭县中医医院抓好各项重点工作，推进疫情防控与医疗服务工作，满足群众基本就医需求。全年共收治门急诊病人92057人次，同比增长21.94%，收治住院病人4811人次，同比增长35.36%；医院业务收入5266.9万元，同比增长43.41%。该院门急诊科获评2022年“蕉岭县优秀护理集体”，丘均友医生获评2022年度“梅州好医生”，钟广彬等4名医生获评2022年度“蕉岭好医生”，8名护士获评“蕉岭县优秀护士”，分别有1名护士获评“十佳沟通能手”“双十佳护理服务之星”“优秀抗疫护士”。

【坚持党建引领】 2022年，蕉岭县中医医院党委带头和推动学习贯彻习近平新时代中国特色社会主义思想和中共二十大精神，加强党的全面领导和党的建设，落实党史学习教育常态化机制，推动院部和各分院党支部广大党员加强医院思想建设。组建“党员志愿者服务队伍+党员突击队伍”，参与中心工作、重点任务，让党旗在一线高高飘扬，为医院各项发展提供有力的组织保障，以高质量党建推动高质量发展。

【常态化疫情防控】 2022年，蕉岭县中医医院坚持“人民至上、生命至上，外防输入、内防反弹，动态清零”的抗疫方针，把疫情防控工作放在至关重要的位置。盯紧院感防控、预检分诊、发热门诊、门诊管理、住院病区管理、物资储备、应急管理等9个方面重要环节，从严从实落实防控举措，做到提高站位，提高警惕，不松劲、不懈怠、不麻痹，确保医院感控各项措施落实到位。全年开展5次全体员工的大型院感知识培训，开展多种形式的防控知识宣传。

【医疗业务提质增效】 2022年，蕉岭县中医医院坚持医防融合、平急结合、中西医并重，以建立健全现代医院管理制度为目标，强化体系创新、技术创新、模式创新、管理创新，加快中医特色学科、医疗技术、人才培养等方面的建设。

推进中医特色专科建设。蕉岭县中医医院2022年举办省名中医专家门诊专场1场，邀请广州中医药大学第一附属医院、广东省第二中医院、广州中医药大学第三附属医院等的知名中医专家到院坐诊；成立广东省名中医张诗军教授传承工作室，7名优秀医务人员拜张教授为师，传承中医国粹，提升医院中医药服务水平。院内免费供应符合广东省气候、季节和人群特点的新冠病毒中医药防治的药方——“粤抗二号”，为群众送上冬日暖心预防中医药方，有力保障居民群众身体健康；推出新冠感染治疗方剂抗疫1号、2号和3号，减缓、阻止重症向危重症转化，提高治愈率，疗效显著，受到群众广泛好评。

引进省级医院优质诊疗技术。特聘中山一院多学科专家每月到院坐诊，开展教学查房、疑难病例讨论和举办学术讲座，提升中医科、急诊、内科、门诊、胃肠外科人才建设、医疗服务能力。全年开设专家门诊共7次，开展教学查房31例，疑难病例讨论11例，学术讲座6场。受益群众近2000人次，筛查并确诊甲状腺癌、乳腺癌、喉癌、肺癌等恶性疾病46例，解决神经系统、风湿免疫系统、心血管系统等疑难杂症232例，实施中医辨证论治、慢性病调理469例。与中山一院急诊科专家团队共建内科急诊科学科。

提升群众就诊满意度。开通急诊急救免费接送热线“7880120”，解决周边群众在遇到突发情况需要就近就医却无从联系的“急难愁盼”问题；为体检群众全程提供指引，减少体检过程中的等候时间，提高体检效率。

【弘扬中医文化】 2022年，蕉岭县中医医院因地制宜建设“百草园”，种植200多种中草药植株，打造成集教学、科研、科普、人文等功能于一体的中医药文化园、中药科普教育基地，向社会普及中医药知识；成立健康养生保健操队伍，推广“八段锦”中医养生保健操，向周边群众普及中医养生理念和方法；联合科学技术协会和中医学会，组织开展以倡导合理膳食、杜绝浪费、预防疾病为导向的营养健康主题科普活动，使中医健康文化核心的“治未病”思想以及丰富的养生理论得以继承与创新。 （曾艳蕻）

2022年蕉岭县中医医院负责人名录

党委副书记、院长：林辉霞（女）
副院长：杨凯桂（女） 黄德民 钟其正

蕉岭县妇幼保健院
蕉岭县计划生育服务中心

【概况】 2022年，蕉岭县妇幼保健院全面执行和落实党委领导下的院长负责制，发挥公立医院党委把方向、管大局、作决策、促改革、保落实的领导作用，创新思路，健全机制，稳妥推进各项妇幼保健工作。

【专科联盟显成效】 2022年，蕉岭县妇幼保健院与广州医科大学附属肿瘤医院签约乳腺肿瘤防治专科联盟。乳腺肿瘤防治专科联盟成立以来，诊断出9名乳腺癌患者，广州医科大学附属肿瘤医院为蕉岭县妇幼保健院筛查出的乳腺癌患者提供转诊绿色通道，优先安排患者挂号、就诊等。同时，上送9人到广州医科大学附属肿瘤医院进修，提升医务人员的医疗保健技术能力和服务水平。李洪胜教授团队每月到蕉岭县妇幼保健院坐诊指导18次，会诊疑难病例474人次，成功实施乳腺微创旋切手术64人次，为群众提供方便、快捷、精准、安全的医疗保健服务，做到乳腺疾病“早发现、早诊断、早治疗”。7月，蕉岭县妇幼保健院与深圳市妇幼保健院续签“医联体建设框架协议”，同时签约“辅助生殖专科联盟”“更年期专科联盟”。签约以来，深圳市妇幼保健院派出不孕不育专科、更年期专科、中医科、产科、新生儿科等多学科专家10人次，会诊疑难病例近200人次，举办学术讲座16场次，指导培训250人次，有13对夫妇成功受孕，多方面满足群众的医疗保健需求。同时上送4人到深圳市妇幼保健院进修，完善专科人才梯队建设，提升蕉岭县妇幼保健院管理水平和服务能力。

【妇幼中医保健】 2022年，蕉岭县妇幼保健院发挥中医药在妇女儿童疾病诊疗和预防保健中的作用，将中医“治未病”理论融入妇幼保健服务项目中，推广中医适宜技术，优化中医就医环境，开展中医特色服务。围绕医院特色专科建设，在妇女保健方面，在原产后盆底康复项目中增加中医治疗、腰部推拿、艾灸及骨盆整复手法等多种中医适宜项目，在乳腺肿块、乳腺结节、不孕不育、更年期疾病防治中推出耳穴压豆、推拿、火龙罐、药敷及艾灸等中医特色业务，共诊疗20516人次，比上年同期增加2003人次，增长10.81%；在儿童保健方面，推出小儿推拿、穴位敷贴、蜜芽罐等业务，共诊疗1632人次，比上年同期增加905人次，增长138.73%，取得较好的社会效益。

【医疗保健】 2022年，住院729人次，比2021年同期的758人次，减少29人次，增长率为-3.8%。其中，产科总数430人次，比2021年同期491人次，减少61人次，增长率为-12.4%；妇科总数252人次，比2021年同期240人次，增加12人次，增长率为5%；乳腺手术47人次，比2021年同期的20人次，增加27人次，增长率为135%。全院门诊合计28413人次，比2021年同期的28840人次，减少427人次，增长率-1.48%。其中妇女保健部门诊7208人次，比2021年同期的7735人次，减少527人次，增长率为-6.8%；孕产保健部门诊9451人次，比2021年同期的9921人次，减少470人次，增长率为-4.74%；儿童保健部门诊10859人次，比2021年同期的10358人次，增加501人次，增长率为4.84%；中医及专家门诊895人次；检验科58469人次；超声科7580人次；新开展放射钼靶与X线检查598例，实现该项目“零”的突破。

【妇幼保健有成效】 2022年，蕉岭县妇幼保健院坚持以人民为中心的发展思想，抓好孕产妇健康管理服务、0~6岁儿童健康管理服务、避孕药具管理、国家免费孕前优生健康检查、农村妇女增补叶酸、城乡妇女“两癌”免费检查等国家基本公共卫生和地中海贫血、艾滋病、梅毒、乙肝母婴传播疾病等重大公共卫生妇幼项目及出生缺陷综合防控、新生儿疾病筛查、适龄女生人乳头瘤病毒（HPV）疫苗免费接种工作等民生实事，提升辖区业务管理工作水平，完成妇幼保健工作。孕产妇健康服务方面。2022年，全县辖区产妇1168人，活产1181人，建卡率100%，健康管理覆盖率99.9%，系统管理率92.29%，住院分娩率100%，产后访视率98.6%，无孕产妇死亡。0~6岁儿童健康服务方面。2022年，全县0~6岁儿童13908人，管理13216人，管理率95%，新生儿家庭访视率99.4%；围产儿死亡5例，围产儿死亡率4.2‰，新生儿死亡2例，新生儿死亡率1.7‰；婴儿死亡3例，新生儿死亡率2.5‰；5岁以下儿童死亡5人，5岁以下儿童死亡率4.2‰；完成县城范围26所（家）托儿所幼儿园的卫生保健工作督导检查和儿童健康体检工作，督导检查52次，为5253名儿童进行体检和营养评价，体检率91.02%。

【出生缺陷综合防控】 2022年，蕉岭县妇幼保健院做好出生缺陷综合防控工作。做好婚前、孕前检查，实施免费婚检941人，婚检率为75.9%（达标率65%），检出遗传性和传染性疾病147人，并进行有效的干预。国家免费孕前优生健康检查完成1388人，完成率82.8%（达标率80%），评估具有风险因素509人，均进行个性化咨询指导；出生缺陷筛查：2022年全县辖区产妇1168人，产前唐氏筛查1093人，筛查率93.6%，确诊并终止异常妊娠4人；18~24周结构畸形筛查1023人，确诊并终止六大结构畸形的妊娠0人，阳性人员均建立专案追踪随访；完成孕前地中海贫血筛查1388人，筛查率为100%，地中海贫血筛查阳性198人，阳性率为14.2%，确诊为夫妻同型地贫5对，孕期建卡孕妇676人，完成孕期地中海贫血筛查676人，筛查率为100%，孕妇地中海贫血初筛阳性147人，基因检测128人，发现夫妻同型地中海贫血15对，已进行胎儿产前诊断9人，另外6人经产前咨询不需行产前诊断，发现重型地中海贫血胎儿1例，已实施终止妊娠，全县无重型地贫儿出生，达到预期目标；辖区分娩机构活产数1049人，新生儿疾病筛查1047人，筛查率为99.8%，筛查阳性156人，初筛阳性者均召回到梅州市新生儿疾病筛查中心进行复查，实施阳性人群专案管理。新生儿听力筛查1046人，筛查率99.7%，听力筛查阳性12人，转诊后听力障碍确诊1人。

【孕产妇传染病防控】 2022年，蕉岭县妇幼保健院做好孕产妇传染病防控工作，孕产妇艾滋病、梅毒、乙肝检测1168人，检测率为100%；检出孕妇梅毒5例、乙肝病毒感染产妇70例，所生婴儿均进行规范的随访和治疗。

【女性癌瘤防控】 2022年，蕉岭县妇幼保健院开展城乡妇女“两癌”筛查工作，任务数2574人，完成率100%，发现宫颈癌2例，确诊乳腺癌4例，均为早期，早诊率达100%。适龄女性人乳头瘤病毒（HPV）疫苗免费接种工作方面，按照《蕉岭县适龄女生人乳头瘤病毒（HPV）疫苗免费接种工作方案（2022—2024年）的通知》（蕉卫函〔2021〕32号）文件精神，完成蕉岭县田家炳实验中学、镇平中学、桂岭中学3所中学初一适龄女生人乳头瘤病毒（HPV）疫苗免费接种工作，共接种816人，接种率98.9%，圆满完成上级下达接种的任务。

【妇幼健康服务】 2022年，蕉岭县妇幼保健院开展“关爱妇幼送健康”活动，组织党员干部前往机关、事业单位、乡镇举办妇幼保健知识讲座，开展义诊志愿活动，服务近400人次。通过介绍“两癌”防治及中医保健知识，普及健康知识，为群众提供健康咨询、免费乳腺癌和宫颈癌筛查、智能乳腺超声机器人筛查体检、中医理疗等服务，增强人民群众的卫生意识和防病意识，提高群众的健康水平。 （林剑锋）

2022年蕉岭县妇幼保健院负责人名录

党委书记：黄莉珠（女）

院　长：刘仁森

副院长：汤秋香（女）　丘李生
　　　　赖映华（女）

蕉岭县文化广电旅游体育局

【概况】 2022年，蕉岭县文化广电旅游体育局在做好常态化疫情防控和安全生产工作中发挥文化窗口的职能，提高公共文体旅游服务质量，推进文化广电旅游体育事业繁荣发展，较好地完成各项工作目标，取得显著成绩。2022年，实现旅游收入1.96亿元，旅游接待29.38万人次。

【公共文化】

有序组织各类公共文化活动。2022年，蕉岭县文化广电旅游体育局采取线上和线下相结合的服务方式，组织举办培训辅导、公益展览、灯谜竞猜、红色诗词诵读、阅读推广、送书送戏下乡等形式多样的公共文化活动。举办阅读推广活动110次，吸引16万人参与；举办讲座培训21次，有19642人受益；举办展览28次，有1.9万人参与；举办公益兴趣培训班，招收学生150多人；举办舞蹈培训班，对长隆村20多名文艺骨干开展舞蹈培训；送书下乡3584册。全年开展线上线下文化活动200多场，超过23万人次参与，进一步丰富了群众文化生活。

完善公共文化服务体系建设。多方筹措150多万元资金，对全县23个村级综合性文化服务中心公共文体设施进行更换和补充。为把优质公共文化服务延伸至镇、村，新建2个村级图书馆服务点，7个村级文化馆服务点。推动村级综合性文化服务中心提质增效工作，落实错时开放、免费开放的工作要求，村级综合性文化服务中心提质增效达标率达55.6%，超额完成达标率50%的目标任务。新建2个粤书吧，推进新型文化空间“粤文坊”和蓝坊镇龙潭村“两中心”融合试点建设。

【文旅融合】

多渠道开展旅游宣传。2022年，蕉岭县文化广电旅游体育局利用好新媒体宣传阵地，在美团“畅游蕉岭”品牌馆上架本土特色农副产品和优质旅游商品；联合三大直播平台与观众互动，从“吃、住、行、游、娱、购”全方面宣传推荐蕉岭；邀请短视频达人担任推广大使，拍摄宣传视频；更新“蕉岭文体旅游”微信公众号，定期推送最新最全的旅游资讯，全年发布稿件400篇。承办2022年广东省航海模型锦标赛和2022年广东省无线电测向冠军赛，两场赛事吸引全省1260名运动员、100多名裁判及相关人员到蕉岭。吸引29家媒体和30多名记者参与报道，共发布62篇报道，累计阅读50万人次，提升蕉岭的知名度。

有序推进重点项目建设。办优重点工程，卡拉比—丘实景天象馆现已全面完工，对初步验收后存在的问题也完成整改。蕉岭寿乡文化旅游基础设施建设项目一期接待中心工程已全面完工并对外营业。做好招商引资，经过多次双边考察、协商、座谈，蕉岭县文化广电旅游体育局与广东涌创睡眠科技集团有限公司签订协议，计划在澳洲山庄（含卡拉比—丘实景天象馆）打造涌创蕉岭实景天象观光园。

2022年，文体旅游局卡拉比—丘实景天象馆（县文体旅游局提供）

促进文旅更高质量发展。打造精品线路，重点推进“水韵、寿韵、文韵”三大特色精品游线建设，做好广东省乡村精品游线路申报工作。打造优质文旅，指导蕉岭县桃花源休闲农庄及白马村科诚农业观光园成功入选梅州市休闲农业与乡村旅游示范点，华侨大酒店获评首批广东省驿道乡村酒店，梅州市建丰粮业发展有限公司入选2022年广东省工业旅游培育资源库。推进丘成桐祖居文化旅游区成功创建国家AAA级旅游景区。重点做好数学大会、卡拉比—丘实景天象馆揭幕等重大活动的筹备工作。

【文化遗产】 2022年，蕉岭县文化广电旅游体育局扎实有序地开展文化遗产保护工作，使蕉岭县革命文物和非物质文化遗产等得到有效保护、利用和传承。“两馆两居”（谢晋元故居及纪念馆、丘逢甲故居和博物馆）接待各地考察、调研团体20场次，接待游客6万余人。

文物修缮保护。先后指导新铺镇、蕉城镇和文福镇的林连宗故居、中共蕉岭县委成立旧址、蕉城红四军宿营地和路亭古塔修缮工程勘察设计方案编制和修缮工程施工检查工作；公布和认定新铺镇金鞍寨石桅杆和蕉城镇黄香铁夫妇墓为新增蕉岭县不可移动文物；按照国土空间规划“一张图”要求，完成全县县级以上37处文保单位的保护范围和建控地带的重新制图工作。

非遗传承利用。建成1个非物质文化遗产综合性传习基地、1个县级非物质文化遗产工坊和3个县级非物质文化遗产生产性保护示范基地。开展27场非遗展演、非遗进社区进校园活动，举办1场非遗代表性传承人培训班。船灯（广福船灯）成功入选广东省第八批省级非物质文化遗产代表性项目名录；广东汉剧（蕉岭北礤）、蕉岭客家娘酒酿造技艺、猪兜窝茶制作技艺、广福豆干制作技艺、桂岭蜂蜜等5个项目被列入梅州市第十批市级非物质文化遗产代表性项目名录；蕉岭三及第制作技艺代表性传承人黄勇、蕉岭县竹编技艺代表性传承人陈广华被评定为第八批梅州市市级非物质文化遗产代表性传承人；蕉岭县非遗项目（蕉岭三及第、竹板歌、长潭山歌、竹板歌）登录中央电视台《中国影像方志》栏目，多次登上《南方日报》等媒体。

【体育事业】 2022年，蕉岭县文化广电旅游体育局举办体育活动，补齐体育设施短板，举办航模比赛，推进体育事业的发展。

开展形式多样的体育活动。蕉岭县文化广电旅游体育局共举办各类型群众体育活动12场。联合县总工会举办县职工“云锦台幼儿园杯”羽毛球、乒乓球比赛；联合县教育局举办校园足球联赛；指导各体育协会举办老年人气排球邀请赛、“篮协杯”夏季篮球联赛、“乒协杯”乒乓球赛、“岭南院子杯”青少年围棋争霸赛等各类比赛。

补齐公共体育设施短板。推进蕉岭县全民健身中心（含游泳池）建设项目，完成项目选址、初步设计和可行性研究报告批复、勘察和设计招标等工作；推进公共体育场馆智慧化建设，完成蕉岭（南沙）体育馆和国荣体育公园体育场人脸识别系统、场馆管理服务相关系统、远程客流核验系统以及数据传输交互系统等智慧化设施建设。

发展数智航模科技体育运动。蕉岭县圆满承办2022年广东省航海模型锦标赛和2022年广东省无线电测向冠军赛。通过引进航海模型、无线电测向等科技体育运动项目，打造以趣味科技、健康运动为特色的“一县一品”精品群众体育赛事，进一步探索“体育+科技+文化+旅游”融合发展模式。（刘　艳）

2022年蕉岭县文化广电旅游体育局负责人名录

党组书记、局　长：陈春妮（女，任至10月）
　　　　　　　　　郑康文（10月任职）
党组成员、副局长：张荣发　黄选文

徐京雄（任至5月）
林剑锋（5月任职）
党组成员、纪检组组长：黄　雄
党组成员：黄伟良　丘兆仕

蕉岭县社会科学界联合会

【概况】　2022年，蕉岭县社会科学界联合会坚持在加强理论武装、社科阵地建设、社科课题调研、社科普及宣传等方面履职尽责，为奋力推动蕉岭红色苏区绿色发展，谱写中国式现代化的蕉岭科学篇章营造良好的氛围环境。

【加强基地建设】　2022年，蕉岭县社会科学界联合会协助指导文福镇提升打造仓海诗廊，仓海诗廊被市社科联认定为梅州市人文社科普及基地，被省社科联认定为广东省社会科学普及基地（标准型），成为蕉岭县首个省级社会科学普及基地。

【开展课题调研】　2022年，蕉岭县社会科学界联合会围绕大健康产业、乡村振兴、红色文化、数学小镇等主题，发动社科理论骨干开展社科课题调研，撰写调研理论文章。报送的《地方红色文化融入小学思政教育体系的探索与研究》课题被市社科联评为“良好”等次。申报的《关于粤闽赣苏区（蕉岭先行区）对接融入粤港澳大湾区振兴发展、推动共同致富的研究》社科课题被市社科联列入规划立项课题名单，完成该课题的调研、撰写工作。（陈振春　徐文坤）

2022年蕉岭县社会科学界联合会负责人名录

主　席：丘仕松
副主席：张　华　陈振春

社会生活

责任编辑：梁杰平

民　政

蕉岭县民政局

【概况】　2022年，蕉岭县民政局着力打造民政领域“大救助、大养老、大儿童保障、大慈善、大社会治理”五大工作体系，推进民政事业高质量发展。

【社会救助能力持续提升】　2022年，蕉岭县民政局加强困难群众兜底保障，做到应保尽保，应退尽退。全年新增城乡低保123户253人，清退城乡低保334户565人，全县在册城乡低保2103户3632人、特困供养人员991人，发放低保资金1519.45万元、特困供养资金1091.87万元。加大对特殊群体关爱帮扶力度，城乡低保人均水平分别提高到653元、312元，城乡特困人员基本生活金分别提高到1325元、930元。全年实施临时救助250人次，发放资金27.12万元；救治流浪乞讨人员8人，送返回乡2人，长期滞留流浪乞讨人员落户安置12人。

【养老服务体系持续完善】　2022年，蕉岭县民政局推进居家养老服务试点建设，实施“118”工程，依托蕉岭县社会福利服务中心养老服务大楼（PPP项目）建设县级综合养老服务指导中心，依托新铺镇敬老院建设新铺镇综合养老服务中心，全县8个镇每个镇建设1个居家养老服务站（点）。推进“互联网+明厨亮灶”建设，推进实施广福、文福、三圳3家敬老院厨房改造项目，推进实施新铺、广福两镇综合养老服务中心建设，促进养老机构提质增效。完成100户特殊困难老年人家庭居家适老化改造任务。落实高龄补贴政策，提高老年人生活质量，为全县80岁以上老年人8578人发放高龄老人补（津）贴498.3万元；发放百岁老人春节慰问金15.37万元、重阳节慰问金4.84万元；为28名100周岁以上老人发放客家寿星奖3.36万元。推进养老服务领域突出问题专项整治，加强食品、医疗卫生等重点环节的监督检查，加强对各养老机构服务质量、安全、运营的监管，引导养老服务机构落实主体责任，主动防范消除安全风险和隐患。

【儿童保障不断健全】 2022年，蕉岭县民政局加强孤儿、事实无人抚养儿童生活保障，提高孤儿、事实无人抚养儿童基本生活最低养育标准：集中供养孤儿每人1949元，散居孤儿和事实无人抚养儿童1313元。全县在册孤儿10人、事实无人抚养儿童48人，发放资金110.488万元。投入20万元，建设儿童档案室。开展儿童档案管理、收养登记专项检查和清理规范工作“回头看”工作，促进儿童福利工作规范化、常态化。

【基层社会治理能力不断提升】 2022年，蕉岭县民政局在全县村（居）委全面建立人民调解、治安保卫、公共卫生、妇女和儿童等下属委员会；10个居委全面建立环境和物业管理委员会。利用镇、村新时代文明实践站，开展2022年执行村规民约推动移风易俗宣讲活动。以村规民约为切入点，滋养文明乡风，推动乡村德治，践行和培育社会主义核心价值观。加强村（居）务监督委员会建设，组织开展2023年村（居）和务监督委员会主任业务知识培训，提升监督委员会履职能力，全县8个镇已全部完成对监委成员的培训和村务公开自查工作。开展“一站式”城乡社区综合服务示范创建的工作，以点带面推动村（社区）优化服务格局，增强村（社区）为民、便民、安民功能，提升人民群众的获得感、幸福感。

【基础社会事务统筹推进】 2022年，蕉岭县民政局婚姻登记处做好“跨省通办”“全城通办”的相关工作，满足当事人在全省范围内办理婚姻登记业务的需求，通过完善婚姻登记历史档案数字化建设工作，年底前实现婚姻登记档案数据的全面采集和共享，提升婚姻登记信息化水平，方便当事人在婚姻登记系统查询到其本人的原始档案影像。开展婚姻家庭辅导服务工作，开展移风易俗工作，为新婚夫妇发放倡议书，倡导文明婚俗，弘扬时代新风。困难残疾人生活补贴、重度残疾人护理补贴标准提高到每人每月188元、252元。按月动态调整补贴对象，抓好补贴对象年度资格认定，符合享受补贴对象3700多人，累计发放资金1345.6万元。深化殡葬改革，完善殡仪馆火化车间群众等候区，营造殡葬文化氛围，开展“推进移风易俗 倡导文明新风”主题公益活动，倡导惠民、绿色、文明、简约的殡葬新风。全年火化率100%，减免全县户籍群众基本殡葬服务费297.66万元。

【社会组织管理更加规范】 2022年，蕉岭县民政局坚持党建引领社会组织，指导成立太极拳长寿养生研究会党支部，加强县社会组织党委党建指导员队伍建设，配备1名专职人员。把好社会组织登记关口。全年新登记社会组织7家、注销3家，当前全县共登记社会组织276家，统一信用代码建设覆盖率100%。推动打击整治非法社会组织、规范社会组织法人治理、僵尸型社会组织专项整治行动、行业协会商会涉企收费、“我为企业减负担”等监管工作常态化。培育发展社会组织，动员引导康养老协会、关爱老年协会、心连心协会、阳光爱心协会等社会组织积极参与乡村振兴、特殊群体关爱、基层社会治理等工作。（邓海妮）

2022年蕉岭县民政局负责人名录

党组书记、局长：潘依珊
党组成员、副局长：林淑瑜（女） 黄麟胜 张学文
党组成员：黄胜永

蕉岭县应急管理局

【概况】 2022年，蕉岭县应急管理局严抓安全生产，夯实应急管理基础，提升自然灾害

防治能力，扎实完成好全年各项工作任务，全县社会总体平安和谐。全年未发生较大以上生产安全事故，2人被评为“梅州市最美应急人”。

【安全生产监管】 2022年，蕉岭县应急管理局强化责任落实开展专项整治，抓好安全生产监督工作。

落实安全生产党政同责规定。县、镇两级全面落实安全生产“双主任制”，党委政府主要领导同时担任本级安委会主任，全面强化安全生产的组织领导。全年对安全生产违法行为立案21宗，处罚案件16起，实施行政处罚95.72万元。

开展安全生产专项整治三年行动。推进安全生产专项整治三年行动巩固提升，全县各行业领域安全生产整体水平明显提高、安全生产形势持续稳定向好。安全生产专项整治三年行动开展以来，对标梳理完善企业制度6374家次，组织培训930家次，组织观看《生命重于泰山》电视专题片1202场次，开展反“三违”行动3608家次，开展企业风险、隐患自查6904家次，排查治理隐患20244条。

做好非煤矿山监管工作。将矿山安全纳入政府领导干部安全生产“职责清单”和“年度任务清单”。3家石场完成智慧化矿山建设任务，全县矿山均严格按要求配备注册安全工程师，配备“五职矿长”和相关专业技术人员。推进“三个一批”工作。关闭2家石场，推进4家石场整合重组工作，完成7家地下石灰石矿山整顿提升工作。定期组织召开矿山企业安全风险研判会和非煤矿山安全风险会商研判会，分析风险隐患，立行整改。

2022年，县领导现场调研检查安全生产（县应急管理局提供）

抓实危化品和烟花爆竹领域安全生产工作。推进危险化学品安全风险集中治理工作，全县32家危险化学品企业签订《安全生产主体责任承诺书》；制订《蕉岭县应急管理局开展危险化学品烟花爆竹冶金等重点行业领域安全生产大检查工作方案》，检查危险化学品企业92家，出动执法人员368人次，排查隐患102项，下达各类检查、复查法律文书88份，完成隐患整改102项；与全县57户烟花爆竹零售店签订2022年度安全责任书，检查烟花爆竹企业126家次，出动执法人员504人次，查处非法储存烟花爆竹窝点5个，查获烟花爆竹产品约960箱，行政处罚2宗。

做好工贸行业安全监管。以粉尘涉爆、有限空间作业监管为重点，共检查工贸企业69家次，出动执法人员276人次，发现隐患398项，下达各类检查、复查法律文书47份，完成隐患整改398项。

做好机制砂行业领域安全监管。开展机制砂行业整治工作，与全县9家机制砂企业签订安全责任书，对全县9家机制砂企业开展停产整顿检查，消除安全隐患24个。

【应急指挥】 2022年，蕉岭县应急管理局健全完善应急管理体制机制，印发《蕉岭县突发事件基层应急处置十二条措施》《关于加强卫星电话使用管理的通知》，编制《蕉岭县应急管理“十四五”规划》，修订发布《蕉岭县突发事件总体应急预案》。组织轻舟分队参加市2022年省轻舟机动五大队骨干队员在大埔县韩江水利枢开展的封闭式强化集训暨应急演练活动，荣获技能比赛第二名。到镇检查指导应急管理工作，应急物资仓库26次，检查企业应急能力和检查安全生产情况8家次。组织、指导县、镇级应急演练活动共5场次；办理企业应急预案备案登记18家。对各镇视频点名327次，值班值守系统接收任务通知反馈109个，值班室电话接警21次。紧急处置突发事件4起，向上级报告突发事件3宗。

【防汛防旱防风】 2022年，蕉岭县应急管理局开展2022年汛前防汛备汛工作大检查。出动检查352人次，全面检查水利工程329宗[其中水库49宗，山塘74宗，堤围（5000亩以上）2宗，水电站184宗，泵站20宗]，6宗在建水利工程均制订防汛抢险应急预案和度汛方案。提前部署，加密会商，及时响应，全县开展防御会商102次，召开48次视频（工作）会议，按照会商研判和形势发展以及“预案”规定，快速发布重大天气通告和预警短信累计42万条，向危险区域群众发送避险通知书24336份，及时启动（结束）防冻Ⅳ应急响应1次，启动（结束）防汛Ⅳ应急响应2次，落实响应提级管理，并与县三防成员单位开展防汛联合值守1次。全面部署开展“龙舟水”防汛备汛工作，全县派出758个工作组11275人次深入一线开展检查（督查），排查水利、防洪工程1634宗，各类建筑工地480处、山洪地质灾害隐患点1467处、内涝黑点1379处、市政园林设施94处，其他设施（场所）6920处，处置各类安全隐患1265处。启用应急避护场所129处，累计转移安置危险区域人员421人。加大资金投入力度，为开展防汛工作提供保障，全县投入资金约1119.2万元开展防汛防旱防风工作。

【森林防灭火】 2022年，蕉岭县应急管理局强化组织领导，构建防灭火防控体系，印发《蕉岭县今冬明春森林防灭火工作方案》《蕉岭县关于做好2022年清明期间森林防灭火工作的通知》《蕉岭县森林防灭火指挥部办公室关于森林火灾应急响应联动机制（试行）》《蕉岭县森林火险预警与响应工作机制（试行）》《蕉岭县森林防灭火会商调度机制（试行）》《蕉岭县森林防灭火工作导则》。加大宣传教育力度，强化防火意识，全县出动各种宣传车2000多辆次，电视广播宣传60场次，设立森林防火宣传专栏350块，悬挂森林防火宣传横幅600条，开展森林防火进校园活动8场次，维修建设森林防火宣传牌80块，张贴森林防火宣传标语2000多份，发放森林防火宣传资料6.5万份，营造重点时期、节假日前后森林防火的浓厚氛围，宣传森林防火安全知识，印发《蕉岭县2022年森林防灭火宣传月工作方案》，举办蕉岭县2022年森林防火宣传月活动启动仪式。在皇佑笔主峰、樟坑村主峰、留畲村牛牯主峰、油坑村老鸦山主峰等地安装4个对讲机基站点和超短波无线电设备，实现全县对讲机通话通畅。开展了智慧森林火灾防治监测建设工作，完成4处森林综合火险监测站选址和智慧森林火灾防治监测预警系统安装工作。加强实战演练，强化应急能力，开展蕉岭县2022年秋冬季森林防灭火应急实战演练，展示火灾场景，无人机侦查火情，风力和以水灭火情景等，提升该县处置森林火灾能力和森林消防队伍的应急处置实战能力。加大经费投入力度，加强物资保障，购置森林消防车、运兵车、皮卡车各1辆，购置风力灭火机、油锯、单兵装备、扑火把等一批扑火器械。

【自然灾害防治】 2022年，蕉岭县应急管理局修订《蕉岭县突发地质灾害应急预案（2022年修订）》。全国防灾减灾日，开展“防灾减灾日”集中宣传活动。联合举办应急演练活动，在蓝坊镇龙潭村举办2022年蕉岭县山洪地质灾害应急避险演练，提高该县突发公共事件下应急反应能力和自救互救能力。全县开展各类安全风险隐患排查整治专项检查420次，出动检查人员2663人次，排查整治风险隐患1920多处，大大减少灾害事故发生，有效提高安全环境。全力推动2022年县十件民生实事落实，完成第一次全国自然灾害综合风险普查工作。（申宇飞）

2022年蕉岭县应急管理局负责人名录

党委书记、局　长：林　威
党委委员、副局长：徐绍明　陈晓欧
　　　　　　　　　徐锦平　徐　刚
副局长：陈建明
党委委员：黄德平（任至7月）
　　　　　潘　宝（7月任职）

劳动保障·社会保险

蕉岭县人力资源和社会保障局

【概况】　2022年，蕉岭县人力资源和社会保障局围绕“守初心、明责任、勇担当、树形象”精准发力，立足“五个坚持”，着力打造品质、温暖、特色、幸福、法治的“人社服务”金字品牌。

【就业工作】　2022年，蕉岭县人力资源和社会保障局以强化就业优先战略为引领，把稳就业保居民就业作为重大政治责任，抓好高校毕业生、异地务工人员、就业困难人员等重点群体就业，举办线上招聘活动65场次，服务招聘企业306家次，成功就业356人。实现城镇新增就业1452人，城镇失业人员再就业812人，就业困难人员灵活就业242人，扶持创业265人。

【社保工作】　2022年，蕉岭县人力资源和社会保障局推进社会保险参保扩面工作，参加企业职工基本养老保险31332人，机关事业单位养老保险6802人，城乡居民养老保险59174人，工伤保险29098人，失业保险21696人；企业职工基本养老保险征缴收入29085万元，工伤保险征缴收入393万元，失业保险征缴收入556万元。通过压实责任、定期研判、加强督查，推进被征地农民养老保障资金分配工作，落实分配资金784.8万元，保障749人，并100%落实实名制分配。

【劳动关系】　2022年，蕉岭县人力资源和社会保障局贯彻落实《保障农民工工资支付条例》，推进普法进企业、进社区、进公园，坚持依法行政，努力构建和谐稳定的劳动关系。发出劳动保障监察询问通知书33份，限期改正指令书28份，行政处罚告知书10份，行政处罚决定书7份，罚款7宗共15.5万元。成功处理投诉案件396宗，涉及1235人2704.52万元，劳动保障监察举报投诉案件结案率和拖欠农民工工资举报投诉案件结案率均为100%。建立快立快调快审快结机制，开辟农民工工资争议处理“绿色通道”，全年处理劳动人事争议案件348宗，仲裁结案率100%，调解成功率92.08%。

【三项工程】　2022年，蕉岭县人力资源和社会保障局紧抓技能人才培养、劳动者素质提升这条主线，累计开展各类职业技能培训772人次，探索实现“三项工程”创新特色发展。

用“寿”提升粤菜师傅。以具有寿乡特色非遗客家风味菜烹任为主，举办3期厨师技能培训班122人，帮助劳动者提高技能水平，拓宽就业创业渠道，擦亮寿乡名片。蕉岭县2名厨师被梅州市评选为二星级“粤菜师傅”。在梅州市“粤菜师傅”职业技能竞赛中，蕉岭县1名厨师获得银奖，3名厨师获得优秀奖，3名厨师被授予“梅州烹饪名师”荣誉称号。

用“绿”培育广东技工。围绕绿色发展要求，聚力绿色建材技能所需，推行企业新型学徒制培训，完成5家企业新型学徒制培训备案108人，培训培养各类“乡村工匠”164人次，联合县退役军人事务部门开展自主就业退役军人短期就业创业技能电工（中级）培训。

用“专”实施南粤家政。邀请医务专业人员参与培训，通过导师授课、现场实操等教学环节让广大培训学员快速掌握更专业、更新颖的家政服务技能，开展培训344人次。成立家政服务行业协会，建成2家“南粤家政”基层服务示范站。

【人才驿站】　2022年，蕉岭县人力资源和社会保障局依法依规依程序、保质保量落实人才驿站建设责任，完成县、镇两级人才驿站建设，发挥人才驿站的载体、平台、阵地作用。组织开展留学生返乡创业座谈、高校毕业生就业创业座谈、预制菜研讨、带货直播、外出参观学习等各类活动34场，为人才引进和交流保驾护航。（黄斯炜）

2022年蕉岭县人力资源和社会保障局负责人名录

党组书记、局　长：刘红锦（任至1月）
江　斌（1月任职）
副局长：王建强
党组成员、副局长：罗丽红（女）　李春光
党组成员、社会保险基金管理局局长：王军胜
党组成员、公共就业（人才）服务中心主任：祝银清（女）

社会保险基金管理

【概况】　2022年，蕉岭县社会保险基金管理局做好社保基金征缴及工作，累计收入54635.9万元，支出81444万元。企业职工养老保险征缴收入29656.9万元，支付待遇46716万元；失业保险征缴收入561万元，支付待遇466万元；工伤保险征缴收入393万元，支付待遇899万元；机关事业单位养老保险征缴收入15038.1万元，支付待遇25892万元；职业年金征缴收入8402.8万元；城乡居民养老保险征缴收入584.1万元，支付待遇7471万元。

【社保政策宣传】　2022年，蕉岭县社会保险基金管理局严格按照兜底线、织密网、建机制的工作要求，按照上级人社部门统一工作部署，聚焦保障和改善民生，推进健全覆盖全民、统筹城乡、公平统一、安全规范、可持续的多层次社会保障体系，扩大社会保险覆盖面，健全社会保障体系和基金安全防控体系，推动该县社保经办事业高质量发展。累计参保97234人，参保率约99%。

【助力乡村振兴】　2022年，蕉岭县社会保险基金管理局推动社保扶贫和乡村振兴有效衔接，落实困难群体城乡居保最低缴费标准全额代缴养老保险费政策，为4302人代缴，合计约52万元，助力乡村振兴工作，群众的获得感、幸福感显著提高。

【实施全民参保计划完成情况】　2022年，全县参加企业职工基本养老保险计划人数31009人，实现参保31332人，完成任务数的101.0%；全县参加工伤保险计划人数28943人，实现参保29098人，完成任务数的100.5%；全县参加失业保险计划人数21640

人，实现参保21696人，完成任务数的100.3%。蕉岭县社保征缴情况为：企业职工基本养老保险计划征缴收入29330万元，完成征缴约29085万元，完成任务数的99.16%；工伤保险计划征缴收入340万元，完成征缴约393万元，完成任务数的115.59%；失业保险计划征缴收入546万元，完成征缴约556万元，完成任务数的101.83%。

【“放管服”改革】 2022年，蕉岭县社会保险基金管理局继续优化经办服务，推进提升社保方面一体化政务服务能力工作，纳入并完善社保政务服务事项79项共88个实施清单，100%实现全流程网办，其中实现一次办事项88项，实现就近办事项81项，实现网办88项，优化网上办事服务质量，群众在网上办理业务更加方便快捷。调整社保各项待遇，对县机关事业单位退休人员全部实行养老金社会化发放，社会化发放率100%，调整前月人均待遇5676元，调整后月人均基本养老金5883元，人均月增208元；对全县符合条件的20991名退休职工进行待遇调整，调整后月人均待遇1887.51元，人均月增88.17元。

【基金安全管理】 2022年，蕉岭县社会保险基金管理局开展社会保险基金管理提升年行动，制定《关于印发〈蕉岭县社保经办机构开展社会保险基金管理提升年行动工作方案〉的通知》并对表推进，落实《梅州市社保经办机构岗位权限管理办法》，开展打击违规参保补缴问题专项行动、虚构劳动关系领取失业保险等工作。开展社保领域反欺诈宣传，组织社保志愿服务队伍开展主题为“打击欺诈骗保行为 维护社保基金安全”的宣传活动2场，发放宣传小册子8000多册，为群众讲解欺诈骗保的案例和危害提高全民反欺诈意识，在全社会营造维护基金安全的高压态势。完善部门联动机制和数据信息比对机制，依托省集中系统等实现数据实时联动，提高社保大数据分析核查能力，避免重复领取、违规领取待遇等情况出现，维护社保基金安全；加强警示教育。把基金安全教育作为干部教育的头等事项来抓，并将其作为党风廉政建设的重要事项列入年度考核内容。结合基金管理提升年行动工作方案和社保基金“警示教育月”活动工作方案要求，不断加强全部干部职工进行基金安全警示教育。（钟　卫）

2022年蕉岭县社会保险基金管理局负责人名录

局　长：王军胜

副局长：古伟荣（女）　汤惠良

医疗保障

【概况】 2022年，蕉岭县医疗保障局坚持以守好用好人民群众的“看病钱”“救命钱”为中心，紧扣推动医疗保障高质量发展的主题，抓好医保基金监管、医保领域改革、医保经办服务和信息化建设等工作。

【医疗保障】 2022年，蕉岭县医疗保障局根据党和国家方针政策，从多方面做好人民群众医疗保障工作。

扩大基本医疗保险参保覆盖面。利用公安、扶贫、统计等部门共享数据，与税务部门积极配合，加强信息比对，挖掘参保资源，突出新生儿、灵活就业人员和外来务工人员及家属等重点群体，加大参保宣传力度，采取数据比对、入户核查、上下联动、便民服务等方式，全面排查摸清参保底数，依法推进参保登记。

均衡适度提高基本医疗保险待遇水平。保持医保待遇水平与经济社会发展水平相适应，职工医保、城乡居民医保基本险年度最高支付限额分别为11万元和50万元，统一由基本医疗保险统筹基金支付。2022年，城乡居民医保基本险报销 389524 人次，医保基金支出156828367.2 元；职工基本医疗保险报销 142151 人次，医保基金支出 52782027.33 元；生育津贴支出 2714522 元。

完善和提高医疗保险保障水平。职工医保补充险、城乡居民医保大病保险年度最高支付限额分别为 30 万元和 20 万元。2022 年，职工医保补充险报销 153 人次，支付 2949345.38 元，城乡居民医保大病保险报销 5942 人次，支付 14860929.7 元。

落实“门诊医保共济”。对职工医保全体参保人员实行普通门诊医保统筹，扩大个人账户资金使用范围，将部分治疗周期长、对健康损害大、费用负担重的疾病门诊费用纳入共济保障，提高参保人员门诊待遇。

巩固“两不愁三保障”成果。发挥医疗救助的兜底作用，让困难群众“病有所医”，防止困难群众“因病致贫、因病返贫”。落实医保防贫减贫长效机制措施，解决特困人员超限额和跨地域医疗费用救助问题，明确救助标准；引导常年患有特殊病种的困难群众申请享受门诊特殊疾病待遇，实现一站式救助，方便困难群众病有所医等。2022 年，为城乡困难群众开展医疗救助 12596 人次，救助金额 695.11 万元。

完善公立医疗机构药品采购工作。推动“互联网+医药”在药品采购中的作用，督促各定点医疗机构按约定采购量做好 2022 年国家组织药品集中采购相关药品工作，推进药品供应价格、质量层次等公开透明，切实保障药品质量和供应。2022 年，蕉岭县 13 家公立医疗机构药品采购总额为 5070.48 万元，线上采购 5022.11 万元，线上采购占比为 99.05%。

医疗保障基金监管专项整治工作。制订《蕉岭县 2022 年医保基金监管专项整治工作方案》，加强蕉岭县医保基金监管，坚决打击欺诈骗取医保基金行为，确保基金安全，维护参保人合法权益。对定点医疗机构不定期开展抽查，重点核查病历、费用清单及是否存在“挂床住院”行为等。加强排查冒用死亡人员参保信息骗取医保基金等违法违规行为专项工作，排查出109条疑点数据，经比对去重核实，属冒用死亡人员参保信息违规医保报销数据 55 条，违规金额合计1802.86 元，所有违规金额已全部追回，要求相关定点医疗机构压实基金使用主体责任，严格核实就医人员信息，全面整改，切实维护基金安全。

【提升医疗保障队伍服务水平】 2022 年，县医疗保障局增强担当意识，筑牢清廉医保“警戒线”，坚持“一把手”抓落实，履行党风廉政建设“第一责任人”职责，坚持“三重一大”等事项集体研究、民主决策，强化班子内部的相互监督作用。加强党规党纪学习，严明政治纪律和政治规矩，切实强化干部职工的廉洁自律意识，引导干部廉洁自律，守住底线、不越红线。努力推动宣传思想工作再上新台阶。以党建工作为总揽，以规范权力运行为目标，排查梳理各关键环节及重点岗位潜在的风险点，巩固完善预防腐败的长效工作机制。优化医保经办服务，持续推进医保经办窗口行风建设，落实“好差评”制度和医保领域“放管服”改革，提升服务质量和水平。（谢雪玲）

2022 年蕉岭县医疗保障局负责人名录

党组书记、局长：罗建阳

党组成员、副局长：丘　锋

曾勇武（任至 8 月）

蕉岭县长寿文化发展研究中心

【概况】 2022 年，蕉岭县有 80~89 岁老人

8322人，90~99岁老人2705人，100岁以上老人67人（其中男性12人）。百岁老人占户籍总人口的29/10万；80~89岁老人占户籍总人口的3.63%；90~99岁老人占户籍总人口的11.8‰；全县人均预期寿命80.03岁。

【挖掘长寿因子　推广长寿文化】　2022年，蕉岭县长寿文化发展研究中心推进蕉岭长寿工作，摸底长寿老人数据，核准长寿老人各阶段比例，了解长寿老人动态变化；从多方位多角度宣传蕉岭，大力宣传长寿文化。

【育长寿品牌　擦亮寿乡金字招牌】　2022年，蕉岭县长寿文化发展研究中心通过授权，择优扶强推动一批优质长寿食品企业做强做大，加强对重要长寿品牌资源的扶植、培育、保护及运作，规范使用长寿健康食品商标，保护好长寿养生食品品牌声誉，擦亮“世界长寿乡”的金字招牌，推动富硒米、水、茶、蜜等绿色食品全面对接大湾区消费市场，助力大健康产业高质量发展。有26家企业使用“源自世界长寿乡——中国·梅州·蕉岭”著作权暨图形商标。（钟福连）

2022年蕉岭县长寿文化发展研究中心负责人名录

副主任：林文宇（8月任职，升格正科单位转任）
副主任：邓　添（7月任职）
　　　　张汝桥（8月任职）

蕉岭县公共就业（人才）服务中心

【概况】　2022年，蕉岭县公共就业（人才）服务中心在抓好疫情防控的同时，以增加就业岗位为目标，以落实就业政策为主线，以强化就业服务为手段，以加大资金投入力度为保障，以扶持重点群体就业为重点，不断提升就业服务质量，为稳就业促就业提供强有力支撑。

【就业再就业】　2022年，全县完成城镇新增就业1452人，占市下达目标任务数的103.71%；完成城镇失业人员再就业812人，占市下达目标任务数的101.5%；就业困难人员实现就业242人，占市下达目标任务数的186.15%；全县就业形势基本保持稳定。

【公共服务】　2022年，蕉岭县公共就业（人才）服务中心开展“春风行动”、“南粤春暖”、“春暖梅州”、“蕉岭—南沙”劳务对接、“就业援助月”、“百日千万”等线上专场招聘活动。举办线上招聘活动65场次，服务招聘企业306家次，发布就业岗位2138人次，招聘活动共吸引1620人次求职，达成就业意向455人次，成功就业356人。

【创业服务】　2022年，蕉岭县公共就业（人才）服务中心紧密结合市场需求，深入企业走访调研，形成企业服务清单，贴心为企业提供全方位、多渠道、精细化的用工服务和指导，帮助企业解决涉及招工用工、就业政策咨询等一站式就业服务，助力打造优质营商环境，结合该县乡村振兴工作，根据高校毕业生、退役军人、就业困难人员、残疾人等重点群体不同特点、不同需求，开展就业指导，提供岗位信息、精准推荐岗位等优质服务，切实保障民生、兜住兜牢民生底线。加大就业创业政策扶持力度，发挥专项资金的作用，支持各类群体实现就业创业，推动就业创业高质量发展。2022年，全县筹集就业创业专项资金577.05万元。其中，中央财政下达就业补助资金437.05万元；省级下达就业创业服务补贴33万元，创业担保贷款贴息和奖补7万元；县级下达基层社区工作者补贴60万元、创业担保贷款贴息40万元。为符合条件的就业创业重点群体发放就业创业专项资金合计559.06万元。此外，发放创业担保贷款20人，合计270万元；发放创业担保贷款贴息资金29.94万元，惠及53人。（徐玲玲）

2022年蕉岭县公共就业（人才）服务中心负责人名录

主 任：祝银清（女）

蕉岭县关心下一代工作委员会

【概况】 2022年，蕉岭县关心下一代工作委员会联合宣传、教育、工、青、妇等部门，以“尊老敬老爱老弘扬‘五老’精神”为主题，组织开展形式多样、内容丰富的主题教育宣传活动。通过报刊、宣传栏、微信公众号，发挥媒体融合宣传优势，弘扬中华民族孝老敬贤传统美德。聚焦立德树人根本任务，讲好宣传好“五老”故事，讲好传承好家风故事。

【培育情操】 2022年，蕉岭县关心下一代工作委员会注重加强对青少年的思想政治引领，开展“劳动创造幸福”广东省少年儿童核心价值观征文活动、“中华魂”读书主题教育。县关工委以传统节日、纪念日为契机，以学校课堂和革命旧址为场所，以点燃蕉岭学子的理想信念“火种”为以及理念，邀请“五老”人员，先后走进徐溪初级中学、广福镇中心小学、南礤学校等30所中小学，蕉岭县（东岭）革命历史纪念馆等10个爱国主义教育基地以及蕉城镇龙安村乡建馆、新铺镇新时代文明实践站等，开展“传承红色基因，争做时代好少年”“红色苏区精神代代传”等主题宣讲活动103场。组织开展“弘扬苏区精神，劳动创造幸福”主题征文活动，参与学生1.4万人，征集文稿93份，精选高中组5篇、初中组13篇、小学组16篇优秀作品上送市关工委及有关刊物选载。开展“中华魂”读书主题教育，引导学生家长以好的家风助推好的教养，传承红色基因，培养子女做一个明大德、守公德、讲仁德的好学生。弘扬中华民族的传统美德，在蕉城镇中心小学举行“孝老敬贤月”活动启动仪式，以“重阳节”及重大节假日为契机，组织30所中小学百名青少年学生到全县10所敬老院、幸福院常态化开展“九九重阳节 浓浓敬老情”“童心敬老 爱在重阳”主题文艺演出、清洁洒扫和座谈交流等尊老、敬老、爱老活动，参与师生130人次，慰问老人142名，捐款捐物3.2万元。

【助力创业】 2022年，蕉岭县关心下一代工作委员会帮助创业青年提升创业能力，助力企业青年岗位成才，促进青年创业。举办农村创业青年培训班6期，培训630人次，涵盖水稻、茶叶种植，香菇、黑木耳栽培，蜜蜂养殖等。配合县人社局制订出台实施乡村振兴战略人才储备计划，着力培养造就一支懂农业爱农村爱农民的“三农”工作队伍，适时融入“粤菜师傅”“广东技工”“南粤家政”三项工程和农村电商、乡村工匠等培训项目，为全县乡村振兴提供现代人才支撑。

【开展活动】 2022年，蕉岭县关心下一代工作委员会实施“五老”关爱下一代工程，关爱农村留守儿童和困境儿童，加强关爱和维权，开展未成年人保护工作。联合县教育局、县民政局在中小学24个农村留守儿童“爱心之家”开展扶贫助学、助困、助残、助孤的关爱留守儿童活动24场次，发放助学款项12万元，惠及百名留守儿童。以“六一”儿童节、中秋节、端午节等节日为契机，在文福镇新时代文明实践站、文福镇困境儿童家中及蕉城镇中心小学、蕉城镇中心幼儿园、县人民小学等3所学校，开展“大手牵小手 情暖润童心”“情暖六一 让爱成长”等主题活动16场，覆盖留守儿童268人，捐款捐物价值4.2万元。

【宣传报道】 2022年，蕉岭县关心下一代工作委员会向报纸、期刊等媒体投送稿件，刊登在《南方日报》2篇、《梅州日报》2篇、《秋光·关心下一代》杂志3篇、微信公众号“中国火炬”1篇、“广东关心下一代”24篇、广东老区网3篇、电视新闻媒体报道2篇。

（李秀玲）

2022年，“六一”儿童节前夕，县关工委开展“关爱困境儿童 用爱播种希望”慰问活动（县关工委提供）

2022年蕉岭县关心下一代工作委员会负责人名录

主　任：郭定国

副主任：黄远志（兼）　李秀玲（女）
　　　　黄秋新

乡镇·省、市驻蕉岭单位

责任编辑：林心涛

乡镇概况

蕉城镇

【概况】 蕉城镇是蕉岭县城所在地、省定中心镇，为全县政治、经济、文化、交通中心。位于县境中部，东面靠山，邻蓝坊镇，西临石窟河，北连文福镇，南接蕉华工业园区、三圳镇。总面积57.68平方千米，其中森林面积4.8万亩，占比55.2%，耕地面积600公顷，占比10.6%。森林覆盖率56.67%。2022年，全镇户籍总人口64828人，常住人口93679人，其中农业人口28770人。有11个行政村181个村民小组、4个社区居委会。205国道和天汕高速公路贯穿全境。境内有龙安村丝苗米省级现代农业产业园、蜜蜂省级现代农业产业园，有桂岭新区、长寿新城、奥园商贸中心、生态工业园等新型产、城功能区，有镇山国家森林公园、兴化寺、德昭园、滨水公园、石窟河十里画廊、乡建馆等旅游、休闲景点，产、景、城相互交融，宜业宜游宜居。

【队伍建设】 2022年，蕉城镇党建工作主要做好以下工作：

提升思想建设。落实镇党委理论学习中心组学习制度，围绕《习近平谈治国理政》第四卷等内容开展集体学习16次，研讨交流4次；组织开展学习贯彻省第十三次党代会精神宣讲会和《习近平谈治国理政》第四卷学习宣讲会；中共二十大召开后，组织学习会，领会中共二十大精神。用好用活镇委党校等党员教育平台，全年共举办专题培训4期，覆盖2196人次。书记带头讲授党课2次，镇领导班子成员到挂点村（社区）带头讲授专题党课17场，开展主题党日活动184次，提升党员干部的政治理论水平，坚定政治担当。

队伍建设。实施南粤党员先锋工程，健全村级后备干部推选、培育、管理和使用工作机制，全年新发展党员12名，平均年龄37岁，大专以上学历占比达41.7%。每个村（社区）有2名以上后备干部人选，为基层党组织建设提供人才储备。

阵地建设。围绕加强党的基层组织建设三年行动计划，完成陂角村党群服务中心修缮，对标任务清单规范整改15个村（社区）党群服务中心，完成职工小澡堂和小文体活动室的升级改造。

加强城市基层党建。开展“双报到、双服务”活动，推进支部进小区工作，成立2个社区党支部，试点推行社区“大党委”工作机制，逐步构建起共建共治、多方联动的城市基层党建新格局。

全面从严治党。规范基层廉政风险防控权力运行流程，梳理权力清单4项125条，查出廉政风险点136个并研究制定对应风险防控措施。推进巡察问题整改，把整改成果转化成推动全镇干部改进作风、干事创业的强大动力。

【城乡建设】 2022年，蕉城镇抓好城乡建设各项工作。

重点项目征收地。推进县重点项目建设用地征收，高质量完成2021年第二批次10号地块4.2公顷的征地任务。推进叟乐公学X043线高畲段和全民健身中心建设用地征收，为县重点项目落地提供要素支持。

坚持生态优先。加强扬尘污染整治、秸秆禁止焚烧等大气污染防治，实施水环境治理、畜禽养殖污染防治、农村面源污染治理等水环境质量考核断面监测点的整治工作；落实“河长制”，全年镇级巡河215次，村级巡河987次，组织开展2次“清漂”专项行动，清理河道56千米，清理杂草、杂物、淤泥等共计90吨；推深做实“林长制”，加强各级林长定期巡查，高质量开展植树造林和生态修复，加强蕉城生态建设，推进城乡一体绿化美化。

文明创建遍城乡。严格履行创文属地责任，采用“拆、清、并、整”的方式对黄田寨背安置区、新屋、粟园、焕文、茜塘小组和湖谷村新政小组、城郊村西一至西八、南一小组等背街小巷等进行集中整治，全面提升背街小巷的“面子”。开展乡风文明宣传设施建设，在公共场所和公共设施上科学设置社会主义核心价值观、市民公约等各类公益广告3000幅，主题鲜明的社会宣传标语、提示语5700条，让城乡有“颜值”更具“内涵”。

【乡村振兴】 2022年，蕉城镇坚定不移走产业强镇发展之路，龙安村以丝苗米省级现代农业产业园为基础，探索建设农村产业社区；金星村筹措786万元建设仓储物流中心；陂角村做好蜜蜂产业园建设；黄田村投入150余万元盘活闲置物业进行公寓建设；叟乐村建成6.67公顷紫苏南药种植基地；樟坑村打造樟坑寨（佰家庄）生态康养休闲基地；湖谷村把握绿色能源机遇发展光伏发电项目，镇域经济和村集体经济不断壮大。

落实“藏粮于地”战略，全年粮食种植面积946.67公顷，完成复耕19.27公顷、复种12.78公顷，耕地地力保护补贴面积335.99公顷。

【民生实事】 2022年，蕉城镇按照党“执政为民”的理念，做好民生实事。

民生保障补缺兜底。全镇享受低保补助297户496人，城乡特困供养121人，15名事实无人抚养儿童（含孤儿）保障正常生活，发放高龄津贴974600元，发放优待证507张，帮助2位困难退役军人申请省退役军人应急救助资金。脱贫人口参加基本医疗保险和城乡居民养老保险全覆盖，三类监测对象享受大病医疗救助，60户贫困户危房改造完毕。

文化服务提质增效。推进陂角村红四军宿营地旧址勘察、修缮和布展工作。黄香铁墓地成功申报2022年蕉岭县文物保护单位。黄田、东山、陂角3个村综合性文化服务中心提升公共文化服务效能。依托新时代文明实践站（所），举办安全教育、心理健康讲座及开展暑期社会实践活动共计20场，丰富未成年人精神文化生活。

2022年，蕉城镇陂角村红四军宿营地旧址（蕉城镇提供）

民生统计扎实推进。做实做细 2022 年城乡一体化住户调查大样本轮换工作和第五次经济普查筹备工作，逐步完成城北、城西、陂角全年人口变动情况抽样调查。开展基层统计规范化建设，有效推进数据服务民生工作高质量落实。

改善乡村风貌。推进农村公厕建设改造管护、镇村污水处理设施及配套管网建设、生活垃圾收运处置，根除农村环境脏乱差难题。争取资金支持，先后实施横岗村（庙下片）青少年宫至 205 国道周边风貌提升工程、205 国道樟坑高速路入口周边风貌提升工程、蕉城镇湖谷村主村道沿线道路提升及周边环境整治项目等乡村振兴工程项目，乡村风貌见到新成效、展示新变化。

【社会治安】 2022 年，蕉城镇依托“1+2+N”（1 名网格长+2 名网格员+多名网格协管员）基层社会治理模式，统筹推进维稳、反电信诈骗、反邪教、精神障碍患者管护等工作。推进“综治 e 通”平台向“粤平安”综治平台过渡，初步完成全科网格建设，全镇经济社会和谐稳定。

【安全生产】 2022 年，蕉城镇牢固树立安全生产底线思维和红线意识，完成城东、城西、城北社区火灾高风险区域的整治；圆满完成“全市春季农业生产暨农机闹春耕现场会”食品安全保障；基本完成老鸦山水库大坝除险加固工程；健全镇、村森防机构和镇到村、组逐级森林防火通信网络，全镇干部职工编入森林应急扑火三级梯队。全年发放各类安全生产宣传材料 15000 份，开展“五进”（进社区、进学校、进企业、进农村、进家庭）宣传活动 10 余次，让群众牢固树立“安全生产，人人有责”的意识，全年未发生重大安全事故。（林文超）

2022 年蕉城镇党委政府负责人名录

党委书记：丘志铭

党委副书记：徐晓威（任至 8 月）

谢淳晖（8 月任职）

曾峻彬　何祥永

陈纪江（挂任）

党委委员：梁媛仪（女）　徐小珠　汤新运

欧阳文理　黄　剑

人大主席：王　志（任至 1 月）

黄集运（8 月任职）

人大副主席：曾子文

镇　长：徐晓威（任至 8 月）

谢淳晖（8 月任职）

副镇长：邓伟峰　徐　乐　林志欣

罗　婷（女）　李存龙　林　锋

新铺镇

【概况】 新铺镇位于蕉岭县最南端，石窟河沿岸，东、南连梅县区，西邻平远县，北接三圳镇和蕉华区。总面积 184.9 平方千米，其中耕地 1780 公顷，林业用地 14200 公顷，森林覆盖率 79%。2022 年，辖 21 个村委会 354 个村民小组及 1 个社区居委会。户籍人口 4.23 万人，常住人口 2.24 万人。天汕高速公路、205 国道、332 省道横贯全镇。新铺镇是著名的水泥之乡、茶果之乡、华侨之乡、文化之乡，是广东省级中心小城镇建设示范点、省级建材专业镇、省教育强镇、省级卫生镇，梅州市平安镇、文化先进镇、生态镇，蕉岭金融生态镇、长寿镇。全国重点文物保护单位谢晋元故居、谢晋元纪念馆位于本镇尖坑村。林修明（南山村人）参加了举世闻名的辛亥“三·二九”起义，为广州黄花岗七十二烈士之一。该镇是老苏区，邓宏昌（油坑村人）、邓崇卯（坪头村人）等先烈是创建中共蕉岭县地方组织的最活跃的先行者。1927年12月，中共蕉岭县第一次党代会在新铺尖坑村召开。

【党建工作】 2022年，新铺镇抓好党建工作。

牢牢把握政治方向。从严治党，严格执行省委坚决落实“两个维护”十项制度机制，巩固深化肃清李嘉、万庆良恶劣影响的成果。掀起学习宣传贯彻党的二十大精神热潮，全年召开党委理论学习中心组学习会15次，开展镇村干部专题党课、宣讲、培训等会议累计18场次、1562人次。

夯实党的基层阵地。推行“全科网格”治理体系，实施“数字化+综治、监督、服务、积分制”工程，投入12万元搭建指挥平台，建成五室一厅的综治中心；坚持党管人才，抓好发展党员和干部队伍建设工作，全年发展党员15名，储备后备干部59人。实施“双百工程”，社工服务站、困难群众和特殊群体社工服务覆盖率均达100%。“新铺镇金沙村创建‘四抓四促’党建示范村”获评蕉岭县基层党建特色品牌。

坚持全面从严治党。全年研判部署意识形态工作8次，涉意识形态领域谈心谈话280多人次。推进党风廉政建设，落实中央八项规定及其实施细则精神，保持正风肃纪反腐高压势态，开展日常谈话51人次、谈话提醒33人次。配合八届市委第一轮县级交叉巡察第六组对新铺巡察，完成整改问题69个，建立健全10项制度规定，逐步实现党委各项决策工作制度化和规范化。

【经济发展】 2022年，新铺镇抓好经济发展各项工作。

工业转型升级提速。主动融入服务赣闽粤原中央苏区对接融入粤港澳大湾区振兴发展先行区（蕉岭片区），打造新铺油坑—蕉华园区工业长廊。聚焦绿色建材产业延链扩链，推动宏基新材、龙腾节能减排等项目建成投产。推进总投资8亿元的皇马新型熟料工业技改项目。完成三坑抽水蓄能项目初步规划；推进总体规划220兆瓦、总投资约9亿元的“光伏小镇”项目，率先集约24.67公顷土地，稳步推进项目建设。

发展传统农业。推动尖坑丝苗米产业发展；充分挖掘农村土地资源优势，大力发展现代农业产业，对标省级产业园，因地制宜发展近73.33公顷的食用菌、南药、辣椒、蔬菜四大农业产业基地。

招商引资提质增效。用好用活驻镇资源，充分链接珠三角等资源，与广东新农人农业科技公司、广州发展集团等达成项目合作。全面优化营商环境，落实一网通办、并联审批等利企惠民政策，行政审批事项“网上受理、网上办结”均实现100%。推进村级集体经济“10万+”提质增量行动，实现所有行政村村集体收入10万元以上。

守住粮食安全底线。推进潘田、矮岭等8个村高标准农田建设，总投资1257万元，受益面积达393.33公顷。全面完成市下发3亩以上撂荒耕地图斑复耕任务，复耕率达100%。积极推动垦造水田工作，全年共集约土地39.44公顷。

补齐镇域发展短板。升级改造村道2420米，农村道路主干道硬底化建设完成率100%；投入100万元用于新铺镇新油线亮化工程建设，解决圩镇、新油线和国道的主干道无路灯照明问题；实现行政村自然村集中供水及城乡污水治理、自然村4G信号和光纤网络、镇村电商服务站点、行政村物流快递等全覆盖。

筑牢产业发展基础。连同驻镇帮镇扶村工作队推进各村建立农业合作社，投入50万元用于尖坑村数字乡村示范建设、100万元用于矮车村农业生产基础设施建设、170万元用于东陂村食用菌种植温室大棚建设。

【乡村振兴】 2022年，新铺镇抓好乡村振兴各项工作。

规划引领，试点先行。新铺镇与驻镇帮镇扶村工作队共同制定《乡村振兴发展规划(2021—2025年)》，荣获全省优秀镇域乡村振兴规划一等奖。围绕创建抓党建促乡村振兴示范镇，确定金沙、尖坑和南山3个村为抓手，打造金沙村乡村振兴党建示范点、尖坑村“数字乡村”示范点和南山村南药示范种植农业产业基地。

提升城乡环境面貌。完成农村旱厕263座及残垣断壁173处清拆任务，新建14座农村公厕。镇级农贸市场升级改造全面完成，乡村振兴示范带提档升级；投资1600万元实施古街三期改造项目，完成新铺圩镇楼房、人行道、路灯亮化等升级改造。推动205国道油坑段沿线外立面整治，完成金沙村闲置学校改造成党群服务中心和“象岭新村”示范性美丽乡村项目建设。深入打好蓝天、碧水、净土保卫战，严格落实“河（湖）长制”，常态化做好饮用水水源地保护工作。

推进生态系统修复保护。统筹推进全域土地综合整治国家级试点和山水林田湖草沙一体化修复和保护工程，实施石扇河水生态修复工程，有序推进山水修复综合治理；重点支持徐溪寿乡矿泉水项目发展，完成高质量水源林建设，在东陂村和高乾村实施人工造林、补植套种58.73公顷。做好投资6000万元的农村水系综合整治和投资2200万元的徐溪河清洁小流域综合治理，做好投资800万元的山口水库和焦坑水库除险加固工作，开展耕地安全利用与土壤污染修复。

【民生实事】 2022年，新铺镇党委政府坚持执政为民的理念，办好民生实事。

巩固社会治理基础。对15户收入稳定监测户进行风险消除，现有监测户11户33人。开展“粤菜师傅”“南粤家政”“广东技工”三项工程，增加群众谋生技能。做好城乡居民基本医疗保险参保工作。城乡低保、农村五保全面提标，全年对低保户479户824人发放低保金293万元，对特困人员266人发放特困供养金262万元，为11户重病人员及临时困难家庭提供医疗救助及临时救助。

推进文教卫生事业。镇卫生院、村卫生站全面实现标准化、规范化建设。完成新铺中心小学改扩建。修缮提升蕉岭县委第一次代表大会旧址、邓崇卯故居、三坑苏维埃政府遗址等11处红色革命遗址，打造爱国主义教育、革命传统教育和党史学习教育基地。

2022年，修缮完成后的邓崇卯故居（新铺镇提供）

维护社会和谐稳定。开展防范化解电信网络诈骗和养老诈骗专项行动，顺利通过扫黑除恶工作问题整改验收，后进镇成功“摘帽”。落实519项下放职权，完善和落实执法“三项制度”，重点抓好违法违规问题的预防。抓好执法动态巡查，对违法违规问题做到早防范、早制止、早处置。全面落实安全生产责任制。扎实推进“喜迎二十大·忠诚保平安”专项行动。全年未发生安全事故。

（丘佳琦）

2022 年新铺镇党委政府负责人名录

党委书记：王裕胜
党委副书记：罗伟春　李　浩
　　　　　　彭　琳（女，8 月任职）
　　　　　　丘旭宁（挂任）
党委委员：黄荣胜　宋雪丹（女）
　　　　　李　俊　陈　科　钟　耀
人大主席：涂伟文
人大副主席：陈德民
镇　长：罗伟春
副镇长：谢胜安　汤　兴　林　婷（女）
　　　　林若文　林剑湧

长潭镇

【概况】 长潭镇位于石窟河以西，东北部与文福镇相邻，东南部与蕉城镇隔河相望，西与平远县接壤，南与三圳镇相邻，北与广福镇相接。全镇总面积 91.59 平方千米，其中耕地面积 1011 公顷，林地面积 4156 公顷，森林覆盖率 66.86%。2022 年，辖 11 个村委会 177 个村民小组和 1 个居委会，总户数 6538 户，总人口 21379 人。长潭镇东临石窟河堤岸，通过长潭大桥、榕子渡大桥、逢甲大桥、中华大桥、蕉岭大桥等与蕉城连通，组成四通八达的道路交通网络。蕉岭县水上运输主要集中在长潭库区，大多为游船，长潭水库驾舟北上可达闽粤赣三省交界处。长潭景区为国家 AAAA 级旅游景区。丘成桐国际会议中心位于该镇石窟河岸边。

【队伍建设】 2022 年，长潭镇党委做好党员发展、教育培训和管理工作，制定相应的党员教育管理制度，侧重在青年农民特别是致富能手、农村外出务工经商人员中发展党员，全年发展党员 8 名。

创新基层治理。推广乡村治理清单制、积分制、数字化模式。白马村、新泉村作为数字积分试点村，将村容村貌、环境整治、乡风文明各项事务在 APP 小程序上转为数量化指标。对村民日常行为进行评价形成积分，并给予奖励。在各村推进安装中国电信“数字乡村”天翼大喇叭智能广播系统，及时传递党建、防疫、反诈、乡村振兴等资讯，打通乡村宣传“最后一公里”。

加强村“两委”干部队伍建设。完成 63 个村（社区）“两委”干部个人档案建立，鼓励符合条件干部提升学历，增强社会治理和经济管理能力，2022 年大专及以上学历占比不低于 50%。有村“两委”后备干部 32 人，后备干部中有中共党员 18 人，村书记后备干部 8 人；35 岁及以下的 24 人，占 75%；大专及以上学历的 22 人，占 68.8%。

加强志愿者队伍建设。健全基层党组织“平战转换”工作机制，成立党员志愿服务队共 17 支 162 人，组织开展服务群众实践活动，提升联系群众和服务群众能力，将党员志愿服务队纳入防汛救灾、乡村振兴、基层治理等各项工作中，同时鼓励新发展党员和后备干部积极参与，充分发挥党员的先锋模范作用，助力基层发展。

【经济发展】 2022 年，长潭镇在发展粮食生产的同时，根据自身地理优势，发展特色经济。

打造旅游项目　利用长潭国家 AAAA 级旅游景区有利条件，创造旅游群点。发挥帮扶单位职能优势，携手碧桂园集团，推动白马村百亩撂荒地复耕，因地制宜打造精品旅游环线，打造白马广场、长潭诗廊、国家地理标志保护产品文化长廊、稻田花海、田间观光小火车、观景平台、紫藤花廊、亲水娱乐区、农产品展销中心等观光节点。在农业主题乐园周边，致力打造一个集亲子教育、户外活动、房车摩旅、研学拓展、户外露营、下午茶、网红观光等功能于一体的露营基地，形成更具集群效应、更多元的地域旅游项目。致力打造旅游名片，有序推进水墨长潭民宿村、宛若故里、醉美书院等民宿建设，打造适应市场需求的差异化、个性化民宿，培育特色突出、有市场影响力的旅游民宿品牌。重点打造浒竹环湖栈道、数学公园、长潭三及第特色美食街、乡创部落等景观节点，依托“广东省森林小镇”荣誉称号，结合长潭国家AAAA级旅游景区提档升级，打造森林旅游特色线路。

发展绿色健康产业。按照“多村一品”发展思路，支持科诚家庭农场、妆家都富硒生物科技有限公司、四季耕耘蔬果基地等实体农企的发展。

2022年，长潭镇四季耕耘蔬果基地（黄振摄）

对神岗蔬菜村项目（四季耕耘14.67公顷）、百美5.33公顷“滑皮金桔”项目进行跟进服务管理，辐射带动面积66.67公顷，促进全镇特色产业基地的形成和农民收入增加。同时，引进广州采芝林药业有限公司提供技术支持，与本地企业合作共同建设仙草规范化种植基地，建立仙草优良种质收集库及繁育试验田，由广药集团对成品进行统一收购，促进村民增收致富。

【民生实事】 2022年，长潭镇坚持以人民为中心的发展思想，在增进民生福祉，提高人民生活品质上努力工作。

深化人居环境整治。开展“三清三拆三整治”行动，坚持“干部带头、党员响应、村民配合”的工作思路，强化日常排查，对危旧弃房、残垣断壁、乱搭乱建和违章建筑等进行统一拆除或清理。全年累计清理拆除5000多平方米的乱搭乱建、危旧弃房和残垣断壁。推进厕所革命“回头看”自查整改。对标《广东省农村厕所改造建设技术指南（试行）》深入开展排查，全镇29座公厕4963座户厕“回头看”工作全面完成。

抓好村道建设。坚持以科学规划、先易后难原则开展道路建设，合理布局村内整体路网，对村内干路、支路和巷路抓好查漏补缺、日常管护和巩固提升，确保不出现道路破损等现象。通过争取涉农资金支持统筹开展了新泉、白马、麻坑、长潭、上村等行政村约2千米的村道硬底化，并在白马村约3.5千米的道路上安装太阳能路灯，保证群众生产生活出行方便。

健全防止返贫工作机制。强化对全镇建档立卡脱贫户和监测对象的网格化管理，制定监测联系制度和分类帮扶措施。落实民政社会救助政策，贯彻落实最低生活保障、低保边缘、特困人员救助供养制度，严格申请和审核、审批程序，加强动态管理，对城乡低保、低保边缘、特困人员供养救助对象开展经济状况信息化核对和入户复查。适度扩大救助范围，因病给予临时救助10人，救助金额共18915元，因学给予临时救助2人，救助金额共4968元。推进社工站建设，顺利成立长潭镇社会工作站和堑垣村社会工作服务点，配备7名社工，提升社工服务水平。

（徐纬龙）

2022年长潭镇党委政府负责人名录

党委书记：王　辉

党委副书记：邝财华　刘超越（挂任）
古德新　丘怡山

党委委员：林　鹏　钟　丹（女）　徐召庆
蔡凤秀（女）　饶珂茜（女）

人大主席：涂玮球

人大副主席：吴春香（女）

镇　长：邝财华
副镇长：林　鹏　何伟强　钟文国

三圳镇

【概况】　三圳镇地处蕉岭县中南部，北靠蕉城镇，南接新铺镇，东邻蕉华工业园区，西连平远县。距县城约10千米。全镇（含蕉华区）面积12200公顷，其中含耕地1375.29公顷，林地6777.9公顷。森林覆盖率71.37%。2022年总人口7943户25246人，其中党员966人。辖9个村、1个社区居委会以及因体制机制改革由蕉华区移入的3个临时党支部（45个生产队）。205国道和天汕高速从该镇东境旁边经过。镇域地形以平原、丘陵为主，地处石窟河谷地及天然富硒带，土壤肥沃、水源充足，农业发展基础好，是全县粮食主产区之一，素有“鱼米之乡”美誉。该镇是蕉岭县第一个党支部（中共九岭支部）的诞生地和三山蓝坊肚战斗的发生地。为纪念抗日名将谢晋元将军而命名的晋元中学和晋元大桥坐落该镇。

【队伍建设】　2022年，三圳镇聚焦“提升党建引领基层治理效能”主题，坚持抓小抓实抓细，激发奋进新征程的强大动力。

建强思想理论阵地。坚持把政治理论学习摆在突出位置，依托“1223党员教育矩阵”和红色教育线路等优势载体，加强农村党员教育管理，增强基层党组织的政治功能和组织功能。全年累计举办村（社区）“两委”干部培训班2次、专题研讨班3次、专题党课8场，精心制作的“一枚哑弹背后的故事”党课获评梅州市优秀党课，党课讲师被评为梅州市星级党课讲师。

打响党建特色品牌。推动基层党建特色品牌创建工作，结合推进乡村振兴战略，紧抓县委党校迁建项目和寿乡文旅建设项目落户契机，重点打造九岭村“三措并举 开拓党建研学新思路”特色品牌，示范引领全镇基层党组织全面进步。

树牢党员先锋旗帜。面对疫情防控、安保维稳、森林防火等急难险重任务，全镇党员干部发挥先锋模范作用，带头亮身份、履职责、树形象，组建14支160人的党群志愿服务队伍，凝心聚力，攻坚克难，以实际行动树牢党员先锋旗帜。

搭好为民服务平台。顺利完成莲塘、顺岭党群服务中心建设并挂牌启用，倾力筑牢为民服务的红色阵地。发挥党建联建平台作用，推动基础条件好、发展实力强的先进村党支部与经济薄弱村党支部开展结对帮扶，通过资源共享、优势互补，壮大村集体经济，带领村民增收致富。

紧绷廉洁政府“自律之弦”。始终保持整治腐败高压态势，筑牢“不想腐”的思想堤坝、道德防线。规范村务公开和村账镇管工作，严控“三公”经费支出，接受党内监督、法律监督和群众监督，确保权力在阳光下运行，遏制基层“微腐败”现象蔓延滋生。构建党史学习教育常态化、长效化制度机制，从党的历史中汲取经验和智慧，充分利用蕉岭党史和三圳红色故事的教育作用，引导全镇党员干部永葆清正廉洁作风。

【经济发展】　2022年，三圳镇抓好经济发展各项工作。

打好招商引资“组合拳”。坚持“以商招商、产业招商”工作思路，围绕激活蕉岭（南沙）粤港澳大湾区现代农业示范基地作用，主动“走出去”、积极“引进来”，通过开展赴外招商、邀请企业考察等方式，与现代农业企业广东裕沣源农业科技有限公司达成合作。积极对接深圳华汉投资、广州瑞源农等湾区企业，借力打力、以商招商争取引进上下游及关联配套企业、项目落户，延展产业链布局。

跑出项目建设“加速度”。全镇形成大抓项目、抓大项目、抓好项目的浓厚氛围，推进农业配套基础设施建设项目、晋元大道改造提升工程等10个涉农项目建设。同时，根据项目建设情况及时支付项目资金，确保资金支出与项目建设同步推进。

提升产业发展“续航力”。发挥“平原片栽果种菜、山区片养蜂育菌”产业基础优势，纵向延伸农业产业链，横向拓展农业服务面。结合推进撂荒耕地复耕复种工作，继续做优做特五子登科、客家农夫、景瑜食用菌等农业基地，大力推动预制菜(三及第、肉丸等地方特色食品的半成品)、食用菌、蜂制品等农产品精深加工产业发展，擦亮打响“寿乡味道”品牌。该镇预制菜产业在全县乡村产业振兴擂台赛上荣获总分第三名。利用美丽乡村精品旅游线、红色东岭旅游区等美丽节点聚集的人气，将红色研学、团建培训、民宿民食、采摘观光等丰富元素串珠成链，融合发展休闲农业、康养度假、研学教育、亲子露营等新兴旅游业态，促进全域旅游资源多元串联。

2022年，三圳镇客家农夫现代农业基地(张玉奎摄)

【民生实事】 2022年，三圳镇关注民生，抓好民生实事各项工作。

生态建设实现“持久美”。推进“党建红”与“环境绿”深度融合，践行“绿水青山就是金山银山”理念，以更高标准打好蓝天、碧水、净土保卫战。常态化开展秸秆禁烧工作，高标准落实“河长制”“林长制”等制度，推进大气污染、水污染及固废危废等环境综合治理，高质量发展绿色本底和生态环境优势。

镇村建设呈现“全域美”。打造镇级“全域美”建设示范标杆，推进美丽圩镇和美丽乡村建设。标准化抓好三圳农贸市场提档升级，全面完成圩镇段“三线”改造工程，实现从“杂乱差”向“洁净美”转变。推进农村人居环境整治提升向纵深发展，建立农村公厕常态化长效化管理机制，打造顺岭村农村厕所尾水及生活污水资源化利用示范点。全年累计开展“三清三拆三整治”150余次，出动人员2000人次，清理各类生活垃圾600吨。

基础建设彰显“宜居美”。谋划民生项目，多方筹措资金，推进铁西村提升改造、老场新安路改造提升等项目建设，打造对外畅通、对内联通的“四好农村路”建设。全年配套扩宽修缮道路8590米、排灌圳修缮约2660米，改善群众出行、缓解农业排灌压力。

织密民生兜底保障网。做好低保、特困供养家庭等申请人员受理、核对、上报等工作，根据经济状况变化调整在册民政服务对象待遇，做到应保尽保，不错保、不漏保。该镇（含蕉华）共有低保户216户384人、特困人员97人，累计发放低保金161.91万元，特困供养金101.89万元。

落实落细安全稳定责任状。聚焦基层治理“神经末梢”，创新运行“小单元作战、精细化管理”模式，统筹矛盾风险、安全隐患排查一体推进，实现“小事不出村、大事不出镇、矛盾不上交”和安全生产“双零”目标。全年化解矛盾隐患209宗，检查企业及场所270家次，排查整改安全隐患65处，切实为人民群众营造更加安定和谐的生活环境。

（余婷婷）

2022年三圳镇党委政府负责人名录

党委书记：张艳辉（女，任至9月）

党委副书记：徐晓威（8 月任职）
钟渊元（任至 1 月）
黄信浒（任至 6 月）　王中强
张伟凇（8 月任职）　曾飞锋
党委委员：黄志雄（任至 8 月）　罗灵敏
黄欢欢（女）　黄施丽（女）
陈志雄
人大主席：凌　凯
人大副主席：张新卫
镇　长：钟渊元（任至 1 月）
徐晓威（8 月任职）
副镇长：黄志雄（任至 8 月）
谢源学　黄新运

文福镇

【概况】　文福镇位于蕉岭县城以北 12 千米，东邻南礤镇、皇佑笔林场、蓝坊镇，西邻长潭镇，北连广福镇，南接蕉城镇。总面积 12200 公顷。耕地面积 667 公顷，森林总面积 6321.17 公顷，其中生态公益林面积 3878.37 公顷，森林覆盖率达 72.06%。2022 年，总人口 21312 人，比上年增长 0.556%。辖 8 个村委会、142 个村民小组和 1 个居委会。天汕高速公路、205 国道贯穿全镇。矿产资源丰富(石灰石、锰、铅、锌、铁、稀土等，尤以石灰石储量最为丰富)。该镇是近代抗日志士、爱国诗人、教育家丘逢甲的故乡，淡定村的丘逢甲故居是全国重点文物保护单位。以丘逢甲别号命名的“仓海诗廊”，远近闻名，坐落在羊岃村。该镇也是世界数学界著名的“菲尔兹奖” “沃尔夫数学奖” “马塞尔·格罗斯曼奖”等奖项获得者、当代数学大师丘成桐院士的祖居地。丘成桐祖居福寿堂被列为市级文物保护单位。羊岃村被广东省文化和旅游厅列为首批乡村精品游山水名人之旅线路，被评为国家 AAA 级旅游景区。

【队伍建设】　2022 年，文福镇党委把党的领导落实到农村各项工作中。

把政治建设摆在首位。全年开展各类培训班 12 期，党务工作者业务培训约 150 人次，推进理论学习入脑入心。以巡察为契机，扎实做好巡察“后半篇”文章，提高党组织凝聚力、战斗力。在大是大非面前站稳政治立场，坚决同网络和社会错误言行作斗争，旗帜鲜明抓好意识形态工作。把握正确政治方向，开展专题研判意识形态工作 4 次、意识形态工作分析会 2 次。推进抓党建促乡村振兴，打造逢甲、白湖、长隆村连片示范特色品牌项目，结合创建工作实际，精心制作主题鲜明、内容翔实的推介视频，成功创建县级“基层党建特色品牌”，打造出兼具生产性和观赏性的圩镇特色景观，擦亮文福的文化名片和旅游名片。

打造党建引领构建基层治理新格局。在农村基层党组织的领导下，推动村民自治实践深化，农村民主协商的体制机制更加健全，形成以共建共治共享为内核的乡村治理体系。镇党委书记率先带头为党员领导干部上党课，示范带动镇领导班子成员、镇属各党组织书记开展“党课开讲啦”活动 68 场次，受众 3641 人次。党员志愿者服务队开展疫情防控志愿服务活动 45 次，帮助重点人群、困难群体解决实际困难和问题 54 个。抓实党风廉政建设，实行主体责任清单制度，做到目标、人员、措施“三到位”，强化对党员干部“八小时以外”的监督管理；围绕群众反映强烈的重点领域，从严执纪监督。全年累计受理群众来信来访 32 次 61 人，受理并成功调解各种纠纷 29 宗，调解成功率 100%。压实网格化管理，推行“村到组、组到户、户到人”三级党建网格，逐步建立“行政村党组织—自治管理单元和经济组织党组织—党员户”村（社区）党组织体系。协调厂社关系，处理好矛盾纠纷排查化解工作。常态化开展扫黑除恶斗争，加大打击诈骗等违法犯罪行为力度。

【经济发展】 2022年，文福镇利用文福水泥主业优势，为塔牌集团绿色建材等传统产业转型升级，节能新技术、新工艺的应用，固体废料替代项目动工建设做好相关服务工作。石灰石合理开采，探索资源利用的新途径、新方法，提高矿产资源综合利用率，配合全县建材产业优化发展。全镇泰国红宝石青柚、树葡萄种植面积73.33公顷；沙田柚、蜜柚种植面积345.07公顷，年产量2000多吨；辣椒、甜玉米、烟叶等经济作物种植面积270.67公顷。帮助农户办理农行助农贷款360万元发展农业生产。投放资金约200万元帮扶发展马甲头酒、脐橙、沙田柚等产业。整治撂荒耕地，复耕连片3亩以上撂荒地33.52公顷，复种20.36公顷，省下发连片大于15亩图斑（二调图斑）复耕21.38公顷，复种12.33公顷。该镇重视发展旅游文化，以丘成桐祖居、仓海诗廊为核心的丘成桐祖居文化旅游区成功创建国家AAA级旅游景区。仓海诗廊获评广东省社会科学普及基地、梅州市人文社会科学普及基地、少先队校外实践教育基地等，打造和平人家特色农家乐，成为乡村休闲新打卡点。

2022年，文福镇仓海诗廊（汪敬森摄）

【乡村建设】 2022年，文福镇抓好乡村建设各项工作。

完善基础设施。完成205国道文福乌土至坑头段两边农房风貌等基础设施建设项目（一期）、长隆村村内道路扩宽建设等项目，完成外立面改造23920平方米，平改坡改造12375平方米，线路改造700米；完成文福农贸市场的提升改造工程、205国道圩镇段东西两翼的外立面提升改造工程和圩镇主街道的三线整治工程；完成道路硬化和扩宽4380米，全面完成村内干路硬底化任务。

人居环境持续提升。打造6个美丽宜居村（乌土、鹤湖、长隆、红星、暗石、坑头）和2个特色精品村（白湖、逢甲）。全年拆除危破旧房屋8431.03平方米。推进农村厕所改造“回头看”工作，对全镇户厕以及33座现存公厕开展问题再排查和再整改。

生态环境持续优化。完成白湖村羊屶至君坑河一河两岸环境提升项目（一期）；配合蕉岭县水务局实施乌土河红星水生态清洁小流域综合治理工程、乌土河文槐水生态清洁小流域综合治理工程，治理河道总长9.97千米。开展水面漂浮物清理专项行动，清理水面漂浮物15.3吨，清淤河道沟渠累计长度9.31千米，清理7宗水库坝前坝后杂草树枝面积约6400平方米。开展畜禽养殖污染整治，发放养殖业环境污染整改通知书400余份，清栏和关闭禁养区、部分禁养区内生猪养殖户11户。

【民生实事】 2022年，文福镇关注民生，抓好民生实事各项工作。

助推群众致富增收。聚焦“两不愁三保障”（不愁吃、不愁穿，义务教育、基本医疗、住房安全有保障）突出问题，坚持常态化监测预警，推进扶贫产业动能升级、特困人口综合保障等重点工作，累计投入帮扶资金245.7688万元，建成村级光伏发电站6个，获得收益76.6072万元，带动脱贫户83户249人，为30户有劳动力脱贫户发放光伏发电收益36329元，为村集体增收8.3686万元。统筹入股蕉岭润兴生态食品有限公司和广东桂岭文旅发展有限公司（预计为6个村增加年收益53万元，为脱贫户增加年收入14.30182万元）。

社会保障稳步实施。城乡基本医疗保险参保率97.80%，农村养老保险指纹采集认证2632人，新增城镇就业321人，就业困难人员实现再就业128人，培训城乡劳动力127人，实现农村劳动力转移就业341人次。技能培训110人，累计安置公益性岗位4个。妥善解决拖欠农民工工资1起。累计完成就业跟踪服务48人次，完成县级下达就业再就业工作目标任务。实施“双百工程”（乡镇街道服务站100%覆盖、困难群众和特殊群体社会工作100%覆盖），设立社工服务站1个，村级服务点2个，各村（社区）社工服务覆盖率达100%。开展退役军人及其他优抚对象建档立卡和申领优待证的受理工作，发放率95%。

【安全保障】 2022年，文福镇落实责任，抓好安全保障各项工作。

维护社会稳定，守牢安全生产底线。开展企业安全隐患排查治理、消防安全扫雷行动和大检查、电气火灾综合治理、燃气安全大检查等工作，党政领导带队在中秋、国庆等节假日和党的二十大召开等关键时间节点，分组开展安全生产大检查和消防夜查，出动检查4000余人次，排查单位、场所1500余家次，排查整改隐患1400余个，安全生产形势总体稳定。开展地灾隐患点及山区削坡建房户防控管理、汛期预警防御、风险隐患点整治等工作，完成削坡建房风险点整治11户，顺利完成县级下达的年度整治工作目标。加大对市场监管领域生产经营企业的监管力度，全年累计检查食品、药品、化妆品和特种设备生产经营企业210家次，查处生产销售假冒伪劣商品等违法违规行为，办结产品质量类案件5宗。深入开展“八五”普法，开展法律服务咨询2场次，普法宣传5场，发放宣传资料1000余份，受众800余人。处理群众关注的热点难点问题，化解各类社会矛盾，完成党的二十大召开等重要节点安保维稳任务。

（温接繁）

2020年文福镇党委政府负责人名录

党委书记：陈子建

党委副书记：陈剑峰　黄小倩（女）
涂焱峰　杨海容（挂任）

党委委员：刘秀云（女）　李玉梅（女）
徐洁茹（女）　张伟增　郑富生

人大主席：汤伟强

人大副主席：周满桂（女）

镇　长：陈剑峰

副镇长：刘秀云（女）　徐佛新　黄永军
徐燊枫（7月任职）　龙清云

广福镇

【概况】 广福镇位于蕉岭县北部，距县城24千米。是广东省首批中心镇之一。地处闽粤两省交界，北部和东部毗邻福建省武平县岩前镇、下坝乡、中赤乡，南与文福镇相连，西与平远县隔河相望。总面积107.3平方千米，其中耕地面积671.87公顷，山林面积9667.20公顷，森林覆盖率达78.17%。户籍总人口15122人。辖10个村委会和1个社区居委会。205国道和长深高速公路南北贯穿全境。2022年，全镇社会生产总值实现5.56亿元，同比增长3.1%。城乡居民人均可支配收入实现24747元，同比增长3.5%。

【队伍建设】 2022年，广福镇坚持党建引领，加强队伍建设。

强化堡垒促发展。打造特色党课精品课程，广育村分教点获评梅州市星级镇街党校分教点。推进基层党建三年行动计划，实施以村支书为重点的农村基层干部队伍建设“头雁工程”。开展“三促四建”行动，提升基层党组织战斗力；推进乡村治理试点工作，“六事”（一个支部管事、一张清单明事、一套机制议事、一个地方说事、一种方法评事、一个模式强事）治理方式入选第三批全国乡村治理典型案例；积极推进村集体经济“10万+”提质增量行动，实现所有行政村村集体经济收入10万元以上；坚持党管人才，高标准建设乡村振兴人才驿站。

驰而不息转作风。配合县委第一巡察组开展工作，对巡察反馈的问题照单全收，全面整改。严格落实中央八项规定及其实施细则精神，做好党风廉政建设和反腐败斗争各项工作，保持正风肃纪反腐高压态势，政治生态持续净化优化。年底，按照“全面学习、全面把握、全面落实”的重要要求，全镇动员、全员参与，掀起学习宣传贯彻党的二十大精神热潮。

【经济发展】 2022年，广福镇作为赣闽粤原中央苏区对接融入粤港澳大湾区振兴发展先行区（蕉岭片区）建设的“桥头堡”，抓住国家出台《梅州方案》机遇，推进园区污水处理、供水保障等工程建设，广福园区建设初见成效。广福工业园区内已落户企业16家，其中永旺科技园内线路板企业有10家，规模以上企业5家（蕉岭县佰霖生物科技有限公司、梅州金品电路科技有限公司、梅州市多成电子线路板有限公司、蕉岭县嘉福香业有限公司、梅州市鑫德冠电子科技有限公司），新增规模以上企业1家，预计实现规模以上工业增加值4400万元，同比增长10%。充分利用蕉岭县“长寿乡”金字招牌，瞄准“优特精”做文章，不断延伸拓展食用菌、黄金百香果、林下灵芝、金桔、鹰嘴桃等“一村一品”产业经济。黑木耳产业发展规划获县“乡村产业振兴擂台赛”二等奖；食用菌产业种植基地获“粤字号”农业品牌示范基地认证；鹰嘴桃入选“全国名特优新农产品”名录。 保障粮食安全，全年完成市县下发连片3亩以上图斑撂荒耕地复耕面积41.42公顷，撂荒耕地整治取得良好成效，全年粮食播种任务顺利完成。

2022年，广福工业园区（广福镇提供）

【民生实事】 2022年，广福镇重视民生，抓好环境，民生各项工作。

改善镇村环境。统筹推进全域农房管控和乡村风貌提升，开展“三清三拆”百日攻坚行动，205国道（广福段）沿线人居环境提档升级；按照“五宜”（宜居、宜业、宜游、宜养、宜学）的城乡发展规划，统筹推进省际廊道、美丽圩镇建设，谋划推进乐干河大坝段“一河两岸”工程、叶田村文化活动中心等镇村同美项目建设。完成农贸市场升级改造、主街道商户“平改坡”、背街小巷整治提升，镇村面貌焕然一新；将广育民宿、乐干九栋、豪岭桃花源等串珠成链，推动生态农旅融合发展，桃花源休闲农庄入选市级休闲农业与乡村旅游示范点。

做好民生保障各项工作。城乡低保、特困供养等政策全面落实，社会保险参保扩面工作取得新进展。推进广福学校改扩建工程，在广育村建成全市首家普惠性公益居家养老服务站，镇村教育、医疗、养老等基础条件不断改善。 做好文化惠民工作。完善群众性文娱活动设施，广育村灯光篮球场、叶田村文体活动中心等惠民文体场所竣工落成。持续开展“好媳妇”“文明家庭”“模范夫妻”等评选活动。广福船灯成功入选广东省第八批省级非物质文化遗产代表性项目推荐名录，广福豆干入选第十批市级非物质文化遗产项目。

【平安建设】 2022年，广福镇开展安全生产专项整治行动，排查消除隐患163条，安全生产形势持续稳定。推进平安广福建设，常态化开展扫黑除恶斗争。全年处理矛盾纠纷67宗，全年未发生一宗民转刑、激发性或突发性案件。开展“八五”普法实施，广育村获评第九批“全国民主法治示范村”。强化食品药品安全监管，开展餐饮、药店、超市等重点场所行政检查547宗，做出行政处罚决定3宗。 （谢雪梅）

2022年广福镇党委政府负责人名录

党委书记：陈国政
党委副书记：谢淳晖（任至8月）
钟驰鹏（8月任职）
吴国君 裴敬中（挂任）
赖耿斌
党委委员：罗 丹（女） 黄胜均
徐 霞（女） 王征霖
黄清萍（女）
人大主席：黄锦坤
人大副主席：周悦玲（女）
镇 长：谢淳晖（任至8月）
钟驰鹏（8月任职）
副镇长：罗 丹（女） 钟 毅 黄欢平

蓝坊镇

【概况】 蓝坊镇位于蕉岭县城东部，距县城6千米，北邻文福镇和南礤镇，东南连梅县区。总面积134.6平方千米，其中山地面积10319公顷，耕地面积776公顷。总人口约1.8万人。辖11个村委会和1个居委会。文化底蕴深厚，蓝坊因蓝奎而得名，旧志称蓝奎为“宋名进士，实开邑中文风之首”。辖区内有蕉岭新老八景中的“龙潭飞瀑”“文峰插汉”两个景点，以及长寿生态景点“峰桥溪韵”“青檀古树园”“长寿公园”“红色文化园”等。还有清道光皇帝御笔的古文物建筑“贞节牌坊”、高思“十二联楼”、抗日民族英雄罗福星故居、中国传统古村落大地村等名胜古迹。生态资源丰富，森林覆盖率83.71%，素有“世界长寿乡中乡”“人间仙境”美称，是一个集自然风光、人文景观于一体的生态休闲宜居养生小镇。

【队伍建设】 2022年，蓝坊镇党委把政治建设摆在首位，执行省委坚决落实“两个维护”十项制度，实施基层党建三年行动计划，制订《蓝坊镇抓党建促乡村振兴示范镇创建实施方案》，整顿软弱涣散村党组织，实施后备干部培养的“雏雁计划”，推进程官村、石中村、龙潭村党群服务中心建设。全年组织轮训2次，开设专题党课6次，研判意识形态工作4次，组织党委理论中心组学习19次，组建“全科网格”186个，成立由175名党员组成的13支党员突击队，推动基层党建工作全面进步、全面过硬。

【经济发展】 2022年，蓝坊镇地区生产总值1.96亿元，同比增长2.3%。发挥“长寿乡中乡”品牌效益，发展“一村一品”“一镇一业”，推动金柚、茶叶、百香果、三华李、客家米酒等特色农产品提质升级。百香果种植面积8公顷，年产值96万元；沙田柚种植面积1000公顷，年产值7200多万元；米香型酒以企业为龙头，带动酿酒作坊和家庭酿酒户共同发展，年产量可达2500吨。与梅州市农林科学院合作，在农业种养、新型经营主体从业者等领域优先培育一批“土专家”“田秀才”，发挥人才引领带头功能，通过“致富带头人”成功打造33.33公顷的优质李种植基地，年产值达250万元。围绕“融湾入海”加大招商引资力度，引进梅州市鲜绿田园现代农业有限公司建设“药食同源”蔬菜产业园，打造粤港澳大湾区“菜篮子”。

2022年，“药食同源”蔬菜产业园基地
（广东芨萃生物技术有限公司提供）

【民生实事】 2022年，蓝坊镇开展防返贫动态监测，深化对350多户脱贫户和监测对象的产业、就业帮扶。完善社会救助体系，发放各类救助金约360万元。全镇低保、特困、事实无人抚养儿童等397户614人生活得到有效保障。建设程官村居家养老服务中心，强化社工服务能力，推进居家养老事业发展。城乡居民基本医疗保险参保率达100%。完成农村安全饮水工程25处，镇域内集中式饮用水水源水质达标率达100%；建成并运行镇级污水处理厂1座、村级污水处理设施24个，铺设配套管网6.5千米，合计日处理能力880吨；整改公厕2处、农村户厕21户；配合实施叟乐公学至X043线、石子排至横町奇等路面改造项目；在乡村振兴驻镇帮镇扶村工作队的支持下，完成峰口村十二组道路硬化200米，争取市新的社会阶层人士联合会资金支持，开展蓝坊镇第四届教育促进会奖教奖学助学活动，发放教育资助金87人次48.15万元。加强社会综合治理和维稳工作，处理矛盾纠纷143起，调处成功率达到98%。持续抓好安全生产，深入开展道路交通安全“百日整治”专项行动，常态化开展隐患排查治理，全年未发生重特大事故。

【乡村建设】 2022年，蓝坊镇推动“三清三拆三整治”，抓好溪峰河蓝坊段及高思河等重点水域整治，全面开展农房风貌管控和削坡建房整治工作，拆除危旧房屋、违章建筑等4180平方米，完成农房管控和乡村风貌提升125户，整治削坡建房风险点35户。推进垦造水田项目，大地村垦造水田完成5.93公顷；推进撂荒耕地治理，完成有条件复耕的省市图斑37.04公顷，复耕率达100%。严守耕地保护红线，打击乱占耕地行为。充分挖掘蓝坊镇“文化+旅游”潜力，保护利用中国传统村落大地村和高思村，建设蓝坊村红色文化园，讲好“长寿乡的红色故事”，实现旅游资源和红色文化有机结合；探索乡村治理体系，投入600万元建设程官、石中、龙潭村党群服务中心，深化“三治融合”（自治、法治、德治），推进“六事”治理。 （邹家正）

2022年蓝坊镇党委政府负责人名录

党委书记：郑康文（任至9月）
党委副书记：林　丰（任至7月）
　　张　顺（7月任职）　黄柏运
　　刘　宇（女）
党委委员：何海英　刘宇威　赖勇维
　　彭　清　钟远飞
人大主席：何思燕
人大副主席：古文贤
镇　长：林　丰（任至7月）
　　张　顺（7月任职）
副镇长：何海英　曾劲锋　陈　熙

南磜镇

【概况】 南磜镇位于蕉岭县东北部，是革命老区，镇府驻地距离县城22千米。北部与福建省的武平、上杭两县毗邻，南与蓝坊镇相邻，东与梅县区的松源、隆文两镇相连，西与文福镇、皇佑笔林场相接。总面积173.9平方千米，其中耕地面积800公顷，山林面积14333.33公顷。户籍总人口22004人。辖16个村民委员会、205个村民小组。省道223线、县道045线贯通南北。境内山清水秀，森林和水力资源丰富，森林覆盖率89.1%，是蕉岭县木材、烤烟、茶叶、毛竹和冬笋的主要产区之一，素有“粤东竹乡”的美誉。该镇的北礤土楼为省级文物保护单位。“南礤竹海—红四军入粤首胜纪念公园—观察第—石寨古村”获评省乡村旅游精品路线。

【队伍建设】 2022年，南礤镇党委严格执行省委坚决落实“两个维护”十项制度机制，忠诚拥护“两个确立”、坚决做到“两个维护”。

发挥党建引领作用。推进党建引领基层治理促乡村振兴，落实新一轮加强党的基层组织建设三年行动计划2022年工作要点，抓好“提升党建引领基层治理效能”主题任务。甲华、岭背被县委组织部确定为党建引领乡村治理示范村；坚持党管人才，引进乡村振兴志愿者3名，南礤镇级乡村振兴人才驿站揭牌成立；落实广东兜底民生服务社会工作“双百工程”，新录用“双百社工”12名，社工服务站、困难群众和特殊群体社工服务覆盖率均达100%。

加强作风建设。保持风清气正的政治生态，贯彻执行中央八项规定及其实施细则精神。从严从实推动作风建设各项工作落地落实，推动政治能力大提升，推动干部作风大转变，推动营商环境大优化，奋力推动南礤高质量发展。

【经济发展】 2022年，南礤镇抓好经济发展各项工作。

发展实体经济 2022年，南礤镇牢牢把握老区苏区振兴发展重大机遇，挖掘发展潜力，发展实体经济，推进乡村振兴。以南礤镇乡村振兴规划编制（2021—2025年）为抓手，确定产业发展方向，引进龙头企业广东健态实业有限公司与皇佑笔林场共同打造“南药王国·竹海南礤”。利用丰富的竹林资源，发展林下种植经济，现已建成企业为主体，集合“竹+药”“竹+菇”复合经营的先行科研示范基地30公顷，种植南药黄精、洛神花、香料山苍子等。推进村集体经济“10万+”提质增量行动，做好金山、皇佑、左槐扶持壮大村级集体经济试点工作，所有行政村实现村集体经济收入10万元以上。

开拓旅游经济。以毛竹林相对集中、地域特色明显、发展前景较好的村为主要区域，打造生态旅游基地，串联红四军入粤首胜纪念公园、白水竹海公园、金山笔、石寨土楼、红军路等，打造“从田头到民宿”纵贯三产业的产业体系，开拓当地群众就近就业空间，有效拓宽群众增收致富渠道，促进群众收入持续增长。2022年，“南礤竹海、红四军入粤首胜纪念公园、观察第、石寨古村”获评“第三批广东省乡村旅游精品线路”。2022年，实现生产总值2.86亿元，同比增长3%，其中农业生产总值为1.96亿元，同比增长2.5%；农民人均纯收入12676元，同比增长3.5%。

【民生实事】 2022年，南礤镇党委、政府坚持以人民为中心，增进民生福祉，改善民居环境等为工作重点，做好各项民生实事。

稳步提升村容村貌。建立健全镇政府、村委会、村民三方参与的保洁和垃圾清运机制以及村庄环境卫生管理制度、“门前三包”（包卫生、包绿化、包秩序）等一系列长效管控机制。全年清拆破旧房屋、断壁残垣、露天厕所、违章搭建等共9366平方米。探索健全用水、河道、垃圾、天空等区域专业化运行管护模式，完成南礤镇水环境综合整治项目和松源河上游水体治理工程（一期）等项目，改善水体环境，做到用水安全；47个自然村全部被纳入垃圾收运体系，建设垃圾收集点488个，生活垃圾日均转运9.5吨；45个自然村已完成农村生活污水处理整治，其中2个自然村被纳入城镇污水处理厂，2个自然村村庄污水主管与城镇污水管网连接并通水运行。

24个自然村完成建设农村生活污水处理设施，19个自然村可达到污水资源化利用。

塑造美丽宜居镇村。推进卫生厕所建设，革新管护机制，新建卫生公厕11座，无害化卫生户厕完成率、普及率均达到100%。推进“四小园”（小花园、小果园、小菜园、小公园）建设，47个自然村共建设“四小园”76处，建成美丽宜居村3个。

推进基础设施升级。立足省际交界区位实际，争取驻镇帮扶单位支持，皇佑、石寨道路“单改双”项目取得突破性进展，为拓宽省际合作“毛细血管”、改善镇域内部道路交通环境奠定良好基础；筹集130万元实施蕉岭县南磜镇甲华村、左槐村、南磜村自来水管网提升工程，打造圩镇集中供水2.0版本，切实解决饮水难题。

巩固脱贫成果。开展社会救助兜底脱贫“回头看”，完成在册低保户249户467人的年度复核，落实防止返贫动态监测，巩固拓展脱贫攻坚成果，原建档立卡脱贫户家庭人均可支配收入15654.33元。

稳定社会保障。推进“粤菜师傅”“南粤家政”“广东技工”三项工程，帮扶群众就业。推动城乡居民医保参保缴费工作，参保率达100%。开展削坡建房整治工作，交出低风险28户、中风险17户、高风险34户、极高风险2户，共计81户的“整治清单”。提升公共服务能力，做好乡镇街道社会工作服务站建设，设立南磜和甲华服务点，有效提高服务群众能力。

推进乡风文明。开展“美丽家园”“文明家庭”“道德模范”“最美乡贤”“蕉岭好人”等文明评选活动，引导群众见贤思齐，营造文明乡风。石寨村郭正强获评2022年“蕉岭好人”，示范带动全镇精神文明建设。

【社会治理】

基层治理提质增效。2022年，南磜镇扎实抓好平安建设各项工作通过搭建综治网格平台，加强网格化服务管理工作，推进基础网格“实体化”，网格管理“责任化”“实战化”。加强人民调解工作，全年共受理“12345”政府热线57件，完成上级转办系统信件19件，接待来访群众20多批次，为群众解决问题110多起，镇村人民调解委员会调处矛盾纠纷60多起，纠纷受理率100%。

筑牢安全生产防线。落实“一岗双责”，压紧压实安全生产责任。开展安全宣传和教育培训，与镇辖区内企业和单位已全部签订安全生产目标管理责任书。加强各行业的日常安全检查工作，并组织开展重大节假日安全生产大检查和九大重点领域专项检查，加强对电站、山塘水库等安全隐患排查。

推进法治进镇建设。通过成立领导小组、召开专题工作会议、排查摸底工作等形式常态化开展扫黑除恶斗争。开展“八五”普法工作，促进法治社会建设，2022年，甲华村获评“广东省民主法治示范村”。（林宣兆）

2022年南磜镇党委政府负责人名录

党委书记：汤娟萍（女）
党委副书记：张　顺（任至7月）
林　丰（7月任职）　黄　钢
丘俊鹏　凌传好（挂任）
党委委员：赖文曦　蒋虹璐（女）　罗建锋
古　祎　徐秋琳（女）
人大主席：李文杰
人大副主席：郭裕华
镇　长：张　顺(任至7月)
林　丰（7月任职）
副镇长：郭苑平（女）　朱雪山　林金山
徐广浩

省、市驻蕉岭单位

广东粤电长潭发电有限责任公司

【概况】 广东粤电长潭发电有限责任公司，是广东省粤电集团公司全资子公司，前身为广东省长潭水电厂，于2003年改制为公司。电厂于1978年动工兴建，至1987年4月，4台发电机总装容量6万千瓦相继并网发电。长潭水库属季调节水库，以发电为主，兼顾防洪、灌溉任务。2022年，长潭发电公司贯彻新发展理念，聚焦新能源发展，落实各项改革工作。长潭发电公司微视频作品荣获集团“坚持党建引领 践行国企担当”广东能源集团党团课大赛三等奖，公司文艺节目参加蕉岭县“喜迎二十大、永远跟党走、奋进新征程”主题实践活动暨五四文艺汇演获一等奖。控股企业长龙水电公司被水利部授予“绿色小水电示范电站”称号。

【党建工作】 2022年，广东粤电长潭发电有限责任公司抓好党建工作。

加强党的理论学习。严格落实“第一议题”制度，学习贯彻习近平总书记重要讲话和重要指示批示精神作为第一议题31次。发挥党员领导领学带学督学，开展党员领导“四带头”活动，组织学习广东省第十三次党代会和集团公司第五次党代会精神，提升党委理论学习中心组学习效果。学习宣传贯彻党的二十大精神，开展党委理论学习中心组学习16次、专题研讨4次，制定落实党中央重大决策部署和省委各项工作要求台账清单17项，提高政治判断力、政治领悟力、执行力，坚决捍卫“两个确立”，把讲政治的旗帜举得更高，以党建工作高质量推动各项工作高质量。抓好党委理论学习中心组、党支部“三会一课”、部门（班组）政治学习，用好“学习强国”学习平台，以党的二十大召开为契机，运用微信公众号等宣传媒介，发布正能量文章。开展“学习身边榜样” “身边人讲身边事”等征文和演讲活动，精心打造“专家讲理论、干部讲政策、先进讲事迹”宣讲矩阵，创新开展思想政治现场教学点工作。

提升基层党建效能。实施新一轮加强基层党建三年行动计划，深化“一企一品”创建工作，结合新能源大发展项目，“一支部一特色”党建品牌。促进党建与生产经营等中心工作深度融合，激发党员建功立业的内在动力。坚持党建带团建，组织开展庆祝中国共青团成立100周年主题活动。举办青年职业技能竞赛。

2022年11月25日，水工水务专业劳动竞赛举行，图为坝顶实操比武现场（刘梓元摄）

办好“青年大讲堂”，落实“圆梦计划”“展翅计划”，为新员工办实事。围绕中心工作，深化“号手岗队”创建，开展“安全生产 青春有我”主题活动，组织共青团员积极参加志愿服务活动，争做企业发展先锋。根据集团文化大纲修订企业子文化《卓越之道 自强长电》手册。强化党对意识形态工作的全面领导，落实意识形态工作责任制，旗帜鲜明地反对和抵制各种错误观点，唱响主旋律，壮大正能量。坚持党管干部、党管人才原则，突出政治标准，强化干部人才队伍建设，为公司高质量发展提供人才支撑。

加强党风廉政建设。深入贯彻落实中央八项规定精神，推进党风廉政建设和反腐败斗争，深化“三不”一体推进。压紧压实管党治党主体责任。组织召开2022年度党风廉政建设和反腐败工作会议，明确党风廉政目标，签订党风廉政建设责任书，认真落实“两个清单”。强化政治监督，抓住“关键少数”。有针对性地开展新能源发展项目建设、改革发展、疫情防控等监督及服务业中“靠企吃企”问题等专项整治工作。对照审计调查提出的问题深入开展自查自纠，采取整改措施，把“当下改”与“长久立”结合起来，堵塞漏洞。加强物资采购询比价监督、委外项目及新能源项目的招标监督，严格执行询比价、招标管理规定，发现问题及时纠正，确保全过程依法依规。

开展纪律教育月活动。组织中层管理及以上人员、廉政建设重点岗位人员参加廉政建设专题辅导报告，对中层管理人员、廉政建设重点岗位人员进行廉政提醒谈话，对新入职员工开展廉洁从业教育，为公司高质量发展营造风清气正的良好环境。

【经营指标】 2022年，广东粤电长潭发电有限责任公司累计完成发电量1.24亿千瓦时；水库来水总量为15.8亿立方米，同比增加10.6亿立方米；发电水耗9.36立方米/千瓦时；公司实现连续安全生产运行3313天。

【安全生产】 2022年，广东粤电长潭发电有限责任公司以贯彻落实新《中华人民共和国安全生产法》为重要抓手，完善公司安全管理体系和责任体系，依法落实企业安全生产主体责任。贯彻落实“安全第一，常备不懈，以防为主，全力抢险”的防汛工作方针，牢固树立“防大汛，抗大灾、抢大险”的思想，有序开展防汛备汛工作。2022年汛期，长潭水库遭遇建库以来最强“龙舟水”，公司充分利用水库的调蓄能力，削峰滞洪，配合地方做好防洪调度，实现安全渡汛。完成大坝安全第五次定期检查、大坝安全注册换证、水库淤积及库容变化规律研究、长潭水库洪水风险研究等工作。提高设备可靠性。全年先后对5台次机组和2台主变进行检修，完成3台主变高压开关更换工作。全年发现、处理设备缺陷42项，其中主设备一般缺陷19项，重大缺陷0项，辅助设备一般缺陷23项，年消缺率100%。开展安全生产专项整治三年行动，认真落实好“一线三排”工作机制，抓好“二十五项举措”查评、国务院“十五条硬措施”和消防专项查评整改工作，严格落实高风险作业每日分级上报机制，抓好特别防护期保供电保稳定工作。全年度开展13次各种形式的隐患排查工作，发现隐患285项，消除250项，隐患整改完成率87.72%。有针对性地开展燃气、“两票”、危化品、消防、危险作业等专项整治工作。做好安全生产隐患排查治理和风险分级管控工作，提升安全事故应急处置能力，加强新能源新业务领域安全管理体系和能力建设，全方位筑牢安全生产基础。完善标准管理体系，夯实公司安全管理基础。根据上级房屋建筑安全隐患专项排查整治工作方案要求，开展公司房屋建筑安全隐患专项排查整治工作。贯彻落实“预防为主，防消结合”工作方针，落实消防安全主体责任。有针对性地开展电动自行车充电安全专项检查及“三合一”场所整改，全年公司未发生一般及以上火灾事故。开展网络安全自查工作，完成态势感知子系统建设，2022年未发生网络不安全事件。制订年度平安建设及社会治安综合治理工作实施方案和反恐重点目标达标建设工作方案。

【国企改革】 2022年是国企改革三年行动计划收官之年，广东粤电长潭发电有限责任公司贯彻落实上级工作要求，紧盯目标狠抓落实，严格按照时间表、路线图、任务书，全力落实各项重点改革任务，坚决打赢国企改革三年行动攻坚战。修订完善“三重一大”管理制度，厘清各治理主体权责边界。完成子企业董事会应建尽建任务，建立董事会授权制度，完善议事规则，制定权责清单，落实董事会职权，做强做实董事会。实施经理层成员任期制和契约化管理。落实集团子企业管理人员竞争上岗、末等调整或不胜任退出制度。围绕生产管理模式改革，结合新能源发展的项目建设要求，优化组织机构，完善岗位设置和人员配置，调整安全生产管理机构，不断健全岗位设置，推动生产与管理工作。

【新能源发展】 2022 年，围绕集团和水电分公司战略部署，推进能源绿色低碳发展，加快新能源项目建设。5 月，公司首个光伏发电项目“建丰粮业公司 2.3 兆瓦分布式光伏发电项目”正式并网发电。蕉岭县一期 8.8 兆瓦（实际装机 3 兆瓦）、梅县庆达实业有限公司 1.8 兆瓦、福建闽鸿贸易 1.15 兆瓦、福建闽鸿顺汽车有限公司 3.3 兆瓦、福建唯正智能科技 1.3 兆瓦、梅县好利时实业有限公司 2.27 兆瓦、蕉岭广福建材 2.2 兆瓦分布式光伏发电项目等进入现场施工或合同签订阶段；福建源美生物 2 兆瓦、蕉岭骏龙建材有限公司 2 兆瓦、蕉岭固特 1.3 兆瓦分布式光伏项目等已完成可研评审。开展屋顶分布式光伏项目和地面集中式光伏项目踏勘，全年新增备案容量 18.05 兆瓦，合计备案总容量 50.29 兆瓦。

【经营管理】 2022 年，广东粤电长潭发电有限责任公司加强预算管理，结合公司年度的生产、技改、修理项目计划和上年度财务收支情况，以“量入为出、厉行节约”为原则，加强预算实施全过程的控制和执行情况的考核分析，坚持按月度编制预算执行情况分析报告，处理完成率或差异率较大的项目。严肃资金纪律，加强资金管理。严格执行资金的审批权限和审批手续，按期编制生产用款计划，保证公司生产经营所需资金。做好资产管理工作，保证公司财产安全。对技改项目、零星购置资产及时入账，对转移、报废资产及时办理鉴定、审批手续，使资产处置过程合理合法。优化融资结构，提升量化风险管理水平。做好新能源项目融资工作，拓宽融资渠道，保证项目融资合规性，助力新能源产业发展。

【企业文化】 2022 年，广东粤电长潭发电有限责任公司坚持以习近平新时代中国特色社会主义思想为指导，以职工需求为导向，以思想引领、权益维护和职工服务为抓手，构建和谐稳定企业。举办“安康杯”“争当创新能手，争做技术标兵运维劳动技能竞赛”“水工观测及气象观测竞赛”等活动，旨在推动员工大学习活动的氛围，提升员工的专业素养和团体意识，形成“比、学、赶、帮、超”的良好氛围。做好联系服务职工工作，聚人心、暖人心，服务职工群众，维护职工合法权益。落实职工福利政策，开展职工夏季送清凉活动。用心帮助职工排忧解难，为困难职工发放慰问金和互助金共计 4.6 万元。为困难职工申请生活救助金和医疗救助金共计 5000 元。举办劳动竞赛，表彰先进，激励和鼓励广大职工爱岗敬业，为企业改革发展多作贡献。（李科兴）

2022 年广东粤电长潭发电有限责任公司负责人名录

党委书记、执行董事、总经理：骆伟明
党委副书记、纪委书记、工会主席：徐必慷
党委委员、副总经理：邱新明

广东塔牌集团股份有限公司

【概况】 广东塔牌集团股份有限公司是国家

水泥工业结构调整重点支持的60家大型企业之一，2022年在中国水泥上市公司综合实力排名中列第12位。经过多年发展，已建成广东梅州、惠州，福建龙岩三大水泥生产基地，现有水泥生产规模2200万吨，全资子公司12家、分公司1家，在职员工2500多人，截至2022年12月底，总资产128亿元，净资产113亿元。塔牌集团先后获“全国五一劳动奖状”“全国模范劳动关系和谐企业”“全国质量工作先进单位”“国家守合同重信用企业”“全国建材行业先进集体”“中国建材百强企业”“广东省五一劳动奖状”“改革开放40周年广东省优秀企业”“广东上市公司综合实力10强”“广东上市公司最具盈利能力10强”等荣誉。塔牌集团以习近平生态文明思想为指引，按照国家碳达峰碳中和的部署，全力推进水泥产业的绿色低碳转型和数字智能升级，进一步推进高质量发展；抓住梅州苏区融湾先行区建设的机遇，积极谋划发展生物科技产业项目，推进企业多元发展。

【党建工作】 2022年，广东塔牌集团股份有限公司加强党建工作。组织开展党的二十大精神宣传工作，按照集团党委工作部署，各党总支（支部）通过集中收听收看大会直播、跟进宣传全会精神、组织党员干部自主学习、及时分享学习感言等方式，深入学习领会党的二十大精神，激励干部职工以党的二十大精神为指引，在高质量发展的新征程中履职尽责、担当作为。开展庆祝中国共产党成立101周年系列活动，“七一”期间组织开展庆祝中国共产党成立101周年系列活动，包括举办主题征文大赛、党史知识竞赛、篮球友谊赛、“微党课”竞赛、开展党课专题讲座、表彰优秀党员、入党宣誓、走访慰问困难党员和老党员、走进红色基地等活动，激励广大党员干部职工坚定信念，践行宗旨，牢记使命，勇于担当，永葆先进性。抓好党员管理建设。贯彻落实全面从严治党、从严治企要求，注重从党性观念强、思想政治素质好、组织协调能力强，善于做群众工作的员工中选拔优秀的生产、技术、管理骨干作为发展党员培养对象，在发展党员工作中形成支部把好培养考察关、职工群众把好监督关、党委把好审批关的机制。2022年，共有9名同志转为正式党员，13名同志吸收为预备党员，18名同志被列为发展对象。创新产业工人队伍党建工作。按照《关于开展产业工人队伍建设改革试点工作的通知》精神和要求，重点在产业工人队伍思想政治引领、素质提升、福利保障等方面进行积极探索。思想政治引领方面：按照集团党委工作部署和要求，组织深入学习习近平总书记在3月17日中共中央政治局常委会上的重要讲话精神，学习《习近平谈治国理政》第四卷以及《推进领导干部能上能下规定》《反腐败是一场绝不能输的重大政治斗争》《广东省委组织致全省各级党组织和广大党员的倡议书》，学习省第十三届党代会精神等，深刻领会精神实质和丰富内涵。素质提升方面：做好《正职之道》和厦门大学—塔牌集团中高层管理技术干部能力提升研究班的培训工作，提升中高层管理技术干部的理论素养、业务素质和管理能力；做好工程技术人员内部培训工作，组织开展电气、信息化、水泥工艺、机械等内部培训工作。2022年，共组织了30场次的培训，累计有900余人通过线上线下参加培训。福利保障方面：做好帮扶职工工作，2022年员工互助基金会共资助患病特困职工138人次，累计支出约53万元；支出约41万元为2307名工会会员购买2023年度梅州医保补充保险“保尚保”；支出约7万元为465名工会会员购买2023年度惠州医保医疗补充保险。举办劳动和技能竞赛。围绕公司全年安全生产工作安排，组织开展2022年“安康杯”竞赛活动，以“普及公共安全卫生知识，提高职工安全技能素质”为主题，开展职工安全应急技能培训和知识竞赛答题活动，不断提高职工安全健康意识，增强安全应急处置和自我保护能力，预防和减少安全生产事故，加强保障职工生命安全和身体健康。

【生产经营】 2022年，广东塔牌集团股份有限公司实现水泥产量1844.57万吨，水泥销量1826.44万吨，熟料销量88.66万吨；实现营业收入60.35亿元，利润总额3.81亿元，归属于上市公司股东的净利润2.66亿元；上缴税收6.78亿元。

【安全生产】 2022年，广东塔牌集团股份有限公司认真贯彻落实国务院《安全生产十五条措施》和《全国安全生产专项整治三年行动计划》等文件精神，认真贯彻落实政府部门关于安全生产工作一系列决策部署，坚持“安全第一，预防为主，综合治理”的安全生产方针，并紧紧围绕《公司2022年度生产经营计划》《2022年度职业健康安全与环境管理目标及工作奖罚实施方案》要求，不断强化安全主体责任，狠抓安全生产各项工作落实，压实责任，齐抓共管，狠抓隐患排查整治等有效措施，推动安全生产形势保持稳定，实现全年公司职业健康安全目标。

【技改工作】 2022年，广东塔牌集团股份有限公司按照年初制定的《2022年技术改造项目计划》要求，围绕节能、减排、降耗、协同达标和绿色工厂建设等方面，加强设备技术改造工作，2022年批准及往年转结实施的技改项目共计55项，投资预算4366.15万元。在工作过程，公司不断完善生产自适应控制系统、智能专家系统、生料在线分析及自动配料系统、水泥在线分析系统，实现中控操作智能控制、品质控制智能化，推进智能化工厂转型升级，最大限度地降低单位产品能耗，促进水泥生产系统节能目标的实现。同时，公司充分发挥技术中心作用，加强熟料综合能耗及水泥粉磨电耗的攻关；加强粉磨配制水泥技术研究；加强水泥生产企业使用替代燃料的研究和试验，包括生物质、城乡废弃物作为燃料的研究和试验，促进提高燃料替代，有效减少化石能源使用；推进研究开发低碳水泥；研究优化调整水泥产品原材料结构，减少熟料用量，降低碳排放。 （吴灿哲）

2022年广东塔牌集团股份有限公司负责人名录

党委书记：李　斌

名誉董事长：钟烈华

董事长：钟朝晖

总经理：何坤皇

常务副总经理：徐政雄

副总经理：赖宏飞　丘增海（任至12月）

　　　　　刘延东　钟华胜（12月任职）

广东梅州蕉华工业园区（广东省蕉岭华侨农场）

【概况】 广东梅州蕉华工业园区位于蕉城镇与新铺镇之间，东连蓝坊镇，西接三圳镇。205国道、天汕高速南北贯穿全区。1960年广东省蕉岭华侨农场成立，由广东省华侨农场管理局直接管理，是省属国营农场。总面积26.04平方千米。1989年下放梅州市政府农委管理。1993年改为梅州市蕉华管理区，副处级建制。1998年升格为正处级单位。2019年12月底，落实市委、市政府机制改革要求，实现与蕉岭县融合发展，园区原有农村45个生产队（组成3个临时党支部）移交三圳镇，水利、环保、城综、医院、学校等行政职能移交蕉岭县直属有关单位。重新组建成立蕉华工业园区党委、管理委员会，保留广东省蕉岭华侨农场牌子。

【党建工作】 2022年，广东梅州蕉华工业园区党委坚持党建引领经济发展，把学习贯彻习近平新时代中国特色社会主义思想作为首要政治任务，引导广大党员干部忠诚拥护“两个确立”、坚决做到“两个维护”，将学习成果转化为推动园区高质量发展的动力。打造园区党建品牌，推动党建与业务同部署、相促进。机关党建聚焦“党内组织生活质量提高”，激发党员干部参加党内组织生活的自觉性、严肃感、神圣感；非公有制企业党建聚焦“党员先锋模范作用发挥”，充分发挥党委和支部作用，推动党员发挥先锋模范作用，提升自身业务水平并辐射带动企业职工，努力克服疫情影响，推动企业生存发展壮大。2022年，新成立汉邦实业有限公司党支部，把企业会客室和党员活动室“合二为一”，营造浓厚的党建氛围。

【经济发展】 2022年，广东梅州蕉华工业园区（含蕉岭集聚地）企业总数99家（规模以上企业35家），园区实现工业总产值70.42亿元，规模以上工业增加值20.98亿元，税收总额3.3亿元；完成固定资产投资额13.05亿元，同比增长31.33%；完成工业固定资产投资额8.5亿元；推动19个工业项目入园、22个项目动工建设、19个项目顺利投产。

【基础设施建设】 2022年，广东梅州蕉华工业园区坚持立足长远、规划先行，主动融入“赣闽粤原中央苏区对接融入粤港澳大湾区振兴发展先行区（蕉岭片区）”规划建设，高标准做好园区规划，园区水、路、气、电、网、排污等基础设施及产业平台建设。标准厂房一期建设和配套市政设施建设已基本完工。标准厂房二期、三期实施项目正在有序推进中；智慧产业平台建设项目已完成首期实施项目市政规划咨询、概算审核、招标计划的发布工作，正在开展供电通信线路迁改前期工作。坚持“以申促建”，申报省级高新区，将申报材料提交至省科技厅。

【招商引资】 2022年，广东梅州蕉华工业园区紧紧围绕大健康、装配式建筑、优势产业、新能源、新材料等产业，通过以商招商、产业链招商、资源招商等方式，瞄准龙头企业、链长企业、大型央企国企、中国500强等，加强对广州、深圳、珠海、厦门等重点城市的招商引资工作，精准引进一批“打粮食”项目。全年完成招商引资签约项目16个，计划投资总额61亿元，完成资金投入7.5亿元。有较强投资落户意向的在谈项目8个，计划总投资额42.2亿元。

【优化营商环境】 2022年，广东梅州蕉华工业园区以企业获得感和满意度为首要标准，发挥非公有制党委、园区综合服务中心、工作专班的服务作用，坚持做好全过程、全流程、全环节服务，优化服务机制，营造良好的商环境。建立干部职工“一对一”挂钩联系服务企业机制，挂钩责任人每周深入企业调研，了解情况、汇总问题、推动解决、全程跟踪，推动企业更好更快发展。园区挂钩领导至少每两周开展走访服务，现场办公，协调县区相关部门推动问题解决。深入开展“我为企业办实事”活动，发挥县领导直接联系挂钩工业投资项目、规模以上企业、小微重点工业企业等机制，联合县区部门力量，形成强大合力，从县级层面推动解决企业招工用工、用地、融资等方面问题。全年实施30件实事，解决一批企业急难愁盼的问题。 （薛晓华）

2022年广东梅州蕉华工业园区负责人名录

党委书记：刘鸿涛
党委副书记、主任、场　长：刘裕君
党委委员、副主任、副场长：丘建安
　　张艳辉（女）
　　钟光庆（5月任职）
党委委员：陈　志　巫志勇（5月任职）
　　江万军（5月任职）
市管三级调研员：钟济刚
园区四级调研员：赖应安

社会经济统计资料

责任编辑：陈　军

2022年蕉岭县国民经济和社会发展主要统计指标一览表

表1

项　目	单　位	2022年	2021年	同比增长(%)
一、　年末总人口（户籍）	人	229514	230214	–0.3
城镇人口	人	90252	91281	–1.13
农村人口	人	139262	138933	0.24
出生人口	人	1454	1843	–21.11
死亡人口	人	1865	1687	10.55
出生率	‰	7.98	7.57	0.41
死亡率	‰	10.24	6.93	3.31
自然增长率	‰	–2.26	0.64	–2.9
二、生产总值（现价）	万元	1056780	1065608	–0.83
第一产业	万元	187010	171200	7.30
第二产业	万元	455441	483475	–6.30
其中，工业	万元	330045	347833	–5.60

续表 1

项　目	单　位	2022 年	2021年	同比增长（%）
第三产业	万元	414329	410933	2.90
人均 GDP（现价/常住人口）	元/人	58001	57976	0.5
三、来源于蕉岭的财政总收入	万元	125168	179936	-30.4
一般公共预算收入	万元	63156	70242	-10.1
一般公共预算支出	万元	291224	246220	18.3
四、金融机构本外币存款余额	万元	1333422	1222427	9.1
其中，住户存款余额	万元	1067728	937278	13.9
金融机构本外币贷款余额	万元	692130	645239	7.3
五、固定资产投资额	万元	—	—	1.0
1. 城镇投资总额	万元	—	—	—
其中，国有单位投资	万元	—	—	112.2
房地产企业	万元	—	—	-49.9
2. 民间投资总额	万元	—	—	-47.2
六、社会消费品零售总额	万元	384177	393705	-2.4
其中，商品零售	万元	344633	353312	-2.5
餐饮收入	万元	39544	40394	-2.1
七、在岗职工年平均工资	元/人	—	—	—
城乡居民人均可支配收入	元/人	28295	26995	4.8
其中，农村居民人均可支配收入	元/人	22257	21017	5.9
城镇居民人均可支配收入	元/人	33026	31847	3.7
八、外贸出口总额	万美元	1559.36	2218.59	-29.7
出口	万美元	1542.43	2194.25	-29.7
实际利用外资	万美元	2.6	7.7	-66.2
九、旅游总收入	万元	19593.27	238749	-91.8
国内旅游收入	万元	19547.21	238625	-91.8
十、居民消费价格指数	%	101.8	100	1.8

续表 1

项　目	单　位	2022 年	2021 年	同比增长(%)
十一、教育	—	—	—	—
在校学生	人	32203	32373	-0.5
普通高中毕业	人	1082	1060	2.1
考上大专以上	人	972	1060	-8.3
本科	人	555	607	-8.6
教职工人数	人	3011	3159	-4.7
十二、卫生、体育	—	—	—	—
病床数	张	1108	1072	3.4
卫生技术人员	人	1366	1276	7.1
执业医师	人	371	341	8.8
执业助理医师	人	129	132	-2.3
注册护士	人	555	513	8.2
参加市以上运动会获奖牌数	块	0	68	-100
其中，金牌	块	0	28	-100
银牌	块	0	19	-100
铜牌	块	0	21	-100
向省、市输送运动员	人	0	0	0
其中，省	人	0	0	0
市	人	0	0	0

说明：1. 生产总值增长速度按可比价计算，生产总值各项为初步核算数；
2. 出生人数、死亡人数、出生率、死亡率和自然增长率数据来源于县卫健局；
3. 2011 年开始固定资产投资统计范围是指投资总额在 500 万元及以上；
4. 在岗职工年平均工资市局未反馈；
5. 财政收支为快报数，年终结算数据未反馈

2022年蕉岭县地区生产总值构成及指数一览表

表2

项 目	生产总值	第一产业	第二产业	第三产业
一、绝对数（万元）	—	—	—	—
2022年	1056780	187010	455441	414329
2021年	1065608	171200	483475	410933
二、构成（%）	—	—	—	—
2022年	100	17.7	43.1	39.2
2021年	100	16.8	44.5	38.7
三、发展速度（上年=100）	99.6	107.3	93.7	102.9

2022年蕉岭县建筑企业经济情况表

表3

项 目	单 位	2022年	2021年	同比增长(%)
一、企业数	个	14	10	40
一级	个	2	1	100
二级	个	4	4	0
三级及以下	个	8	5	60
二、建筑业总产值	万元	202223	413968	–51.2
建筑业增加值	万元	125553	130030	–17.4
三、税金总额	万元	612	1155	–92.7
四、利润总额	万元	4081	6027	–31.6

2022年蕉岭县农业总产值及构成情况表

表4

项　目	单　位	2022年	2021年	同比增长(%)
农业总产值	万元	297652	274927	7.7
其中，1. 农业产值	万元	148256	132823	7.3
2. 林业产值	万元	62124	55169	8.1
3. 牧业产值	万元	75021	75000	8.5
4. 渔业产值	万元	6691.68	6849	2.5
5. 农林牧渔服务业	万元	5560	5086	7.0

说明：农业总产值增长速度按可比价计算，因年报数据未反馈，表中数据为快报数据

2022年蕉岭县主要农产品产量情况表

表5

项　目	单　位	2022年	2021年	同比增长(%)
一、主要农产品产量	—	—	—	—
粮食	吨	68008	66032	2.99
其中，稻谷	吨	62643	61411	2.01
花生	吨	5143	4609	11.59
烟叶	吨	1531	1475	3.8
蔬菜	吨	144163	129990	10.9
茶叶	吨	3289	2934	12.1
水果	吨	61334	58149	5.48
水产品	吨	6512	6346	2.62
二、出栏及存栏情况	—	—	—	—
生猪出栏	头	164648	150933	9.09
牛出栏	头	6643	6240	6.46
山羊出栏	只	26779	25497	5.03
年末生猪存栏	头	72544	76870	-5.63
年末牛存栏	头	4957	5024	-1.33
年末山羊存栏	只	14972	13540	10.58
肉类产量	吨	20886	19114	9.27
其中，猪肉	吨	13186	12466	5.78

2022年蕉岭县全县工业总产值及规模以上增加值完成情况表

表6

项　目	单　位	2022年	2021年	同比增长(%)
一、全县工业增加值（现价）	万元	330045	347833	-5.6
其中，规模以上工业	万元	150006	301541	-8.0
二、规模以上工业总产值（现价）	万元	795245	967399	-20.4
三、全县规模以上工业企业数量	个	52	47	10.6

2022年蕉岭县规模以上工业生产经营情况表

表7

指标名称	单　位	2022年	2021年	同比增长(%)
主营业务收入	万元	806466	905137	-10.9
其中，利润总额	万元	-5467	125227	-104.4
水泥产量	万吨	1647	1778	-7.4
商品混凝土	立方米	216508	248163	-12.8
石灰石	吨	1815	1441	12.7
人造板	立方米	10439	17694	-41
印制电路板	平方米	290355	362909	-27.6
规上工业发电量	万千瓦时	46091.38	43085.35	10.1
其中，火电	万千瓦时	36908.98	41258.98	-10.5
水电	万千瓦时	9182.4	1826.37	402.8
全社会用电量	万千瓦时	146780.76	155070.39	-5.3
全工业用电量	万千瓦时	118179.86	126710.7	-6.7
其中，规模以上工业用电量(含发电厂自发自用)	万千瓦时	135358.64	145433.06	-8.2

2022年蕉岭县居民消费价格和商品零售价格指数一览表

表8

类　别	2022年	比上年升降幅度(%) 上年同期为100
一、居民消费价格指数	101.8	1.8
1. 食品烟酒	101.6	1.6
2. 衣　着	102.5	2.5
3. 居　住	101.9	1.9
4. 生活用品及服务	100.8	0.8
5. 交通和通信	104.8	4.8
6. 教育文化和娱乐	100.4	0.4
7. 医疗保健	100.9	0.9
8. 其　他	101.2	1.2
二、工业生产者出厂价格指数（PPI）	100.5	0.5

2022年蕉岭县交通、运输、邮电通信情况表

表9

项　目	单　位	2022年	2021年	同比增长(%)
一、公路通车里程	公里	1491.84	1544.88	-3.4
其中高速公路通车里程	公里	40.46	40.46	0
公路密度	公里/百平方公里	155.13	160.93	-3.6
二、客运量	万人	33.9	72	-52.9
公路	万人	33.9	72	-52.9
三、旅客周转量	万人公里	843.21	1782	-52.7
公路	万人公里	843.21	1782	-52.7
四、货运量	万吨	2190.9	2329	-5.9
公路	万吨	2190.9	2329	-5.9
五、货物周转量	万吨公里	123240	130900	-5.9
公路	万吨公里	123240	130900	-5.9
六、投入的新能源公交车	辆	50	50	0
城乡公交线路	条	24	24	0
开通公交线路的行政村	个	97	97	0
行政村公交线路覆盖率	%	100	100	0
七、年末固定电话用户	户	24730	26554	-6.9
移动电话用户	户	219177	216805	1.1
互联网用户	户	137092	135576	1.1

2022 年蕉岭县教育情况表

表 10

项　目	单　位	2022 年	2021 年同期
考入大专以上人数	人	972	1060
其中，本科	人	555	607
普通中学在校女生人数	人	5358	4957
小学在校女生人数	人	7032	7273
学龄儿童入学率	%	98.59	98.57
小学生升学率	%	100	100
初中学生升学率	%	100	100
高中学生升学率	%	100	100
九年义务教育巩固率	%	98.44	98.09
高中阶段教育毛入学率	%	98.22	98.72
义务教育阶段专任教师本科及以上学历比例	%	86	83.37

2022 年蕉岭县各类学校基本情况表(一)

表 11

项　目		学校数量（所）		班数（个）		实际毕业人数（人）		实际招生人数（人）		在校学生数（人）	
		当年	上年同期	当年	上年同期	当年	上年同期	当年	上年同期	当年	上年同期
普通教育	合　计	89	92	955	976	7959	7632	7601	7612	32203	32373
	普通中学	2	2	78	77	1082	1060	1199	1223	3589	3490
	职业中学	1	1	0	1	36	42	0	0	0	36
	初　中	13	13	166	154	1957	1903	2503	2370	7029	6463
	小　学	20	20	421	434	2552	2382	2163	2198	14522	14940
	幼儿园	52	55	281	301	2328	2242	1726	1811	6968	7351
	其中，公立	18	19	106	110	948	882	921	662	2725	2670
	特殊教育学校	1	1	9	9	4	3	10	10	95	93

说明：学校基本情况的各项指标包括蕉华区的数据

2022年蕉岭县各类学校基本情况表(二)

表12

项目	毕业班学生数(人)		教职工人数(人)			
			合计	其中,专任教师	合计	
	当年	上年同期			教育部门办学	社会力量办学
合计	8909	8470	3011	2482	2458	553
普通中学	1167	1082	439	355	439	0
职业中学	0	36	0	0	0	0
初中	2140	1958	707	662	707	0
小学	2378	2552	1013	975	1013	0
幼儿园	3204	2836	833	474	280	553
其中,公立	1129	1046	280	182	280	0
特殊教育学校	20	6	19	16	19	0

表 彰 名 录

责任编辑：张 媛

先 进 集 体

2022 年蕉岭县获国家级先进集体一览表

表 13

单位名称	授称时间	授予单位(会议)	荣誉称号
蕉岭县林业局	2023 年 1 月 11 日	国家林业和草原局	2019—2021 年度全国森林草原防火工作先进单位
广福镇广育村	2022 年 12 月 28 日	司法部、民政部	全国民主法治示范村(社区)

2022 年蕉岭县获省级先进集体一览表

表 14

单位名称	授称时间	授予单位（会议）	荣誉称号
梅州市蕉岭县竹产业发展基地	2022年10月	广东省林业局	广东省首批林业特色产业发展基地

续表 14

单位名称	授称时间	授予单位（会议）	荣誉称号
梅州市蕉岭竹海公园	2022年11月	广东省全面推行林长制工作领导小组办公室	2022年广东省林长绿美园
蕉岭县统计局	2022年12月	广东省人力资源和社会保障厅、广东省统计局	广东省统计系统先进集体
蕉岭县广福镇中心小学	2022年9月	广东省教育厅	广东省绿色学校
蕉岭县蓝坊镇中心小学	2022年9月	广东省教育厅	广东省绿色学校
蕉岭县蕉城镇中心幼儿园	2022年9月	广东省教育厅	广东省绿色学校
蕉岭县三圳镇中心幼儿园	2022年9月	广东省教育厅	广东省绿色学校
蕉岭县镇平小学	2022年9月	广东省教育厅	广东省绿色学校
蕉岭县实验幼儿园	2022年9月	广东省教育厅	广东省绿色学校
蕉岭县文化广电旅游体育局	2022年10月24日	广东省体育局	广东省“十三五”时期群众体育工作先进集体
蕉岭县图书馆	2022年4月23日	广东省文化和旅游厅	“书香满溢·喜阅连年”2022年世界读书日粤港澳创作比赛优秀组织奖
梅州市蕉岭县蕉城镇团委	2022年4月29日	共青团广东省委员会	广东省五四红旗团委
梅州市蕉岭县文福镇仓海诗廊	2022年9月	广东省社会科学联合会	广东省社会科学普及基地
文福镇	2022年1月	广东省爱国卫生运动委员会	广东省卫生镇
蕉岭县人民检察院	2022年2月	广东省人力资源和社会保障厅、广东省人民检察院	先进基层检察院
蕉岭县人民检察院第二检察院	2022年4月	广东省人力资源和社会保障厅、广东省人民检察院	集体二等功
蕉岭县人民检察院第三党支部	2022年5月	广东省人民检察院政治部	检察机关党建业务深度融合最佳案例

续表 14

单位名称	授称时间	授予单位（会议）	荣誉称号
蕉岭县人民检察院	2022年11月	广东省人民检察院	全省新时代“五好”基层检察院
蕉岭县人民检察院	2022年12月	广东省人民检察院	优秀法律文书（蕉检检建受［2022］4号检察建议书）
蕉岭县蕉岭中学	2022年12月	广东省教育厅	广东省第二批普通高中新课程新教材实施省级示范校
蕉岭县市场监督管理局	2022年11月	省人社厅、省市监局、省药监局	广东省市场监管（知识产权）系统先进集体
国家税务总局蕉岭县税务局	2022年4月28日	广东省总工会	广东省五一劳动奖状
国家税务总局蕉岭县税务局	2022年3月1日	广东省妇女联合会	广东省三八红旗集体
蕉岭县科学技术协会	2023年1月10 日	广东省科学技术协会	基层科协组织建设及提升基层科协组织力“3+1”先进单位
蕉岭县供销合作联社	2023年1月31日	广东省供销合作联社	2022年度全省供销合作社系统综合业绩考核县级三等奖
			2022年度全省供销合作社系统综合业绩考核县级改革发展进步奖
蕉岭县文化广电旅游体育局	2022年10月24日	广东省体育局	广东省“十三五”时期群众体育工作先进集体
蕉岭县图书馆	2022年4月23日	广东省文化和旅游厅	“书香满溢·喜阅连年”2022年世界读书日粤港澳创作比赛优秀组织奖
长潭发电公司水工安生分工会	2022年6月15日	广东能源集团工会	先进分工会
蕉岭县工商业联合会	2022年8月15日	全国工商联办公厅公安部办公厅	全国100对工商联与公安机关沟通联系合作机制典型事例（2021—2022）
蕉岭县工商业联合会	2023年1月6日	广东省工商业联合会	全省工商联2022年度民营企业调查点工作先进基层单位
广东塔牌集团股份有限公司	2022年5月	中共广东省委、广东省人民政府	广东省光彩事业贡献奖
蕉岭县农业农村局	2022年4月	广东省农业农村厅	2022年“广东农业生产托管南粤行争先赛”，荣获第二名800万元奖励
广福镇	2022年4月29日	广东省人民政府	广福船灯成功入选为第八批省级非遗项目

2022年蕉岭县获市委、市政府表彰先进集体一览表

表15

单位名称	授称时间	授予单位（会议）	荣誉称号
蕉岭县人民法院立案庭（诉讼服务中心）	2022年1月	梅州市中级人民法院	“五个提升年”活动“十大先进集体”

先进个人

2022年蕉岭县获国家级先进个人一览表

表16

姓名	授称时间	授予单位（会议）	荣誉称号	授称时所在单位及职务
吴永丰	2022年5月	共青团中央	全国优秀共青团干部	蕉岭县人民医院党委委员、团委书记、放射科主任
宋思泉	2022年5月25日	人社部	全国特级优秀人民警察	蕉岭县公安局刑侦大队教导员

2022年蕉岭县获省级先进个人一览表

表17

姓名	授称时间	授予单位（会议）	荣誉称号	授称时所在单位及职务
温国常	2022年10月28日	广东省纪委监委	全省通报嘉奖	蕉岭县监察委员会委员、一级主任科员
陈　苑	2022年12月26日	广东省精神文明建设委员会办公室	2022年第三季度“广东好人”	中国人民银行蕉岭县支行退休职工
郭茂义	2022年3月25日	广东省公安厅	个人二等功	蕉岭县公安局长潭派出所所长

续表 17

姓名	授称时间	授予单位（会议）	荣誉称号	授称时所在单位及职务
罗伟锋	2022年7月12日	广东省公安厅	表现突出队员	蕉岭县公安局禁毒大队大队长
钟展振	2022年7月12日	广东省公安厅	表现突出队员	蕉岭县公安局文福镇派出所民警
陈卫国	2022年9月15日	广东省公安厅	个人三等功	蕉岭县公安局治安大队教导员
谢柏良	2022年9月15日	广东省公安厅	辅警三级嘉奖	蕉岭县公安局刑侦大队辅警
涂红良	2022年10月24日	广东省体育局	广东省“十三五”时期群众体育工作先进个人	蕉岭县文化广电旅游体育局群众体育和培训竞赛股股长
林文虎	2022年4月28日	广东省摄影家协会	2021年度广东省摄影家协会优秀会员	蕉岭县文化馆副馆长
詹丽芳	2022年3月17日	广东能源集团	广东能源集团巾帼先进个人	长潭发电公司女工专责兼党群干事
李科兴	2022年5月17日	广东能源集团团委	青年岗位能手	长潭发电公司综合党群部秘书
詹丽芳	2022年6月15日	广东能源集团工会	优秀工会工作者	长潭发电公司女工专责兼党群干事
张海红	2022年6月15日	广东能源集团工会	优秀工会积极分子	长潭发电公司安生部标准专责
张学云	2022年9月30日	广东能源集团	先进工作者	长潭发电公司运营管理部运行专责
徐文欣	2022年4月	广东省人民检察院	个人嘉奖	蕉岭县人民检察院四级主任科员
曾向红	2022年7月	最高人民检察院	从事档案工作满十五年	蕉岭县人民检察院三级检察官助理
林建平	2022年8月10日	广东省司法厅	个人嘉奖	县司法局党组成员、副局长
黄圣兰	2022年6月21日	中共中国农业银行广东省分行委员会	优秀共产党员	支行营业室副主任兼客户经理
黄粤英	2022年3月	广东省总工会	广东省先进女职工	蕉岭县城东学校校长
张绍振	2022年7月22日	广东省信访工作联席会议办公室	广东信访铁军标兵	蕉城镇人民政府综合治理办公室主任

续表 17

姓名	授称时间	授予单位（会议）	荣誉称号	授称时所在单位及职务
丘运伟	2023年1月10日	广东省信访工作联席会议办公室	广东省优秀驻京信访工作者	蕉岭县信访局二级主任科员
江瑞伟	2022年1月	广东省“扫黄打非”工作领导小组	2021年广东省“扫黄打非”先进个人	中共蕉岭县委宣传部文艺文化版权室主任
刘延东	2022年4月	广东省总工会	广东省五一劳动奖章	广东塔牌集团股份有限公司副总经理兼技术中心主任

2022年蕉岭县获市委、市政府表彰先进个人一览表

表 18

姓名	授称时间	授予单位（会议）	荣誉称号	授称时所在单位职务
张彬洛	2022年1月	梅州市中级人民法院	“五个提升年”活动“十大先进个人”	蕉岭县人民法院执行局副局长、五级法官助理

主 题 索 引

☆☆☆

说明：

一、本索引采用主题分析方法，款目按汉语拼音字母（同音字按声调）顺序排列。

二、索引款目后的数字表示内容所在的页码，数字后面的拉丁字母（a、b）表示栏别（即版面的左右栏）。

三、同一主题的内容在文中多次出现的，在其款目后用不同的页码标明。

四、本索引对特载、大事记、表彰等篇不作内容主题分析。

☆☆☆

A

B

C